Risto Griesang
Das Ich
in Geistes- und Naturwissenschaft
Eine Bilanz

Gorda Verlag, München, 2001

Über das Buch

In diesem Buch wird versucht die verschiedenen Vorstellungen über das Ich von den ersten Ansätzen in der Evolution des Menschen bis hin zu den neuesten Erkenntnissen der Neurowissenschaften in verständlicher nachzuzeichnen. Es gibt Streifzüge in die Grundlagen der Wissenschaft, durch die abendländische Philosophie und durch einige psychologische Gedankengebäude.

Aus der Erkenntnis heraus, dass viele Aufschlüsse aus Störungen der normalen Ichempfindung gewonnen werden können, werden verschiedene Themen aus dem medizinischen Bereich behandelt. Abgerundet werden diese Betrachtungen durch Schlaglichter aus Musik, Literatur und Kunst.

Da das Ich nicht zu verstehen ist, wenn man sich nicht mit einigen Grundbegriffen wie ‚Leib’, ‚Seele’, ‚Geist’ und ‚Bewusstsein’ auseinandersetzt, werden auch diese Themenbereiche gestreift und danach Wege aus dem alten ‚Leib-Seele-Dualismus’ aufgezeigt, um zu einem neuen Verständnis des Ich zu gelangen.

Dem werden, zum ersten mal in dieser Form, in kritischer Form Auffassungen von Rudolf Steiner und der von ihm begründeten Anthroposophie gegenübergestellt.

Über den Autor

Risto Griesang wurde 1941 in München geboren, wo er auch seine Jugend verbrachte. Nach dem Studium der Psychologie in München und Hamburg war er während seines Berufslebens als wissenschaftlicher Psychologe im Öffentlichen Dienst tätig. Seit 1993 widmete er sich ganz den hier behandelten Fragen, seit 1996 zeitweilig in Costa Rica lebend.

Das Ich

in Geistes- und Naturwissenschaft
Eine Bilanz

Risto Griesang

Titelbild:

Der Autor in einer Karikatur von Karl Schlammer, München, 1948

Zur Rechtschreibung:

Die Schreibweise entspricht der neuen deutschen Rechtschreibung. Auch die Zitate wurden entsprechend angepasst, außer in Fällen wo aus historischen Gründen das Original erhalten bleiben sollte.

Herstellung: Books on Demand GmbH

Griesang, Risto:
Das Ich in Geistes- und Naturwissenschaft. Ein Bilanz
© Gorda Verlag, München, 2001
Alle Rechte vorbehalten
ISBN 3-8311-1766-7
Printed in Germany

Meinen Söhnen Jens Ernst und Niels Constantin

I.   Inhaltsverzeichnis

II.   Vorwort

Das *Ich* scheint zur Zeit „in" zu sein. Zahllose Buchveröffentlichungen liegen vor, mit wissenschaftlichen Titeln wie *Die Naturgeschichte des Ich, Das Ich und sein Gehirn, Die Materialisierung des Ich, Empirisches und absolutes Ich, Das Ich im 21. Jahrhundert* oder populären Titeln wie *Du bist Ich, Vom Ich zum Wir, Das verzauberte Ich, Das mystische Ich, Das zerstörte Ich, Die Entdeckung des Ich, Dein wahres Ich, Das riskierte Ich, Wenn das Ich verloren geht...* Auch die großen deutschen Wochenmagazine haben sich immer wieder dieses Themas angenommen: *Die Suche nach dem Ich* (Der Spiegel). Aber es ist dies eine Aufgabe, die jeder für sich selbst lösen muss, ein Weg, auf den sich jeder selbst alleine begeben muss: Das war schon dem Orakel in Delphi bekannt, mit dem Ausspruch

Mensch, erkenne Dich selbst,

denn erkennst Du Dich selbst, dann erkennst Du auch die Welt.

Doch scheint sich zu Beginn des 21. Jahrhunderts eine Akzentverschiebung zu ergeben, in dem was die neue Generation (in Deutschland) überhaupt will.

Abbildung 1: Der Spiegel: Generation Ich

„Die Generation Ich gibt den Ton vor, typisch vertreten durch die Youngster des Internet Business. Sie arbeiten viel, verdienen viel und wollen ganz viel Spaß dabei haben."[1]

---

[1] Der Spiegel: Die neuen Deutschen, 21/2000

Das Thema schien zunächst so simpel zu sein, wie die Kürze des Wortes; es erwies sich aber mit zunehmender Beschäftigung als zunehmend komplexer. Gerade wo es schien einfach erklärbar zu sein, entpuppte es sich voller 'Fallstricke'. Es taten sich zudem ständig neue Nebenwege auf, die zu verfolgen es eigener Abhandlungen bedurft hätte. Also konnten diese Nebenwege nur gestreift werden, so interessant es auch gewesen wäre, sie detaillierter zu behandeln. Statt 'Fallstricke' oder 'Fallgruben'[2] würde man sich in heutiger modischer Ausdrucksweise vielleicht auf ein Teilgebiet der Chaosforschung beziehen und unsere Situation mit einem Mandelbrotschen Fraktal vergleichen. In einer solchen Abbildung kann man von Ausschnitten unendlich oft in weitere Details gehen dabei immer neue Feinheiten entdeckend. Das jeweils gröbere Bild stimmt allerdings nicht genau mit dem feineren Ausschnitt überein. Es ist hier wie auch sonst in der Welt: was sich im Großen in einer bestimmten Weise darbietet, entpuppt sich beim genauen Hinsehen oft mit ganz neuen Details.

Das weist auf ein weiteres Phänomen hin, das heute in der Ökologie, genauer in der *Tiefenökologie*[3], beachtet wird, dass nämlich kleinste Veränderungen an einer Bedingung, massive Auswirkungen auf das Gesamtsystem haben können. Dies ist der berühmte Flügelschlag eines Schmetterlings in Südamerika, der das Wetter in Europa verändern kann. Man darf aber diesen Vergleich nicht wörtlich nehmen. Dieses neue Weltbild wird gestützt durch Erkenntnisse aus der Chaosforschung, Quantenphysik, Systemtheorie und modernen Kosmologie. „Kam doch die Quantenphysik zu der Erkenntnis, dass es die sogenannte „objektive Realität", mit der wir die Welt kategorisieren, gar nicht gibt und statt dessen alles mit allem in fließender Verbindung steht".[4]

---

[2] einem Begriff aus der Zeit der Jäger und Fallensteller. Driss ben Hamed Charhadi benannte seine Autobiographie: Ein Leben voller Fallgruben. Greno, Nördlingen, 1985

[3] Lüpke, Geseko von: Der Erde eine Stimme geben. Tiefenökologie. Das Modell einer ganzheitlichen Umweltethik. Bayerischer Rundfunk: Kirchenfunk., 19.7.1995 (20:05 - 21:30). *Tiefenökologie* ist eine neue Philosophie der Natur, die den Menschen nicht mehr als Krone der Schöpfung oder als Maßstab aller Dinge sieht, sondern als einfaches Mitglied des Ökosystems. Hier steht der Mensch nicht mehr an der Spitze einer Art Pyramide, sondern ist vielmehr ein Faden im Netz des Lebens (deep ecology = Tiefenökologie, 1973 von Arne Naes geprägt).

[4] Lüpke, Geseko von: Der Erde eine Stimme geben. Tiefenökologie, a.a.O., S. 24

Duerr vergleicht unsere Lebensformen hingegen mit den Fasern einer Schnur:

> Die Fasern überlappen sich zwar, aber es gibt keinen *roten Faden*, der sich durch die Schnur zieht, um die einzelnen Fasern zu verbinden. Die Fasern berühren sich also jeweils, doch es gibt keine durchgängige *Grundfaser*, etwa die Vernunft, den Geist, oder wie immer die Begriffe lauten, deren Artikel die Philosophen bisweilen vor lauter Ehrfurcht weglassen.[5]

Aus den oben zitierten Buchtiteln wird aber sichtbar, dass nicht alle Menschen so pessimistisch sind. Wenn von vornherein klar wäre, dass es keinen roten Faden in unserem Leben gibt, dann wäre die Suche töricht. Sollte es aber doch einen geben, dann muss diesen jeder selbst finden, und sei es, dass er eine Schnur, ein Seil oder ein Tau aufzudröseln habe.

Wenn aber einerseits der Faden so schwer zu entwirren ist und wenn andererseits unserem ganzen Leben das frühere feste Fundament[6] aus Religion, Philosophie, Physik entzogen ist, wie ist dann Erkenntnis überhaupt noch möglich? Die Fraktale mit ihrer unendlichen Verzweigung, die einem keinen Halt gewähren oder die endlosen Dispute der philosophischen Schulen, die einem den Boden unter den wissenschaftlichen Füßen wegziehen, erinnern mich an die von den „kritischen Rationalisten" beschriebene Situation, in der sich derjenige, verfängt, der versucht, seine Auffassungen <u>zureichend</u> zu begründen und dadurch in das folgende unentrinnbare „Trilemma" gerät:

> Entweder gerät er in einen unendlichen Regreß, der sich als „undurchführbar erweist", in einen logischen Zirkel oder aber bleibt ihm nichts, als jenen Regreß irgendwo „abzubrechen", eine Handlung, deren „Willkür schwerlich bestritten werden" könne.[7]

Damit muss aber jeder leben, der sich überhaupt wissenschaftlich betätigt. Ist es schon schwierig genug, ein Thema zu einem bestimmten Zeitpunkt auch nur einigermaßen auszuloten, hat dies Geltung höchstens für die Gegenwart und wird durch die zukünftigen Entwicklungen noch im selben Augenblick überholt.

---

[5] Duerr, Hans Peter: Traumzeit. Über die Grenze zwischen Wildnis und Zivilisation. Suhrkamp, Frankfurt, 1985, S. 166
[6] Weiter unten werden wir bei Christian Kellerer sehen, was es heißt, wenn man sich in eine ‚Totalrelativität' hineinbegibt.
[7] Duerr, Hans Peter: Ni Dieu - ni mètre. Anarchistische Bemerkungen zur Bewusstseins- und Erkenntnistheorie. Suhrkamp, Frankfurt, 1985

Es ist dies hier vorliegende Werk kein philosophisches, in dem Sinne, wie Searle der Überzeugung war,

> dass philosophische Qualität zur Anzahl der Literaturverweise umgekehrt proportional ist und dass kein großes philosophisches Werk jemals sehr viele Fußnoten enthalten hat.[8]

Vielmehr betrachte ich diese Arbeit als ein „work in progress", die zwar zu einem bestimmten Stand der Ausarbeitung gebracht wurde, jedoch keineswegs als abgeschlossen zu bezeichnen ist. So wie sich im Leben immer neue Erkenntnisse und Erfahrungen ergeben, so ist auch diese Arbeit an den entsprechenden Stellen zu ergänzen, zu erweitern oder zu modifizieren. Diese Arbeit kann einem keiner abnehmen.

Die Arbeit enthält auch eine Fülle von Zitaten, wobei ich mich an Marcel Reich-Ranicki halte, der in einem Interview gesagt hatte:

> Ich liebe Zitate! [] Thomas Mann schrieb einmal: „Belächeln Sie nicht meine Neigung zum Zitieren." Denn: "Auch das Zitieren ist eine Form der Dankbarkeit."[9]

An dieser Stelle möchte ich noch einen Lesehinweis geben. Man kann sich das vorliegende Werk auf verschiedene Weise erarbeiten:
Im klassischen Sinne, von A bis Z oder Kapitelweise oder einzelne Abschnitte, je nach Interessenlage.
Ein Ausgangspunkt für diese Arbeit war eine Auseinandersetzung mit der Anthroposophie, doch haben sich die Schwerpunkte im Laufe der Zeit verschoben. Die von den Anthroposophen geäußerten Gedanken spielen für mich nur noch eine untergeordnete Rolle (natürlich ganz im Gegensatz zu den Anthroposophen selbst). Ich hätte also auch diese Kapitel ganz streichen können. Da aber eine Aufarbeitung verschiedener Gesichtspunkte der Anthroposophie, wie sie hier gegeben wird, fehlt, habe ich mich entschlossen, die Abschnitte beizubehalten. Nicht wenige Menschen, die sich mit der Anthroposophie beschäftigen oder gar Anthroposophen selbst, werden diese Bemerkungen vielleicht begrüßen.

---

[8] Searle, John, R.: Die Wiederentdeckung des Geistes. Suhrkamp, Frankfurt, 1996, S. 10f.
[9] Diez, Georg: Bekenntnisse eines Buchstaplers. 80 Jahre Marcel Reich-Ranicki. Süddeutsche Zeitung vom 22.5.2000

Wie dem auch sein. derjenige, der an Anthroposophie, bzw. an deren Kritik kein Interesse hat, kann die Kapitel mit den Überschriften „Anthroposophische Sichtweise ...“ überschlagen und die entsprechende Bezugnahme in den Kapitelzusammenfassungen überlesen. Dadurch glaube ich, dass sowohl derjenige Anregungen bekommen kann, der allgemein an Fragen der Ich interessiert ist, wie auch derjenige, der sich dem Thema von der anthroposophischen Seite genähert hat.

III.   Einleitung

Nachdem dies ein Streifzug durch die verschiedenen Auffassungen von „Seele“, „Geist“, „Selbst“, „Ich“ ... durch die ganze Menschheitsgeschichte sein soll, scheint es gerechtfertigt, Kritik von der heutigen Warte aus zu üben. „Frühere Theorien werden häufig zu Unrecht belächelt. Sie hatten für die in ihrer Zeit bekannten Phänomene die gleiche Bedeutung wie unsere Theorien für uns heute: sie ermöglichen Verständnis und Sinngebung. Frühe Fragen zur Nervenfunktion sind beispielsweise: Wie ist es möglich, dass der Wille den Muskel bewegt? Oder: Wieso lässt eine Nervenverletzung die Wirkung des Wollens nicht mehr in den Muskel gelangen?“[10]

Die Begriffe selbst haben eine kulturelle Evolution durchgemacht, parallel zu der biologischen Evolution der Natur. Jede Stufe hatte ihre Berechtigung und war notwendig zur weiteren Differenzierung, Entfaltung, Klärung. Allerdings ist der Weg unumkehrbar. Frühere Stufen müssen aus bisheriger Sicht als solche erkannt werden und sind ggf. als historisch zu bezeichnen, wenn die philosophischen, psychologischen oder naturwissenschaftlichen Erkenntnisse inzwischen weiter fortgeschritten sind. Ich kann und werde nicht in jedem Fall die heutige Sichtweise zu jedem der dargestellten Teilgebiete darlegen. Ich werde es aber dort tun, wo es mir vom Thema her geboten erscheint. Da, wie bereits oben ausgeführt, diese Arbeit aus einer Beschäftigung mit der Anthroposophie heraus begonnen wurde, wird dies vor allem im Hinblick auf die Anthroposophie geschehen, deren Menschenbild und Vorstellung von Kosmos, Natur, Evolution etc. mit anderen psychologischen, natur- und geisteswissenschaftlichen Vorstellungen konfrontiert wird. Wenn diese Kritik also gegenüber den anderen Teilen verhältnismäßig viel Platz einnimmt, so liegt das nicht am Stoff, sondern an dem in dieser Arbeit gesteckten Themenrahmen.

Zuvor sollte man sich aber klar machen, auf welcher Ebene man diese Gegenüberstellung machen will. Verstünde sich die Anthroposophie als Religion(sersatz) oder als Weltanschauung, dann würde man im Folgenden lediglich einen Vergleich mit anderen religiösen oder weltanschaulichen Systemen anstellen können, müsste sich aber weiter gehender Kritik enthalten, da im Sinne Friedrichs des

---

[10] Weber, Bernhard: „Über das Organ der Seele“. Köln, 1987, S. 4

Großen jeder nach seiner Fasson selig werden kann. Sobald die Anthroposophie jedoch als Geistes*wissenschaft* den Anspruch erhebt, ernst genommen zu werden, muss sie sich den gleichen Spielregeln stellen, die auch für alle anderen Wissenschaften gelten. Ich gehe davon aus, dass sie diesen Anspruch erhebt, da sie ja sogar weit darüber hinaus geht indem sie behauptet, die „eigentlichen" (geistigen) Zusammenhänge aufgedeckt zu haben.

Heiner Barz[11] ist bereits früher ausführlich auf die Auseinandersetzungen zwischen Vertretern der Anthroposophie und deren Kritiker eingegangen. Diese Konfrontationen entzündeten sich meist an der Waldorfpädagogik, insofern liegen hier die meisten Bücher, Dissertationen und Artikel vor. Trotz der zahlreichen Beiträge ist die Diskussion mit Sicherheit noch nicht abgeschlossen. Die gegenwärtige Situation schätzt Barz folgendermaßen ein:

> Statt einer konstruktiven Debatte, in der sich beide Seiten zumindest von der Vermutung leiten ließen, dass vom Dialogpartner womöglich auch etwas zu lernen sei, erleben wir also eher einen Stellungskrieg zwischen Kontrahenten, die von ideologischer Abrüstung nicht viel wissen wollen.[12]

Ich werde versuchen, die herkömmlichen Natur- und Geisteswissenschaft so ideologiefrei wie möglich zu vertreten, keine starren Grenzen zu ziehen, wo es nicht erforderlich, jedoch auch nicht vor den Behauptungen der Anthroposophie zurückstecken, wo es nicht gerechtfertigt erscheint.

Um das Pferd quasi vom Schwanz her aufzuzäumen, soll eine heutige naturwissenschaftliche Forderung vorangestellt werden, der sich alle vorgestellten Begriffe unterziehen müssten, um weiter diskutiert werden zu können, so sollte

> eine möglichst genaue, d.h. im Idealfall quantitative Beschreibung dessen oder zumindest eines bestimmten Teils dessen ermöglicht werden, was nur weniger genau mit dem bisher verfügbaren Begriffsrahmen beschreibbar ist. Diese Beschreibung soll **intersubjektiv**[13] sein in dem Sinn, dass prinzipiell jeder Person die Bedeutung der Begriffe und der Sätze, die in dieser Beschreibung vorkommen, verständlich gemacht werden kann und dass grundsätzlich jede Person die Methoden erlernen kann, mit denen sich sie Richtigkeit der betreffenden Aussagen überprüfen lässt. Damit soll

---

[11] Barz, Heiner: Anthroposophie im Spiegel von Wissenschaftstheorie und Lebensweltforschung. Zwischen lebendigem Goetheanismus und latenter Militanz. Deutscher Studienverlag, Weinheim, 1994
[12] Barz, Heiner, a.a.O., S. 20f
[13] Auf das heutige Wissenschaftsverständnis und die Bedeutung der **Intersubjektivität** wird in einem besonderen Abschnitt in der Vorbemerkung zu 'Das Ich in der Anthroposophie' eingegangen.

prinzipiell jede Person in die Lage versetzt werden, festzustellen, ob das, was behauptet wird, richtig oder falsch ist.[14]

Es soll aber nicht verschwiegen werden, dass hier bereits der Hase im Pfeffer liegt, denn gerade darum, wessen Wirklichkeit die reale ist, wird unter Philosophen, Psychologen, Psychiatern und Ethnologen heftig gestritten. Wer gibt einem das Rüstzeug in die Hand, zu entscheiden, wer „im Recht" ist oder ob die wirkliche Welt innerhalb oder außerhalb des 'Zaunes' liegt, der die *Wildnis* und *Zivilisation* trennt. Wer an diesem Thema näher interessiert ist, sollte sich z.B. mit den Büchern des Ethnologen Duerr[15] auseinandersetzen, in denen dieser der Frage nachgeht, ob die Trugbilder, die pseudo perceptions, die Wahnwelten bei den Naturvölkern, den Schamanen oder den Hexen liegen oder bei uns, den aufgeklärten, westlichen Rationalisten.

Ich masse mir daher nicht an, irgendwelche, wie auch immer geartete „endgültige" philosophische, psychologische, natur- oder geisteswissenschaftliche „Wahrheiten" zu verkünden. Barz hat in erhellender Weise darauf hingewiesen, welche Ausmaße der Streit über die Anthroposophie von Philosophen zum Teil angenommen hat.[16] Um die Mühe, sich zu den angeschnittenen Fragen sein eigenes Urteil zu bilden, wird keiner herumkommen.

---

[14] Werth, Reinhard: Bewusstsein. Psychologische, neurobiologische und wissenschaftstheoretische Aspekte. Springer, Berlin, 1983, S. 7
[15] z.B. Duerr, Hans Peter: Traumzeit. Über die Grenze zwischen Wildnis und Zivilisation. Suhrkamp, Frankfurt, 1985
[16] Barz, Heiner, a.a.O., S. 22ff

IV.   Exkurs: Erkenntnis- und Wissenschaftstheorie

Es scheint mir an dieser Stelle angezeigt, den Gedankengang zu unterbrechen, um auf einige Punkte hinzuweisen, die in Bezug auf die menschliche Erkenntnisfähigkeit das Verständnis von Wissenschaft von Bedeutung sind, und wie dies hinsichtlich der Anthroposophie zu bewerten ist.

Ich werde dieses Bücher füllende Thema aber nur anreißen und so weit behandeln, wie es für den hier gesteckten Rahmen bedeutsam erscheint und ansonsten auf einige weiterführende Literatur verweisen.

A. Wissenschaft

Zunächst die Position eines Naturwissenschaftlers:

Wolfgang Wickler hat ausgeführt, wie **er** Wissenschaft versteht. Da seine Sichtweise die Position der meisten heutigen wissenschaftlich arbeitenden Forscher darstellt, soll dieser Passus hier wiedergegeben werden:

> Wissenschaft entsteht erst aus der Verständigung über das subjektiv Erkannte. Und solche Verständigung erfordert stets eine Reduktion auf die in gemeinsamer Absprache festgelegten Hilfsgrößen, die man mit einem griechischen Wort 'Parameter' nennt. Es ist so problematisch rein subjektiv etwas als wertvoll, schön oder richtig zu empfinden; es wird aber höchst problematisch, wenn man wissen möchte, ob solche Empfindungen bei verschiedenen Individuen gleich oder durch gleiche Gegebenheiten erzeugbar sind. Deshalb begann der Fortschritt der Naturwissenschaft mit der methodischen Klärung, wie man sich über Naturgegebenheiten verständigen kann, und nicht schon bei der rein subjektiven Naturbe-trachtung. Was man mit dem naturwissenschaftlichen Methodensatz nicht angehen kann, ist nicht Sache der Naturwissenschaften. Wer also meint, subjektiv empfundene höchste Werte des Menschseins verschwänden aus dem Blickfeld, wenn man versuchte, sie auf dem Wege über kontrollierbare Einzelfaktoren zu erforschen, darf den Naturwissenschaft-ler nicht um Erforschung dieser Werte bitten, ja er darf von ihm nicht

einmal eine Aussage darüber akzeptieren (oder fordern), ob es solche Werte gibt, oder nicht.[17]

Auf einer höheren Abstraktionsebene kann man angeben, welche Kriterien die Wissenschaftstheorie entwickelt hat, um Theorien zu bewerten.

Notwendige Eigenschaften sind dabei:

- *Interne Konsistenz*	Eine Theorie muss frei von Widersprüchen sein
- *Externe Konsistenz*	Eine Theorie muss mit anderen anerkannten (faktischen oder normativen) Theorien verträglich sein.
- *Prüfbarkeit*	Eine faktische Theorie muss durch empirische Befunde testbar sein. (Und natürlich muss sie - wenn sie wahr sein soll - auch alle Tests erfolgreich bestehen.)
- *Erklärungswert*	Eine faktische Theorie muss relevante Fakten erklären (voraussagen oder retrodizieren). Für normative Theorien reduzieren sich die beiden letzten Kriterien auf die Forderung nach einem angemessenen →
- *Problemlösungs-Potential*	Jede Theorie muss einschlägige Probleme lösen.[18]

Vollmer schreibt dazu weiter:

> Niemand kann gezwungen werden, solche Kriterien anzuerkennen. Aber *wenn* wir die Idee der kritischen Prüfung beibehalten wollen - und wie könnten wir sonst eine *rationale* Diskussion haben? -, dann müssen wir diese Standards benützen und befolgen.[19]

---

[17] Wickler, Wolfgang: Die Biologie der zehn Gebote. Warum die Natur kein Vorbild für uns ist. Piper, München, 1991, S. 40
[18] Vollmer, Gerhard: Kant und die Evolutionäre Erkenntnistheorie. In: Vollmer, Gerhard: Was können wir wissen? Band 1: Die Natur der Erkenntnis. Hirzel, Stuttgart, 1988, S. 172
[19] Vollmer, Gerhard, a.a.O., S. 172

Weitergehende wissenschaftstheoretische Überlegungen werden vorerst noch ausgeklammert und eine weitere Position dargestellt werden, wie sie nach Franke und Franke-Sander für jedes heutige wissenschaftlichen Arbeiten berücksichtigt werden sollten:

> **Wissenschaft** lebt von Fragen und durch Fragen. Fragen führen zu neuen Erkenntnissen, führen zur Suche nach neuen Wegen, Erkenntnisse zu gewinnen, führen zur Kontrolle der Ergebnisse. Fragen führen aber auch zum Erschließen der gespeicherten Erkenntnisse und Methoden. Ohne Fragen ist alle Wissenschaft tot.[20]

Für wissenschaftliches Arbeiten müssen Vereinbarungen getroffen werden, die z.B. wie folgt lauten könnten:

- Es gibt eine Wirklichkeit, unabhängig von unserem Bewusstsein

- Der Mensch hat die Fähigkeit, die unabhängig von seinem Bewusstsein existierende Wirklichkeit zu erkennen und gestaltend auf sie einzuwirken

- Diese Erkenntnis- und Gestaltungsmöglichkeiten sind begrenzt
    (a) für den Menschen als homo sapiens
    (b) für den Menschen als Mitglied einer bestimmten Kultur
    (c) für den einzelnen Menschen im hier und jetzt. Das Universum „das Ding an sich" (Kant) kann der Mensch nicht erkennen; auch mit der Sprache nicht erfassen.

- Die Ausschnitte werden begrenzt durch
    (1) die biologischen Grenzen der Wahrnehmung
    (2) durch die Dispositionen, die der Mensch in einer bestimmten Gesellschaft und Kultur in Lernprozessen erwirbt
    (3) durch die aktuelle Situation mit den jeweiligen Bedürfnissen, Aufgaben und Fragestellungen.

---

[20] Franke, Wolfgang & Sander-Franke, Ursula: Das Nürnberger Modell. Theoretischer Teil der Weiterbildung zu Diplom-Supervisorinnen und Diplom-Supervisoren. Unveröffentlichtes Manuskript, 1995

Menschen im Alltag, in Beruf und in der Wissenschaft gehen beim Denken und Handeln davon aus, dass die Ausschnitte der Wirklichkeit, die sie erkennen können, in Zeit und Raum strukturiert und (relativ) stabil sind.[21]

Aus den nachfolgenden Ausführungen wird klar werden, dass die Anthroposophie in entscheidenden Punkten, diesen Forderungen nicht nachkommt:

- *Interne Konsistenz*	Die Anthroposophie weist zahlreiche interne Widersprüche auf (die z.T. mit Steiners eigenem Entwicklungsgang begründet werden oder mit unserem mangelnden Verständnis geistiger Zusammenhänge)
- *Externe Konsistenz*	Die Anthroposophie widerspricht zahlreichen anderen anerkannten Theorien (glaubt sich aber nichtsdestotrotz stets auf Seite der „Wahrheit")
- *Prüfbarkeit*	Die meisten Behauptungen sind empirisch nicht testbar (Standardverfahren der Wissenschaft werden im Gegenteil als ahrimanisch verdammt)
- *Erklärungswert*	Der Erklärungswert ist allenfalls innerhalb der Anthroposophie gegeben, wegen mangelnder Prüfbarkeit jedoch nicht für die Naturwissenschaft
- *Problemlösungs-Potential*	Das Problemlösungs-Potential wäre nur gegeben, wenn sich die Anthroposophie einer externen Überprüfung zugänglich machen würde.

Zu diesen Kriterien kommen aber noch Objektivitätskriterien hinzu, die in der folgenden Tabelle in der linken Spalte[22] angegeben werden und denen in der rechten Spalte die Stellung der Anthroposophie gegenübergestellt wird.

---

[21] zitiert nach Franke & Sander-Franke, a.a.O.
[22] nach: Vollmer, Gerhard: Mesokosmos und objektive Erkenntnis. In: Vollmer, Gerhard: Was können wir wissen? Band 1: Die Natur der Erkenntnis. Hirzel, Stuttgart, 1988, S. 92

Intersubjektive Verständlichkeit: Wissenschaft ist keine Privatangelegenheit. Wissenschaftliche Aussagen müssen mitteilbar, also in einer gemeinsamen Sprache formuliert sein.	Anthroposophische Aussagen sind nur innerhalb anthroposophischer Kreise verstehbar, sie sind in einer anthroposophischen Fachsprache abgefasst.
Unabhängigkeit vom Beobachtersystem: Nicht nur der Beobachter als Person, soll unerheblich sein, sondern auch sein Standort, sein Bewusstseinszustand, seine „Perspektive".	Maßgeblich ist genau der Beobachter, seine Position auf dem Weg zur „Höheren Erkenntnis".
Intersubjektive Prüfbarkeit: Jedermann sollte in der Lage sein, die Aussage zu prüfen, d.h. sich von ihrer Wahrheit zu überzeugen, ohne sie auf Autorität annehmen zu müssen.	Nur der kann die Aussagen prüfen, der sozusagen ein Eingeweihter ist.
Unabhängigkeit von der Methode: Die Wahrheit einer Aussage darf nicht von der Methode abhängen, die zu ihrer Überprüfung verwendet wird.	Es gilt nur die Methode, die Rudolf Steiner angegeben hat.
Unabhängigkeit von Konventionen: Die Wahrheit einer Aussage darf auch nicht von einem Willkürakt (Beschluss oder Konvention) abhängen.	Die Wahrheit wird allein durch die (angebliche) Seherkraft von Rudolf Steiners bestimmt.

Von Objektivität kann also in der Anthroposophie, soviel dürfte schon jetzt klar geworden sein, in keiner Weise die Rede sein.

Einer der wichtigsten Punkte sei an dieser Stelle schon vorweggenommen: es ist die Nichtanerkennung der Begrenztheit unserer Wahrnehmung auf die sinnliche Welt. Wir sind als Menschen beschränkt auf den mesokosmischen Ausschnitt der Welt innerhalb dessen wir uns evolutiv entwickelt haben und den wir nur mit technischen Hilfsmitteln, wie Mikroskopen oder Teleskopen übersteigen können. Der Blick in *höhere, übersinnliche* Welten entzieht sich uns aber grundsätzlich.

Mit dieser Fehleinschätzung steht die Anthroposophie allerdings nicht alleine da. Viele esoterische Schulen glauben an Phänomene, die sich einer wissenschaftlichen Kritik entziehen:

- beim **Aura-Reading** sieht der Aura-Leser die angebliche Aura, die den Menschen wie ein Schein umgibt oder auch die Löcher in dessen Astral- oder Ätherleib

- beim **Channelling** wird eine vermeintliche Verbindung mit „höheren Ratgebern entgegengenommen

- bei der **Kristall-** oder **Edelsteintherapie** wirkt ein angeblich heilendes Energiefeld

- das **Pendeln** gestattet die Kontaktaufnahme mit „jenseitigen" Wesen

- das **Rebirthing** ruft vermeintliche vorgeburtliche Erinnerungen wach. [23]

Noch jeder Versuch, sich derartigen Behauptungen wissenschaftlich zu nähern, scheiterte bisher kläglich. Nur ein Beispiel zum ersten Punkt:
Eine Frau behauptete die Kopfaura bei 20 Menschen klar und deutlich sehen zu können. Durch eine Versuchsanordnung wurden nun die Körper abgedeckt, so dass die Frau nicht sehen konnte, wo eine Person stand und wo nicht. Sie sah wiederum 20 Auren, obwohl nur 6 Menschen tatsächlich vorhanden waren.
Die subjektive Überzeugung leidet aber durch solche Experimente in keiner Weise. Vergleichbares wurde bei Wünschelrutengehern und anderen angeblichen Phänomenen untersucht.

Nun könnte man eigentlich damit bereits schließen. Einerseits hat man die Position der Naturwissenschaften und hat anerkannte Regeln für wissenschaftliches Arbeiten. Andererseits hat man die Position der Anthroposophie, die man als Naturwissenschaftler abhaken kann, da man sie mit den üblichen Instrumenten sowieso nicht beurteilen kann. Dass dem aber nicht so ist und man sich nicht in Ruhe in seinen wissenschaftlichen Elfenbeinturm zurückziehen kann, wird gleich deutlich werden, wenn man die Position Feyerabends dem gegenüberstellt:

---

[23] siehe: Focus: Macht Esoterik glücklich?, 1996 (14-16)

Die Geschichte der Wissenschaft besteht ja nicht bloß aus Tatsachen und Schlüssen aus Tatsachen. Sie enthält auch Ideen, Deutungen von Tatsachen, Probleme, die aus widerstreitenden Deutungen entstehen, Fehler und anderes mehr. Bei genauerer Untersuchung stellt sich sogar heraus, dass Wissenschaft überhaupt keine „nackten Tatsachen" kennt, sondern, dass alle „Tatsachen", die in unsere Erkenntnis eingehen, bereits auf bestimmte Weise gesehen und daher wesentlich ideell sind. Und damit ist die Geschichte der Wissenschaft so komplex, chaotisch, voll von Fehlern und so unterhaltend wie das Bewusstsein derer, die sie erfinden.[24]

Feyerabend plädiert in seinem Buch dafür, dass man keine Tradition schaffen soll, die das Alleinvertretungsrecht auf dem Gebiet der Erkenntnis für sich beansprucht, sondern dafür,

> dass es nur *einen* Grundsatz gibt, der sich unter *allen* Umständen und in *allen* Stadien der menschlichen Entwicklung vertreten lässt. Es ist der Grundsatz: *Anything goes.*[25]

Über aller Beschäftigung mit der Philosophie soll aber nicht vergessen werden, dass diese immer noch von Philosophen gemacht wird. Hier sehen wir den Philosophen Paul Feyerabend auf seinem Lieblingsbild:

---

[24] Feyerabend, Paul: Wider den Methodenzwang. Suhrkamp, Frankfurt, 1986, S. 15f
[25] Feyerabend, Paul, a.a.O., S. 32

Abbildung 2: Paul Feyerabend: Philosopher at work[26]

---

[26] aus: Feyerabend, Paul: Killing Time. The University of Chicago Press, Chicago, 1995, vor Seite 153

Darin könnte die Anthroposophie eine Legitimation für ihre Weltanschauung erblicken. Es wird zu prüfen sein, inwieweit sie gerechtfertigt erscheint und wo die Grenzen von Wissenschaft und Mythos gezogen werden müssen. Dieser Frage gehe ich in einem späteren Kapitel nach.

Zunächst soll aber ein Seitenblick auf das Buch „Die Struktur wissenschaftlicher Revolutionen" von Thomas Kuhn geworfen werden, in dem er sich als einer der ersten mit dem Entwicklungsprozess befasst hat, den man in der Wissenschaft findet.

B. Thomas S. Kuhn

Ein zentraler Begriff bei Kuhn ist der des Paradigmas. Kuhn versteht darunter

> allgemein anerkannte wissenschaftliche Leistungen, die für eine gewisse Zeit einer Gemeinschaft von Fachleuten maßgebende Probleme und Lösungen liefern.[27]

In diesem Satz drückt sich schon viel von Kuhns Vorstellungen aus: Paradigma sind demnach nicht irgendwelche Forschungsergebnisse, sondern bedürfen der allgemeinen Anerkennung, sind an die Gemeinschaft der Fachleute adressiert und sind nicht für alle Zeiten maßgeblich, sondern nur für einen bestimmten Zeitabschnitt der wissenschaftlichen Entwicklung. Außerdem handelt es sich um Bausteine der Forschung, die Probleme behandeln und gleichzeitig weiterführend sind. Wissenschaft ist demnach nie statisch, sondern hat Prozesscharakter.

Nach der Überzeugung Kuhns geht der Gang der Wissenschaft nicht kontinuierlich vonstatten und immer unter klaren logischen Prinzipien, sondern in diesem Fortschreiten ist immer ein Element der Willkür enthalten.

> Die normale Wissenschaft als die Betätigung, mit der die meisten Wissenschaftler fast zwangsläufig ihr ganzes Leben verbringen, gründet auf der Annahme, dass die wissenschaftliche Gemeinschaft weiß, wie die Welt beschaffen ist. [] Die normale Wissenschaft unterdrückt zum Beispiel oft fundamentale Neuerungen, weil diese notwendigerweise ihre Grundpositionen erschüttern. Und trotzdem, solange diese noch ein Element der Willkür enthalten, bietet gerade das Wesen der normalen Forschung die Gewähr dafür, dass das Neue nicht sehr lange unterdrückt wird.[28]

---

[27] Kuhn, Thomas S.: Die Struktur wissenschaftlicher Revolutionen. Suhrkamp, Frankfurt, 1996[13], S.10
[28] Kuhn, Thomas S., a.a.O., S. 19f.

Aus der Geschichte sind genügend Beispiele bekannt, wie schwer es oft ist, eine neue Erkenntnis in der wissenschaftlichen Welt durchzusetzen. Aber es ist mir kein Beispiel bekannt, in denen sich eine richtige Erkenntnis nicht letztlich doch durchgesetzt hätte. War früher die Verbreitung neuer Ideen durch die beschränkten Vervielfältigungs- und Kommunikationsmöglichkeiten beschränkt, so verbreiten sich Neuigkeiten heute in Windeseile um den ganzen Globus, sind oft schon kurz nach der Publikation in Fachjournalen in der Tagespresse zu finden. Ein Beispiel wäre der neueste Fund spanischer Anthropologen, die neue Funde in Nordspanien gemacht haben und mit dem von ihnen so genannten „homo antecessor" einen weiteren Ahnen der Europäer ausgemacht habe. Diese Funde wurden in der Science (Bd. 276, S. 1392, 1997) näher beschrieben und kurz darauf wurde z.B. in der Süddeutschen Zeitung darüber berichtet (Glaubrecht, Matthias: Ein neuer Ahne der Europäer. Süddeutsche Zeitung, 5.6.1997). Durch das Internet hat die Verbreitungsgeschwindigkeit noch einmal erheblich zugenommen.

Kuhn beschreibt, vielleicht etwas karikierend, die Tätigkeit eines Wissenschaftlers vornehmlich als Aufräumtätigkeiten, mit denen sie während ihrer gesamten Laufbahn beschäftigt sind. Sie pressen dabei die Natur in die vorgeformte und relativ starre Schublade, welche das Paradigma darstellt.

> Vielleicht sind das Mängel. [] Diese Einengungen aber, die das Vertrauen zu einem Paradigma zeitigt, erweisen sich als wesentlich für die Entwicklung der Wissenschaft. Durch die Konzentration der Aufmerksamkeit auf einen kleinen Bereich relativ esoterischer Probleme zwingt das Paradigma die Wissenschaftler, ein Teilgebiet der Natur mit einer Genauigkeit und bis zu einer Tiefe zu untersuchen, die sonst unvorstellbar wären.[29]

Diese Einengung bringt es mit sich, dass das Spezialistentum immer größer wird und nur noch ebenbürtige Spezialisten beurteilen können, was von ihren Kollegen erforscht wird. Andererseits zeigt sich z.B. bereits bei einem System, wie dem innerbetrieblichen Vorschlagswesen, wie viele Ideen und Verbesserungsvorschläge von einfachen Arbeitern gemacht werden, die ihr Arbeitsgebiet sehr gut kennen.

---

[29] Kuhn, Thomas S., a.a.O., S. 38

Wie kommt es aber nun überhaupt zu Änderungen? Man könnte doch zunächst meinen, dass einmal eingeführte Verfahren, die sich längere Zeit bewährt haben, keinen Anlass für irgendeine Verbesserung bieten.

> In der Wissenschaft tritt das Neue [] nur mit einer sich durch Widerstand manifestierenden Schwierigkeit zutage, und zwar vor einem durch Erwartung gebildeten Hintergrund.[30]

Irgendwann kommt es aber zu der Beobachtung von Anomalien, die anfangs noch unterdrückt oder in bestimmter Weise erklärt werden können, sich aber letztlich nicht beseitigen lassen.

> Eine Anomalie stellt sich nur vor dem durch das Paradigma gelieferten Hintergrund ein. Je exakter und umfassender dieses Paradigma ist, desto empfindlicher ist es als Indikator für Anomalien und damit für einen Anlas zu einer Paradigmaveränderung.[31]

Was aber wird an die Stelle eines bestehenden Paradigmas gesetzt? Nach Kuhn muss der Wissenschaftler eine neue Vorstellung entwickeln, in der Naturwissenschaft meist untermauert durch Experimente, Funde, Vergleiche. Er kann also nicht einfach das Bestehende ablehnen ohne dem etwas Neues hinzuzufügen.

> Ein Paradigma ablehnen, ohne gleichzeitig ein anderes an seine Stelle zu setzen, heißt die Wissenschaft selbst ablehnen.[32]

Im Zuge der Weiterentwicklung der Wissenschaft kommt es also, wie wir gesehen haben zur Aufdeckung von Anomalien die sich zu einer Wissenschaftskrise entwickeln können. Dabei beginnen alle Krisen

> mit einer Aufweichung eines Paradigmas und der sich daraus ergebenden Lockerung der Regeln für die normale Forschung. (S. 97)

---

[30] Kuhn, Thomas S., a.a.O., S. 76
[31] Kuhn, Thomas S., a.a.O., S. 77
[32] Kuhn, Thomas S., a.a.O., S. 92

Kuhn beschreibt dann auch weiter, wie Krisen wieder enden. Bei der Bewältigung können auch Gedankenexperimente eine Rolle spielen, durch die die

> Wurzel der Krise mit einer im Labor nicht zu erreichenden Deutlichkeit herausgehoben wird. (S.101)

Zwar schreibt Kuhn, dass sich die normale Wissenschaft meist die Philosophie vom Leib hält, hier wird der „Geist" aber auf den 'nackten Sinnesdaten' erkenntnistheoretisch wirksam.

Kuhn macht dann aber auch noch auf einen Konflikt aufmerksam, der beim Auftauchen konkurrierender Paradigma entstehen kann, dass man nämlich mit Kriterien der normalen Wissenschaft nicht zwischen den unterschiedlichen Standpunkten entscheiden kann.

> In dem Maße [] in dem die Auffassungen zweier wissenschaftlicher Schulen darüber, was ein Problem und was eine Lösung ist, auseinandergehen, werden sie zwangsläufig aneinander vorbeireden, wenn sie über die Vorzüge der jeweiligen Paradigmata diskutieren. In den sich regelmäßig ergebenden, teilweise im Kreis laufenden Argumenten wird für jedes Paradigma gezeigt, dass es mehr oder weniger den Kriterien, die es sich selbst vorschreibt, gerecht wird und einigen jener Kriterien, die ihm von seinen Gegnern zudiktiert werden, nicht völlig genügt.[33]

Die Gründe für das Aneinandervorbeireden und das Nichtgelingen der Versöhnung zweier divergierender Standpunkte, bezeichnet Kuhn als die Inkommensurabilität konkurrierender Paradigmata deren Vertreter wie in verschiedenen Welten leben. Eine Lösung scheint ihm nicht schrittweise möglich, sondern nur durch einen Gestaltwandel. In der Praxis sieht es aber häufig so aus, dass eine Lösung für einen bestimmten Zeitraum überhaupt nicht möglich ist, denn auch Wissenschaftler

> sind ja nur Menschen [die] ihre Irrtümer nicht immer zugeben können, auch nicht dann, wenn sie mit einem einwandfreien Beweis konfrontiert werden. (S. 162)

> Die Übertragung der Bindung von einem Paradigma auf ein anderes ist eine Konversion, die nicht erzwungen werden kann. (S. 162)

---

[33] Kuhn, Thomas S., a.a.O., S. 122

In solchen Situationen helfen dann auch keine Überredungskünste und Konversionen geschehen manchmal erst, nachdem die letzten Widerstandleistenden gestorben sind.

Was geschieht aber eigentlich, wenn sich ein Paradigma nun endlich durchgesetzt hat, kommt dadurch die Wissenschaft, wenn auch mühsam, der „Wahrheit" allmählich näher? Nach Kuhn: nein, denn

wir müssen vielleicht die - ausdrückliche oder unausdrückliche - Vorstellung aufgeben, dass der Wechsel der Paradigmata die Wissenschaftler und die von ihnen Lernenden näher und näher an die Wahrheit heranführt.[34]

Denn das wäre ja ein mögliches Ziel der Wissenschaft. Aber worin könnte man das Ziel eigentlich sehen?

Kuhn verweist in diesem Zusammenhang auf Darwin, der durch seine Forschungen den Menschen die Illusion nahm, dass die Evolution ein zielgeleiteter Vorgang sei und dass es eine „Idee" des Menschen gebe, die seit der Erschaffung des Lebens präsent gewesen sei, vielleicht sogar im Geiste Gottes.

> Für viele Menschen war die Verabschiedung dieser teleologischen Form der Evolution das Bedeutungsvollste und am wenigsten Angenehme an Darwins Anregungen." (S. 183) „Sogar solch wunderbar angepaßte Organe wie das Auge oder die Hand des Menschen [] waren Ergebnisse eines Prozesses, der sich zwar stetig von primitiven Anfängen *fort*, aber nicht auf ein Ziel *hin* bewegte.[35]

---

[34] Kuhn, Thomas S., a.a.O., S. 182
[35] Kuhn, Thomas S., a.a.O., S. 183f.

C. Intersubjektivität

Bevor das Verhältnis von Anthroposophie zu den anderen Wissenschaften genauer untersucht werden soll, ist auf einen Punkt einzugehen, der für die Naturwissenschaften selbstverständlich ist, aber auch von Rudolf Steiner für die anthroposophischen Erkenntnisse in Anspruch genommen wird: die Behauptung, dass die Ergebnisse intersubjektiv überprüfbar sind. Ich folge hier dem Gedankengang von Sven Ove Hansson[36] von der Universität in Uppsala, der sich mit der Frage auseinandergesetzt hat, ob Anthroposophie als Wissenschaft bezeichnet werden kann.

Steiner gibt dazu ein Beispiel, dass die eingeweihten Menschen zu den gleichen Erkenntnissen gelangen: „So gewiß zwei richtig sehende Menschen einen runden Tisch rund sehen, und nicht einer rund und der andere viereckig, so gewiß stellt sich vor zwei Seelen beim Anblicke einer blühenden Blume dieselbe geistige Gestalt."[37]
Das mit 'rund' und 'eckig' mag ja noch angehen aber schon bei der allgemeinen Gestalt des Tisches wird ein Schreiner wahrscheinlich ganz andere Wahrnehmungen haben, als ein Koch, der ihn zu decken hat oder ein Antiquitätenhändler, der ihn verkaufen will. Gleiches gilt für die blühende Blume.
Sollten zwei *Geheimschüler* nicht zu den gleichen Erkenntnissen gelangen, so hätten sie Fehler gemacht. Wenn es schon bei dem Beispiel des Tisches oder der Blume schwierig ist, festzustellen, was nun genau wahrgenommen wird, wie soll dies dann im *übersinnlichen* Bereich funktionieren.

---

[36] Hansson, Sven Ove: Is Anthroposophy Science? Conceptus, XXV (64), 1991, S. 37- 49
[37] Steiner, Rudolf: Wie erlangt man Erkenntnisse der höheren Welten (GA 10). Fischer, Frankfurt, 1985, S. 46

Steiner schreibt dazu:

> Wer, ohne auf bestimmte Tatsachen der übersinnlichen Welt den Seelenblick zu richten, nur 'Übungen' macht, um in die übersinnliche Welt einzutreten, für den bleibt diese Welt ein unbestimmtes, sich verwirrendes Chaos. Man lernt sich einleben in diese Welt gewissenmaßen [sic!] naiv, indem man sich über bestimmte Tatsachen derselben unterrichtet, und dann gibt man sich Rechenschaft, wie man - die Naivität verlassend - vollbewusst selbst zu den Erkenntnissen gelangt. Man wird sich, wenn man in geheimwissenschaftliche Darstellungen eindringt, überzeugen, dass ein sicherer Weg zu übersinnlicher Erkenntnis doch nur dieser sein kann.[38]

Der Übende muss dabei seine Visionen mit denen vergleichen, die sein Lehrer (als inspirierter Vorgänger) hat und seine eigenen Visionen sind nur wahr, wenn sie mit denen des Lehrers übereinstimmen. Dieses Kriterium definiert die Art der Intersubjektivität. Wenn jeder Schüler die Authentizität seiner Visionen mit denen seines Lehrers abgleicht und jeder den gleichen Lehrer benutzt, sind die Visionen intersubjektiv vergleichbar.

Daraus ergeben sich aber zwei epistemologische Probleme:

- Da es verschiedene okkulte Vorgänger mit verschiedenen Erkenntnissen gibt, wie kann man (intersubjektiv) herausfinden, wessen Erkenntnisse die wirklichen sind?
- Wenn Führung durch einen Lehrer notwendig ist, wie erlangte der erste okkulte Lehrer seine Erkenntnisse?[39]

Steiner scheint keines dieser beiden Probleme gelöst zu haben. Steiners Intersubjektivität besteht daher in der Unterordnung unter eine Autorität, deren überlegener Zugang zur höheren Erkenntnis nur vereinbart wird. Dies ist zwar eine Intersubjektivität, aber eine autoritäre.

---

[38] Steiner, Rudolf: Geheimwissenschaft im Umriß (GA 13). Fischer, Frankfurt, 1985, S. 50
[39] Hansson, Sven Ove, a.a.O., S.41:
(1) Since there are different occult forerunners with different teachings, how do we (intersubjectively) find out which are the genuine ones?
(2) If the guidance of a teacher is necessary, where did the first occult teacher get his knowledge from?

Ein wichtiger Einwand in diesem Zusammenhang ist, dass Steiner das Universum danach modelliert, was letztlich ein ganz persönlicher und individueller Akt ist, nämlich das Denken. Wenn angenommen wird, dass ich während des Denken über dieses Denken eine intellektuelle Intuition dieses Denkens haben kann, dann folgt daraus noch nicht, dass das, was ich intuiere eine einzige Aktivität ist, die die Wurzel des gesamten Universums ist.

Copleston bemerkt dazu:

> ... ein Gespräch über das 'transzendentale Ego' verpflichtet uns nicht, zu sagen, dass es ein und nur ein einziges derartiges Ich gibt, so wie es die Generalisierungen eines Mediziners über 'den Magen' ihn nicht dazu verpflichtet, zu glauben, dass es nur einen einzigen Magen gibt.[40]

Gerhard Vollmer schreibt ganz richtig, dass zum Erkennen der Welt eine gewisse Gemeinsamkeit in unserem Erkennen, ein Mindestmaß an Intersubjektivität notwendig ist:

> Wären unsere Ansichten über und unsere Einsichten in die Welt so persönlich, so individuell, so subjektiv und deshalb auch so verschieden wie etwa unsere Träume, so dürften wir kaum wagen, von Erkenntnis zu sprechen.[41]

In dem Sinne bin ich der Meinung, dass Rudolf Steiners Weltansicht eben eine ganz persönliche, subjektive war, die kein Mensch nach ihm objektiv nachvollziehen konnte. Ich kann mich als Psychotherapeut auch in die Träume meines Klienten einfühlen, werde aber nie erfahren, ob er dies wirklich geträumt hat, werde nie in der Lage sein (wie in Karl Valentins Ententraum) in der nächsten Nacht das Gleiche zu träumen und werde mir darüber hinaus immer im Klaren bleiben, dass es sich um Träume, nicht um die Realität handelt. Steiners Kosmos soll jedoch, so wird es jedenfalls von der Mehrzahl der Anthroposophen vertreten, als die Realität, ja als die geistige Wahrheit, akzeptiert werden. Vielleicht schieße ich mit der folgenden Behauptung auch etwas übers Ziel hinaus, aber bei weitem nicht so weit, wie Steiners Adepten ihrerseits gestoßen sind, wenn ich behaupte, dass nach Steiner keiner, ohne

---

[40] Copleston, Frederick: A History of Philosophy. Vol. 7, Part 1, Doubleday, NY, 1965, S.65. Zitiert nach: Smook, Roger: Rudolf Steiner on the presupposition of Goethean Science. Idealistic Studies, 22, 1992, S. 71:
„... talk about the 'transcendental ego' no more commits us to saying that there is one and only one such ego than a medical writer's generalizations about 'the stomach' commits him to holding that there is one and only one stomach."
[41] Vollmer, Gerhard: Evolutionäre Erkenntnistheorie. S. Hirzel, Stuttgart, [6]1994, S. 211

einer Selbsttäuschung anheimzufallen, den Kosmos, den Traum Steiners selbst erleben konnte.

Traumdeutung ist in der Tiefenpsychologie ein anerkanntes und wichtiges Mittel, Zugang zur geistigen Welt eines anderen Menschen zu finden, die Realität wird damit aber nie bewiesen. Insofern mag auch das Studium des Riesenwerkes Rudolf Steiners interessant sein, wenn man sich für die Geschichte der Philosophie, für Mythos, Mythisches, Metaphysik interessiert, man soll aber nicht glauben, damit über die Welt hinaus gelangen zu können.

D. Objektivitätskriterien

Vollmer hat darauf hingewiesen, dass zwar Intersubjektivität eine notwendige Voraussetzung ist, um sich über wissenschaftliche Erkenntnisse zu verständigen, jedoch keine hinreichende. Man denke nur an gemeinsame Irrtümer, kollektive Halluzinationen (z.B. der kollektive Massenselbstmord bei Auftauchen des Kometen Hale-Bop), Massenpsychosen, Sinnestäuschungen, einstimmige Fehlentscheidungen aufgrund falscher Theorien.

Das gemeinsame an den oben bereits aufgeführten Objektivitätskriterien ist

> die Unabhängigkeit der fraglichen Strukturen von gewissen Veränderungen, ihre Invarianz unter bestimmten Transformationen. So können wir sagen: Eine Aussage ist objektiv nur dann, wenn sie, d.h. ihre Wahrheit, invariant ist gegenüber einem Wechsel in den Bedingungen, unter denen sie formuliert wurde, wenn sie also unabhängig ist von dem Beobachter, vom Bezugssystem, von der Methode, mit der sie geprüft wird, und von den Konventionen.[42]

Vielleicht wird das bisher ausgeführte noch etwas deutlicher, wenn ich versuche, die Objektivitätskriterien, die Vollmer[43] aufgestellt hat, mit der Anthroposophie zu konfrontieren.

---

[42] Vollmer, Gerhard: Mesokosmos und objektive Erkenntnis. In: Vollmer, Gerhard: Was können wir wissen? Band 1: Die Natur der Erkenntnis. Hirzel, Stuttgart, 1988, S. 92
[43] Vollmer, Gerhard, Evolutionäre Erkenntnistheorie, S. 32

Objektivitätskriterien		Anthroposophie
a) intersubjektiv verständlich:	Wissenschaft ist keine Privatangelegenheit. Wissenschaftlich relevante Aussagen müssen mitteilbar und deshalb in einer gemeinsamen Sprache formuliert sein	Anthroposophie ist eine Privatschöpfung Rudolf Steiners. Er benutzt teilweise Begriffe aus anderen Philosophien (Ätherleib, Astralleib) allerdings mit z.T. anderen Bedeutungen, andererseits Neuschöpfungen (Geistselbst, Lebensgeist) die nur von Anthroposophen verstanden werden können
b) Unabhängig vom Bezugssystem:	Nicht nur die Person des Beobachters soll irrelevant sein, sondern auch sein Standort, sein Bewusstseinszustand, seine „Perspektive"	Objektiv ist man nach Meinung der Anthroposophen nur dann, wenn man ihren Standpunkt einnimmt. Nähert man sich ihnen mit einer anderen Perspektive, wird man schnell abgelehnt, ins materialistische, ahrimanische Lager abgeschoben
c) Intersubjektiv nachprüfbar:	Jeder soll die Aussage kontrollieren, d.h. sich durch geeignete Maßnahmen von ihrer Richtigkeit überzeugen können	Die angebliche Richtigkeit kann nur durch jahrelange Geistesschulung überprüft werden und wenn, dann ist es eine persönliche, nicht eine weiter vermittelbare Einsicht
d) Unabhängigkeit von der Methode:	Die Richtigkeit einer Aussage darf nicht von der Methode abhängen, die man zu ihrer Überprüfung verwendet. Nach diesem Kriterium ist die Behauptung „ein Elektron ist ein Teilchen" nicht objektiv (und deshalb wissenschaftlich falsch)	Die Richtigkeit ist ausschließlich mit der von Steiner angegebenen Methode feststellbar; alle anderen Versuche werden als ungeeignet abgelehnt
e) Nicht konventionell:	Die Richtigkeit einer Aussage darf auch nicht auf einem Willkürakt (z.B. einem Beschluss, einer Konvention) beruhen.	Die Richtigkeit ist intersubjektiv nicht objektivierbar, da sie nur auf dem Werk Rudolf Steiners, auf seiner „Privatphilosophie", der Anthroposophie beruht.

Nun wäre es sehr befriedigend, wenn unsere Invarianzbedingungen nicht nur notwendig wären, sondern auch für die Objektivität hinreichend.

> Aber sie sind es nicht []. Das ist bedauerlich, spiegelt aber lediglich den hypothetischen Charakter aller Erkenntnis, also die grundsätzliche Unmöglichkeit, die Wahrheit unseres Wissens mit endgültiger Gewißheit zu garantieren.[44]

E. Grenzen unseres Wissens

Es soll hier noch einmal Bezug genommen werden auf einen Punkt, der weiter oben schon angeklungen ist, wie weit wir überhaupt Aufschluss über die uns umgebende Welt erhalten können. Ich schließe mich hier den Gedankengängen der Evolutionären Erkenntnistheorie an, die unsere Erkenntnisfähigkeit als Ergebnis eines evolutionären Prozesses auffasst, durch den wir in die uns umgebende mesokosmische Welt eingepasst sind.

> Was wir wissen, wissen wir durch unsere Sinne; und Objekte, die nicht sinnlich wahrgenommen werden können, können auch nicht erkannt werden. Jeglicher Versuch, Erkenntnis mit anderen Mitteln zu erreichen, ist dazu verurteilt rein spekulativ zu bleiben.[45]

Im Prinzip wären auch

> andere kognitive Systeme Gott, Engel, übersinnliche oder nicht-begriffliche, rein anschauende Wesen) [] möglich und widerspruchsfrei denkbar. Wir können jedoch keine klare Vorstellung von ihnen haben, da wir in unsere kognitiven Strukturen eingeschlossen sind, die spezifisch *menschliche* Erkenntnisbestandteile sind.[46]

Dieser Standpunkt wird in anthroposophischen Kreisen ganz und gar nicht geteilt. Diese Vorannahme über den Status der Wirklichkeit wird als Voraussetzung eine bestimmt gearteten Forschungsprozesses angesehen, der Vorannahmen nur bestätigt, weil er eine Folge dieser Vorannahmen ist. Zum Problem des Geistes meint z.B. Lorenzo Ravagli:

---

[44] Vollmer, Gerhard: Mesokosmos und objektive Erkenntnis. In: Vollmer, Gerhard: Was können wir wissen? Band 1: Die Natur der Erkenntnis. Hirzel, Stuttgart, 1988, S. 93

[45] Vollmer, Gerhard: Kant und die Evolutionäre Erkenntnistheorie. In: Vollmer, Gerhard: Was können wir wissen? Band 1: Die Natur der Erkenntnis. Hirzel, Stuttgart, 1988, S. 205

[46] Vollmer, Gerhard: Kant und die Evolutionäre Erkenntnistheorie. In: Vollmer, Gerhard: Was können wir wissen? Band 1: Die Natur der Erkenntnis. Hirzel, Stuttgart, 1988, S. 201

Die Vorannahme, dass es keinen Geist gibt, wird Forschungsmethoden aus dem Zusammenhang der Wissenschaften ausschließen, die nicht auf sinnlicher oder apparativer Beobachtung beruhen. Die sinnlichen und apparativen Beobachtungsmethoden können den Geist nicht erfassen, deswegen soll es keinen Geist geben. Wer Gott durch das Fernrohr nicht beobachten kann, behauptet, er existiere nicht. Die so verstandene Wirklichkeit wird aber nicht durch die Sinne oder Apparate konstituiert, sondern durch den menschlichen Geist. Auch die Einschätzung der Bedeutung sinnlicher oder apparativer Beobachtung für die menschliche Erkenntnis entstammt dem menschlichen Geist. Wenn man den Geist als Wirklichkeit erfassen will, muß man Beobachtungsmethoden als wissenschaftlich gelten lassen, die es zulassen, dass der Geist beobachtet wird. Dadurch sind von vornherein alle naturwissenschaftlichen Beobachtungsmethoden ausgeschlossen. Man kann aber nicht den Begriff der Wissenschaft für identisch mit dem Begriff der Naturwissenschaft erklären.[47]

An dieser Position ist vielerlei zu kritisieren: wenn es einen Geist gibt, dann muss man erwarten können, dass er sich in irgendeiner Art und Weise zu erkennen gibt, genauso wie Gott. Dass man ihn mit dem Fernrohr nicht beobachten kann ist wohl trivial, aber man kann, wenn man den Geist oder Gott wissenschaftlich im oben geschilderten Sinne greifbar machen will, erwarten, dass es eine andere Möglichkeit gibt, die den geforderten Kriterien genügt, durch die er sich offenbaren kann.

Wenn die Anthroposophie wissenschaftliche Beobachtungsmethoden kennt, mit denen man den Geist erkennen kann, dann wäre es eine große Bereicherung für die *scientific community*, wenn sie diese der wissenschaftlichen Fachwelt vermitteln würde. Anzunehmen ist jedoch, dass es sich wieder um Methoden handelt, für die man sich eine höhere Erkenntnis angeeignet haben muss, eine Forderung die der Intersubjektivität und Objektivität entbehrt und daher wissenschaftlich wertlos ist.

---

[47] Lorenzo Ravagli: persönliche Mitteilung vom 29. Mai 1997

F. Wissenschaft vs. Mythos

Nachdem oben versucht wurde, sich dem Begriff der Wissenschaft anzunähern soll dieser noch vom Mythos abgehoben werden. Dabei stellt sich heraus, dass auch dieser Begriff nicht leicht zu fassen ist. Der Innsbrucker Althistoriker Franz Hampl hat sich intensiv mit diesem Thema auseinandergesetzt und versucht *Mythos*, *Sagen*, *Märchen* und *Legenden* voneinander abzugrenzen[48]. Wir werden später bei den Ansichten der Naturvölker diesem Thema wieder begegnen. Hampl zeigt, dass der Sprachgebrauch durchaus schillernd ist und Wissenschaftler, die vorschnell Überlieferungen einem bestimmten Typus zuordnen wollen, meistens damit fehl gehen. Ohne späteren Überlegungen vorgreifen zu wollen möchte ich hier schon anmerken, dass mir die Anthroposophie wie eine Mischung aus obigem vorkommt: eine Prise Mythologie, gemischt mit Sagen und überhöht durch einen Bechstein'schen Kunstmärchenüberbau. Gegen eine solche Mischung wäre an sich nichts einzuwenden, würde sie nicht als **die** Philosophie, **die** Wissenschaft und als **die** Wahrheit ausgegeben.

Kann man sich aber nun wenigstens schrittweise dem nähern, was vielleicht die Wahrheit sein könnte? Wie ist es um die Grundlagen bestellt, auf denen man seine Erkenntnissuche aufbaut? Darüber unterhält sich Aristoteles mit Galilei und aus dem Gespräch seien nur einige Sentenzen zitiert:

> ARISTOTELES: Auch jedes Paradigma schwebt vor einem metaphysischen, wenn Sie wollen, mythologischen Hintergrund
> GALILEI: Annahmen, die nicht beweisbar sind.
> ARISTOTELES: Nur wenn die Erfahrung regelmäßig an den Prognosen scheitert, welche das Paradigma suggeriert, müssen auch dessen Grundlagen falsch sein.[49]

Aber zurück vom Himmel auf die Erde. Neben den Inhalten der Wissenschaften, gehört es mit zum Spannendsten, zu verfolgen, wie Wissenschaft überhaupt betrieben wird, wie überhaupt Fortschritte auf den verschiedenen Gebieten erzielbar sind. Ein Denken, das relativ unabhängig ist von politischen oder religiösen Vorgaben finden wir z.B. in Griechenland und später wieder in der Renaissance. Jahrhunderte wurden aber dominiert von der

---

[48] Hampl, Franz: 'Mythos' - 'Sage' - 'Märchen. In: Geschichte als kritische Wissenschaft. Wissenschaftliche Buchgesellschaft. Darmstadt, 1975
[49] Rupert Riedl: Darwin, Zeus und Russells Huhn. Gespräche zwischen Himmel und Erde. Kremayr & Scheriau, Wien, 1994, S. 106

katholischen Kirche, die versuchte die Wirklichkeit qua Religion festzulegen. Der Inquisitionsprozeß, mit dem man Galilei mundtot machte gibt dafür ein beredtes Beispiel.

Man kann sagen, dass der Mensch sich zwar immer Gedanken über die ihn umgebende Welt machte, versuchte sich die Erde und den Kosmos zu erklären, die Erde mit Naturgeistern und den Himmel mit Göttern bevölkerte, aber dabei doch eingebettet blieb in ein mehr oder weniger lange stabiles Weltbild.
Im Zeitalter der Aufklärung änderte sich dies rapide und was gestern galt, war heute bereits ungültig.

> Das Unglück des Menschen rührt daher, dass er nicht still in seinem Zimmer bleiben will, dort wo er hingehört. Sagt Pascal. [] Jetzt lesen sie aufwieglerische Bücher von Hugenotten oder Engländern. Oder sie schreiben Traktate oder sogenannte wissenschaftliche Großwerke, in denen sie alles und jedes in Frage stellen. Nichts soll mehr stimmen, alles soll jetzt plötzlich anders sein. [] Gott soll die Welt nicht an sieben Tagen erschaffen haben, sondern in Jahrmillionen, wenn er es überhaupt war [] und die Erde ist nicht mehr rund wie bisher, sondern oben und unten platt wie eine Melone - als ob es darauf ankäme! In jedem Bereich wird befragt und gebohrt und geforscht und geschnüffelt und herumexperimentiert. Es genügt nicht mehr, dass man sagt, was ist und wie es ist - es muß jetzt alles noch bewiesen werden, am besten mit Zeugen und Zahlen und irgendwelchen lächerlichen Versuchen.[50]

---

[50] Süskind, Patrick: Das Parfum. Diogenes, Zürich, 1985, S. 73f.

Im 20. Jahrhundert wurden die Gütekriterien für wissenschaftliche Forschung zunächst im sog. Wiener Kreis neu formuliert und anschließend heftig diskutiert. Einer der einflussreichsten Wissenschaftstheoretiker aus der Vorkriegszeit war Karl Popper, der mit dem *Falsifikationsprinzip* innerhalb des von ihm so genannten *Kritischen Rationalismus*, entschieden die Möglichkeit bestritt wissenschaftliche Sätze endgültig beweisen zu können.

> Theorien, so Popper, haben bestenfalls den Status von noch nicht widerlegten, gut bewährten Hypothesen. Die prinzipielle Möglichkeit, einen Satz durch widersprechende Erfahrungen zu widerlegen, galt für Popper im Gegenteil gerade als Abgrenzungskriterium von wissenschaftlichen, gegenüber metaphysisch-spekulativen Behauptungen. ...
> Die Möglichkeit der (immer neuen, aber niemals endgültigen) Bestätigung eines wissenschaftlichen Satzes und die seiner (endgültigen) Falsifikation markierte also für Popper den entscheidenden Unterschied zwischen Wissenschaft und Nicht-Wissenschaft (Pseudowissenschaft, Metaphysik, Mythos etc.). Doch auch Poppers Falsifikationskriterium, seine Methode der deduktiven Nachprüfung, erwies sich im wahrsten Sinne des Wortes als „zu schön um wahr zu sein".[51]

Thomas S. Kuhn zeigte 1962[52], dass die tatsächliche historische Entwicklung anders verläuft, dass sie gekennzeichnet ist von *radikalen Brüchen*, von *wissenschaftlichen Revolutionen*, von sog. ***Paradigmenwechseln***. Er folgerte, dass in 'normaler Wissenschaft' nicht eine Theorie stufenweise ausgebaut, verfeinert und immer wieder getestet wird, sondern dass es eher auf die Geschicklichkeit der Wissenschaftler ankommt mit den durch „widerspenstige Erfahrungen" erzeugten Schwierigkeiten fertig zu werden.

---

[51] Barz, Heiner: Anthroposophie im Spiegel von Wissenschaftstheorie und Lebensweltforschung. Zwischen lebendigem Goetheanismus und latenter Militanz. Deutscher Studienverlag, Weinheim, 1994, S. 86
[52] Kuhn, Thomas S.: Die Struktur wissenschaftlicher Revolutionen, Frankfurt, 1976 (amerikanische Originalausgabe 1962)

Heiner Barz geht in dem oben zitierten Buch ausführlich auf diese wissenschaftstheoretischen Entwicklungen ein und beschäftigt sich besonders mit den Arbeiten von Paul K. Feyerabend und deren Auswirkungen auf die Wissenschaftstheorie. Nach Feyerabend ist der

> Verstoß gegen akzeptierte Regeln wissenschaftlichen Arbeitens, die Verwendung von Ad-hoc-Hypothesen und geschickter Propaganda, das Außerachtlassen von widersprechenden Tatsachen etc. - kurz diese liberale Praxis ... nicht bloß eine *Tatsache* der Wissenschaftsgeschichte. Sie ist sowohl vernünftig, als auch *schlechthin notwendig* für den Erkenntnis-fortschritt.[53]

Feyerabend rehabilitiert in seinen Werken das mythische Denken und lässt nicht gelten, dass das wissenschaftliche Denken höher bewertet wird, als die mythischen Traditionen. Die angebliche Verschiedenheit von Mythos und Wissenschaft wird von ihm ebenfalls als Mythos entlarvt. Statt dessen plädiert er für eine Gleichberechtigung aller Traditionen unter dem oben zitierten Schlagwort „anything goes".

Barz kommt nach ausführlicher Diskussion in Bezug auf die Anthroposophie zu folgendem Ergebnis:

> Auch in dem durch Feyerabend geweiteten Horizont der neueren Wissenschaftstheorie bleibt die Prüfung ebenso der Resultate, wie der Ansprüche anthroposophisch inspirierter „Wissenschaft" eine nach wie vor anstehende Aufgabe. Weder die pauschale Rehabilitierung noch die generelle Abqualifizierung der zahllosen Steinerschen Geheimlehren steht dementsprechend als Konsequenz postmoderner Wissenschaftstheorie ins Haus.[54]

---

[53] Barz, Heiner (1994), a.a.O., S. 95
[54] Barz, Heiner (1994), a.a.O., S. 155

G. Der Mythos objektiver Forschung

Nach all diesen Ausführungen soll nun allerdings noch einige Einschränkungen gemacht werden, die man sich bei allen wissenschaftlichen Arbeiten vor Augen halten sollte. Wissenschaft wurde seit allen Zeiten immer von Menschen betrieben und Menschen sind nicht frei von ihren subjektiven Vorlieben, nicht frei von Konkurrenzdenken, nicht frei von dem Wunsch nach Selbstdarstellung. Das für sich genommen müsste noch nicht dagegen sprechen, das dasjenige, was erforscht wird, nach allen Regeln der Kunst, die oben geschildert wurden abgesichert wird, um es so objektiv wie möglich darzustellen und für die wissenschaftlichen Kollegen nachprüfbar zu machen.

Hinzu kommt nun allerdings, dass der starke persönliche Wunsch bestimmte Forschungsergebnisse vorweisen zu können, dazu führen kann, dass die Daten bewusst verfälscht werden, z.B. um die Daten eine Theorie anzupassen.

Man kann zwar argumentieren, dass Fälscher selten sind und dass durch die wissenschaftliche Selbstzensur Betrügereien irgendwann ans Licht kommen.

> Für diese Ansicht mag man ins Feld führen, dass in der über 2000-jährigen Geschichte der wissenschaftlichen Fälschungen die Lügen immer kürzere Beine gehabt haben. Im Fall von Ptolemäus dauerte es 1500 Jahre, bis man erkannte, dass die von ihm beschriebenen Himmelskonstellationen unmöglich von ihm selbst beobachtet werden konnten. Es dauerte 250 Jahre, bis die Datenmanipulationen von Isaac Newton erkannt wurden, 100 Jahre, bis die Unstimmigkeiten in Gregor Mendels Ergebnissen identifiziert werden konnten, und 20 Jahre, bis die Fälschungen des berühmten englischen Psychologen Cyril Burt über den Intelligenzquotienten von Kindern ans Tageslicht traten.
>
> Neuere Skandale werden inzwischen meist nach einem Jahr bis zu maximal zehn Jahren aufgeklärt.
>
> Diesem positiven Bild widerspricht die Häufung der entdeckten Fälschungen der vergangenen zwanzig Jahre; vieles deutet darauf hin, dass die großen Skandale nur die Spitze des Eisbergs sind. Unter der Oberfläche schlummern unentdeckte Fälschungen, kleine Schwindel, absichtliche Unterlassungen und grobe Fahrlässigkeiten. Würde man alldem noch die alten Fehler zurechnen, die infolge des paradigmatischen Denkens der "normalen Wissenschaft" zustande kommen, bliebe von der postulierten Objektivität und Wahrheitstreue nicht viel übrig.[55]

---

[55] Blum, André: Der Mythos objektiver Forschung. Die Zeit, 11.6.1998

Nun ist es nicht so, dass damit alle Objektivität aus der Wissenschaft vertrieben wäre.

> Es trifft eben nicht zu, dass Wissenschaft und Mythos bloß verschiedene Manifestationen einer Glaubensperspektive darstellen. Andererseits hat eine relativistische Haltung - in Anbetracht subjektiver Forscherinteressen und einer verbreiteten Tendenz, paradigmatische wissenschaftliche Beobachtungen zur Wahrheit zu erklären - durchaus auch ihre Berechtigung. Die Flucht in den Relativismus und die Flucht in die Objektivität sind letztlich sehr ähnliche Reaktionen angesichts der für viele Forscher bedrohlichen Tatsache, dass "die Wahrheit" eine romantische Erfindung darstellt.[56]

Nun könnte man argumentieren, dass man ja lediglich die Ergebnisse zu überprüfen bräuchte, wenn einem die Daten, die ein Kollege vorgelegt hatte, suspekt vorkämen. Dies sei sowieso die wissenschaftliche Praxis, dass durchgeführte Experimente ständig wiederholt würden. Aber dazu noch einmal Blum:

> Es spricht allerdings einiges gegen dieses Credo. Das beginnt damit, dass die finanziellen Mittel zur Reproduktion fremder Experimente in der Regel fehlen. Überdies möchten Forscher gerne eigene Ideen verwirklichen. Die Motivation, Experimente anderer Wissenschaftler nachzuahmen, ist äußerst gering. Zudem scheitert dies auch an ganz praktischen Gründen: Der Methodenteil früherer Publikationen ist in der Regel unvollständig, zum einen Teil absichtlich und zum anderen Teil aus Platzproblemen. Das Reproduzieren von Fremdexperimenten zur Überprüfung des Wahrheitsgehaltes ist letztlich ein Postulat der Wissenschaftsphilosophen; kein einziger unserer Forschungskollegen hat sich, wie eine Befragung zeigte, je dieses Mittels bedient. Das Postulat der Reproduzierbarkeit ist ein Mythos ohne praktische Relevanz.[57]

---

[56] Blum, André, a.a.O.
[57] Blum, André, a.a.O.

H. Wissenschaft vs. Glauben

Ein großes Problem stellt heute dar, dass man als Laie kaum noch Möglichkeiten hat, den Wahrheitsgehalt von wissenschaftlichen Ergebnissen zu überprüfen.

Der dänische Schriftsteller Peter Høeg hat es auf den Punkt gebracht:

> Wir leben alle ein Leben in blindem Zutrauen zu denen, die die Entscheidungen treffen. Wir vertrauen der Wissenschaft. Weil die Welt unüberschaubar, alle Information unsichtbar ist. Wir akzeptieren die Existenz eines runden Erdballs, wir akzeptieren die Existenz von Atomkernen, die wie Tropfen zusammengehalten werden, von einem sich krümmenden Raum, von der Notwendigkeit des Eingriffs in das genetische Material. Nicht weil wir wissen, dass das richtig ist, sondern weil wir denen, die es uns erzählt haben, glauben. Wir sind allesamt Proselyten der Wissenschaft. Doch im Gegensatz zu den Anhängern anderer Religionen lässt sich der Abstand zwischen uns und den Priestern nicht mehr überbrücken. Die Schwierigkeiten entstehen, wenn man über eine offensichtliche Lüge stolpert.[58]

Dazu schreibt Dieter Simon[59]:

> Den Priestern ist dieser Gedanke gegenwärtig wesentlich unsympathischer als ihren Anhängern. Denn anders als diese wissen sie genau und spüren sie täglich, wie sehr sie auf die Proselyten angewiesen sind. Und es tröstet sie nur wenig, zu wissen, dass auch die Getreuen von ihnen abhängen. Denn die Getreuen erkennen die Lage nicht hinreichend und proben immer wieder den Aufstand. Es mangelt ihnen an Vertrauen. Vertrauen ist ein kostbares Gut und schneller verscherzt als erworben. Wer den Priester bei einer Lüge erwischt hat, verzeiht ihm nicht einmal mehr seine Irrtümer.
> Deshalb macht die Wissenschaft jetzt große Anstrengungen, um das Vertrauen der ihr Ausgelieferten zurückzugewinnen. Viele Rezepte sind im Handel. Favorit ist zur Zeit das Verstehenskonzept. Die Proselyten sollen verstehen, was die Priester machen, um ihnen wieder zu trauen. Ganz einleuchtend ist das nicht, denn bekanntlich wächst mit der Einsicht auch die Fähigkeit zur Kritik. Wissen und Glauben treten nach wie vor gern gegeneinander an. Aber ein Versuch kann jedenfalls nicht schaden.[60]

---

[58] Høeg, Peter: Fräulein Smillas Gespür für Schnee. Rowohlt, Frankfurt, 1999, S. 472
[59] Präsident der Berlin-Brandenburgischen Akademie der Wissenschaften und Direktor des Max-Planck-Instituts für Europäische Rechtsgeschichte in Frankfurt am Main
[60] Simon, Dieter: Ein Strom fließt. Süddeutsche Zeitung, 6.12.2000

Peter Høeg ist der Meinung, dass die Schriftsteller früher sehen, als die Wissenschaftler, wohin wir uns bewegen.

> Bei dem, was wir in der Natur finden, geht es nicht so sehr darum, was da zu finden ist. Was wir finden, entscheidet sich einfach dank unserer Möglichkeit zu verstehen.[61]

I. Anthroposophische Sichtweise

In der Frage nach den Grenzen unserer wissenschaftlichen Erkenntnis und der Abgrenzung vom Mythos stand ich über längere Zeit mit Anthroposophen im Briefwechsel. Von Wolfgang Ebert-Lucchini wurde mir beispielsweise entgegengehalten:

Du suchst den Bauern im Heuhaufen. Die Anthroposophen behaupten, wenn man den Heuhaufen verlässt und die Welt außerhalb des Heuhaufens betritt, dann hat man die Möglichkeit den Bauern zu finden. Du aber weigerst Dich eine Welt außerhalb des Heuhaufens zu denken. Deiner Meinung nach muss der Bauer, dessen Wirken Du nicht leugnen kannst (der Heuhaufen ist ja schließlich ordentlich aufgeschichtet) irgendwie in den Strukturen des Heus versteckt sein. Wie? Nun das ist noch nicht richtig erforscht, kann aber auch nicht anders sein, da die Welt eben aus Stroh ist. Kommt nun ein Anthroposoph daher und behauptet gar den Bauern getroffen und mit ihm gesprochen zu haben, so nennst Du ihn einen Romantiker, wenn nicht gar einen Spinner und verlangst von ihm, er solle Dir erst einmal anhand des Heuhaufens die Existenz des Bauern beweisen.

Wie Du siehst, so dreht man sich nur ewig im Kreise. Ein sinnvoller Weg muss eben aus dem Heuhaufen heraus führen. Wenn dieser Weg auch gefährlich und mühsam ist, so ist es doch der einzige Weg zum Bauern und einem Verständnis dessen, was er nun wirklich ist.[62]

---

[61] Høeg, Peter, a.a.O., S. 493
[62] Brief vom 31.7.1997

Wo auf ich ihm entgegnete:

Wenn ich Dich recht verstehe, dann siehst Du den Menschen als Teil des Heuhaufens an (z.B. als einen Strohhalm) und der Heuhaufen repräsentiert den ganzen (sichtbaren) Kosmos.
Ja, lieber Wolfgang, ich suche die Erklärung des Menschen und der Welt innerhalb des Heuhaufens, da hast Du recht. Ich suche aber nicht nach dem Bauern. Der Heuhaufen hat zwar bestimmte Strukturen, aber erstens sind die nicht so ordentlich und regelmäßig, wie Du meinst und zweitens bin ich überzeugt, dass es uns gelingen wird, die Strukturen zu erklären, ohne an einem Bauern glauben zu müssen.
Davon handelt doch die ganze Menschheitsgeschichte, dass die Menschen in ihrer Beschränktheit immer dann, wenn sie die Phänomene nicht erklären konnten, einen 'Bauern' schufen. Das waren alle Göttinnen und Götter, alle Naturgeister und alle Mythen entstanden auf diese Weise. Wenn Du einmal Märchen und Mythen verschiedener Völker liest, wirst Du sehen, wie die Projektionen abhängen von der Welt in der die betreffenden Völker lebten. Bei den einen hatte der Gott Jaguargestalt, beim nächsten die eines Affen und beim nächsten die eines Menschen. Hätte der Mensch die Gestalt eines Pferdes, dann hätten auch die Götter Griechenlands Pferdegestalt gehabt.
Aber nicht nur, dass man immer noch den Bauern sucht, auch alle Phänomene des Heuhaufens, die man sich nicht erklären konnte, wurden übernatürlich erklärt: woher kommen neue Strohhalme, wohin verschwinden alte ...
Du stehst damit aber nicht allein: immer wenn die Menschen (und Philosophen) auf Schönheit, Ordnung und Komplexität gestoßen sind, glaubten sie, dass das nicht zufällig zustande gekommen sein könne und glaubten, dass das Universum einen Schöpfer gehabt haben müsse.
Ich bin aber überzeugt, dass es uns gelingen wir, die jetzige Struktur des Heuhaufens und seine Entstehungsgeschichte zu entschlüsseln, aber ebenso, dass es uns nie gelingen wird, festzustellen, ob es noch weitere Heuhaufen (Kosmen) neben uns gibt und ob das nur der Heuhaufen der einen Saison ist. Ich weigere mich nicht, an eine Welt außerhalb des Heuhaufens zu denken, ich kann es nicht und Du auch nicht. Da hilft uns auch keine Anthroposophie, kein Rudolf Steiner, kein Hellsehen. Glauben darfst Du es gerne, dass Du mit dem Bauern gesprochen hast, so wie in der La Nación vom 2.8.97 steht „La fe que nunca muere. 362 años tras hallazgo de imagen La Negrita" (Der Glaube, der niemals stirbt. 362 Jahre nach der Erscheinung der Schwarzen Jungfrau). Am 2. August 1635 hatte das Mädchen Juana Pereira die Schwarze Jungfrau gesehen, wo heute die Basilika de los Angeles steht, die im letzten Jahr 600000 Menschen besucht haben. Gegen Glauben habe ich absolut nicht, wenn Du aber den Bauern oder die Schwarze Jungfrau wissenschaftlich beweisen willst, dann gelten andere Spielregeln, über

die ich mich in den vergangenen zwei Monaten mit Lorenzo schon ausgetauscht habe.

Wirf doch einmal einen Blick in das Buch von Alexander Roob: Das hermetische Museum. Alchemie und Mystik. Benedikt Taschen Verlag, Köln, 1996. Dort findest Du auf 704 Seiten jede Menge Vorstellungen des Himmelreichs zu (Heu)hauf(en), zu dem man frohgemut emporblickte, sich der schützenden Mächte gewiss. Alles aber sind Gleichnisse, menschliche Vorstellungen, des dem Menschen zutiefst Unbegreiflichen.[63]

Diese Beispiele des Festhaltens am Mythos durch die Anthroposophen, der einzigen Überprüfungsmöglichkeit durch die hellseherische Ausbildung der höheren Erkenntnisfähigkeit ließen sich endlos fortsetzen. Die Kluft zwischen naturwissenschaftlichem Forschen und Spökenkickerei scheint unüberbrückbar zu sein.

---

[63] Brief vom 3.8.1997

V. Begriffsbestimmungen und Einzeldarstellungen

A. Vorbemerkung

Bevor die oben erwähnten Begriffe des „Ich", „Selbst" etc. näher betrachtet werden, wird jeweils eine Kurzdefinition vorangestellt, die nicht an eine bestimmte Schule gebunden ist. Dieses Unterfangen kann nur im ganz Unverbindlichen bleiben, da allgemein gültige Definitionen, die von den verschiedensten Schulen und Standpunkten akzeptiert werden, nicht möglich zu sein scheinen. An dieser Schwierigkeit der Begriffsdefinition droht das ganze Unterfangen, das „Ich" von anderen Teilen der „Seele" abzugrenzen und zu beschreiben zu scheitern, bevor es begonnen wurde. Die Kritik an der Ungenauigkeit der Begriffe trifft nach Werth jede These über das Bewusstsein etc. „in der nicht gesagt wird, was mit Begriffen wie *Bewusstsein, Geist, das Psychische* usw. gemeint ist, d.h. wie die An- oder Abwesenheit des Bewusstseins, Geistes, des Psychischen festgestellt werden kann. Es reicht hier eben nicht aus, sich auf die alltagssprachliche Bedeutung der Begriffe zu berufen, da in der Alltagssprache (was immer das sein mag) diese Begriffe in verschiedenen Bedeutungen gebraucht werden."[64] Dieses Dilemma im Auge, werde ich trotzdem versuchen, dem Thema etwas näher zu kommen und sehen, zu welchem Ergebnis dies letztendlich führt.

Bei den sich daran anschließenden Ausführungen zu Bewusstsein, Selbst, Seele etc. ist die Zuordnung, an welcher Stelle worüber berichtet wird, mehr von der jeweiligen Schule abhängig, als durch die Sache selbst gerechtfertigt. Wie aus den kurzen Begriffsbestimmungen deutlich werden wird, ist je nach Denkrichtung eine Gleichsetzung von Seele und Selbst oder Seele und Geist oder Selbst und Person gegeben. Die Kapitel sind daher nicht als in sich abgeschlossen zu betrachten, sondern analog zum Gehirn holographisch zu verstehen, d.h. sich gegenseitig durchdringend, ergänzend, überschneidend, widerspiegelnd.

---

[64] Werth, Reinhard, a.a.O., S. 14

B. Gehirn

1. Begriffsbestimmung

Ohne das Gehirn kann sich kein Bewusstsein ausbilden, ohne Bewusstsein kein Ich. Zu prüfen wird sein, ob das Bewusstsein oder das Ich bestimmten Teilen des Gehirns zugeordnet werden können, darüber hinaus, welche Auswirkungen von Beeinträchtigungen des Gehirns auf Bewusstsein, Ich etc. festzustellen sind.

Da das menschliche Gehirn das weitaus komplizierteste Gebilde ist, das die Evolution bis heute auf unserer Erde hervorgebracht hat, ist die Frage zu stellen, ob man sich nicht darauf beschränken sollte, zu wissen, wie man es zubereitet:

> *Hirn*: Das Hirn aller Schlachttiere wird verwendet, besonders beliebt ist Kalbshirn. Ein Kalbshirn wiegt etwa 500g, dem entsprechen etwa 1/2 Rindshirn[65] oder 3 Schweine- bzw. Hammelhirne.
> *Vorbereitung*: Hirn in kaltem Wasser wässern, damit das Blut ausgezogen wird, dann mit warmem Wasser übergießen, 10 Minuten zugedeckt stehen lassen, häuten. Oder blanchieren: In kaltem Salzwasser zusetzen, langsam zum Kochen kommen lassen, kalt überbrausen, dann Aderhaut entfernen.[66]

2. Physiologie

Wenn hier verkürzt vom Gehirn gesprochen wird, dann sind damit konkret die Teile des Zentralnervensystems (ZNS) gemeint, die man als das *Endhirn* und dessen paarigen Anteil, die Hemisphären des *Großhirns* bezeichnet.
„Dieses enthält als umfassende Interpretationseinrichtung die Großhirnrinde, an welche die höheren bewussten Hirnleistungen gebunden sind".[67]
Das *Großhirn* ist die höchste Stufe des ZNS, das ohne die anderen Teile des ZNS, dem peripheren Nervensystem und dem vegetativen oder autonomen Nervensystem, sowie ohne die anderen Gehirnanteile *Hinterhirn*, *Kleinhirn*, *Mittelhirn* und *Zwischenhirn* nicht funktionsfähig wäre.

---

[65] Im Zeichen des ‚BSE' und ‚Rinderwahns' erscheinen einem diese Rezepte wie aus einer anderen Welt zu stammen.
[66] Hofmann, Maria: Bayerisches Kochbuch. Birken-Verlag, München, 1975, S. 162
[67] siehe dazu: Oeser, Erhard und Seitelberger, Franz: Gehirn, Bewusstsein und Erkenntnis. Wissenschaftliche Buchgemeinschaft, Darmstadt, 1995, S. 30 ff.

Woraus setzt sich aber nun das Gehirn zusammen? Aus einer riesigen Zahl von **Nervenzellen**, die sich mit ihren Fortsätzen durch den ganzen Körper ziehen. Das Großhirn besteht aus ca. 1 Billion Nervenzellen. Dies entspricht einer derart großen Zahl, dass nach diesem Verhältnis Deutschland 1,41 Milliarden Einwohner haben würde, bzw. 39900 auf jedem Quadratkilometer. Die ebenfalls nur schlecht vorstellbare Zahl von 100 Billionen Synapsen, die sich im Gehirn zu einem gigantischen Netz zusammenschließen (hinter dem das erwähnte *World Wide Web* zur Bedeutungslosigkeit zusammenschrumpft) wird vielleicht etwas fassbarer, wenn man sie zu der Bevölkerungszahl der Erde in Beziehung setzt. Bei einer Zahl von ca. 5,69 Milliarden Menschen auf der Erde gibt es in jedem Gehirn 17 574 mal so viele Synapsen wie Erdenbewohner!

Die Nervenzellen und ihre Fortsätze, die Neuriten und Dendriten, bilden in ihrer Gesamtheit eine funktionelle, morphologische und genetische, Einheit, das **Neuron**. Von diesen Neuronen hat das menschliche Gehirn ungefähr 100 Milliarden, und jedes Neuron ist mit tausend anderen Neuronen vernetzt.

> Diese Neuronen feuern zwar manchmal nicht ganz zuverlässig, aber mit 100 Milliarden kann man schon eine Menge anfangen. Wir verstehen die gesamte Rechenkapazität des menschlichen Gehirns heute noch nicht einmal in den Anfängen. Es könnte zum Beispiel sein, dass es im Neuron eine Art Skelett-Struktur gibt, die zusätzliche Rechenfunktion erfüllt.[68]

Es kann an dieser Stelle nicht näher auf den Aufbau und die Funktionsweise der Gehirns eingegangen werden. Es soll nur auf ein wichtiges neues Forschungsergebnis hingewiesen werden. Noch vor Kurzem war man der Ansicht, dass die Gehirnentwicklung bis zum 3. Lebensjahr mehr oder weniger abgeschlossen sei, danach nur noch Vernetzungen stattfänden, die Nervenzellen in der grauen Substanz jedoch ab diesem Zeitpunkt nur noch abnähmen. Doch fand man nun heraus, dass es kurz vor der Pubertät noch einmal zu einem erneuten Wachstumsschub der grauen Hirnsubstanz in den vorderen Gehirnlappen komme, die zuständig sind für die Steuerung von Gefühlen, das Planen und das Organisieren[69]. In diesem kritischen Zeitraum scheine eine Regel für die Gehirnentwicklung zu sein (die aber auch sonst gilt): „Use it or lose it".

---

[68] Pinker, Steven: Wie entsteht Sprache? Psychologie Heute, April 1996, S. 62
[69] „Gehirnentwicklung erfolgt noch bis zur Pubertät". Der Spiegel, 10/2000

Inzwischen sprechen die Forscher noch von einem „kleinen Hirn", das im Bauchraum sitzt und das aus Zellen besteht, die denen im Gehirn verblüffend ähnlich sind und das weitgehend autonom funktioniert. Die Süddeutsche Zeitung schreibt dazu:

> Das Interesse am Darmhirn hat einen deutlichen Schub erhalten, als Forschern dämmerte, dass seine Nervenzellen zur Übermittlung von Signalen denselben umfangreichen chemischen Wortschatz wie die Neuronen des Kopfhirns verwenden.[70]

Der englische Arzt Johannis Newport Langley hat die Zahl der Nervenzellen im gesamten Verdauungstrakt berechnet. Nach ihm sind

> in dem bäuchlings gelegenen sogenannten enterischen Nervensystem (ENS) rund 100 Millionen Nervenzellen angesiedelt, mehr als beispielsweise im nervenreichen Rückenmarksstrang der Wirbelsäule. Der Befund stand im verblüffenden Gegensatz zu der relativ kleinen Anzahl von Nervenfasern, mit denen das Kopfgehirn die Abläufe im Gedärm kontrolliert.[71]

Der Kontakt zwischen *Kopfhirn* und *Bauchhirn* wird über den Vagusnerven hergestellt. Einige tausend Nervenfasern verbinden dabei das Denkorgan mit allen Abschnitten des Verdauungsschlauchs. Die Befehle die den Schlauch erreichen, scheinen allerdings nicht allzu spezifisch zu sein, sondern eher die Grundstimmung zu regulieren, also beispielsweise die Traktate der Darmkontraktionen.

> So beeinflußt das Gehirn das Tempo, mit der der Nahrungsbrei durch den Darm getrieben wird. Geht die Passage zu schnell, bleibt - grob vereinfacht - zu wenig Zeit, das Wasser aus dem Darminhalt zu entfernen: Durchfall ist die Folge.
> Prüfungskandidaten wissen, dass über die Nervenbahnen Streß und Nervosität prompten Zugang zur Verdauung finden können.[72]

---

[70] Koch, Klaus: Träume aus dem Darm. Süddeutsche Zeitung. 8.8.1996
[71] Der Spiegel: Kommandos aus dem Bauch. 1996(10), S. 211
[72] Koch, Klaus, a.a.O.

3. Anthroposophische Sichtweise

So wie der Mensch nach anthroposophischer Vorstellung eine geistige Entwicklung durchgemacht hat und noch weiter vollziehen wird, geht mit dem einher auch eine Entwicklung und Veränderung des Gehirns. Steiner hat dies ausführlich so geschildert:

> Bei der höheren Entwickelung des Menschen wird in der Tat der gewöhnliche Zusammenhang der Gehirnmoleküle gelöst. Sie hängen dann „loser" zusammen, so dass ein Sehergehirn in einer gewissen Beziehung in der Tat mit einem Ameisenhaufen zu vergleichen ist, wenn auch *anatomisch* die Zerklüftung nicht nachzuweisen ist. Die Vorgänge spielen sich eben auf den verschiedenen Gebieten der Welt in ganz verschiedener Weise ab. Die einzelnen Moleküle des Ameisenhaufens - eben die Ameisen selbst - hingen in einer längst vergangenen Zeit fest zusammen, wie heute die Moleküle eines menschlichen Gehirns. Damals war das ihnen entsprechende Bewusstsein in der physischen Welt wie heute das menschliche. Und wenn in der Zukunft das menschliche Bewusstsein in „höhere" Welt wandern wird, dann wird der Zusammenhang der sinnlichen Teile in der physischen Welt so lose sein, wie es heute der zwischen den einzelnen Ameisen ist. Das was für den Menschen einstens physisch sich vollziehen wird, vollzieht sich mit dem Gehirn des Hellsehers schon heute, nur dass kein Instrument der Sinnenwelt fein genug ist, bei dieser vorauseilenden Entwickelung die Lockerung nachzuweisen. Ja, wie bei den Bienen drei Kategorien entstehen, Königin, Drohne, Arbeiter, so entstehen in dem „Sehergehirn" drei Kategorien von Molekülen, eigentlich einzelner, lebendiger Wesen, welche das in eine höhere Welt entrückte Bewusstsein des Sehers in bewusstes Zusammenwirken bringen.[73]

Über das Gehirn äußert sich Rudolf Steiner folgendermaßen: „Das Gehirn ist das leibliche Werkzeug des Denkens. Wie der Mensch nur mit einem wohlgebildeten Auge Farben sehen kann, so dient ihm das entsprechend gebaute Gehirn zum Denken. Der ganze Leib des Menschen ist so gebildet, dass er in dem Geistorgan, im Gehirn, seine Krönung findet. Man kann den Bau des menschlichen Gehirnes nur verstehen, wenn man es im Hinblick auf seine Aufgabe betrachtet. Diese besteht darin, die Leibesgrundlage des denkenden Geistes zu sein"[74].

---

[73] Steiner, Rudolf: Aus der Akasha-Chronik (GA 11). Rudolf Steiner Verlag, Dornach, 1975, S. 107/108
[74] Steiner, Rudolf: Theosophie. Rudolf Steiner Verlag, Dornach, 1962 (GA 9), S. 27

Zur Gehirnbildung wird folgendes ausgeführt: „Man wird das Gehirn des Menschen nur begreifen, wenn man in ihm die knochenbildende Tendenz sehen kann, die im allerersten Entstehen unterbrochen wird. Und man durchschaut die Knochenbildung nur dann, wenn man in ihr eine völlig zu Ende gekommene Gehirn-Impulswirkung erkennt, die von außen von den Impulsen des mittleren Organismus durchzogen wird, wo astralisch bedingte Nervenorgane mit ätherisch bedingter Blutsubstanz zusammen tätig sind."[75]

An anderer Stelle schreibt Steiner über das Verhältnis der Gehirne von Männern und Frauen zueinander: „Weil die Männerwelt mehr teilgenommen hat an der Bildung, der wissenschaftlich und immer wissenschaftlicher werdenden Bildung der letzten Jahrhunderte, ist in einer gewissen Weise das für das Männertum eingetreten, was man nennen könnte eine Verfestigung, eine Verhärtung des Gehirnes. Bei den Frauen ist das Gehirn beweglicher, weicher geblieben."[76]

Wie sehr Steiner auch Kind seiner Zeit ist, soll das sich daran anschließende Zitat zeigen, das die in diesem Jahrhundert emanzipierten Frauen heute sicherlich zu Proteststürmen hinreißen dürfte: „Bei den Männern ist das Gehirn gefestigt worden, sie sind dadurch tüchtiger geworden in der Handhabung der Logik; bei den Frauen ist das Gehirn beweglicher geblieben, leichter geblieben, aber sie haben nicht teilgenommen an der Bildung der letzten Jahrhunderte, die so die feste Logik in sich geschlossen hat, und dadurch sind sie oberflächlich und so weiter geworden."[77]

Genug der Zitate! Einem Naturwissenschaftler, gleich welcher Fakultät wird sich schon längst der Magen umgedreht haben. Versucht er aber diese Behauptungen zu verifizieren, wird es ihm nicht anders gehen, wie anderen Wissenschaftlern auch, die sich auch an anthroposophischen Aussagen zum Aufbau des Menschen stoßen.

Wie sieht es z.B. aus mit dem loseren Zusammenhang der Gehirnmoleküle? Hat Steiner an so etwas gedacht, wie „Gehirnjogging", bei dem man gedacht hat, etwas gegen die Symptome der Alzheimererkrankung tun zu können? In der universitären Psychologie hatte man geglaubt, durch bestimmte Übungen (Wort- oder Zahlenbildungen) das Gehirn fit halten zu können (vergleichbar mit den Übungen zur Erlangung höherer geistiger Fähigkeiten bei Steiner), so ist man davon wieder abgekommen und glaubt, dass es wichtiger ist, für die Bewältigung des Alltagslebens sozial relevante Übungen zu machen (wo habe ich die Brille hingelegt? Habe ich den

[75] Steiner, Rudolf & Wegman, Ita: Grundlegendes für eine Erweiterung der Heilkunst. Verl. d. klinisch-therapeutischen Instituts, Arlesheim, 1953, S. 35
[76] Steiner, Rudolf: Das Wesen des Musikalischen (GA 283). Rudolf Steiner Verlag, Dornach, 1981, S. 54
[77] Steiner, Rudolf, a.a.O. 1981 (GA 283), S. 54

Gashahn zugedreht? etc.). Wir werden es nie wissen können und müssen daher Steiner und die Anthroposophen in ihrem Glauben lassen, dass es in einem Hellsehergehirn schon jetzt wie in einem Ameisenhaufen zugeht und später auch in allen Gehirnen der Menschen.

Die oben erwähnten haarsträubenden Ausführungen zu den verhärteten männlichen und weichen weiblichen Gehirnen ließen sich heute anatomisch oder mit Computertomographen, Positronenemissionen o.ä. sicherlich nachweisen, wenn es sie denn gäbe.

Wenn überhaupt, könnte ich nur an die Gegenüberstellung der *fluid* und *crystallized intelligence* denken. In der Tat unterscheiden sich Männer und Frauen dadurch, dass (im westlichen Kulturraum) Männer besser bei mathematischen, Frauen besser bei verbalen Aufgaben abschneiden. Diese Leistungen sind auch tendenziell verschiedenen Gehirnregionen zuzuordnen, ein anatomischer Unterschied wurde aber bisher noch nicht gefunden. Dazu ist das Gehirn zu flexibel, als dass man Unterschiede im molekularen Bereich aufspüren könnte (wie man in der Medizin nach der Jahrhundertwende vielleicht noch glaubte).

Wenn man die Geschichte der Auffassungen vom Gehirn studiert, wird man in der Tat immer wieder auf Anschauungen stoßen, die denen Steiners ähnlich sind und die ihm teilweise auch bekannt gewesen sein dürften. So schrieb z.B. der Mediziner und Philosoph Ernst Platner in seiner „Anthropologie für Aerzte und Weltweise" (1772):

> Ein hartes Gehirn haben „unempfindliche Menschen, Greise, nördliche und südliche, harte und rohe Völker, abgehärtete Menschen überhaupt, im höhern Grade stupide, vernunftlose Narren." Die Schwierigkeit für Platner ist nun, dass ein weiches Gehirn nicht nur bei kleinen Kindern, sondern auch bei Wasserköpfen und „den meisten Weibern und weibischen Jünglingen und Männern" vorkommt.[78]

Der Unterschied zu Steiner ist, dass man Platners Ausführungen nun im historischen Zusammenhang aus einer Distanz von zwei Jahrhunderten betrachten kann, die Adepten Steiners jedoch nach wie vor an dessen Äußerungen kleben, wie die Fliege am Honig und es nicht schaffen, sich davon frei zu machen.

Für Steiners Ausführungen sprechen auch nicht neue Untersuchungen über Unterschiede im Aufbau männlicher und weiblicher Gehirne. Diese beziehen sich

---

[78] Hagner, Michael: Homo cerebralis. Der Wandel vom Seelenorgan zum Gehirn. Wissenschaftliche Buchgesellschaft, Darmstadt, 1997, S. 53

vorwiegend auf funktionale Unterschiede in den Nervenverknüpfungen. Als gesichert hingegen gelten allerdings auch eine Reihe von statistisch-anatomischen Befunden:

- Schon sechsjährige Jungen besitzen durchschnittlich mehr Hirnmasse als Mädchen. Bei ausgewachsenen Männern beträgt das Mehrgewicht rund 100 Gramm und ist nicht allein durch die insgesamt höhere Körpermasse zu erklären.

- Das weibliche Gehirn ist dichter gepackt - nach Erkenntnissen der Kanadierin Sandra Witelson enthält es in einzelnen Regionen rund elf Prozent mehr Nervenzellen pro Kubikzentimeter als das Männerhirn.

- Die Verbindungen zwischen den weitgehend selbständigen Hirnhälften sind bei Frauen stärker ausgeprägt. Über diese Nervenbrücken, glauben viele Forscher, können bei Frauen mehr Informationen zwischen den Hemisphären hin- und herfließen.[79]

Vor allem die letztere Beobachtung legt den Verdacht nahe, dass Frauen eine andere, stärker emotional bestimmte Art des Denkens pflegen. Es sind diese Unterschiede aber zurückzuführen auf die Art der Anordnung der Nervenzellen und die Art der Verbindungen zwischen ihnen, nicht auf die unterschiedliche Art der Nervenzellen überhaupt. Zurückzuführen scheinen die Unterschiede zum einen auf die unterschiedliche Konzentration von Testosteron und Östrogenen bei Männern und Frauen und zum anderen auf die Differenzierung der Aufgaben der beiden Geschlechter im Laufe der Evolution.

Die Anthroposophen müssen aber noch eine Weile warten, bis sich einer ihrer Eleven, der sich die Fähigkeit des Hellsehens angeeignet hat, bereit erklärt, sein Gehirn in einem Kernspintomografen untersuchen zu lassen. Erst dann wird sich zeigen, ob sich sein Sehergehirn von dem anderer Menschen in funktioneller Hinsicht unterscheidet und ob nach seinem Tod eine andere molekulare Struktur seines Gehirns nachgewiesen werden kann.

---

[79] Der Spiegel: Brücke der Gefühle. 1996(19)

C. *Bewusstsein*

1. Begriffsbestimmung

Carl Friedrich von Weizsäcker beginnt seinen Aufsatz über Sigmund Freud mit einem Aperçu:

> Bewusstsein ist ein unbewusster Akt[80].

Oswald Wiener gibt ebenfalls eine sehr persönliche Ansicht über das Bewusstsein ab

> ich bekomme das gefühl, dass mein verstand gar nicht für die welt da ist ... jedenfalls nicht das Bewusstsein, mit seiner erschaffung ist die welt zu weit gegangen.[81]

Ergänzend zu den oben gegebenen Definitionsversuchen wird Bewusstsein im allgemeinen als das „andauernde Gewahrsein seiner eigenen Zustände und Handlungen aufgefasst. Bewusstsein gründet sich auf eine nicht-sinnliche innere Wahrnehmung, die als *Introspektion* bezeichnet wird."[82] „Sich in einem ... bewussten Zustand befinden lässt sich auch durch Wendungen wie *eine (bewusste) Empfindung haben, eine (bewusste) Erfahrung haben* wiedergeben. ... Die bewussten Zustände sind damit das, was in einer intuitiven Sprache *die Inhalte des Bewusstseins* genannt wird."[83]

Wie schwierig es ist, sich verbindlich auf eine solche Definition festzulegen, wird deutlich, wenn man verschiedene Positionen gegenüberstellt, die sich damit in keiner Weise identifizieren können:

---

[80] Weizsäcker, Carl Friedrich von: Zeit und Wissen. dtv, München, 1995, S. 946
[81] Wiener, Oswald: Die Verbesserung von Mitteleuropa. Roman. Rowohlt, Reinbek, 1969, S.XI
[82] Werth, Reinhard, a.a.O., S. 28
[83] Werth, Reinhard, a.a.O., S. 122

So geht eine derartige Annahme für den Amerikaner Ryle vollkommen fehl, „da er das, was introspektiv wahrgenommen wird, für einen Mythos hält, der auf einer logischen Verwirrung beruht. ... Die traditionelle Auffassung, es gäbe neben der Welt der physischen Dinge eine Welt des Geistigen, Psychischen, vergleicht er mit der Annahme eines okkulten Theaters, auf dem die Inhalte unseres Bewusstseins aufgeführt werden. ... Aber 'es gibt keine Ereignisse, die in einer Welt zweiter Art stattfinden, da es keine zweite Art und keine solche Welt gibt'"[84]

2. Philosophische Sichtweise

Dieses Kapitel soll mit einer Definition aus einem philosophischen Lexikon eingeleitet werden, das 1886 in erster Auflage erschien:

> Bewusstsein bedeutet im allgemeinen den wachen Zustand des Geistes, in welchem sich Empfindungen, Vorstellungen, Gefühle und Strebungen nebeneinander vorfinden (empirisches Bewusstsein). Es besteht darin, dass wir überhaupt Zustände und Vorgänge in uns vorfinden, kann aber seinem Grundwesen nach nicht erklärt werden, da wir unbewusste Vorgänge uns nur nach den Eigenschaften, die sie im Bewusstsein annehmen, vorstellen und somit die unterscheidenden Kennzeichen der bewussten und unbewussten Vorgänge und Zustände nicht angeben können. Aufgabe der Psychologie ist es, die im Bewusstsein liegenden Vorgänge (Empfindungen, Vorstellungen, assoziativen und apperzeptiven Verbindungen) aufzudecken und in ihre einfachsten und verwickelteren Funktionen zu verfolgen, sowie die begleitenden äußeren Umstände (Nervenvorgänge) festzustellen, unter denen das Bewusstsein vorkommt. Aber auch die Psychologie kann nicht die Ursachen des Bewusstseins aufdecken, und wir haben im Bewusstsein wohl den Ausgangspunkt, auf den wir das geistige Leben zurückführen, aber für das Bewusstsein selbst keinen weiteren Ausgangspunkt. Insbesondere ist die Erklärung des Bewusstseins aus materiellen Vorgängen völlig unmöglich und hiermit dem Materialismus seine Grenze gesetzt.[85]

---

[84] Werth, Reinhard, a.a.O., S. 28
[85] Kirchner, Friedrich und Michaelis, Carl: Wörterbuch der Philosophischen Grundbegriffe. Berlin, 1886, 1907⁵ , S.102

Inzwischen sind seit diesem Zitat über 100 Jahre vergangen und wir werden weiter unten sehen, wie weit der letzte Satz inzwischen als historisch zu verstehen ist oder wie weit wir davon noch entfernt sind, ihn zu entkräften.

In einer populären Radiosendung des Süddeutschen Rundfunks und Südwestfunks hört sich das Thema 1998 nun bereits so an:

> Die Frage nach dem Bewusstsein ist ein Überbleibsel des alten Leib-Seele-Problems, das die Philosophen jahrhundertelang beschäftigt hat. Ein Überbleibsel deshalb, weil viele Zusammenhänge zwischen Körper und Seele inzwischen geklärt sind. Gerade die Hirnforschung hat viel dazu beigetragen. Sie kann heute beschreiben, wie der Mensch Reize verarbeitet, wie er lernt; wie es zu psychischen Störungen kommt. Sie versteht sogar in Ansätzen, wie die geistige Verfassung die körperliche beeinflusst. Nur: warum der Mensch bei all diese Vorgängen überhaupt etwas erlebt, darauf gibt es bislang keine Antwort.[86]

Wenn dies auch im Wesentlichen meiner eigenen Anschauung entspricht, möchte ich doch nicht den anderen Sichtweisen vorgreifen und werde meine Stellungnahme dazu bis zum Ende aufschieben.

---

[86] Paàl, Gábor: Wer knackt die Nuß? – Das Rätsel des Bewusstseins. SDR / SWF, 1998

3. Psychologische Sichtweise

In der Psychologie versteht man unter Bewusstsein das **unmittelbare** Gegenwärtighaben; allgemeiner auch: die Fähigkeit zu solcher Vergegenwärtigung und damit zugleich zu vorausschauendem Lenken des Handelns[87].

Wie erwähnt kann es daher ohne Bewusstsein zu keiner Ausprägung eines Ich kommen, bzw. kann sich ein bereits vorhandenes Ich nicht offenbaren.

Für die Behavioristen, wie J.B. Watson war der Begriff *Bewusstsein* in einer wissenschaftlichen Psychologie ein Ärgernis: „Die Zeit scheint gekommen zu sein, da die Psychologie jegliche Referenz zum Bewusstsein aufgeben muss. ... Das psychologische Forschungsprogramm, das ich am meisten unterstütze, führt praktisch dazu, dass man den Begriff des Bewusstseins in dem Sinn, in dem er heute von Psychologen gebraucht wird, ignoriert."[88]

> Für Watson ist die Psychologie .. eine objektive experimentelle Wissenschaft. Sie bedarf weder der Methode der Introspektion noch braucht sie sich auf das Bewusstsein in irgendeinem traditionellen psychologischen Sinn des Wortes zu beziehen. *Bewusstsein* ist für Watson 'weder ein erklärbarer noch ein nützlicher Begriff'. Der Glaube an die Existenz des Bewusstseins ist für ihn nur das Rudiment eines alten Aberglaubens und magischer Vorstellungen.[89]

Wer an dem Thema näher interessiert ist, dem sei das mehrfach zitierte Werk von Reinhard Werth empfohlen, in dem der Autor weiteren behavioristischen und nichtbehavioristischen Vorstellungen nachgeht und selbst Experimente vorstellt, in denen er das Bewusste als naturwissenschaftliche Größe untersucht.

---

[87] Hehlmann, Wilhelm: Wörterbuch der Psychologie. Alfred Kröner Verlag, Stuttgart o.J., S. 60
[88] Watson, J.B.: Psychology as the behaviorist views it. Psychological Review, 20, 1913, S. 156 - 177, zitiert nach: Werth, Reinhard, a.a.O., S. 38
[89] Werth, Reinhard, a.a.O., S. 38

Der Begriff des Bewusstseins lässt sich spätestens seit Sigmund Freud und seiner Tiefenpsychologie nicht mehr ohne das Unbewusste denken. Ja heute ist man der Ansicht dass ein Großteil dessen, was an Daten in Millionen von Bits in jeder Sekunde ins Gehirn eingespeist wird, unbewusst verarbeitet wird:

> Der Mensch treibt in einem kleinen Boot namens „Ich" auf dem unermesslichen Ozean des Unbewussten: Nicht nur Kreislauf, Verdauung oder Hormonhaushalt werden vom Nervensystem dirigiert. Auch die meisten Geräusche, Gerüche, Tastempfindungen und optischen Reize werden unermüdlich registriert, ausgewertet und beurteilt, ohne dass das Bewusstsein damit behelligt würde.[90]

---

[90] Der Spiegel: Die Suche nach dem Ich. 1996(16), S. 195

4. Medizinische Sichtweise

Die beiden Abschnitte medizinische und naturwissenschaftliche Sichtweise gehören natürlich zusammen (so wie auch die anderen Abschnitte nie isoliert zu sehen sind). In diesem Abschnitt soll es aber mehr um die anatomischen Verhältnisse gehen (mit einem Abstecher in die Transplantationsmedizin) und im folgenden mehr um die evolutionären und funktionalen Aspekte.

Anatomisch scheint der Thalamus eine bedeutsame Rolle bei der Aufnahme und Weitergabe der Informationen zu sein, die auf den Menschen einströmen. Einerseits hat man den Thalamus als „Pforte des Bewusstseins" bezeichnet, andererseits ist er mehr als nur ein Datenfilter. Die Daten werden „interpretiert", d.h. mit Empfindungen versehen: Schallwellen werden als Klang erlebt[91], Licht als Farbe[92], Geschmacksmoleküle als süß oder sauer, Geruchsmoleküle rufen vielleicht Erinnerungen an eine bestimmte Umgebung in früher Kindheit wach und die Berührung eines Felles[93] kann Lust oder Furcht auslösen.

> Ebenso unbeschreibbar sind das Empfinden von Schmerz oder Glück, die Düfte von Moschus und Rosen, der Gestank von faulen Eiern oder das Wesen der Farben Türkis, Orange oder Beige. Was sollte einem Blinden die Erklärung bedeuten, Blau sei kalt, oder rotes Licht habe eine Wellenlänge von 700 Nanometern? Selbst die Erkenntnis des Malers Wassily Kandinsky, Farben seien "eine Macht, die direkten Einfluß auf die Seele ausübt", würde ihm kaum weiterhelfen.[94]

---

[91] welch ein Kosmos tut sich auf bei Hören von ta ta ta tam
[92] erinnert sei an Alfred Hitchcocks Film *Marnie*, der ganz auf die Erinnerung an den Kontrast von Rot und Weiß abgestellt ist
[93] siehe dazu die Experimente von B. F. Skinner zur operanten Konditionierung
[94] Der Spiegel, a.a.O., S. 199

Die Frage des Verhältnisses von Gehirnfunktionen zum Bewusstsein spielt z.B. auch in der gegenwärtigen Diskussion des Tranplantationsgesetzes eine Rolle. Paolo Bavastro, der leitender Arzt an der Inneren Abteilung der anthroposophischen Filderklinik in Filderstadt ist, schreibt dazu, dass die Bundesärztekammer die neuesten wissenschaftlichen Befunde außer acht lässt, die belegen

> dass bei „Hirntoten" durchaus noch verschiedene Hirnfunktionen erhalten sein können. Die geltenden Kriterien des „Hirntodes" erlauben es daher nicht, den „unumkehrbaren Ausfall *aller* Hirnfunktionen" mit völliger Sicherheit festzustellen. Der menschliche Organismus ist auch bei intensivmedizinischem Ersatz der Hirnfunktionen lebendig im biologischen Sinne. Bei „Hirntoten", die man besser als Patienten mit *unumkehrbarem Hirnversagen* bezeichnen sollte, sind Funktionen des Lebens erhalten, die in ihrer Gesamtheit nur von einem *lebenden* Organismus ausgehen können: Herzschlag, Lungenatmung, Kreislauf, Verdauung, Ausscheidung und in manchen Fällen sogar Fortpflanzungsfähigkeit. **Patienten mit unumkehrbarem Hirnversagen („Hirntod") sind noch lebende Menschen.**[95]

Hat man es auf der einen Seite das klare Bewusstsein (wie es damit bestellt ist, siehe weiter unten), das sich seiner Existenz, der Gegenwart und der Projektion in Vergangenheit und Zukunft bewusst ist, markiert den anderen Pol der Hirntod, bei dem der Mensch zwar noch lebt, aber Bewusstsein und alle Ichfunktionen unwiederbringlich verloren hat.

---

[95] Bavastro, Paolo: Ärzte für eine enge Zustimmung. Drei Thesen zum Transplantationsgesetz. Rundbrief für die Mitarbeiter der medizinischen Sektion am Goetheanum in aller Welt. Epiphanias, No. 15, 1996, S. 32

5. Naturwissenschaftliche Sichtweise

An dieser Stelle sind wir eigentlich am Kernpunkt der gesamten Abhandlung angelangt. Alles was wir als Ich oder Selbst oder Person bezeichnen ist nur denkbar wenn ‚man vorher ein (Selbst-) Bewusstsein des Menschen voraussetzt. Wie ein roter Faden zieht sich auch meine Auffassung durch die meisten Kapitel, dass das, was wir heute im oder am Manschen vorfinden, nicht verstanden werden kann, ohne gleichzeitig die evolutionäre Entwicklung zu beachten. Ich denke, wenn wir jemals zu einem besseren Verständnis des Bewusstseins kommen wollen, ist unabdingbar, dass wir auch den Werdegang verfolgen (so weit dies heute rückblickend noch möglich ist) der zu den heutigen Phänomenen geführt hat.

Wenn wir zurückblicken auf die oben wiedergegebene Definition des Bewusstseins von Kirchner und Michaelis vor über 100 Jahren, dann wird deutlich, welch ungeheure Fülle von Erkenntnissen in den letzten Jahren gewonnen wurden, die uns dem Ziel näher gebracht haben, das Phänomen des Bewusstseins nicht nur philosophisch zu durchdringen, sondern auch naturwissenschaftlich zu untermauern. Hier sind insbesondere die Forschungen auf dem Gebiete der Neurophysiologie zu nennen.

Die Neurophysiologie scheint mir in den letzten Jahren ein ganzes Stück weitergekommen zu sein, so dass Herrnegger in Anlehnung an Kuhn bereits von einem Paradigmenwechsel in der Bewusstseinsforschung spricht.
Für Hernegger ist die Einbeziehung der evolutionäre Entwicklung in die gegenwärtige Diskussion unabdingbar:

> Das "Bewusstsein" wird zu einem unlösbaren Rätsel, wenn seine Erzeugung allein dem neuralen Netzwerk zugeschrieben und die vorausgehende Entwicklung außeracht gelassen würde.[96]

Je mehr sich die Wissenschaftler heute mit dem Bewusstsein beschäftigen, desto mehr kommen sie zu der ernüchternden Erkenntnis:

- Das Bewusstsein, das wie keine andere Fähigkeit des Hirns das Wesen des Menschen bestimmt, scheint extrem beschränkt zu sein.

- Sein Fassungsvermögen ist winzig: Das Bewusstsein vermag nicht mehr als etwa sieben Informationseinheiten gleichzeitig aufzunehmen.

---

[96] Hernegger, R.: Paradigmenwechsel in der Bewusstseinsforschung.
http://www.lrz-muenschen.de/chaos/Persons/Hernegger/about_e.html

- Es arbeitet geradezu lächerlich langsam: Nicht mehr als rund 40 verschiedene Ereignisse pro Sekunde kann das Bewusstsein unterscheiden - ein durchschnittlicher PC verarbeitet die millionenfache Informationsmenge.

- Es befasst sich nur mit einem verschwindend geringen Teil der im Gehirn ablaufenden Prozesse: Vermutlich nur ein Prozent der Nervenzellen ist an der Verarbeitung von Bewusstseinsinhalten beteiligt.

- Es ist ungewöhnlich träge: Experimente beweisen, dass das Bewusstsein der Wirklichkeit um etwa eine drittel Sekunde hinterherhinkt.[97]

Nach den Forschungen des Münchener Neurophysiologen Ernst Pöppel ist der Fluss des bewussten Erlebens und Handelns in Zeitfenster von etwa 30 Millisekunden Dauer eingeteilt, die zu Zeitpaketen von drei Sekunden Dauer gebündelt werden. So sind Gedichte, Symphonien, Lieder und gesprochene Sprache im Drei-Sekunden-Maß gegliedert und nur in dieser Länge als Ganzes erfassbar.

Am überraschendsten ist aber die Trägheit des Bewusstseins. Der amerikanische Neurophysiologe Benjamin Libet stellte die These auf

> das Bewusstsein hinke hinter der Wirklichkeit her, das Ich lebe nicht im Jetzt, der menschliche Geist habe nie Kontakt zur physischen Wirklichkeit.[98]

Von Libet stammt auch der Satz: „Das Ich lebt niemals im Jetzt."

Was das für das Ich bedeutet und wie Libet dies experimentell untermauerte, darüber berichtete erneut der *Spiegel*. Wegen der Brisanz dieser Ergebnisse soll ein Ausschnitt aus dem Spiegel-Artikel wiedergegeben werden:

> Libet hatte ausgenutzt, dass es möglich ist, dem Patienten vor einer Hirnoperation bei vollem Bewusstsein die Schädeldecke zu öffnen und auf diese Weise dem Gehirn bei der Arbeit zuzusehen. Er setzte seine Probanden einer Uhr gegenüber und reizte einige ihrer offenliegenden Nervenbahnen durch elektrische Impulse. Damit spiegelte er ihnen vor, etwas berühre ihre Hand. Dann bat er die Patienten um Auskunft, wann sie

---

[97] Der Spiegel: Die Suche nach dem Ich. 1996(16), S. 192
[98] Der Spiegel, a.a.O., S. 195

etwas gespürt hatten. Zu Libets Überraschung behaupteten die Versuchspersonen, sie hätten den Reiz fast eine halbe Sekunde früher wahrgenommen, als er ihn ausgelöst hatte. Dieses scheinbar paradoxe Phänomen erklärte Libet als Trick des Gehirns, seine eigene Trägheit unbemerkt zu machen: Normalerweise gelangen Nervenerregungen erst mit einiger Verspätung über das Kleinhirn zur Großhirnrinde und damit ins Bewusstsein. Um dem Menschen jedoch die Verwirrung zu ersparen, dass er der Wirklichkeit hinterherlaufe, datiere das Hirn die Ereignisse zurück. Indem Libet das Großhirn direkt anregte, hatte er die Langsamkeit des Geistes umgangen. Dennoch kalkulierten die Gehirne der Probanden die normale Verspätung ein und gaben an, die Hand sei eine halbe Sekunde früher berührt worden. Demselben verwirrenden Illusionsspiel begegnete Libet, als er sich auf die Suche nach dem Ursprung des Willens machte. Er forderte die Patienten auf, die Hand zu heben; dabei sollten sie die Uhr im Blick behalten und hinterher sagen, wann sie ihren Entschluß, die Hand zu heben, gefaßt hatten. Währenddessen zeichnete Libet die Hirnströme auf. Wieder registrierte er eine Verzögerung: Zu dem Zeitpunkt, an dem die Versuchspersonen ihren Entschluß bemerkten, waren ihre Neuronen längst aktiv. Mindestens eine drittel Sekunde vorher zeigten die Hirnströme an, dass die Nervenzellen schon die Befehle für die Bewegung gaben. Offenbar hatte das Gehirn eine Entscheidung getroffen, bevor diese ins Bewusstsein gelangt war. Ist der menschliche Geist demnach unrettbar verspätet, der freie Wille nur eine Illusion? Libet bestreitet solche defätistischen Schlußfolgerungen aus seinen Experimenten. "Wir haben immer noch Zeit, die Planungen des Unbewussten vor ihrer Ausführung zu stoppen."[99]

Der Neurologe Antonio Damasio schließt sich an mit der Behauptung „unser Bewusstsein ist hoffnungslos verspätet", wobei diese Aussage ebenfalls durch zahlreiche neurophysiologische Experimente untermauert wird. Der Vorteil liegt in den hier gefundenen Mechanismen darin, dass durch diesen Datenfilter [der anatomisch im Thalamus zu liegen scheint] nur die Informationen ins Bewusstsein gelangen, die für eine sinnvolle Interpretation der Welt und schnelle Reaktion notwendig sind.

Andererseits scheinen bisher alle Versuche gescheitert zu sein, das Bewusstsein auf körperliche Vorgänge zu reduzieren. Der amerikanische Philosoph David Chalmers gibt deshalb diesen Versuch (meines Erachtens vorschnell) ganz auf und schlägt eine nichtreduktive Erklärung vor, in der er dem Bewusstsein eine fundamentale Rolle, wie

---

[99] Klein, Stefan: Die Entmachtung der Uhren. Der Spiegel, 1998(1)

sie dem Raum oder der Zeit zukommt zuweist. Raum und Zeit sind vorhanden, es verbieten sich aber die Fragen, warum es beide gibt.

Chalmers Ansatz orientiert sich an der Informationstheorie. So wie die meisten Informationen zwei Aspekte haben, einen physikalischen und einen phänomenalen, so haben auch Bewusstseinserlebnisse diese beiden Aspekte.

> This has the status of a basic principle that might underlie and explain the emergence of experience from the physical. Experience arises by virtue of its status of one aspect of information, when the other aspect is found embodied in physical processing.[100]

Und er schließt:

> Most existing theories of consciousness either deny the phenomenon, explain something else, or elevate the problem to an eternal mystery.[101]

Nun ich glaube nicht, dass es die Bewusstseinsforscher damit belassen werden, es wäre zu einfach, das Bewusstsein zu einem Mysterium zu erklären und das Kapitel damit abzuhaken. Weltweit finden jedes Jahr Kongresse statt, auf denen die neuesten Ergebnisse zusammengetragen werden. So trafen sich z.B. Ende 1998 die Wissenschaftler der Max-Planck-Gesellschaft in Berlin zu diesem Thema. Warum kann ein Mensch überhaupt bewusst über sich und sein Handeln nachdenken?

> Wolf Singer, Direktor des Max-Planck-Instituts für Hirnforschung in Frankfurt, hält biologische und kulturelle Voraussetzungen für nötig. So habe sich beim Menschen ein „inneres Auge" entwickelt. Bestimmte Areale der Großhirnrinde erhalten ihre Informationen nicht von den Sinnesorganen, sondern von Hirnzellen, die direkt auf äußere Einflüsse reagieren.
> Dank dieser „Kontrollzellen" kann der Mensch nicht nur die Außenwelt beobachten, sondern auch sein eigens Handeln. Das reiche jedoch für die Ausbildung eines „Ichs" noch nicht aus, sagt Singer. Hinzukommen müßten soziale Kontakte. Nur weil Kinder in den ersten Lebensjahren ständig als Individuen behandelt werden, könnten sie zwischen sich und anderen unterscheiden.[102]

---

[100] Chalmers, David J.: Facing Up to the Problem of Consciousness. Internetkontaktadresse: chalmers@ling.ucsc.edu
[101] Chalmers, David J., a.a.O.
[102] Greschik, Stefan: Gelungene Verwandlungen. Wie und wann Neues entsteht, lässt sich nicht vorhersagen. Süddeutsche Zeitung, 29.12.1998

Dass eine soziale Umwelt notwendig ist, um den Menschen zum Menschen zu machen, ist seit vielen Jahrhunderten bekannt. Vielleicht griff der Stauferkaiser Friedrich II. weit über seine Zeit hinaus, aber er machte bereits die zwar unmenschlichen, aber nichts desto weniger aufsehenerregenden Experimente mit Kindern. Er ließ Kinder aufwachsen und verbat den Betreuern, sich mit den Kindern zu unterhalten. So weit überliefert, starben so gut wie alle Kinder nach bestimmter Zeit.

An dieser Stelle soll nun ein kurzer Rückblick stattfinden und eine Überleitung zum nächsten Kapitel gegeben werden. Als das „letzte große Rätsel der Menschheit" bezeichnet Der Spiegel das Bewusstein:

> Es bildet sich in den dreieinhalb Pfund hoch spezialisierten, grauen Zellgewebes, im elektrischen Gebrabbel von 100 Milliarden Neuronen, irgendwo am Wegesrand der eine halbe Million Kilometer langen Nervenbahnen.
> In dieser "komplexesten Materie des Universums", so der Frankfurter Hirnforscher Wolf Singer, nistet irgendetwas, das sich selbst als "Ich" wahrnimmt. Dieses Ich ist ätherisch. Der menschliche Geist lässt sich mit keiner Waage in dem gräulichen Substrat nachmessen.[103]

Die Naturwissenschaftler haben mit solchen Anschauungen mittlerweile das Bewusstsein von seinem philosophischen Ballast befreit und definieren es zunächst schlicht als die Summe aller bewussten Wahrnehmungsprozesse.

Das Erklärungsmodell das derzeit am erfolgversprechendsten zu sein scheint geht auf eine erstaunlich Entdeckung zurück:

> Neuronen in weit verstreuten Gehirnteilen entladen sich gelegentlich mit ein und derselben Frequenz, nämlich etwa 40-mal in der Sekunde. Nach dieser Theorie würden sich zusammengehörende Gedächtnisinhalte und Sinneseindrücke dadurch zu erkennen geben, dass sie gleichzeitig "blinken".[104]

---

[103] Traufetter, Gerald: Demut vor dem letzten Rätsel. Der Spiegel, 1/2001
[104] Traufetter, a.a.O.

Eine mögliche Erklärung wird dazu von dem Frankfurter Hirnforscher Wolf Singer angeboten:

> Die neuronalen Prozesse, die höheren kognitiven Leistungen wie Wahrnehmungen, Aufmerksamkeit oder Steuerung von Verhaltensreaktionen zugrunde liegen, sind im Gehirn in hohem Maße verteilt organisiert. In den verschiedenen Hirnregionen werden jeweils nur Teillösungen erarbeitet - und da ein Konvergenzzentrum fehlt, in dem diese zusammengeführt werden könnten, ergibt sich das sogenannte Bindungsproblem: Wie werden die einzelnen Aspekte im Gehirn zu einem Ganzen vereint, wie ist - trotz der verteilten Organisation des Gehirns - kohärente Wahrnehmung möglich, wie werden Entscheidungen gefällt und wie adaptive Verhaltensweisen gesteuert?[105]

Kürzlich von Singer vorgelegte Daten legen nahe, dass das Nervensystem die präzise zeitliche Synchronisation von neuronalen Antworten als Signatur für Zusammengehörigkeit verwendet. Singer hat dieses Problem am Beispiel der visuellen Wahrnehmung untersucht und gezeigt, dass Nervenzellen in der Großhirnrinde ihre Antworten dann synchronisieren, wenn diese Signale so interpretiert werden, als stammten sie vom gleichen Objekt.

Nach Singer besteht eine enge Korrelation zwischen dem Synchronisationsverhalten räumlich verteilter Neuronen und der jeweiligen Wahrnehmung. Sollte sich erweisen, dass das Bindungsproblem auf diese Weise gelöst werden kann, hätte dies weitreichende Folgen für die Interpretation der Organisation höherer kognitiven Funktionen. Dieser Befund könnte auch für das Verständnis weiter unten geschilderter pathologischer Prozesse bedeutsam sein, da sich die Hinweise mehren, wonach gestörte Bindungsfunktionen Ursache für Fehlfunktionen kognitiver Leistungen sind, wie sie etwa bei Schizophrenie auftreten.

Ich glaube aber, dass wir mit der Kenntnis dessen, was Bewusstsein ist, erst ganz am Anfang stehen, ja uns noch nicht einmal die Fragen vorstellen können, die sich zukünftige Generationen zu diesem Thema machen werden.

---

[105] Singer, Wolf: Wie im Kopf zusammenkommt, was zusammengehört. Juni 2000. Zitiert nach der Website: http://www.mpih-frankfurt.mpg.de

6. Anthroposophische Sichtweise

Rudolf Steiner führt dazu folgendes aus:

> Was ist nun eigentlich Bewusstsein? ... Wenn Sie ... an den Begriff Bewusstsein herangehen, so werden Sie gegenüber dem fortfließenden Strome der aufgenommenen Vorstellungen wagen: es zeigt sich, dass in der Seele die Bewusstheit doch nicht zusammenfällt mit dem Seelenleben. Warum? Wir haben ja gesehen, dass ein Unterschied besteht, zwischen Seelenleben und Bewusstheit dadurch, dass eine Vorstellung in der Seele weiterlebt, ohne in der Bewusstheit zu sein. Eine Vorstellung, die wir einmal vor längerer Zeit aufgenommen haben, lebt in unserem Seelenleben weiter. Wir können uns ihrer zwar erinnern; aber wenn wir uns ihrer zur Zeit nicht erinnern, sondern erst nach zwei Tagen, so war die Vorstellung uns solange nicht bewusst, sondern nur in der Erinnerung. Erinnerung ist nicht immer bewusst. Die Vorstellung lebte also in der Seele, war aber zur gleichen Zeit nicht im Bewusstsein. Bewusstsein ist aber etwas anderes als der fortfließende Strom des Seelenlebens. Wir müssen sagen: wenn wir die Vorstellungen, an die wir uns vielleicht einmal erinnern können, mit einem Pfeile in der Richtung der Vorstellungen in der Zeit bezeichnen, dann haben wir darin alle Vorstellungen, die von der Vergangenheit in die Zukunft hineinfließen. Wenn wir sie aber bewusst haben wollen, so müssen wir sie erst durch einen Willensakt heraufholen aus dem unbewussten Leben der Seele.[106]

Wie in allen seinen Schriften jongliert Steiner auch hier frei mit Begriffen aus der Alltagswelt, die einem jedoch durch seine Ausführungen eher entgleiten, als klar werden. Falls er sich überhaupt an Forschungsergebnisse hält, dann sind es solche vom Anfang des 20. Jahrhunderts. Steiner führt in dem Zitat die Termini ein

- Bewusstsein – Bewusstheit
- Seelenleben
- Erinnerung
- Vorstellung.

Unter *Vorstellung* meint er nach heutiger Terminologie Sinneseindrücke. Vorstellungen können aber auch Erinnerungen sein, die aus dem Gedächtnis hervorgeholt wieder ins Bewusstsein treten. *Erinnerung* ist also immer bewusst, sonst

---

[106] Steiner, Rudolf: Anthroposophie Psychosophie Pneumatosophie. Philosophisch-Anthroposophischer Verlag am Goetheanum, Dornach, 1931, S. 138

ist sie keine Erinnerung, sondern besteht aus Gedächtnisinhalten, die irgendwo im Gehirn schlummern. Der Ort, wo sich Bewusstsein, Erinnern und Seelenleben abspielen, ist irgendwo im Gehirn. Wie man inzwischen weiß, werden die Sinneseindrücke vielfach gefiltert oder interpretiert, bevor sie überhaupt ins Gehirn gelangen.

Was Steiner hier mit *Seelenleben* bezeichnet, ist der Vorgang der Aufnahme von Erlebnissen, Fakten etc. in das (Langzeit-) Gedächtnis, aus dem wir diese willentlich wieder hervorholen können - oder auch nicht. Trifft Letzteres zu, haben wir die Inhalte 'vergessen' oder sie wirken im Unterbewusstsein weiter und kommen evtl. zu einem späteren Zeitpunkt (unter Umständen mit psychotherapeutischer Hilfe) wieder zum Vorschein.

Steiner dachte hier viel zu einfach, wenn er meint in dieses Seelenleben, in diese schlummernden Vorstellungen und Erinnerungen einfach ‚hineingießen' zu können und sie durch den geschulten Geist hervorholen zu können.

Was Steiner hier in Länge ausführt, ist mindestens seit Freud nichts Unbekanntes mehr. Freud hatte damit begonnen, die Rolle des Unbewussten zu klären, die moderne Bewusstseinsforschung versucht genauere Kenntnis zu gewinnen, z.B. wie und wo die Gedächtnisinhalte gespeichert werden.

D. Ich

1. Begriffsbestimmung

Das Ich (lateinisch *ego*) kann bezeichnet werden als die Person, sofern sie sich als Ursache ihrer Handlungen und als Identisches in ihrem Werden versteht. Der Begriff bezieht sich primär auf ein Erlebnis. Ich ist der evidenteste Bewusstseinsinhalt. „Als Erlebnis ist es aber einer genauen Definition kaum zugänglich, da es in fast allen Erlebnissen mitenthalten ist".[107]

Verschiedentlich wird das Ich auch dem Selbst oder Ego gleichgesetzt oder anders bezeichnet (z.B. Proprium bei Allport). Wie man jedoch das Ich vom Selbst unterscheiden kann, wird im Kapitel über das Selbst dargestellt.

2. Philosophisch-naturwissenschaftliche Sichtweise

Wie bei den eingangs vorgestellten Kurzdefinitionen deutlich geworden ist, ist eine klare Beschreibung, die sich nur auf das Ich beschränkt nicht möglich. In der Schichtenlehre, in der Persönlichkeitspsychologie, in der Tiefenpsychologie hat es eine jeweils unterschiedliche Bedeutung und wurde auch z.B. durch die Begriffe des Selbst oder Ego ersetzt.

Was überhaupt das Ich ist, soll von verschiedenen Seiten her beleuchtet werden. Aus der Vielfalt der Anschauungen kann es dann vielleicht gelingen ein klareres Bild zu erlangen.

Wegen seiner vielfältigen Anregungen, darüber weiter nachzudenken, sei ein Abschnitt aus einem Artikel über „Das Schöne" von C. F. von Weizsäcker ausführlicher zitiert:

> Warum ist das bloße Ich blind? Ein Rückblick auf die Geschichte des organischen Lebens gibt uns einen Wink. Das Ich ist tierisches Erbe, wenn auch erst der Mensch, zumal der europäisch-neuzeitliche Mensch, es, vor allem durch das vielgesichtige Werkzeug der Macht, aufs Höchste ausgebildet hat. ... Das Ich als seelisches Phänomen ist der Inbegriff und

---

[107] Arnold, Wilhelm: Lexikon der Psychologie. Band 2. Herder, Freiburg, 1971, S. 150

die Steuerung der psychischen Prozesse, die der Erhaltung des Individuums dienen. Nichts ist aber dem Individuum so gewiss wie der Tod. Der Mensch ist das Tier, das weiß, dass es sterben muss. Darum ist die Erlebniswelt des menschlichen Ich gekennzeichnet von der leise oder ausdrücklich mitwahrgenommenen Vergeblichkeit. Die Blindheit des animalischen Ich ist, dass es nicht in der Reflexion weiß, dass es sterben muss. Die Blindheit des menschlichen Ich ist Verblendung, sie ist Nötigung, von der Vergeblichkeit wegzublicken. Deshalb ist Erlösung von den Interessen des Ich ein Sehendwerden.[108]

An anderer Stelle äußert sich von Weizsäcker folgendermaßen über das Ich: „Der manifeste Träger des menschlichen Wissens ist das Ich. Das Ich ist die Selbstwahrnehmung des Individuum *als* Individuum. Unreflektiert ist das Ich das steuernde Zentrum der selbsterhaltenden Triebe, in der Reflexion umfasst es alle Wahrnehmungen und Wissensentscheidungen, die der Selbsterhaltung dienen und ist so das eigentlich menschliche Instrument der Selbsterhaltung, ihr erster Diener. Der Mensch ist das Tier, das Ich sagen kann. Eben das Individuum aber ist das eigentliche Opfer des Todes. Indem das Ich zum reflektierenden Wissen gelangt, gelangt es zum Wissen seines notwendigen Untergangs"[109].

Dass für die Ich-Bewusstheit auch das Gedächtnis eine Rolle spielt, wird von Popper ganz deutlich hervorgehoben, denn „Zustände, die ich *restlos* aus dem Gedächtnis verloren habe, kann man schwerlich Zustände meines Ich nennen... Dennoch meine ich dass zum Selbst- oder Ich-Bewusstsein mehr gehört als Gedächtnis... Sich-Erinnern ist wichtig, doch es ist nicht alles. Die Fähigkeit zur Erinnerung ist vielleicht wichtiger als die tatsächliche Erinnerung[110].

Aber wie hat man sich nun das Ich vorzustellen? Einerseits ist es sicherlich etwas Immaterielles, doch gerade die Vorstellung dessen bereitet uns Schwierigkeiten. Es hilft einem deshalb, wenn man es verdinglicht und als eine Art Gegenstand der Popperschen Welt 3 ansieht. Durch die Verankerung in der Welt 3 können wir es uns „sozusagen als etwas Andauerndes vorstellen: man könnte fast sagen, wie ein Stück Metall"[111]. Diese Materialisierung hilft uns vielleicht ein wenig das Ich für uns be*greifbarer* zu machen und ein Selbstverständnis von uns zu gewinnen.

---

[108] Weizsäcker, 1995, a.a.O. S. 416
[109] Weizsäcker, Carl Friedrich von: Der Garten des Menschlichen. Hanser, München, 1982 S. 154
[110] Popper, Karl R. & Eccles, John C.: Das Ich und sein Gehirn. Piper, München, 1989. S. 138
[111] Popper & Eccles, a.a.O., S.550

Am Ende seines umfangreichen Versuchs, zu beschreiben, was er unter *mind* versteht, schreibt Steven Pinker über das Ich:

> The „I" is not a combination of body parts or brain states or bits of information, but a unity of selfness over time, a single locus that is nowhere in particular.[112]

Dies ist eine Vorstellung, der ich mich, auch erweitert auf das Selbst, voll anschließen kann. Ebenso wie der Position des Soziobiologen Edward O. Wilson, der schreibt:

> Das Ich ist kein höheres Wesen, das völlig unabhängig irgendwo im Gehirn existiert. Es ist der Hauptdarsteller in allen unseren Szenarien. Es ist unverzichtbar und steht ständig im Mittelpunkt, denn unsere Sinne sind im Körper verankert, und der Körper kreiert unseren Verstand als Beherrscher aller bewussten Handlungen. Das Ich und der Körper sind somit untrennbar verschmolzen. Auch wenn unsere Szenarien die Illusion eines unabhängigen Ichs herstellen, kann es nicht unabhängig vom Körper existieren, genauso wenig, wie der Körper lange ohne das Ich überleben kann[113]. Diese Einheit ist derart stark, dass die Idee, es könne in Himmel und Hölle Seelen geben, die nicht wenigstens irgendein phantastisches Äquivalent von Körperlichkeit besitzen, nahezu unvorstellbar ist.[114]

3. Psychologische Sichtweise

Eine einheitliche Vorstellung was das Ich sei, gibt es natürlich auch in der Psychologie nicht: das zeigen schon die ganz subjektiv ausgewählten Beispiele, die weiter unten im Kapitel „Das Ich in der Psychologie" dargestellt werden. An dieser Stelle nur einige Hinweise, die den Begriff deutlicher machen sollen.

Man könnte meinen, dass die *Identität* eines Menschen eng mit seinem *Selbst* (self) zusammenhängt. Ohne Selbst (-bewusstsein) kann der Mensch zu keiner Vorstellung seiner einzigartigen Identität kommen. Wir werden jedoch sehen, dass eine solche Definition zu eng wäre, gehören doch zur Identität eines Menschen alle Anteile, also die bewussten und auch die ihm unbewussten. Zum Zwecke der Klärung und des

---

[112] Pinker, Steven: How the Mind Works. W.W. Norton, New York, 1997, S. 564
[113] Allerdings ist es der modernen Apparatemedizin heute möglich, Körper (von Personen kann man dann kaum noch sprechen) auch jahrelang am Leben zu erhalten, auch wenn man z.B. keine Großhirnfunktionen mehr feststellen kann.
[114] Wilson, Edward O.: Die Einheit des Wissens. Siedler, Berlin, 1998, S. 160f.

besseren Verständnisses kann man Unterscheidungen zwischen Ich und Selbst, Ich und Seele, Geist und Körper etc. treffen, der Mensch besteht aber letztlich immer aus einer Einheit.

Wie es zur Ausbildung des Ich, der Identität, kommt, ist Betrachtungsgegenstand der Entwicklungspsychologie. Im Kapitel „Psychologische Bemerkungen zur Ichentwicklung" wird auch dieser Punkt etwas näher dargestellt.
Der amerikanische Psychologe George Herbert Mead sah die Identität als in Produkt zweier Faktoren an:

> der stärker sozialen Komponente Me und des eher persönlichen Faktors I. Das Me präsentiert die Vorstellung dessen, wie die anderen das Individuum sehen, vor allem aber, wie es sich nach der Interpretation ihrer Erwartungen zu verhalten hat. ... Die Entstehung des Me durch das Erkennen und die Übernahme des Wertsystems des anderen erfolgt im Prozess des „role-taking". Erst indem ich mich in die Position des anderen versetze und aus dieser heraus mich selbst betrachte, erlange ich das Bewusstsein meiner selbst - meiner Identität. ... Die persönliche Komponente I ist die zweite handelnde Instanz im Individuum, die auf Anregungen durch symbolische Reize reagiert. Das I besitzt gegenüber dem Me eine stärker impulsive Qualität. Seine Spontaneität kann durch das Me, durch sozialinspirierte Disziplin, gezügelt werden.[115]

Die *Identität* (self) steht also nach Mead in permanenter Auseinandersetzung mit dem *Bewusstsein* (mind) als der reflexiven Intelligenz des Menschen.

---

[115] Miller, Rudolf: George Herbert Mead. In: Theo Herrmann (Hrsg.): Persönlichkeitspsychologie. Ein Handbuch in Schlüsselbegriffen. Urban & Schwarzenberg, München, 1985, S. 42f.

4. Anthroposophische Sichtweise

Heiner Ruland gibt folgende Charakterisierung: „das Unwandelbare, Ewige im Menschen, im Mikrokosmos, ist aber sein Geistkern, den wir Ich nennen."[116] Gleich darauf grenzt er das Ich von der Seele ab: „Älter als das Ich des Menschen oder sein Geist ist dessen Gegenspielerin, die Seele, deren Element das Wandelbare ist; die Seele lebt alles, was sich in der Zeit wandelt, innigst mit."[117]

Wie wir gesehen haben, wurde der Seele verschiedentlich Substanzcharakter zugesprochen. Das Ich hingegen wird gemeinhin als substanzlos angesehen. Gleichwohl findet man in der Anthroposophie auch beim Ich wieder diese Vorstellung einer Form, die sich vom Immateriellen unterscheidet:

> Insofern in allem Willenshaften das Ich tätig ist, ja das Ich aus reiner Willenssubstanz besteht, ist bei jeder Willensentfaltung der Wärmeäther beteiligt.[118]

Auf längere Ausführungen kann hier verzichtet werden, da dem Thema ein eigenes Hauptkapitel gewidmet ist.

---

[116] Ruland, Heiner: Ein Weg zur Erweiterung des Tonerlebens. Verlag Die Pforte, Basel, 1988, S. 120
[117] Ruland, Heiner, a.a.O. S. 120
[118] Höller, Klaus: Das menschheitliche und das individuelle im ätherischen Organismus. Der Merkurstab, (49), Heft 4, 1996, S. 290

E. Selbst

1. Begriffsbestimmung

Das Selbst wird auch als das Identische der Person in all ihren Akten, Tätigkeiten, Denk- und Willensvollzügen bezeichnet und kann auf dieser Ebene dem Ich gleichgesetzt werden. Das Selbst ist Ausdruck dafür, dass das erlebende Subjekt sich seiner selbst bewusst und zugleich sich selbst zum Objekt wird. Dieses Selbst ist Kontinuität, von den wechselnden Inhalten des Bewusstseins unabhängig, da diesen gegenüber transzendent[119]. Endothyme, unterschwellige, trieb- oder instinktbedingte Vorgänge werden oft nicht dem Selbst zugehörig empfunden[120], sondern z.B. dem Es. Der Däne Tor Nørretranders hat ein ganzes Buch der Frage des Bewusstseins gewidmet und ist dabei auch ausführlich auf die Unterscheidung von Ich und Selbst eingegangen, die er philosophisch, vor allem aber neurophysiologisch begründet. Letztere Ausführungen stützen sich wesentlich auf die Forschungsergebnisse von Benjamin Libet über die noch ausführlich berichtet werden soll.

> Es ist zu unterscheiden zwischen dem Ich und dem Selbst. Mein Ich ist nicht identisch mit meinem Selbst. Mein Selbst ist mehr als mein Ich. Wenn mein Ich nicht entscheidet, dann entscheidet mein Selbst.
> Das Ich ist der bewusste Akteur, das Selbst ist die Person im übrigen. In vielen Situationen, wenn es schnell gehen muss, ist das Ich nicht an der Macht. Es bestimmt nur dann, wenn Zeit zum überlegen bleibt. Das aber ist nicht immer der Fall.
> Die Bezeichnung Selbst betrifft das Subjekt der körperlichen Handlungen und mentalen Prozesse, die nicht vom Ich, dem bewussten Ich, initiiert oder ausgeführt werden. Die Bezeichnung Ich betrifft die körperlichen Handlungen und mentalen Prozesse, die bewusst sind.[121]

Gegenüber der eingangs gegebenen Darstellung wird hier das Selbst also als umfassender angesehen, indem es auch die Anteile der Person enthält, die ihr nicht bewusst sind. Ich finde, dass einen diese Unterscheidung ein ganzen Stück in der begrifflichen Klärung weiter bringt. Möglicherweise trifft dies an dieser Stelle nur für den deutschen Sprachraum zu und auch nur, wenn man sich nicht weiter auf philosophisches Gebiet begibt. Alken Bruns, der das Buch Nørretranders aus dem

---

[119] Dorsch, Friedrich: Psychologisches Wörterbuch. Hans Huber Verlag, Bern ,1982[10], S. 598
[120] Hehlmann, o.J., a.a.O., S. 505
[121] Nørretranders, Tor: Spüre die Welt. Die Wissenschaft des Bewusstsein. Rowohlt, Reinbek, 1994, S. 370 f.

Dänischen ins Deutsche übersetzt hat weist z.B. auf die phänomenologisch-existentialistische Philosophie von Jean Paul Sartre hin, der zwischen Ich *(Je)* und ICH *(Moi)* unterschieden hat, was mit der hier vorgenommenen Trennung nicht übereinstimmt. Darüber hinaus haben sich mit der Unterscheidung, um nur diese zu nennen, Immanuel Kant, Edmund Husserl und Jacques Lacan oder der oben schon erwähnte Herbert Mead befasst.

In einer amerikanischen Definition wird zum Selbst auch noch die Umgebung als Variable mit hinzugenommen:

> Self = an individual regarded as conscious of his own continuing identity and of his relation to the environment. Syn. = ego.[122]

Begriffsanalytisch lassen sich verschiedene Bedeutungen des hypothetischen Konstrukts des Selbst herausarbeiten, von denen die relevantesten weiter unten dargestellt werden.

Nach der weiter oben wiedergegebenen Definition des Hirntods durch Bavastro würde man einem Menschen, der ein unumkehrbares Hirnversagen erlitten hat wahrscheinlich das Bewusstsein, das Ich und auch das Selbst absprechen; problematischer wird es schon, wenn man ihm Seele, Geist und das Personsein aberkennen würde. Denn wie wäre es analog mit irreversibel komatösen oder dementen Patienten oder anenzephalen Neugeborenen? Zu letzterem Punkt habe ich in dem Kapitel „Physiologisch-psychologische Grundlagen der Ichentwicklung" Stellung genommen.

---

[122] Warren, H.C.: Dictionary of Psychology, Houghton Mifflin, Boston, 1934

Diese Fragen spielen auch eine Rolle im Organspendegesetz und in der Frage der Definition des Hirntodes. Es soll aber bereits an dieser Stelle ein erster Hinweis darauf gegeben werden, wie ich das Selbst sehe. In dem Abschnitt „Überwindung des Leib-Seele-Problems" wird dann darauf genauer Bezug genommen.

Nach heutigem Kenntnisstand ist das Selbst ein neuronaler Zustand, der sich während der Lebenszeit des Menschen entwickelt und dann ständig (im bewussten Zustand) aufrechterhalten werden muss. Kai Vogeley führte dazu auf einem Symposion in seinem Eingangsreferat aus:

> Thus the self appears not as any sort of central control station, but corresponds to a biological state, which becomes continuously re-actualized and attributed to conscious contents. The PFC[123] appears as the most important component in the neural implementation of the self model.[124]

Das Selbst oder Ich ist also nicht als eine Art Kontrollstation oder Wesenheit zu verstehen, sondern ist als ein virtuelles Phänomen anzusehen, das sich ständig aktualisiert. Eine wichtige Rolle scheint dabei der präfrontale Cortex der Großhirnrinde zu spielen.

---

[123] PFC = Pre Frontal Cortex = Präfrontaler Cortex
[124] Vogeley, Kai: The Human Self Construct & Prefrontal Cortex in Schizophrenia. http://www.phil.vt.edu/ASSC/esem5.html

2. Einzeldarstellung

Die Frage nach dem Selbst hat Philosophen über Jahrhunderte hinweg beschäftigt.

Einige Beispiele mögen dies verdeutlichen.

Erkenne dich selbst

Im 6. Jh. v. Chr. gab es in Griechenland eine Reihe von Staatsmännern und Philosophen, die später (zum ersten Mal im 4. Jh. v. Chr. von Platon) als die *Sieben Weisen* bezeichnet wurden. Einem dieser Sieben Weisen (genannt werden u. a. Chilon von Sparta, Solon von Athen, Thales von Milet) wird der Aufruf *Erkenne dich selbst* (griechisch Γνωθι σεαυτο, lateinisch *Nosce te ipsum* zugeschrieben. Er stand als Inschrift über dem Eingang des heute zerstörten Apollotempels in Delphi. Die Erkenntnis, nur ein Mensch zu sein, sollte die Ehrfurcht vor der Gottheit steigern. Platon (etwa 428-347 v. Chr.) lässt später in seinem Dialog *Hipparchos* Sokrates diesen Sinnspruch zitieren. Er wird nun in erweitertem Sinn verstanden. Selbsterkenntnis wird als Vorbedingung gesehen, als Ausgangspunkt aller menschlichen Weisheit.

Jeder ist sich selbst der Nächste

Diese sprichwörtliche Redensart mit der Bedeutung *jeder denkt zuerst an sich selbst* ist lateinischen Ursprungs. Bei dem römischen Komödiendichter Terenz (2. Jh. v. Chr.) heißt es in dem Stück Andria (IV, 1) im lateinischen Original: *Proximus sum egomet mihi,* auf deutsch: *Ich bin mir selbst der Nächste.*

Ein Schatten seiner selbst sein

Die Redewendung, mit der man umschreibt, dass jemand nur noch ein blasses Abbild seiner früheren lebensvollen Persönlichkeit ist, besonders auch, dass er äußerlich erkennbar krank und elend ist, geht auf die Antike zurück. Der römische Dichter Lukan (39-65 n. Chr.) nannte in seinem Epos *Pharsalia* (oder *Bellum civile*) über den Bürgerkrieg zwischen Cäsar und Pompejus den unterlegenen Pompejus *magni nominis umbra,* auf deutsch: *Schatten seines großen Namens.* Aus dieser Kennzeichnung hat sich wohl die heute gebräuchliche Redewendung entwickelt.[125]

---

[125] Duden: Herkunftswörterbuch. Bibliographisches Institut, 1993

Mit der grundlegenden Arbeit „Principles of Psychology" von William James im Jahre 1890 lässt sich der Beginn einer systematischen Erforschung des Selbst datieren. James hatte damals

> eine grundlegende konzeptuelle Unterscheidung eingeführt, auf die bis heute Bezug genommen wird; sie betont, dass man das „Selbst" einmal als erkennendes Subjekt („I") und zum anderen als Objekt der Erkenntnis („Me") betrachten kann. Nur letzteres sollte als das „empirische Selbst" Gegenstand wissenschaftlicher Betrachtung sein, und in seiner begrifflichen Fassung als „Selbstkonzept" wurde es in einer Vielzahl von Einzelarbeiten thematisiert.[126]

Für Eccles hat „das Selbst eine einzigartige Einmaligkeit, die unentwegt durch alle unsere Lebenserfahrungen fortdauert, wobei diese durch Erinnerungssequenzen miteinander verknüpft sind."[127] Dieses persönliche Selbst hat unser ganzes Leben hindurch Kontinuität. Die Verbindung zum Gehirn ist allerdings bei Bewusstlosigkeit, im traumlosen Schlaf, unter Anästhesie oder im Koma unterbrochen. Das Selbst führt also in Welt 2 eine autonome Existenz, die es ihm ermöglicht, Lücken die durch Schlaf oder Bewusstlosigkeit entstanden sind, zu überbrücken.

Seit der oben zitierten Definition von William James ist mittlerweile über ein Jahrhundert stürmischer Entwicklung vergangen. Neurophysiologen denken heute in anderen Begriffssystemen und sind der Frage was ‚Bewusstsein', ‚Selbst' und ‚Ich' sind, zumindest ein Stück näher gekommen.

> Das "Selbst" entsteht bei einem gesunden Menschen durch einen permanenten Reality-Check: Immerfort melden die Sinnesorgane, in welchem Zustand sich der Körper und dessen Umgebung befinden. Bewusstsein wäre demnach in Wahrheit primär die Fähigkeit, Wissen aus der Perspektive des eigenen Körpers zusammenzutragen, auszuwählen und zu überblicken. ... So weit könnten sich noch viele Neurowissenschaftler einigen. Doch dabei bleibt das Rätsel unbeantwortet, welcher physiologische Vorgang im Gehirn aus den vielen, weit verstreuten Verarbeitungsprozessen das alles vereinende Gefühl des "Ich" bewirkt.[128]

Im Kapitel über das Bewusstsein habe ich auf ein Erklärungsmodell hingewiesen, das derzeit die größte wissenschaftliche Anziehungskraft zu haben scheint.

---

[126] Filipp, Sigrun-Heide: Selbstkonzept. In: Theo Herrmann (Hrsg.): Persönlichkeitspsychologie. Ein Handbuch in Schlüsselbegriffen. Urban & Schwarzenberg, München, 1985, S. 347
[127] Eccles, John C. & Zeier, Hans: Gehirn und Geist. Kindler, München, 1980, S. 188
[128] Traufetter, Gerald: Demut vor dem letzten Rätsel. Der Spiegel, 1/2001

F. Seele

1. Begriffsbestimmung

Seele bedeutet entsprechend dem griechischen „psyché" und dem lateinischen „anima" soviel wie Hauch, Atem oder Wind[129].

Unser deutsches Wort für die Seele scheint von gotisch *saiwala* zu stammen, das auf *saiws* die See verweist und man pflegt es mit dem lappischen *saivo*, einem urnordischen Lehnwort, zusammenzustellen, das Örtlichkeiten im Jenseits bezeichnet. „Da germanische Quellen nichts über eine Verbindung zwischen Totenreich und der See erwähnen, aber etwa schwedische Schiffssetzungen zeigen, dass zumindest bedeutende Tote wohl übers Meer ins Totenreich fahren sollten, könnte an vorindogermanisch-wanische Tradition gedacht werden."[130] Später wurde das Wort *Seele* abgeleitet von dem mittelhochdeutschen Wort *sele* und hatte dann die Grundbedeutung „die zum See Gehörende". Nach alter germanischer Vorstellung wohnten nämlich die Seelen der Ungeborenen und der Toten im Wasser.

2. Einzeldarstellung

Eccles identifiziert die Seele als die subjektive Komponente eines jeden von uns, als das bewusste Selbst in Welt 2.[131]

„Viele Umschreibungen des Begriffs Seele sind Abwandlungen zwischen den beiden Extremen: bewusstseinsunabhängiges Seelenwesen von übersinnlicher Art, die Materie transzendierend und in Verbindung zu Gott - andererseits Seele als materielles Produkt insbesondere von Gehirnprozessen."[132]

In der Philosophie des Abendlandes wurde, wie wir noch sehen werden, die Seele in vielfältiger Hinsicht beschrieben, unabhängig davon, ob man sie gänzlich immateriell ansah, eher feinstofflich oder mehr zum materiellen tendierend. Es waren dies jedoch

---

[129] Dorsch, a.a.O. S. 596

[130] Bleibtreu-Ehrenberg, Gisela: Der Leib als Widersacher der Seele. In: Jüttemann, Gerd (Hrsg.): Die Seele. Psychologie Verlagsunion, Weinheim, 1991, S. 87 (Fußnote 2)

[131] Eccles, John C. & Zeier, Hans, a.a.O., S. 190

[132] Dorsch, Friedrich, a.a.O., S. 596

Erklärungen beschreibender Art, keine naturwissenschaftlichen Messungen. Erst mit der sich im 19. Jahrhundert rasant entwickelnden Technik wurde auch die Seele einer genauen Vermessung unterzogen, es entwickelte sich die Psychotechnik. So gründete Wilhelm Wundt 1879 in Hamburg das erste psychologische Institut der Welt, in dem er versuchte das Seelische in Experiment und Beobachtung naturwissenschaftlich zu erfassen.

Aber es gab daneben auch innerhalb der Psychologie immer schon Gegenströmungen, die propagierten, dass sich das Seelische nur ganzheitlich erfassen lasse. So schrieb Ernst Griesang 1938 in einer völkerkundlichen Arbeit „Seelisches lässt sich schwerlich auf Wegen, die zu Mengenhaftem führen, erfassen und seelische Eigenschaften sind stets mechanistischer Messung unzugänglich".[133] Trotzdem verwendete er zur Prüfung der Konzentration und Ausdauer den kurz zuvor entwickelten Pauli-Test (fortlaufendes Addieren von einstelligen Zahlen über einen Zeitraum von einer Stunde).

---

[133] Griesang, Ernst: Der Einfluß des Lebensraumes auf die bevölkerungskundlichen, rassischen, erbbiologischen und gesundheitlichen Verhältnisse einer dörflichen Bevölkerung, dargestellt an zwei hessischen Dörfern (Sterzhausen und Wollmar). Marburg, 1938

G. Geist

1. Begriffsbestimmung

Geist ist nach Dorsch „ursprünglich ein philosophisch vieldeutiger Begriff. In der metaphysischen Gegenüberstellung von Geist und Stoff ist der Geist das Lebendig-Göttliche, belebte und belebende Prinzip (Weltgeist). Später in der spekulativen philosophischen Psychologie meint Geist die menschliche Seele („Geistseele"), die sich von der tierischen Seele charakteristisch unterscheidet"[134]. Im psychologischen Schrifttum wird nach Hehlmann der Begriff Geist gleichbedeutend gebraucht mit Seele, teils deutlich davon unterschieden oder als die Gesamtheit der eigentlich noetischen, d.h. das Erkennen und das Denken betreffende, Akte verstanden. Der Geist bildet das Strukturelement der Kortikalperson (d.h. von Funktionen, wie Sprechen, Denken, Auffassen, die an die Hirnrinde geknüpft sind) und des Ich.

---

[134] Dorsch, a.a.O. S. 241

2. Einzeldarstellung

Wenn man sich den Geist als immaterielle Substanz vorstellt, dann muss man sich von allen Vorstellungen frei machen, die man gewöhnlich mit materiellem verbindet. Für Emile Chartriers liegt es auf der Hand, „dass mein Geist weder eines der Rädchen im Werke meines Körpers ist, noch ein Teil der Universums. Er ist das Ganze vom Ganzen".[135]

Wie wir im nächsten Kapitel sehen werden, geht man in der Anthroposophie davon aus, dass zuerst der Geist war und sich aus ihm das Materielle nach und nach entwickelt hat. Zwar beschriebt Rudolf Steiner diesen Prozess im Einzelnen, da dieser jedoch jeglicher nachprüfbarer Grundlage entbehrt, würde ich ihn nicht einmal in den Rang einer Spekulation erheben. Seine Schilderungen sind eher religiöse Märchen für Erwachsene.

Viele Phänomene die mit Lebendigem zusammen hängen sind heute evolutionär erklärbar, so auch der Geist:

> Der Primat des Körpers hat seinen Ursprung in der Evolution: Von den einfachsten bis zu den komplexesten Formen waren Gehirne über Jahrmillionen zunächst einmal mit dem Organismus befasst, zu dem sie gehörten. In geringerem Maße gilt dieser Primat auch für die Entwicklung eines jeden von uns als Individuum: Zu Anfang gab es Repräsentationen des Körpers im engeren Sinn, erst später kamen Repräsentationen der Außenwelt hinzu. Und in noch geringerem Maße gilt er für das Jetzt, für den *Geist* des Augenblicks und seine Erschaffung.[136]

---

[135] Chartiers, Emile: in Picon, Gaetan: Panorama des zeitgenössischen Denkens. S. Fischer Verlag, 1961, S. 38
[136] Damasio, Antonio R.: Descartes' Irrtum. Fühlen, Denken und das menschliche Gehirn. dtv, München, 1997, S. 305

3. Anthroposophische Sichtweise

Für Rudolf Steiner ist „alles auf dieser Welt wie der Siegelabdruck des Geistigen."[137] Er hat seine Sichtweise schon 1888 in seinem Credo dargelegt, das er folgendermaßen beginnt:

> Die Ideenwelt ist der Urquell und das Prinzip alles Seins. In ihr ist unendliche Harmonie und selige Ruhe. Das Sein, das sie mit ihrem Lichte nicht beleuchtete, wäre ein totes, wesenloses, das keinen Teil hätte an dem Leben des Weltganzen. Nur was das Dasein von der Idee herleitet, das bedeutet etwas am Schöpfungsbaume des Universums. Die Idee ist der in sich klare, in sich selbst und mit sich selbst sich genügende Geist. Das Einzelne muss den Geist in sich haben, sonst fällt es ab, wie ein dürres Blatt von jenem Baume, und war umsonst da.[138]

Steiner erläutert dann den Weg auf dem der Mensch in sich das Selbstische abtöten muss, um zur Idee, zum Geist zu gelangen und führt dann weiter aus:

> Es gibt vier Sphären menschlicher Tätigkeit, in denen der Mensch sich voll hingibt an den Geist mit Ertötung alles Eigenlebens: die Erkenntnis, die Kunst, die Religion und die liebevolle Hingabe an eine Persönlichkeit im Geiste. Wer nicht wenigstens in einer dieser vier Sphären lebt, lebt überhaupt nicht.[139]

---

[137] Steiner, Rudolf: Das Wesen des Musikalischen. Rudolf Steiner Verlag, Dornach, 1981 (GA 283), S. 41
[138] Steiner, Rudolf: Credo. Der Einzelne und das All. In: Briefe. Band I (1881 - 1891). Selbstverlag Marie Steiner, Dornach, 1948, S. 229
[139] Steiner, Rudolf, a.a.O., S. 230

Das sind fürwahr starke Worte! Ullrich kommentiert dieses Credo:

> Mit dieser schwärmerischen Ideen-Mystik und Vergöttlichung des
> Menschen fällt Steiner in die geistige Welt des mittelalterlichen
> Neuplatonismus zurück. Er stellt sich erst gar nicht den fundamentalen
> Herausforderungen der Moderne für ein philosophisches oder
> theologisches Selbstverständnis des Menschen: der Dezentrierung des
> Universums durch Kopernikus, der Selbstbegrenzung der Vernunft durch
> Kant, der radikalen Vergeschichtlichung und Vergesellschaftlichung durch
> Hegel und Marx sowie der biologisch-evolutionären Sicht des Menschen
> als das 'noch nicht festgestellte Tier' (Nietzsche) ... Steiner übergeht also
> schon am Beginn seines Denkens anachronistisch die denkerischen
> Nötigungen, denen sich das neuzeitliche Philosophieren über den
> Menschen angesichts der Unabschließbarkeit der wissenschaftlichen
> Forschung nunmehr stellen muss.[140]

H. Person

Der Begriff der Person leitet sich etymologisch ab aus lateinisch persona, etruskisch phersuna Maske, d.h. den Erdgott (phersu) Kennzeichnende, wozu vor allem die Maske gehört (die Ableitung aus personare ist nach Dorsch „wohl falsch"). Im DUDEN Herkunftswörterbuch wird Person aber noch so definiert:

> Das seit dem 13. Jh. bezeugte Wort (*mhd.* person[e]) ist entlehnt aus *lat.*
> persona „Maske" des Schauspielers; Rolle, die durch diese Maske
> dargestellt wird; Charakterrolle; Charakter; Mensch, Person , das selbst
> wohl aus dem *Etrusk.* stammt (vgl. *etrusk.* phersu Maske).[141]

Der Personbegriff ist über die Jahrhunderte recht wechselnd verwendet worden. In neuer Zeit versteht man unter Person den Menschen meist in seiner spezifischen Eigenart, als den Träger eines in sich einheitlichen bewussten Ich bzw. Selbst.

---

[140] Ullrich, Heiner: Freies Geistesleben und religiöser Dogmatismus. Solidarität, <u>12</u>, 1994
[141] Duden: Herkunftswörterbuch. Dudenverlag

Sehr einleuchtend hat sich Konrad Kramer mit dem Begriff der Person auseinandergesetzt.

> Wir sagen von Personen, dass sie empfinden, fühlen und wahrnehmen. Das unterscheidet Personen zwar noch nicht von anderen Lebewesen, die wir nicht Personen nennen. Wir sagen von Personen aber auch, dass sie Meinungen haben, dass sie sich für den Fall, dass diese Meinungen wahr sind, etwas wissen, dass sie sich für den Fall, dass diese falsch sind, irren, dass sie gelegentlich in der Lage sind, ihre Irrtümer einzusehen und ihr Wissen über sich selbst und die Welt zu vermehren. Wir sagen ferner, dass Personen Wünsche und Absichten haben, in deren Horizont sie ihr Leben führen wollen. Wir sagen zudem, dass Personen nicht nur, wie andere Entitäten in der Welt auch, für die Dauer ihrer Existenz mit sich selbst identisch bleiben, sondern darüber hinaus auch ein Bewusstsein von dieser ihrer Existenz besitzen und dass sie nur aufgrund dieses Identitätsbewusstseins für ihre Handlungen verantwortlich gemacht werden können.[142]

Ferner sagt Kramer, würden wir uns weigern

> Einer Entität in der Welt, von der wir annehmen müssen, dass sie niemals Meinungen hat, den Status einer Person zuzusprechen. Denn ein meinungsloses Wesen könnte niemals absichtsvoll handeln und wäre für sein Verhalten niemals verantwortlich zu machen.[143]

In den meisten Staaten ist die Rechtsprechung danach ausgerichtet, in dem z.B. geistig Behinderte keinen Personenstatus in diesem Sinne zuerkannt bekommen, für ihre Handlungen aber auch nicht verantwortlich gemacht werden können und deshalb zur Vertretung ihrer Rechte einen Vormund bekommen. Einem Jugendlichen würde man dagegen zwar das Personsein nicht absprechen, trotzdem ist er erst voll verantwortlich für seine Handlungen, wenn er volljährig ist.

---

[142] Cramer, Konrad: Das cartesianische Paradigma und sein Folgelasten. In: Bewusstsein. Hrsg.: Sybille Krämer. Suhrkamp, Frankfurt, 1996, S. 107
[143] Cramer, Konrad, a.a.O., S. 108

I. Rückblick zu den Begriffsbestimmungen

Das, was in den vorangegangenen Kapiteln getrennt behandelt wurde, lässt sich in der Realität nicht trennen. Die Trennung wurde nur zur begrifflichen Klärung vorgenommen. Ich & Selbst, Bewusstsein & Gefühle hängen eng zusammen und bilden im gesunden Menschen eine Einheit in der sich der Mensch als Individualität erlebt. Gleichwohl hilft einem jedoch die Trennung rückblickend zu erkennen, welche Anteile für diesen Gesamteindruck verantwortlich sind. Im alltäglichen Leben bildet diese Zusammensetzung auch keine Probleme, sondern erst in Grenzsituationen (Schlaf, Koma) oder Störungen (Agnosie, Schizophrenie) wird deutlich, welche Bereiche notwendig sind, um zu einem einheitlichen, stimmigen Eindruck der Welt zu gelangen.

Auch Antonio Damasio trennte die Bereiche auf und wurde durch klinische Studien dazu veranlasst noch feinere Unterteilungen vorzunehmen, um teilweise Ausfälle besser erklären zu können.

Selbst	Bewusstseinsebene	Merkmale	Neuroanatomie
Autobiographisches Selbst	Erweitertes Bewusstsein (ist die Fähigkeit sich ein weites Panorama von Dingen und Ereignissen zu vergegenwärtigen)	Beruht auf permanenten, aber dispositionalen Aufzeichnungen von Kernselbst-Erfahrungen. Diese Aufzeichnungen können als neuronale Muster aktiviert und in explizite Vorstellungen verwandelt werden. Die Aufzeichnungen können durch weitere Erfahrungen partiell abgeändert werden.	Vorstellungsraum: Frühe[144] sensorische Cortices Dispositionaler Raum: Konvergenzzonen in den Cortices höherer Ordnung und subcorticale Kerner
Kernselbst	Kernbewusstsein (tritt auf, wenn das Gehirn einen nicht-sprachlichen Bericht zweiter Ordnung bildet	Vorübergehende, aber bewusste Bezugnahme auf den individuellen Organismus, in dem die Ereignisse stattfinden	Cingulärer Cortex, Thalamus, Colliculi superiores
Proto-Selbst	Protobewusstsein	Unbewusste Ansammlung von Repräsentationen der vielfältigen Dimensionen des aktuellen Organismuszustandes	Hirnstammkerne, Hypothalamus, somato-sensorische Cortexfelder

Eine wichtige Unterscheidung, die Damasio vornimmt, ist die zwischen Vorstellungsraum und dispositionalem Raum. Der Vorstellungsraum ist der Raum, in dem Vorstellungen aller Sinnesmodalitäten explizit auftreten und der die manifesten mentalen Inhalte des Kernbewusstseins einbezieht. Der dispositionale Raum ist der

---

[144] der Begriff ‚früh' bezeichnet nicht das stammesgeschichtliche Alter, sondern den Ort in der Verarbeitungssequenz der Signale.

Raum, in dem die dispositionalen Erinnerungen Aufzeichnungen von implizitem Wissen enthalten.

> Hier lassen sich in der Erinnerung Vorstellungen rekonstruieren, Bewegungen hervorrufen und die Verarbeitung von Bildern fördern. Dispositionen können die Erinnerung an eine Vorstellung enthalten, die bei einer früheren Gelegenheit wahrgenommen wurde und dazu beitragen, dass eine ähnliche Vorstellung aus dieser Erinnerung rekonstruiert wird.[145]

Was in dieser Aufstellung bereits auffällt ist, dass zwar vom Bewusstsein und vom Selbst gesprochen wird, die Worte Seele oder Geist jedoch nicht vorkommen. Vielmehr wird der Versuch gemacht, die psychischen Gegebenheiten neuroanatomisch zu verorten.
Ich möchte dem nachfolgenden Text hier noch nicht vorgreifen, sondern dies erst einmal so stehen lassen und in die weiteren Gedanken einsteigen. Später wird sich zeigen, wie diese Erkenntnisse Damasios einzuordnen sind.

---

[145] Damasio, Antonio: Ich fühle, also bin ich. Die Entschlüsselung des Bewusstseins. List, München, 2000, S. 264

VI.   Leib-Seele-Theorien

Diesem Kapitel sei ein Zitat von Carl Friedrich von Weizsäcker vorangestellt, das meine eigene Auffassung genau widerspiegelt und treffender ausdrückt, als ich es könnte:

> Leib und Seele sind nicht zwei Substanzen, sondern eine.
> Sie sind der Mensch, der sich selbst in verschiedener Weise kennenlernt. [146]

Vor einer Betrachtung des Ich unter verschiedenen Aspekten, soll auf die grundsätzlich verschiedenen Auffassungen geblickt werden, unter denen das Problem der Beziehung zwischen Körper / Leib und Seele / Geist / Ich in der Geschichte gesehen wurde.

Grundsätzlich hat sich mit diesem Thema der bedeutende Philosoph Bertrand Russell bereits 1935 beschäftigt. Er führte aus, dass in seiner Jugend noch die Anschauung vorherrschte, dass der Mensch aus einer Seele und einem Körper bestehe und dass der Körper in der Zeit und im Raum, die Seele nur in der Zeit existiere. Heutzutage seien diese 'feinen alten Vereinfachungen' verloren gegangen: die Physiker seien zu der Auffassung gekommen, dass es so etwas wie Materie nicht gäbe und die Psychologen, dass es so etwas wie den Geist (mind) nicht gäbe. Geist und Körper seien nur bequeme Arten, die Dinge zu organisieren und er kommt zu dem Fazit:

> Es besteht kein Grund, anzunehmen, dass entweder ein Teil des Geistes oder ein Teil der Materie unsterblich ist. Von der Sonne wird angenommen, dass sie Millionen von Tonnen Materie pro Minute verliert. Das Charakteristischste des Geistes ist das Gedächtnis und es besteht kein Grund anzunehmen, dass das Gedächtnis, das mit einer Person verbunden ist, deren Tod überlebt. In Wirklichkeit besteht entschiedener Grund zu der Annahme, dass das Gegenteil zutrifft, da das Gedächtnis mit einer gewissen Hirnstruktur zusammenhängt und da diese Struktur beim Tod stirbt, besteht Grund zu der Annahme, dass das Gedächtnis dann auch verlöscht. [147]

---

[146] Carl Friedrich von Weizsäcker, Geschichte in: Duden. Zitate und Aussprüche. Bibliographisches Institut & F. A. Brockhaus AG, Mannheim, 1994
[147] Russell, Bertrand: What is the Soul? In: Bertrand Russell on God and Religion. Prometheus, Buffalo, NY, 1986, S. 149: „There can be no reason for supposing that either a piece of mind or a piece of matter is immortal. The sun is supposed losing matter at the rate of millions of tons a minute. The most essential characteristic of mind is memory, and there is no reason whatever to suppose that the

Bezogen auf die Materie (d.h. die Erde) auf der wir leben führte Russell aus:

> Wir können gegenwärtig weder die Sonne, noch den Mond, noch das Innere der Erde beeinflussen und es besteht nicht die geringste Annahme dafür, dass das was in Regionen geschieht, in die unsere Macht nicht reicht, irgendwelche geistige Ursachen hat. Das heißt, um es auf einen Nenner zu bringen, dass kein Grund für die Annahme besteht, dass außer an der Erdoberfläche irgend etwas passiert, weil jemand wünscht, dass es passiert.[148]

Es soll nicht unerwähnt bleiben, dass die Juxtaposition von Leib und Seele eine typische abendländische *Erfindung* ist. Rudolf Kaiser[149] hat sich lange Jahre seines Lebens mit den amerikanischen Indianern beschäftigt und bei Ihnen gefunden, was wahrscheinlich auch bei anderen frühen Naturreligionen zu finden gewesen wäre. Die Navajos z.B. gingen immer aus vom <u>Ganzen</u>, sahen die Erde als eine <u>Einheit</u>.[150] So konnte erst gar nicht die Idee aufkommen, dass es ein <u>Hier</u> des Menschen und ein <u>Dort</u> der Götter, einen Gegensatz von Mensch und Natur oder von Leib und Seele geben könnte. Da sie z.B. Gott auch im Stein (schlafen) sahen, ist ihr Respekt und ihre Verehrung gegenüber der Natur zu verstehen. Unser abendländisches Denken hat Jahrtausende gebraucht, um jetzt erst wieder den Sinn für die Einheit und Ganzheit des Kosmos zurückzugewinnen.

---

memory associated with a given person survives that person's death. Indeed there is every reason to think the opposite, for memory is clearly connected with a certain kind of brain structure, and since the structure decays at death, there is every reason to suppose that memory also must cease."

[148] Russell, Bertrand, a.a.O., S. 149: „We cannot at present do anything whatever to the sun or moon or even to the interior of the earth, and there is not the faintest reason to suppose that what happens in regions to which our power does not extend has any mental causes. That is to say, to put it in a nutshell, there is no reason to think that except on the earth's surface anything happens because somebody wishes it to happen."

[149] Kaiser, Rudolf: Gott schläft im Stein. Indianische und abendländische Weltansichten im Widerstreit. Kösel, München, 1993

[150] Duerr meint (in: Duerr, Hans Peter: Traumzeit. Über die Grenze zwischen Wildnis und Zivilisation. Suhrkamp, Frankfurt, 1985), dass die Indianer nicht Menschen der Einheit waren, aber „sie hatten noch ein deutliches Bewusstsein von der *zerbrochenen* Einheit, aus der heraus sie lebten" (S. 158)

Der Spiegel kommt in einem Artikel über Spiritualität zum Ergebnis:

> Die Trennung von Körper und Geist, mit der Descartes der Menschheit das Leib-Seele-Problem aufhalste, lässt sich nach neueren Ergebnissen der „Psychoneuroimmunologie" nicht mehr aufrechterhalten. Nerven-, Immun- und Hormonsystem sind zu einem engen Netzwerk miteinander verknüpft, wobei jeder Teil jeden anderen beeinflusst.[151]

Ähnlich argumentiert auch Hans Peter Duerr, wenn er ausführt, der Mensch sei ja

> kein Wesen, das aus zwei 'Entitäten' besteht, nämlich Körper und Geist, die zwar normalerweise miteinander verbunden sind, deren Verbindung sich indessen unter ganz außergewöhnlichen Umständen lösen könnte, wie es uns die traditionelle Metaphysik noch suggerieren mochte. Wir besitzen nicht einen Körper und einen Geist, vielmehr sind wir Wesen, die lachen, denken, Bücher schreiben und eventuell auch fliegen können. In uns *sitzt* kein Bewusstsein, das eine 'körperlich Hülle' hinter sich lassen könnte, vielmehr *sind* wir bewusste Wesen.[152]

Duerr setzt sich in dem zitierten Buch intensiv mit den Vorstellungen der Naturvölker auseinander und kann hierzu einen Ausspruch eines Katanga aus Rhodesien wiedergeben: „Ob ich hungrig bin, oder ob mich Sorgen bedrücken, so ist es nie nur ein Teil von mir, der leidet; ich leide als ganzer Mensch".[153]

Bereits die Menschen der Naturvölker und mehr noch Philosophen und Psychologen hat seit Generationen beschäftigt, wie es möglich ist, dass Immaterielles auf Materielles wirken kann (und umgekehrt). Wegen der Schwierigkeit, sich dies vorzustellen, wurde das Immaterielle teilweise als von feinerer Struktur, als *fein-stofflich*, bezeichnet, ohne damit das Problem lösen zu können. Wir werden noch sehen, dass dieses Immaterielle unter immer neuen Bezeichnungen auftaucht: *Seele* (Platon und viele andere), *Gespenst in der Maschine* (Ryle), *Selbstbewusster Geist* (Eccles / Popper).

---

[151] Der Spiegel: Soviel Psi war noch nie, 1994(52), S. 95
[152] Duerr, Hans Peter, a.a.O., S. 139f.
[153] Duerr, a.a.O., S. 457

A. Radikaler Materialismus oder Behaviorismus

Dies ist eine rein materialistische Interpretation, die alle Leistungen und Erfahrungen auf Aktionen des Gehirns zurückführt. Die Existenz bewusster oder geistiger Prozesse wird von dieser Theorie abgelehnt. Vielmehr wird der Geist lediglich als eine Bewegungsform der Materie angesehen. Er entsteht durch „dialektisches Umschlagen" von (angehäufter) Quantität in (neue) Qualität. Diese Theorie hat aber entscheidende Schwächen:

> Sie ist hoffnungslos unpräzise. Weder der Begriff „Dialektik" noch der Begriff „Umschlagen" haben bisher eine befriedigende Präzisierung erfahren. ...
> Vor allem aber kann Quantität sich niemals in Qualität verwandeln oder „umschlagen". Hier liegt eine kategoriale Vermischung vor wie in dem Satz „Nachts ist es kälter als draußen".[154]

Bei dieser vollständigen Reduktion der Gehirnleistungen wird das Leib-Seele-Problem also ausgeschaltet. Die Welt bewusster Erfahrungen (Welt 2 sensu Popper) wird geleugnet.

---

[154] Vollmer, Gerhard: Evolutionäre Erkenntnistheorie und Leib-Seele-Problem. In: Vollmer, Gerhard: Was können wir wissen? Band 2: Die Erkenntnis der Natur. Hirzel, Stuttgart, 1988, S. 83

B. Panpsychismus

Der Panpsychismus geht bereits auf die Vorsokratiker zurück, die als Substanz aller Dinge einen belebten Urstoff annehmen.

Die verschiedenen Varianten des Panpsychismus haben gemeinsam, dass sie annehmen, dass alle Materie einen inneren Aspekt mit geistähnlichen oder geistigen Eigenschaften habe und einen äußeren mit materiellen Eigenschaften. Es werden also auch einfachen Gebilden anorganischer Materie primitive oder elementare geistige Eigenschaften zugesprochen, die man auch als vorpsychisch oder protopsychisch bezeichnen kann.

Diese protopsychische Eigenschaft ist aber überhaupt nicht feststellbar:

> Eine Überprüfung ist dadurch von vornherein ausgeschlossen. Prüfbarkeit ist aber eines der Kriterien, nach denen die moderne Wissenschaftstheorie die Wissenschaftlichkeit einer Theorie beurteilt. ...
> Der panpsychistische Identismus ist also entweder unwissenschaftlich und nutzlos oder trivial und fehlbezeichnet.[155]

Eccles und Zeier beurteilen den Panpsychismus folgendermaßen:

> Die Anziehungskraft dieser Lehre liegt in der einfachen Lösung des Evolutionsproblems: Wann und wie entstand im Verlauf der biologischen Evolution der Geist? Die Panpsychisten antworten auf diese Frage, dass er immer da war, dass er aber im Verlauf der sich entwickelnden Komplexität des Zentralnervensystems fortschreitend verfeinert wurde. Auf diese Weise umgehen sie die beunruhigende Frage der Emergenz im Verlauf der Evolution, dies aber nur auf Kosten eines Glaubens, der im Licht der modernen Physik absurd und phantastisch erscheint. Wie kann man Atomen und Elementarteilchen, Elektronen, Protonen und Neutronen eine geistähnliche Eigenschaft zuerkennen? Wo doch zum Beispiel zwei Atome desselben Isotops, ungeachtet ihrer vergangenen Geschichte, physikalisch völlig identisch sind![156]

Ungeachtet der getrennten Darstellung der anthroposophischen Vorstellungen zur Leib-Seele Interaktion, würde ich die Anthroposophie am ehesten unter den Panpsychismus einreihen.

---

[155] Vollmer, a.a.O., S. 81f.
[156] Eccles & Zeier, a.a.O., S. 130

Geht doch die Anthroposophie davon aus, dass der Geist schon immer bestand, also vor allem Materiellen. Zwar hat sich das Physische entwickelt, nicht jedoch mit ihm der Geist, sondern umgekehrt: das geistige Prinzip, z.B. des Menschen war immer schon vorhanden, unterliegt also keiner Evolution; das Physische entwickelt sich dagegen aus dem Geiste.

Auch für diese Auffassung fehlt jeglicher Beweise, die Anthroposophen vermeiden aber dadurch erklären zu müssen, wie sich der Geist entwickeln kann.

C. Epiphänomenalismus

Der Epiphänomenalismus erkennt zwar die Existenz geistiger Erfahrungen an (als die Welt 2), behauptet aber zugleich, dass diese Erfahrungen unwirksame Nebenerscheinungen der Gehirntätigkeit seien. Die ursächliche Wirksamkeit von Welt 2 wird verneint. Die Gehirnvorgänge seien allein ausschlaggebend, um Aktionen in der Welt herbeizuführen.

Der Innenaspekt psychischen Erlebens fehlt beim Epiphänomenalismus vollkommen.

Josef Seifert setzt sich ausführlich mit dem Epiphänomenalismus auseinander. Die zentrale These des Epiphänomenalismus ist nach ihm:

> Dass es keine Wechselwirkung zwischen Geist und Materie geben kann, und dass die Energie der materiellen Welt konstant bleiben muss. Daraus folge, dass in einem gewissen Sinn das Bewusstsein durch nichts produziert würde bzw. keine Ursache hätte.[157]

Daraus ergeben sich drei Rätsel:

Das erste ontologische Rätsel: Die Schöpfung der Seele aus dem Nichts und durch das Nichts

> Eine kausale Schöpfung der Seele durch die Materie aus dem Nichts müsse vom Epiphänomenalisten in dem Sinne behauptet werden, dass durch die kausale Aktivität, durch die Bewusstsein produziert würde, absolut keine Energie verloren ginge.[158]

---

[157] Seifert, Josef: Das Leib-Seele-Problem und die gegenwärtige philosophische Diskussion. Wissenschaftliche Buchgesellschaft, Darmstadt, 1989, S. 91
[158] Seifert, a.a.O., S.90

Das zweite ontologische Rätsel: Bewusstsein als Realität ohne Konsequenzen. Dieses besteht darin, dass

> Das Bewusstsein etwas ist, und zwar etwas Reales, das dennoch absolut keine Macht haben soll, reale Wirkungen hervorzurufen.[159]

Das metaphysische Rätsel: Das Was, Woher, Wessen und Wozu der Illusion der Macht des bewussten Sein.

> Das machtlose Bewusstsein kann dem Epiphänomenalismus zufolge weder eine physische Tätigkeit noch sich selbst determinieren. Es ist nut determiniert.[160]

Die Lösung, des Problems, die Seifert vorschlägt, besteht in der Aufweisung des substantiellen Unterschieds zwischen Materie und Geist und mündet in einem ‚kritisch begründeten Dualismus'.

---

[159] Seifert, a.a.O., S.91
[160] Seifert, a.a.O., S.92

D. Identitäts- oder Innenzustandstheorie

Diese Theorie ist eine Modifikation von Panpsychismus und Epiphänomenalismus, weicht aber von diesen insofern ab, als sie postuliert, dass geistige Prozesse (Welt 2) 'identisch' seien mit gewissen Gehirnprozessen (Welt 1). Die geistigen Prozesse werden von innen her erlebt, während die 'identischen' Vorgänge im Gehirn von außen her erlebt werden. Zwischen Welt 1 und Welt 2 finde keine Wechselwirkung statt. Die geistigen Prozesse seien einfach die physikalischen Vorgänge im Gehirn oder vielmehr eine Unterklasse der Gehirnvorgänge.

Ein entscheidender Mangel der Identitätstheorie ist

> dass diese Hypothese keine Erklärung dafür zu geben vermag, dass gewisse Vorgänge im Gehirn - z.B. Impulse, synaptische Übertragung, raumzeitliche Erregungsmuster - dieses außerordentlich geistige Gegenstück haben. Außerdem gibt es auch keine Erklärung dafür, wie die ungeheure Vielgestaltigkeit neuronaler Vorgänge von einem Augenblick zum nächsten zu einer Einheit bewusster Erfahrung zusammengefügt wird.[161]

E. Evolutionistischer Identismus

Die Identitätstheorie, wie sie von der Evolutionären Erkenntnistheorie vertreten wird, weicht von der im vorhergehenden Kapitel beschriebenen Sichtweise insofern ab, als sie den evolutionären Aspekt unserer Erkenntnis in den Vordergrund rückt. Sie scheint mir so revolutionär und richtungsweisend, dass ich nicht hier, sondern erst am Ende der Abhandlung, im Ausblick auf das neue Jahrhundert, darauf ausführlicher eingehen möchte.

---

[161] Eccles & Zeier, a.a.O., S. 132

F. Dualistische Interaktionstheorien

Für den dualistischen Interaktionismus sind Geist und Gehirn verschiedene Substanzen, in aktiver Wechselwirkung, die einander in beiden Richtungen beeinflussen. Vertreten wurde diese dualistische Position früher von Descartes, in diesem Jahrhundert u.a. von Popper und Eccles.

Der fundamentale Ansatz dieser Theorie wird z.B. von Eccles und Zeier so erklärt:

> dass Geist und Gehirn voneinander unabhängige Einheiten sind, wobei das Gehirn zur Welt 1 und der Geist zur Welt 2 gehört und dass sie irgendwie aufeinander einwirken und sich gegenseitig beeinflussen. ... Über diese Grenze zwischen Welt 1 und Welt 2 oder zwischen Gehirn und Geist hinweg findet eine Wechselwirkung statt, die als ein steter Strom von Information, jedoch nicht von Energie, verstanden werden kann. Daraus ergibt sich die ungewöhnliche Lehre, dass die Welt der Materie und der Energie (Welt 1) nicht völlig verriegelt ist, wie dies ein Grundgesetz der Physik postuliert, sondern dass die sonst völlig geschlossene Welt 1 kleine 'Spalten' aufweist.[162]

Eccles und Zeier haben weiter oben den Panpsychismus kritisiert, dass er annehme, dass der Geist immer schon da war und die Frage der Entstehung damit umgangen worden wäre. Der von ihnen vertretene Dualismus weicht dieser Frage aber ebenso aus. Den entscheidenden Punkt, wie die Wechselwirkung zwischen Geist und Gehirn zustande kommt, beantworten sie im obigen Zitat mit 'irgendwie'. Da ist man genauso schlau wie vorher. Für die Frage, wo denn die Wechselwirkung stattfindet, hat Eccles die sog. „liaison areas" geschaffen, die vollkommen spektakulär bleiben.

Wie kann man es sich aber nun z.B. von der Geistseite her vorstellen, wenn man sagt, dass der Geist das Gehirn anregt, eine bestimmte Handlung zu initiieren?

---

[162] Eccles & Zeier, a.a.O., S. 143

Anhänger dualistischer Theorien dürfen sich nach Vollmer

> nun aufgefordert fühlen, entweder den einschlägigen Energieübertrag nachzuweisen oder eine Verletzung des Energieerhaltungssatzes zuzugeben, also einen Informationstransfer ohne Energietransfer zu postulieren, und sich damit ausdrücklich in Opposition zur gesamten empirischen Wissenschaft zu stellen.[163]

Kritik an der interaktionistischen Auffassung von Popper und Eccles wurde auch durch Reinhard Werth geübt: Die Einteilung in Welt 1, 2 und 3 durch Popper und die Interaktionen derselben führen nach Werth nicht zu größerer Klarheit, da Popper „mit so vagen Begriffen operiert, wie *geistig*, ("mental"), *bewusst, das Selbst* und diese auch nicht weiter präzisiert."[164] An dieser Offenheit der Bedeutung der Begriffe macht Werth auch seine weitere Kritik fest, denn

> es wird sogar abgelehnt zu sagen, was mit Begriffen wie *the self-conscious mind, conscious experience* usw. überhaupt gemeint ist. Welche Messungen technisch auch immer realisierbar sein werden, was immer die Ergebnisse bisheriger oder zukünftiger Experimente sein mögen, welche Theorien wir auch akzeptieren, die Aussagen von Popper und Eccles bleiben unüberprüfbar, weil überhaupt keine Kriterien angegeben werden, mit deren Hilfe die Existenz und die Aktivitäten des bewussten Geistes nachgewiesen werden
> könnten.[165]

---

[163] Vollmer, Gerhard: Mesokosmos und objektive Erkenntnis. In: Vollmer, Gerhard: Was können wir wissen? Band 1: Die Natur der Erkenntnis. Hirzel, Stuttgart, 1988, S. 107
[164] Werth, Reinhard: Bewusstsein. Psychologische, neurobiologische und wissenschaftstheoretische Aspekte. Springer, Berlin, 1983, S. 12
[165] Werth, Reinhard, a.a.O., S. 14

G. Anthroposophische Theorie

Während wir es bei den bisherigen Darstellungen z.B. entweder mit einer Gegenüberstellung von Körperlich-Geistigem zu Geistig-Seelischem oder mit einer Identität beider Bereiche zu tun hatten, stoßen wir in der Anthroposophie auf eine **Dreiteilung** in *Leib*, *Seele* und *Geist*. Die Seele ist auf der Erde an den Körper gebunden und inkarniert sich immer wieder aufs Neue. Der Geist hingegen ist der Urgrund alles Seins und ist beim Menschen zusätzlich zur Seele vorhanden.

Da für Steiner diese Dreigliederung zwingend ist, wird er nicht müde in seinen Schriften immer wieder auf das Konzil von 869 hinzuweisen, bei dem sich die Konzilväter für ein zweigeteiltes Menschenbild (Leib und Seele) aussprachen und den Geist *verboten* hätten. Die römische Kirche

> habe damit eine dogmatische Entscheidung getroffen, die alle geistige, alle wissenschaftliche Entwicklung des Abendlandes vorbestimmt und geprägt habe. Die übliche Geschichtsschreibung wir dieser Konzilsentscheidung wohl kaum so epochales Gewicht beimessen. Hier wurden nur altkirchliche Entwicklungen bestätigt, die entstanden waren, als die Theologen und Bischöfe sich Gedanken machten über das Verhältnis von Mensch und Gott in Jesus Christus.[166]

Man mag zur katholischen Kirche stehen, wie man will und wenn diese Konzilsentscheidung auch aus anderen Gründen gefällt worden war, so war die ungewollt immerhin ein Schritt in eine plausiblere Richtung, in der eine Trennung in Geist und Seele [wie kann man überhaupt Nichtmaterielles trennen?] nicht mehr nötig war.

Die Anthroposophie weicht allen kritischen Fragen aus, die bei den oben vorgestellten Theorien schon gestellt wurden und gibt statt dessen folgende Antworten, bzw. bleibt sie schuldig:

- Die Entstehung von Geist und Seele brauche nicht erklärt zu werden, da der Geist immer schon da war und die Seelen immer schon gewartet haben, sich *inkarnieren* zu können. Woher kam aber der Geist und die Seelen und wie soll man sich das 'Warten' der Seelen vorstellen?

- Welcher Art ist die Wechselwirkung zwischen Seele / Geist und Körper und wo findet diese Wechselwirkung statt?

---

[166] Badewien, Jan: Anthroposophie. Bahn, Konstanz, 1985, S. 129

- Wie ist das Verhältnis oder die Wechselwirkung zwischen Seele und Geist?

- Wenn im lebenden Menschen Seele, Geist und Körper eine Einheit bilden, wie soll dann die Trennung nach dem Tode vor sich gehen?

Wenn man sieht, in welche Schwierigkeiten der Dualismus gerät, die Interaktion von Seele und Körper zu erklären, so ist eine weitere Unterteilung in Seelisches und Geistiges, wozu sich ja noch als höchstes Glied auch noch das Ich gesellt, nur noch innerhalb der Anthroposophie zu verstehen.

Nun weist Vollmer jedoch nach, dass dasjenige, was durch *einen* Faktor, *eine* Ursache, *eine* Substanz erklärt werden kann, allemal auch durch *zwei* Faktoren etc. erklärt werden könne. Diese Situation ändert sich auch nicht, wenn man noch ein drittes oder weiteres Glied einführt. Daher gilt sowohl für eine dualistische, wie für eine triadische Erklärung Vollmers Auffassung, dass sich der Dualismus niemals zwingend widerlegen lasse:

> Es gibt ... nämlich weder ein logisches noch ein empirisches Argument, den Dualismus zu verwerfen. Gerade dies rückt ihn aber vorläufig außerhalb allen empirisch-wissenschaftlichen Interesses.[167]

Also bleibt einem nichts anderes übrig, als den Anthroposophen ihren Glauben zu lassen und sich nur dann zu wehren, wenn sie einem ihr abstruses Weltbild als die Wahrheit zu verkaufen suchen, aber das ist eine Erkenntnis, die sich auch auf alle anderen anthroposophischen Themen anwenden lässt.

---

[167] Vollmer, Gerhard: Evolutionäre Erkenntnistheorie und Leib-Seele-Problem. In: Vollmer, Gerhard: Was können wir wissen? Band 2: Die Erkenntnis der Natur. Hirzel, Stuttgart, 1988, S. 85f.

H. Fazit

Ich habe den Eindruck, dass alle rein philosophischen Bemühungen das Leib-Seele-Problem zu lösen, letztlich zum Scheitern verurteilt sind. Rund 2000 Jahre philosophischen Ringens haben gezeigt, dass man in einer Sackgasse angelangt ist. Reine Materialisten haben zu viele Argumente gegen sich, aber auch alle Mischformen, wie der Epiphänomenalismus[168] oder Interaktionismus können nicht alle Einwände ausräumen und letztlich überzeugen.

Wenn man von heute auf die Geschichte der Leib-Seele-Theorien zurückblickt, dann hat für mich der evolutionäre Identismus am meisten Überzeugungskraft. Diskutierenswert bleiben nach meinem Dafürhalten darüber hinaus nur die dualistische Interaktionstheorie und die monistische Identitätstheorie.

In den letzten Jahren kamen Anregungen für eine neue Sichtweise der Interaktion zwischen Leib und Seele von der Psychoneuroimmunologie. Man erkannte, dass die bisherigen Modelle, die in Strukturen oder Funktionen dachten zu mechanistisch waren und selbst psychosomatische oder molekularbiologische Anschauungen noch zu sehr vereinfachten. „Die Medizin müsse im nächsten Jahrhundert wohl auf Modelle der System-, Chaos- und Informationstheorie zurückgreifen."[169]

Die evolutionistische Identitätstheorie wie sie heute vertreten wird, kann viele Widersprüche, in die eine dualistische Theorie gerät, plausibel erklären. Sie ist darüber hinaus so offen, gegenüber jeglichen empirischen Forschungsergebnissen, dass sie noch für lange Zeit eine fruchtbare Diskussionsgrundlage bilden wird. Der vermeintlichen Dualität muss mit dem Ich nicht eine weitere Instanz hinzugefügt werden, sondern das Ich bzw. das Selbst ergeben sich bruchlos aus den höheren Bewusstseinsprozessen, als ‚höhere' Funktionsebenen innerhalb der neurophysiologischen Prozesse des Gehirns (und dessen Interaktion mit dem Körper).

Diese neuen Sichtweisen des Menschen werden aber von den Anthroposophen nicht zur Kenntnis genommen. Die Erklärung beginnt und endet mit Steiner, an dessen Sehertum nicht gerüttelt wird. Wer eben einmal die Wahrheit erkannt hat, braucht sich um empirische Untersuchungen nicht mehr kümmern. Für sie existieren Seele und Geist immer noch, in der von Steiner behaupteten Weise, als getrennte Einheiten und

---

[168] Normalerweise versteht man unter Epiphänomenalismus, dass die geistigen Prozesse ein Epiphänomen der materiellen Prozesse sind. Interessanterweise sieht die Anthroposophie das Problem genau anders herum: in ihr sind die materiellen Erscheinungen nur Epiphänomene des Geistigen.
[169] Huber, Andreas: Der Geistgehirnkörper. Psychoneuroimmunologen entdecken die Kommunikationspfade zwischen Leib, Seele und Immunsystem. Psychologie Heute, Mai 1995, S.. 52 ff

dem Ich wird eine <u>zusätzliche</u> distinkte Funktion zugeschrieben. Da in den Werken Steiners alles polaren Charakter hat oder drei- oder viergeteilt oder fünf-, sieben- oder neungliedrig ist und dies nicht als Konzept, Modell oder Arbeitshypothese, sondern als unumstößliche geistige Wahrheit verstanden wird, ist eine Rezeption neuer Denkansätze auch nicht möglich. Mehr und mehr wird dadurch das anthroposophische Menschenbild zu einer belächelten, antiquierten Vorstellung werden, sie wird zu einer Descarteschen Zirbeldrüse oder einem Steinerschen Blinddarm verkümmern.

Die Gedanken über die Leib-Seele-Interaktion werden in dem Kapitel *Das Ich und sein Gehirn* noch einmal aufgegriffen. Aber es dürfte jetzt schon deutlich geworden sein, dass Körper und Geist innig zusammenhängen.

Die Trennung wie sie Descartes zwischen Körper und Geist vorgenommen hat (siehe dort) wird sich als Irrtum erweisen. Der amerikanische Neurophysiologe Damasio hat es mit dem schönen Satz ausgedrückt: „Die Seele atmet durch den Körper".
Wittgenstein hat es so ausgedrückt: „der Körper ist das beste Abbild der Seele"[170].
Dies wurde von Fellmann so umformuliert: „Der Körper ist das Urbild der Seele"[171].
Unter Seele versteht Fellmann jedoch keine metaphysische Entität, sonder den „emergenten Zustand des personalen Bewusstseins, welcher uns Menschen von der Welt trennt und uns zugleich mit ihr verbindet"[172]. Der Leib-Seele-Dualismus wird dadurch endgültig und überzeugend überwunden.

---

[170] Wittgenstein, Ludwig: Philosophische Untersuchungen. In: Werkausgabe Band 1, Frankfurt, 1984, Teil 2, Abschnitt IV
[171] Fellmann, Ferdinand: Intentionalität und zuständliches Bewusstsein. In: Krämer, Sybille: Bewusstsein. Suhrkamp, Frankfurt, 1996, S. 226
[172] Fellmann, Ferdinand, a.a.O.

VII. Das Ich in der Antike

A. *Das Ich bei den Naturvölkern*

Die Menschen haben sich schon immer - zumindest soweit wir dies zurückverfolgen können - Gedanken über die Entstehung der Welt und die Zusammenhänge der Naturerscheinungen, einschließlich der Vorgänge, die sich an sich selbst wahrnehmen konnten, gemacht. Vieles was heute noch in der Sprache, in Volksbräuchen zu finden ist, fußt auf lange zurückreichenden Mythen. An dieser Stelle sollen nur einige Beispiele eingeflochten werden, die dies verdeutlichen sollen.

In der Vorstellung der **Letten** stammte die Seele, oder die Person des Kindes von der Urmutter, der Mara, ab „während der Vater eher zum Leibe des Kindes beitrug."[173]

Die **Tobriander** waren der Auffassung, „dass *monoma* (ein Wort, das sowohl den Samen, als auch die Vaginalsekrete bezeichnete) lediglich Lust und Geilheit förderte. Außerdem müsse der Penis die Vagina der Jungfrau (*nakapatu*, die 'Geschlossene') weiten, damit das 'Geistkind' eintreten könne."[174]

Bei den **Balinesen** fand man folgende Vorstellungen über die Seele und deren Zusammenhang mit dem Körper:

> To the Balinese, the material body is only the shell, the container of the soul. This soul lives in every part of the body, even in the hair and nails, but is concentrated in the head which is near-holy to them.[175]
> One's soul wanders away during the sleep (dreams are its travels and adventures), without, however, becoming entirely detached from the body, and it is considered dangerous to awaken a person too suddenly. Children are never beaten, so as to not shock their tender, still undeveloped souls.
> Madness, epilepsy, and idiocy are a result of a bewitched soul, but ordinary sickness is due to a weakened, polluted soul rather than to mere physical causes. Life vanishes when the soul escapes from the body through the mouth, and death occurs when it refuses to return. ... By force of habit, the soul lingers near the body when death comes and remains

---

[173] Duerr, Hans Peter: Traumzeit. Über die Grenze zwischen Wildnis und Zivilisation. Suhrkamp, Frankfurt, 1985, S. 293
[174] Duerr, Hans Peter, a.a.O., S. 293
[175] Covarrubias, Miguel: Island of Bali. Oxford University Press, 1972, 1989[11] (First published 1937), S. 359

floating in space[176] or lives in a tree near by until liberated by obliteration of the corpse by the elements: by earth, by fire, and by water, to destroy the last unclean tie that binds the souls of the dead to this earth. By cremation the soul is released to fly to the heaven for judgment and return reborn into the dead man's grandchildren.[177]

Den letzten Gedanken präzisiert Vickers bezogen auf die Persönlichkeitseigenschaften, wie diese bei den Balinesen weitergegeben werden: „Balinese believe in reincarnation, and it is the character of an ancestor which is reborn in their descendants."[178]

„Die 'Geistkinder' oder 'Kinderkeime' der **Bad** auf der Dampier-Halbinsel leben vor der Empfängnis in Orchideen oder Bandarabäumen. Sie heißen *rai*, ein Wort, das etwa 'Leben', 'Herz' oder 'Seele', aber auch 'versteckt' oder 'geheim' bedeutet. ... Wenn ein *rai* einer Frau erscheint, muss sie es fragen, wer sein Vater sein soll. Falls nun das 'Geistkind' einen anderen Mann als ihren eigenen nennt, muss sie mit diesem schlafen."[179]

„Bei **südaustralischen** Stämmen dringt das 'Geistkind' *julan' didji* in die Gebärmutter der schwangeren Frau ein und 'animiert' den Fötus."[180]

„In **Tibet** kann es passieren, dass die Seele eines Vorfahren in den Schoß einer Frau einschlüpft und aus Verärgerung darüber, dass im Uterus kein Embryo wartet, das sie 'beseelen' könnte, die Frau krank werden lässt. Die Betreffende muss dann schleunigst geschwängert werden."[181]

In einem **melanesischen** Mythos heißt es, „die unbemannte Urahnin habe sich in einer Höhle so unter einen Stalaktiten gelegt, dass das in ihre Vagina tropfende Wasser das Menstrualblut 'zurückgehämmert' habe, so dass ein 'Geistkind' in die eintreten konnte."[182]

---

[176] Der Auffassung, dass sich die Seele nach dem Tode nicht sofort vollständig vom Körper löst, begegnet man auch in der Anthroposophie. Dort benötigt die Seele drei Tage, bis sie sich in das Geisterland begibt. Darum wird versucht, durch eine dreitägige Totenwache, dem Verblichenen bei diesem Ablöseprozeß zu helfen.

[177] Covarrubias, Miguel, a.a.O., S. 360

[178] Vickers, Adrian: Bali - a paradise created. Periplus Editions. Berkely-Singapore, 1989

[179] Duerr, Hans Peter, a.a.O., S. 294

[180] Duerr, Hans Peter, a.a.O., S. 294

[181] Duerr, Hans Peter, a.a.O., S. 294

[182] Duerr, Hans Peter, a.a.O., S. 297

Bei den **ostsibirischen Golden** „hat das Kleinkind bis zum ersten Lebensjahr eine eigene Seele (*omija*), die auf den Seelenbaum (*omija muoni*) zurückkehrt, wenn das Kind eine Erwachsenenseele (*ergeni*) erhält."[183]

Duerr fasst seine Ausführungen zu diesem Thema folgendermaßen zusammen. Man kann wohl sagen, „dass die meisten der angeführten Anschauungen erkennen lassen, dass man die *Persönlichkeit* des Kindes nicht *biologisch* erklärt, sondern, wenn man will, *soziologisch*. Nicht das Sperma gibt dem Kind seine Identität, sondern eher der Ahne der Traumzeit."[184]

Bei den Naturvölkern spielt jedoch natürlich nicht nur die Geburt eine Rolle, sondern auch der Tod, wie bei dem **amerikanischen Indianern**:

> So glauben die Sioux zum Beispiel, dass für die Geistseele des Menschen nicht nur das Leben, sondern auch die Art des Sterbens von Bedeutung ist. Denn die Geistseele existiert nicht getrennt vom Leib. Sie macht sich in der Gestalt des Leibes zum Zeitpunkt seines Todes auf die Reise ins Reich der Geister. Ist dieser Leib verstümmelt, wird der Geist in Zukunft mit dieser Versehrtheit existieren müssen. Auch in der Welt der Geister gibt es geschlechtliche Begierden. Wurden dem strebenden Krieger die Geschlechtsorgane verschnitten, so bleibt ihm diese Befriedigung in der Geisterwelt verwehrt. Wurde ihm eine Hand oder ein Fuß abgetrennt, so kann er kaum noch an den Jagd- und Kriegsspielen auf den Geisterprärien teilnehmen. Fehlt ihm gar das Augenlicht, wird er das Reich der Seelen womöglich nicht einmal erreichen, weil er dazu auf einem schmalen Baumstamm den Grenzstrom überqueren muss. Gelingt ihm dieser Balanceakt nicht, muss er ewig als ruheloser Geist in dieser Welt umherirren.[185]

---

[183] Duerr, Hans Peter, a.a.O., S. 303
[184] Duerr, Hans Peter, a.a.O., S. 295
[185] Roes, Michael: Der Coup der Berdache. Berlin Verlag, Berlin, 1999, S. 300f.

B. Das Ich in Ägypten

Die Ägypter hatten zwei Worte für das Gehirn, die sich beide auf ein mit dem Kopf verbundenes Organ bezogen. Zwar besaßen die Ägypter mindestens seit 1600 v.Chr. Kenntnisse von der neurophysiologischen Funktion des Gehirns, doch wurde ihm nur geringe Bedeutung zugemessen, so dass es bei Balsamierungen entfernt und zumeist weggeworfen wurde. Die Excerberationstechnik, bei der das Gehirn mit Kupferhaken durch die Nasenlöcher entfernt wurde, wurde bereits bei der bislang ältesten Mumie Ägyptens angewendet, der ca. 25 Jahre alten Königin Reput-Nub, die vor ca. 4400 Jahren starb.[186]

Dem Herzen hingegen wurde seit der 1. Dynastie (ca. 3000 n.Chr.) der Sitz der Emotionen oder der geistigen Aktivität zugeschrieben. Ptah, der Schöpfer, schuf die Götter und das Universum durch Handlungen seines Herzens und seiner Zunge, also durch Denken und durch Worte.

Die Art und Weise, wie das Herz nach dem Tod behandelt wurde ist hochbedeutsam für die Körper-Geist-Auffassung der alten Ägypter. Die Ägypter waren von einem Leben nach dem Tode überzeugt und glaubten an die Fortdauer der nichtanatomischen Anteile des Menschen nach dem Tod. Ohne solche Kontinuität konnten sie sich das physische Substrat nicht vorstellen.[187]

Aus dieser Gewissheit der Fortsetzung einer Existenz nach dem Tode rühren die aufwendigen Balsamierungs- und Begräbnispraktiken. Bei der Vorbereitung zur Balsamierung wurde der Körper geöffnet und die Eingeweide, bis auf Herz und Nieren, entfernt. Die Existenz in einer Nachwelt hing dabei eng mit dem Erhaltungszustand des Herzens zusammen. Der Verblichene brauchte sein Herz, um in der Nachwelt wieder seine frühere Kraft zu erlangen, da die Ägypter im Herzen den Sitz von Intelligenz und psychischen Funktionen sahen. Das Herz verblieb im Körper und erhielt noch eine steinerne Dublette, den Herz-Skarabäus.

Die nichtanatomischen Bestandteile waren für die Ägypter der *Ka* und der *Ba*. Der *Ka* ist eine Einheit, die im Zentrum der ägyptischen Ansichten von Körper und Geist steht. Man sah den *Ka* als führenden oder schützenden Genius des Individuums an, der das Leben des Individuums als ein unsichtbares Duplikat lebte. Der *Ka* wurde bereits bei der Geburt zusammen mit dem Menschen geschaffen. Er wird gewöhnlich mit zwei nach oben offenen Armen dargestellt und u.a. als Lebenskraft gedeutet und als

---

[186] siehe: Der Spiegel: Kult in heiligen Hütten, <u>52</u>, 1995, S. 162

[187] Hankoff, L.D.: Body-Mind Concepts in the Ancient Near East. In: Rieber, R.W.: Body and Mind, Academic Press, New York, 1980. S.12: „The manner in which the heart was handled after death is highly significant in terms of body-mind view of the ancient Egyptian. Convinced as he was of the afterlife and continuity at the nonanatomical aspects of man after death, the ancient Egyptian could not conceive of such a continuity without its physical substratum."

von den Ahnen bestimmte Erbanlage gesehen. Mit den Bestattungsriten werden die Ka-Kräfte erweckt, die im Menschen ja schon vorhanden waren. So wurde z.B. der *Ka* des Pharao Djoser, als dessen Lebenskraft in dem Grabmal, das ca. 2690-2660 v.Chr. erbaut wurde, in einer eigenen Totenkammer symbolisch beigesetzt.[188]

Das Thema eines Doppelgängers oder Zwillings eines Gottes oder eines Sterblichen findet man häufig in der Folklore und in der Mythologie. Die ägyptischen Götter für Sonne und Mond wurden als die Zwillinge *Re* und *Toth* bezeichnet. Der ägyptische Mondgott *Khons* trug den Zusatznamen 'Placenta der Könige'. So spiegelten der König und seine Planeten die Zwillingsgötter im Himmel.[189] In der Anthroposophie begegnet uns dieses wieder als der Doppelgänger, bei C. G. Jung als der 'Schatten'.

Der *Ba* wird von den Ägyptern als eine Art reflektives Ego oder eine Stimme für geistige Angelegenheiten angesehen. „Der Ba des Menschen ... kann etwa als Verkörperung der physischen und psychischen Kräfte angesehen werden. Er wird meist als Vogel mit Menschenkopf dargestellt"[190] (als Falke oder storchartiges Wesen). Der häufig verwendete Ausdruck 'Seele' oder 'Selbst' vermittelt eine falsche Vorstellung vom Wesen das Ba. Der *Ba* beginnt seine Existenz erst nach dem Tode, wenn alle Riten ordnungsgemäß vollzogen worden sind. „The Ba is pictured as fluttering about the tomb and via a special shaft was enabled to pass upward to the sunlight and make contact with the outside world."[191]
Die Ähnlichkeit des antiken *Ba* mit der viel späteren griechischen Darstellung der geflügelten Psyche ist auffallend. Der *Ba* im alten Ägypten repräsentierte aber nicht eine abstrakte oder personifizierte Psyche oder Seele.

---

[188] siehe: Der Spiegel: Aufstand gegen den Tod. Ausgräber klären das Rätsel der Pyramiden, 52, 1995, S. 161
[189] Unter den traditionellen Gesellschaften, in denen die Placenta als Doppelgänger oder Zwilling betrachtet wird sind die Baganda in Zentralafrika, die Eingeborenen von Süd-Celebes, die Eingeborenen von Timor, die Balinesen, die Aborigines von Queensland, die Kooboos und Battas von Sumatra und die Isländer.
[190] Hodel-Hoenes, Sigrid: Leben und Tod im Alten Ägypten. Wissenschaftliche Buchgesellschaft Darmstadt, 1991, S. 10
[191] Hankoff, L.D. a.a.O., S.14

C. Das Ich im archaischen Griechenland

Während die, einzelnen griechischen Philosophen und Schulen zugeordneten Vorstellungen weiter unten abgehandelt werden, soll hier kurz auf die Anschauungen eingegangen werden, die im alten Griechenland vorherrschten.

Nach Feyerabend hat der „archaische Grieche *thymós*, *nóos* und *psyché* noch nicht als Modalitäten *einer* Seele oder *eines* Bewusstseins"[192] aufgefasst, sondern als voneinander getrennte 'Organe'. „Dem archaischen Menschen fehlt die 'körperliche' Einheit, sein Körper besteht aus einer Vielfalt von Teilen, Gliedern, Flächen, Verbindungen; und es fehlt ihm die Einheit des 'Bewusstseins', sein 'Bewusstsein' ist zusammengesetzt aus einer Vielzahl von Vorgängen, von denen einige nicht einmal 'bewusst' in unsere Sinne sind, sondern entweder der Körperpuppe als zusätzliche Bestandteile innewohnen oder von außen in sie hineingebracht werden."[193]

> Es ist immer nur eine Puppe, die aus mehr oder weniger ausgebildeten Teilen zusammengesetzt ist.
> Diese Puppe hat keine Seele in unserem Sinne. Der „Körper" ist eine Verbindung von Gliedern Rumpf, Bewegung, die „Seele" eine Sammlung von „Bewusstseins"vorgängen, die nicht unbedingt privat sind, sondern zu einem anderen Menschen, ja selbst einem Gott gehören können.[194]

Eine zugrundeliegende Substanz oder eine höhere Einheit ist ihm fremd. Der homerische Mensch hatte somit auch keinen Ausdruck für den menschlichen Körper als Ganzes.

Duerr wendet gegen diese These Feyerabends allerdings ein, dass die von diesem vermisste Einheit vielleicht eine mit den 'Augen der Seele' geschaute Einheit gewesen sein könnte.

---

[192] zitiert nach Duerr, Hans Peter: Traumzeit. Über die Grenze zwischen Wildnis und Zivilisation. Suhrkamp, Frankfurt, 1985, S. 392
[193] zitiert nach Duerr, Hans Peter, a.a.O. S. 392
[194] Feyerabend, Paul: Wider den Methodenzwang. Suhrkamp, Frankfurt, 1986, S. 319

D. Das Ich in Israel

Das alte Testament ist unsere reichste und am genauesten untersuchte Quelle in Bezug auf geistige, emotionale oder psychische Belange der Hebräer.

Das wichtigste und bedeutendste Wort hinsichtlich dieser Betrachtung ist das Wort *nefesh*. *Nefesh* kommt im Alten Testament 754 mal vor und wird gewöhnlich mit 'Seele' übersetzt. Es bedeutet eine Manifestierung des Menschen als psychophysische Einheit. Diese Seele wird als eine Art Gruppenseele angesehen und nicht scharf hinsichtlich Raum oder Zeit abgegrenzt.

Das hebräische Wort für Herz ist *laev* oder *laevav*. Es ist der Sitz der Emotionen, des Willens oder des Selbst, es kommt nie in der rein anatomischen Bedeutung vor.

Das Wort *ruach* bedeutet Wind oder Atem kann sich aber auch auf einen Geist, eine von Gott kommende Inspiration oder auf menschliches Temperament und geistige Funktionen beziehen. *Ruach* weist wie *nefesh* immer auf eine psychophysische Einheit hin.

Ein vierter Ausdruck, der sich auf Geist oder Seele bezieht ist *neshama*. Es bedeutet den Lebensatem, der dem Menschen von Gott eingehaucht wird und der ihn von den Tieren unterscheidet „and breathed into his nostrils the *neshema* of life and the man was a living soul."[195]

Die vier Begriffe tauchen also in verschiedenen Kombinationen auf und werden teilweise austauschbar benutzt. Das Individuum wird demnach bei den Hebräern als eine Einheit betrachtet. Die Seele kann zwar 'ausgegossen' oder 'gestärkt' werden, besteht jedoch nie ohne die körperliche Existenz des Individuums und verlässt ihn beim Tod. Die Israeliten glaubten also nicht an eine extern existierende Seele. Sie sprachen von sich als eine Anzahl von Seelen und benutzten *nefesh* im Sinne von Individuum. *Nefesh* trennte also nicht den Körper vom Geist, d.h. der Mensch hat keine Seele, er ist eine Seele.

---

[195] Hankoff, L.D. a.a.O., S.17 (Genesis 2:7)

VIII.   Das Ich in Philosophie, Psychologie und Anthroposophie

A. Das Ich in der abendländischen Philosophie

1.   Pythagoras und die pythagoreische Schule

Pythagoras stammte von der Kykladeninsel Samos und wanderte 532 v.Chr. ins unteritalische Kroton aus. Pythagoras verkündete erstmals die Lehre, dass die Seele des Menschen göttlichen Ursprungs und daher unsterblich sei und dass sie nach dem Tode in verschiedenste Leiber von Tieren des Landes, des Meeres und der Luft eingehe und erst nach langer Wanderung wieder in einen menschlichen Leib zurückkehren dürfe.

Nur der Mensch besitzt nach Pythagoras eine Seele (bzw. einen Geist) die mit dem Allgeist verwandt ist und die dadurch die Fähigkeit besitzt, den Weltgeist zu erkennen (nur Gleiches erkennt Gleiches). Den Körper sieht Pythagoras als das Grab der Seele an und betrachtet den Menschen als Fremdling in dieser Welt.

Für die pythagoreische Schule bestand eine Trennung in Leib und Seele, wobei das eigentliche Wesen des Menschen die Seele darstellt, die von der Verunreinigung durch das Körperliche zu befreien ist. Die pythagoreische Schule hielt an der Lehre von der Seelenwanderung fest.

Die große Bedeutung, die Pythagoras und der Pythagoreismus für das Abendland hatte, stellt Bertrand Russell heraus:

> Die ganze Vorstellung von einer ewigen Welt, die sich dem Intellekt, nicht aber den Sinne offenbart, stammt von ihm. Ohne ihn hätten die Christen in Christus nicht Das Wort gesehen; ohne ihn hätten die Theologen nicht nach logischen Beweisen für Gott und die Unsterblichkeit gesucht.[196]

Alkmaion von Kroton modifizierte die Anschauung des Pythagoras etwas, indem er die Seele deswegen für unsterblich hielt, da sie den unsterblichen Dingen (Mond, Sonne und Gestirne) in ihrer immerwährenden Bewegung gleicht.

Da für die spätere Diskussion über den Sitz der Seele, des Ich und des Geistes auch das Gehirn eine wichtige Rolle spielt, soll nicht unerwähnt bleiben, dass Alkmaion von Kroton als Arzt bei Sektionen feststellte, dass von allen Sinnesorganen

---

[196] Russell, Bertrand: Philosophie des Abendlandes. Wissenschaftliche Buchgesellschaft Darmstadt, 1997, S. 59

Nervenstränge ausgehen und an bestimmten Stellen im Gehirn einmünden, das Gehirn also Zentralorgan der Sinneswahrnehmung ist.

So erklärt er z.B. den Vorgang des Sehens folgendermaßen:

> Von ein und derselben Stelle des Gehirns laufen zwei schmale Pfade (die Sehnerven) eine Zeitlang parallel, dann teilen sie sich gabelförmig, und jeder von ihnen verläuft nach einer der beiden Augenhöhlen, die ein natürliches 'Pneuma' enthalten. In der Gegend der Augenbrauen krümmen sie sich und füllen, indem die Hülle von vier verschiedenen Häuten die natürliche, aus dem Gehirn abgesonderte Feuchtigkeit aufnimmt, die Augäpfel, die durch die Lider geschützt sind. Dass jene 'lichtbringenden Wege' wirklich denselben Ursprungsort im Gehirn haben, beweist schon der Befund der Sektion. Es ergibt sich aber das auch daraus, dass wir nur beide Augen zusammen bewegen können, nicht jedes für sich allein. Die vier Häute aber, aus denen die Augäpfel bestehen, sind durchsichtig. Aus diesem 'Durchsichtigen' - das Auge enthält übrigens nicht nur Feuchtigkeit, sondern in dieser Feuchtigkeit auch 'Feuer' - strahlt es das Licht und sämtliche leuchtenden Gegenstände wider. Infolge dieser Widerstrahlung des Durchsichtigen sehen wir.[197]

Beim Neuplatoniker Plotin ist die Weltseele die Energie des Intellekts. „Plotin vergleicht das Eine (das schaffende Urprinzip) mit dem Licht überhaupt, den Intellekt mit der Sonne (männlich), die Weltseele mit dem Mond (weiblich)."[198]

2. Empedokles

Für Empedokles ist der Leib nur "'*menschenumgebende Erde*', da die Natur die Seele mit '*einer fremdartigen Hülle aus Fleisch*' umkleidet hat. Während er Leib nach dem Tode in seine Urbestandteile aus den vier Elementen zerfällt, ist die menschliche Seele göttlichen Ursprungs."[199] Auch Empedokles glaubte an die Seelenwanderung und sah eine enge Verwandtschaft zwischen Mensch und Tier. Da er in den Leibern der Tiere den Wohnsitz gepeinigter Seelen sah, erschien es ihm als höchster Frevel Tiere zu schlachten und zu essen.

---

[197] Capelle, Wilhelm: Die griechische Philosophie. Von Thales bis zum Tode Platons. Walter de Gruyter (Sammlung Göschen), Berlin, 1971, S. 49f.

[198] Jung, C.G.: Symbole der Wandlung. Walter Verl., Freiburg, 1977, S. 176

[199] Capelle, Wilhelm, a.a.O., S.116

3. Platon

Platon wurde im Jahre 427 v.Chr. als Sohn des Ariston und der Periktione, die einer der ältesten und vornehmsten Adelsfamilien des Landes entstammte, in Athen geboren. Platon ist ein so bedeutender Philosoph, dass Whitehead die abendländische Philosophie als „a few notes to Platon" bezeichnete.[200]
In dem hier betrachteten Zusammenhang ist vor allem seine Ideen- und seine Seelenlehre wichtig.

a) Die Ideenlehre

Die Ideenlehre steht im Zentrum der gesamten platonischen Philosophie. Als wirkliches Wissen wird nur das begriffliche Wissen angesehen. Aber woher stammt dieses Wissen? Die Wahrnehmungen können höchstens den Anlass bieten, aber niemals den zureichenden Grund. Wie könnte sich in uns, z.B. der Begriff der Gleichheit oder des Dreiecks aus der Wahrnehmung entwickeln, wenn doch nie zwei gleiche Gegenstände oder ein genau dreieckiger Gegenstand wahrgenommen werden können? Für Platon, der noch nichts von dem weiß, „was die neuere Philosophie seit Kant als die 'schöpferische Energie des Bewusstseins' betrachtet, gibt es auf diese Aporie nur *eine* Antwort: die menschliche Seele muss diese Erkenntnisse, ebenso wie die Begriffe, wie den der Gleichheit, aber auch des Guten, der Gerechtigkeit usw., schon *vor* diesem Leben d.h. in einem vorweltlichen Dasein empfangen haben."[201]
Da die Seele alles wirkliche Wissen schon vor diesem Leben empfangen haben muss, so kann dieses Wissen, wie überhaupt alle Erkenntnis nur eine *Wiedererkennung* sein an das, was die Seele in ihrem vorzeitlichen Dasein 'geschaut', aber seit Eintritt in den Leib größtenteils wieder vergessen hat. Wenn wir aber Gegenstände sehen, die eine gewisse Ähnlichkeit mit einer der geschauten 'Gestalten' (ιδεαι) besitzen, wird diese in uns schlummernde Wiedererinnerung erweckt. Diese ewigen 'Gestalten' sind nur dem reinen, von den Hemmungen des Körpers möglichst losgelösten Denken, erfassbar; denn diese 'Gestalten' sind ohne jede sinnliche Qualität. Das Denken kann die Erinnerung an die einst geschauten Wesenheiten aber nur dann klar und scharf herausarbeiten, wenn es in langer Übung durch die *Dialektik* geschult ist. [Später wird Rudolf Steiner angeben, dass auch die Erkenntnis höherer Welten sich nur dem erschließt, der sich lange in diesem Denken schult.] Die Dialektik wird als die Königin

---

[200] man sagt auch, dass 60 % europäische Philosophie und 40 % asiatische Philosophie sei. Von ersterer ist 60 % griechische Philosophie und 40 % dem Mittelalter und der Neuzeit zuzurechnen. Von der griechischen Philosophie sind wiederum 60 % Platon zuzuschreiben, während sich 40 % den Rest teilen.
[201] Capelle, Wilhelm: Die griechische Philosophie. Walter de Gruyter, München, 1971, S. 206f.

der Wissenschaften bezeichnet, da alle anderen von einer unbeweisbaren Grundannahme ausgehen. Das Denken hat demgegenüber keine Voraussetzung, schafft sich erst selbst den Urgrund, von dem aus es das Wesen der Begriffe untersucht.

„Ideen im Sinne Platons sind *Urbilder* der Realität, nach denen die Gegenstände der sichtbaren Welt geformt sind. Diese Ideen existieren *objektiv*, d.h. unabhängig von unserer Kenntnisnahme oder Gedankenwelt. Sie entspringen also nicht einer *Setzung* unseres Bewusstseins, sondern werden durch dieses erkannt".[202]

Während bisher wiederholt von den drei Welten Poppers gesprochen wurde, stoßen wir bei Platon in seiner Ideenlehre auf eine **Zwei-Welten-Theorie**: das ist die Welt der Gegenstände und Lebewesen, die wir wahrnehmen können und die Welt der Ideen, einem Reich immaterieller, ewiger und unveränderlicher Wesenheiten, die wir erkennen können.

Wahrnehmen oder Meinen und Erkennen sind die zwei grundverschiedenen Vermögen der Seele. Die (Vernunft-) Erkenntnis bezieht sich auf das Wesen des Seienden, die Wahrnehmung / Meinung auf unsere Sinneswahrnehmungen.

Platon vertritt also hinsichtlich unseres Sein einen dualistischen Standpunkt, ja man kann sagen „diese Zweiwelten-Lehre [ist] der Angelpunkt seines ganzen Systems, das Urcharakteristikum seiner ganzen Philosophie".[203] Zum einen die unsichtbare Welt des wahrhaft Wirklichen, der ewig unveränderlichen Wesenheiten, die nur dem reinen Denken erfassbar sind, zum anderen die im ständigen Wandel begriffene sichtbare Welt der Erscheinung, des Werdens und Vergehens, die in der Mitte zwischen Sein und Nichtsein steht.

b) Die Seelenlehre

Neben der Ideenlehre ist die von der Seele das Haupt- und Kernstück der platonischen Philosophie.

In Bezug auf den Menschen vertritt Platon wie bei der Zweiwelten-Theorie einen Dualismus und grenzt Leib und Seele scharf voneinander ab, wobei der Seele die Herrschaft über den Körper zukommt. In seinem Seelenbegriff mischen sich zwei ganz verschiedene ältere Anschauungen vom Wesen der Seele: die Seele als Lebensprinzip, als Prinzip der Bewegung und der mystische Seelenbegriff, d.h. unser ganz persönliches „Ich".

Die Seele ist göttlichen Ursprungs und aus Schuldhaftigkeit oder einem Weltengesetz folgend in den sterblichen Leib herniedergefahren und kann von ihm durch den Tod

---

[202] Kunzmann, Peter: dtv-Atlas zur Philosophie, dtv-Verlag, München, 1991, S. 39
[203] Capelle, Wilhelm, a.a.O., S. 213

wieder befreit werden. Je nach dem Spruch des Totengerichts (Lohn oder Strafe), muss sie eine lange Wanderung durch vielerlei Leiber von Menschen und Tieren durchmachen. Ob sie hiervon jemals erlöst wird, hängt von ihrem Verhalten in diesem Leben ab. Die Seele ist dabei nach Platons Anschauung **unsterblich**. Im Phaidon gibt er dazu drei Beweise an:

- Alle Erkenntnis ist nur Wiedererinnerung an die einst geschauten Ideen. Hieraus ergibt sich die **Prä**existenz der Seele. Logisch muss es dann aber auch eine **Post**existenz geben (gemäß dem Weltgesetz der abwechselnden Entstehung der gegensätzlichen Zustände). Die Postexistenz bezieht sich auf das Leben nach dem Tode und umfasst den gleichen geistigen Inhalt wie die Präexistenz: das ungetrübte Schauen des wahrhaft Seienden.

- Die Erkenntnis der Ideen durch die Seele beweist die Verwandtschaft dieser mit jenen, da nur Gleiches von Gleichem erkannt werden kann. Da die Seele also dem Ewigen, nur durch das Denken erfassbaren, am ähnlichsten ist, ist sie unvergänglich.

- Die Dinge sind das was und wie sie sind durch die 'Teilnahme' an den Ideen. Ein Ding kann aber nicht gleichzeitig an zwei entgegengesetzten Ideen Anteil haben. Die Seele hat aber Anteil an der Idee des Lebens, da alles was beseelt ist, lebendig ist. Daher kann sie nicht gleichzeitig an der entgegengesetzten Idee des Todes teilhaben und daher ist sie unsterblich.

c) *Empirische Psychologie*

Die Gliederung der Seele erschließt sich Platon weitgehend auf Grund psychologischer Selbstbeobachtung. Er fragt sich, ob eine Person in Bezug auf dasselbe Objekt gleichzeitig Entgegengesetztes tun kann. Dies kann nicht sein, wenn die Seele als Einheit anzusehen wäre. Wir treffen aber in der Wirklichkeit auf verschiedene, einander widersprechende Seelenäußerungen, z.B. dass man nicht trinkt, obwohl man Durst hat. Aus diesem Gedanken entwickelt Platon seine Ansicht von den verschiedenen Teilen der Seele und er gliedert sie in drei Teile:

- die Vernunft = das eigentlich Göttliche
  und das der Wahrnehmung Gehörige (logistikon = λογιστικον)
- den Mut = das Edle   (thymos = θυμοξ)
- die Begierde = das Niedere   (epithymia = επιθυμξ).

Diese Dreiteilung finden wir wieder in der anthroposophischen Einteilung in

- Denken
- Fühlen und
- Wollen (s.u.)

obwohl dies mit den Seelenvermögen nur entfernt Ähnlichkeit hat, da Platon den begehrenden Teil nur dem menschlich-tierischen Triebleben zuordnet und im Mut der Affekt des Zorns vom reinen Willen und vom Gefühl nicht getrennt ist. Das Gefühl wird in der antiken Psychologie in seinem wesentlichen Charakter überhaupt noch nicht klar von den anderen seelischen Funktionen unterschieden.

Von den drei Seelenteilen galt ihm nur die Vernunft als wertvoll, sie sah er als Herrscherin über die anderen Seelenteile an. Besonderes Augenmerk galt der pädagogischen Aufgabe, wie durch musische und gymnastische Erziehung ein ausgewogenes Verhältnis der drei Seelenteile erreicht werden könne. Eine Aufgabe, der sich auch die Waldorfpädagogik ganz besonders widmet.
Zum Sitz der Seele äußert sich Platon im Timaios:
die Vernunft, das Denkvermögen lokalisiert er im Gehirn
den Mut, den Willen im Herzen
die Begierde in der Nähe der Leber.

4. Aristoteles

Aristoteles vertrat die Meinung, das „Herz sei die Verbindungsstelle zwischen Geist und Körper. Er war tief beeindruckt von der Beobachtung, dass das freigelegte menschliche Gehirn, wenn man es berührte oder zerschnitt, der betreffenden Person keine bewussten Empfindungen lieferte und dass es blass aussah und sich kalt anfühlte. Deshalb schlug er vor, seine Funktion bestünde darin, das Blut zu kühlen, das im Herzen so sehr überhitzt würde."[204]

Aristoteles glaubte, dass die Natur belebt ist und dass alle Lebewesen eine Seele besitzen. Diese Seelen sind für ihn nicht transzendent, wie es Platos Ideen sind, sondern immanent, also den Lebewesen innewohnend. „Aristoteles bestritt die Existenz transzendentaler Urbilder; für ihn waren die Urbilder in den Dingen selbst gegenwärtig. Das Urbild des Pferdes etwa existiert in bestimmten Tieren, die Pferde genannt werden, und nicht etwa in einer transzendenten Pferd-Idee".[205] Aristoteles

---

[204] Eccles, John C. & Zeier, Hans, a.a.O., S. 9
[205] Sheldrake, Rupert: Das Gedächtnis der Natur. Scherz, Bern, 1990, S. 38f

verstand alle Naturprozesse als zielgerichtet: nach Zielen strebend, die der Natur selbst immanent sind. Die Natur verstand er als durchdrungen von natürlichen Absichten. Sogar Steine haben eine Absicht, wenn sie fallen: sie gehen heim zur Erde, den Ort, an den sie gehören. Die innere Form der Dinge jedoch, der Zweck, in dem sich ihre Seele verwirklicht, war für Aristoteles unwandelbar. Seelen entwickeln sich für ihn nicht.

Bei ihm findet sich eine erste Ausbildung der Pneumalehre, die sich bis ins 17. Jahrhundert hinein als die Haupttheorie der Nervenfunktion behauptet hatte.

5. Hippokrates

Demgegenüber vertrat Hippokrates die Ansicht, dass das Gehirn der Sitz des Geistes sei. „In dem Buch 'Corpus Hippocraticum' (um 400 v.Chr.) kommt dies klar zum Ausdruck. Die Funktion des Gehirns ist dort wie folgt umschrieben: 'Die Menschen sollten wissen, dass aus keiner anderen (Quelle) Lust und Freude, Lachen und Scherzen kommen als daher, von wo auch Trauer und Leid, Unlust und Weinen stammen. Und damit vor allem denken und überlegen wir und sehen und unterscheiden wir das Hässliche und Schöne, das Schlechte und Gute, das Angenehme und nicht Angenehme, indem wir es zum Teil nach dem Herkommen beurteilen, zum Teil aber nach dem Nutzen erkennen; indem wir damit Lust und Unlust je nach dem Umständen unterscheiden, gefallen uns dieselben Dinge nicht immer gleich. Gerade eben durch dieses Organ verfallen wir auch in Raserei und Wahnsinn und treten Angst und Schrecken an uns heran, sowohl des Nachts, wie auch am Tage, dazu Schlaflosigkeit, Irrtümer, unpassende Sorgen, Verkennung der tatsächlichen Lage und Vergessen. All das erleiden wir vom Gehirn her, wenn es nicht gesund ist, sondern wenn es wärmer als normal wird oder kälter oder feuchter oder trockener oder sonst eine widernatürliche Veränderung erfährt, die es nicht gewohnt ist.'"[206]

---

[206] Eccles, John C. & Zeier, Hans, a.a.O., S. 9f.

6. Galilei

An dieser Stelle sollen einige Ausführungen zu Galileio Galilei (1564 - 1642) gemacht werden, der zwar meist unter den Naturwissenschaftlern und nicht den Philosophen abgehandelt wird, dessen Denken aber große Bedeutung für die Art hatte, wie heute Naturwissenschaft betrieben wird. „Galilei ist es gewesen, der das Verfahren der Naturerkenntnis mit aller Radikalität auf die mathematische Formulierung von Theoremen gestützt hat, die durch die Beobachtung von Sachverhalten und theoretisch geleitete Experimente untermauert werden sollen."[207]

Erfahrung bestand danach nicht mehr nur in dem einfachen Hinnehmen von Gegebenem, sondern war das Ergebnis von gezielten und nach methodischen Selektionskriterien vorgenommenen Versuchen. Das Experiment war damit zu einem wichtigen Bestandteil beim Betreiben von Naturwissenschaft geworden, wobei durch die Abfolge von Hypothese, Deduktion und experimenteller Bestätigung Galilei zum Vorläufer modernen Methodenverständnisses geworden ist.

Erst von der Theorie her war es nach Galilei möglich zu sagen, „ob das Beobachtete *naturaliter* (seinem Wesen nach) oder so ist, wie es ist, oder ob es *violenter* (gewaltsam) so geschieht - d.h. ob es der Sache selbst nach in der Regel so ist oder nur ausnahmsweise unter dem Einfluss einer äußeren Einwirkung".[208]

Die Beobachtung oder das Experiment und die Theorie sind dabei wechselseitig auf einander bezogen. Beim Einzelfall muss untersucht werden, ob er sich unter ein Gesetz einreihen lässt, die Theorie muss sich in der Überprüfung am Einzelfall bewähren. Wichtig sind letztlich nur die quantitativen, mathematischen Verhältnisse der Dinge, nicht mehr ihr Wesen, ihre Beschaffenheit, ihre Substanz. Damit wird von Galilei ein neues Weltbild entworfen, in dem die mathematischen Modelle nur noch idealiter gelten, die Abweichungen in der Realität zum Normalfall werden. So gelten z.B. die Bewegungsgesetze ohne Rücksicht auf die besonderen Bedingungen in der Luft oder im Wasser.

Galilei war es übrigens auch, der den Begriff der „Kraft"[209] einführte. Er leitete ihn aus der genauen Beobachtung ab; nach ihm „ist dessen Ursprung in der subjektiven Wahrnehmung der eigenen Muskelkraft zu suchen".[210]

---

[207] Holz, Hans Heinz: Descartes. Campus, Frankfurt, 1994, S. 32f
[208] Holz, Hans Heinz, a.o.O., S. 36f.
[209] Dies wird hier deshalb erwähnt, da der Begriff der *Kraft* auch in der Psychologie wieder auftaucht, speziell bei S. Freud und C.G. Jung als *Libido*
[210] Jung, C.G.: Symbole der Wandlung. Gesammelte Werke, Band 5. Walter Verlag, Freiburg, 1977, S. 175

Kurz erwähnt werden soll die umwälzende Erfindung des Fernrohrs, da sich nach dessen Einsatz die Welt nicht mehr als das für den Menschen aufgeschlagen daliegende, ständig zum Lesen bereite Buch war. Dadurch lieferte sich der Mensch aber dem Risiko der Sichtbarkeit (sowohl im makro- wie auch im mikrokosmischen Bereich) als letzter Instanz der Wahrheit aus. Wenn aber „die neue naturwissenschaftliche Erkenntnis von der Tauglichkeit eines jeweils zur Verfügung stehenden technischen Instrumentariums abhängt, dann ist sie der Kontingenz ausgeliefert und kann nicht mehr eo ipso als potentiell wahr hingenommen werden; sie bedarf der Begründung aus einem sicheren Ursprung. Eine Kluft zwischen Mensch und Welt, zwischen Erkenntnis und Sein hat sich aufgetan, sie ist das Danaergeschenk der Naturwissenschaften an die Philosophie."[211]

---

[211] Holz, Hans Heinz, a.a.O., S. 49

7. Descartes

Wie wir gesehen haben, lässt sich die Unterscheidung zwischen Leib und Seele im westlichen Gedankengut bis auf die Griechen zurückverfolgen. Dem französischen Mathematiker, Philosophen und Physiologen René Descartes (1596 - 1650) verdanken wir jedoch die erste systematische Behandlung der Leib-Seele-Beziehung.

Descartes vollendete sein erstes großes Werk *De homine* 1633 in Holland. Als er von einem Freund von der Verurteilung Galileis durch die Inquisition hörte, unterdrückte er die Publikation, so dass es erst 1662 postum erscheinen konnte. Dabei sollte dieses Werk das erste sein, das sich ausführlich mit physiologischer Psychologie beschäftigte. Er schlug darin einen Mechanismus für die automatischen Reaktionen als Antwort auf externe Reize vor. Danach beeinflussen externe Bewegungen die peripheren Endungen der *Nerven-Fibrilen*, die daraufhin die zentralen Endungen verschieben. Durch diese Verschiebung wird die Struktur des *interfibrillären* Raumes so verändert, dass der Fluss der *Lebensgeister* (animal spirits) zu den entsprechenden Nerven gelenkt wird. Diese Formulierung des Mechanismus für automatisierte, differenzierte Reaktionen, ließen ihn zum anerkannten Begründer der Reflextheorie werden.

Abbildung 3: René Descartes: Zirbeldrüse[212]

---

[212] aus: Miketta, Gaby: Netzwerk Mensch. Thieme, Stuttgart, 1991, S. 12

Obwohl eine ausführliche Diskussion der metaphysischen Trennung zwischen Seele und Körper nicht bis zum Erscheinen seiner *Meditationes* aufkam, bereitete sein *De homine* diese Ansichten bereits vor und lieferte die erste Artikulierung der Leib-Seele-Interaktion, die bei späteren Denkern eine derart heftige Reaktion hervorrufen sollte. In Descartes Ansicht kann die rationale Seele, die als Einheit getrennt vom Körper zu denken ist und mit dem Körper in der Zirbeldrüse in Kontakt tritt, sich des Ausflusses der Lebensgeister bewusst werden (oder auch nicht), und zwar durch den Ausfluss der Lebensgeister der durch die Verschiebung oder die Neuanordnung der interfibrillären Zwischenräume hervorgerufen wird. Wenn dies eintritt, ist das Ergebnis eine bewusste Empfindung - der Körper wirkt dann also auf den Geist. Im Gegensatz dazu kann die Seele bei willentlichen Aktionen ihrerseits einen bestimmte Ausfluss der Lebensgeister bewirken. Der Geist könnte also auch den Körper in gewissem Umfang beeinflussen.

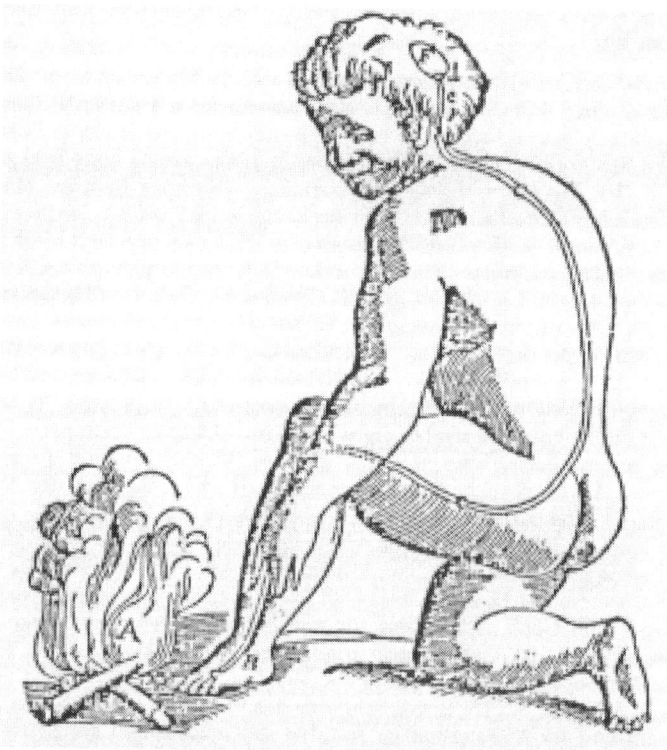

Abbildung 4: René Descartes: Lebensgeister[213]

[213] aus: Miketta, Gaby: Netzwerk Mensch. Thieme, Stuttgart, 1991, S. 13

Das Descartesche Modell für den „Lebensgeist": Hält eine Mann seinen Fuß zu nah am Feuer (A), dringt die Energie durch die Haut (B) ein. Eine dünne Leitung (c) gerät dadurch in Bewegung. So gelangt die Information zu dem „Lebensgeist" (F), der im Gehirn lokalisiert ist.

Allerdings glaubte Descartes, dass die Gesamtsumme aller Bewegung im Universum konstant sei. Die Seele könne sie daher nicht beeinflussen; sie vermöge

> jedoch die Bewegungs*richtung* der Lebensgeister und somit mittelbar die Bewegung anderer Teile des Körpers zu verändern.
> Dieser Teil seiner Lehre ist von seinen Schülern aufgegeben worden – zunächst von seinem holländischen Schüler Geulincx und später von Malebranche und Spinoza. Die Physiker entdeckten die Erhaltung des Moments, derzufolge der Gesamtbetrag des Moments der Bewegung nach jeder beliebigen *Richtung* hin in der Welt konstant ist. Damit wurde bewiesen, dass die von Descartes angenommene Art der Einwirkung der Seele auf die Materie unmöglich ist.[214]

Natürlich wissen wir heute mehr als Descartes. So wissen wir, dass die Zirbeldrüse das Hormon Melatonin produziert und dazu beiträgt, die biologische Uhr des Körpers und seinen täglichen Rhythmus zu steuern. Aber es steht auch mittlerweile fest

> Es gibt keine spezifische Stelle, an welcher der Sitz eines körperlosen Geistes vernünftigerweise zu vermuten wäre. [] Doch wenn auch der Dualismus von Körper und Verstand in den neunziger Jahren endgültig verworfen wurde, sind sich die Wissenschaftler über die präzise materielle Grundlage des Verstandes nach wie vor uneins.[215]

Im Jahre 1641 erschienen dann Descartes *Meditationes de prima philosophia, in quibus Dei existentia, & anima à corpore distinctio, demonstratur*[216]. Wie aus dem Untertitel ersichtlich wird, lieferte Descartes in den Meditationes die erste systematische Artikulation der metaphysischen Unterscheidung von Seele und Körper. Für Descartes gab es zwei unterschiedliche Substanzen, Körper und Seele (von ihm auch als Geist bezeichnet). Das Wesen des Körpers ist Extension (res extensa), das der Seele oder des Geistes Gedanke, bzw. Verstand / Vernunft (res cogitans). Der Körper ist vor allem im Raum und in der Bewegung, die Seele dagegen nur in der Zeit und

---

[214] Russell, Bertrand: Philosophie des Abendlandes. Wissenschaftliche Buchgesellschaft, Darmstadt, 1997, S. 570
[215] Wilson, Edward O.: Die Einheit des Wissens. Siedler, Berlin, 1998, S. 134
[216] Zu deutsch etwa: Metaphysische Meditationen, worin bewiesen wird, dass es einen Gott gibt und dass die Seele des Menschen wirklich von seinem Körper unterschieden ist.

ohne Ausdehnung. Der Körper ist ein Mechanismus, der viele Handlungen ohne die Beteiligung der Seele ausführen kann. Der Geist ist eine reine denkende Substanz, die den Körper regulieren kann, aber nicht muss.

> Wie der räumliche Körper den nicht ausgedehnten Geist beeinflussen kann oder von ihm beeinflusst wird, kann nach Descartes entweder in räumlichen oder nicht-räumlichen Begriffen verstanden werden. Es liegt jedoch außerhalb unserer Fähigkeit zu verstehen, wie der Körper und die Seele vereint sind, bestenfalls müssen wir uns dazu unseres gewöhnlichen Verstandes bedienen. Vesey (1965) bezeichnete dieses Dilemma als die „Cartesische Sackgasse".[217]

In seinen 'Discours de la méthode' entwickelte Descartes seine Gedanken über den universellen Zweifel, den er zum Mittel machte, um bestimmte Wahrheiten über allen Zweifel erhaben sicherzustellen und gewiss zu machen. Descartes konstatierte, dass alles in der Welt Erdichtung meines Bewusstseins sei und folglich keine objektive Gegebenheit sein könne (die sog. *omnia- falsa-Fiktion*). Übrig bleibt dann nur der Zweifel als einziger Bewusstseinsakt, der unbezweifelt ist, da er nicht infrage gestellt werden kann, so lange wir ihn durchführen.

> Daraus folgt jedoch überraschenderweise die Aufhebung der Skepsis, derart nämlich, dass eben das Denken, dessen Inhalte falsch sein könnten, als Denken immer schon da sein muss, also nicht für eine Trugerscheinung gehalten werden kann. Der universelle Zweifel wird so zum Beginn einer *absoluten* Gewissheit. Denke ich nämlich, es sei ein bloßer Traum, dass ich denke, so denke ich doch immer noch. Das Denken ist mithin nicht 'wegzudenken' - es bleibt als sicherste Grundlage, als evidenter Tatbestand übrig, so dass ich mir in diesem Denken meiner selbst als des Denkenden gewiss werde. Denn niemand anders als ich kann es sein, der dieses denkt; und wenn auch alle anderen Eigenschaften, die ich denkend diesem Ich zuschreibe, trügerisch sein sollten, jene eine, dass ich denke, ist absolut gewiss.[218]

---

[217] Wozniak, Robert H.: Mind and body: René Descartes to William James. 1992. http://serendip.bryanmawr.edu. S.6: How spatial body can affect or be affected by unextended mind cannot, for Descartes, be comprehended in either spatial or non-spatial terms. It is either beyond our ability to understand how body and mind are united, or, at best, we are forced back to the common sense conception of their mutual interaction. Vesey (1965) refers to this dilemma as the „Cartesian impasse".
[218] Holz, Hans Heinz, a.a.O., S. 80

Daraus ergibt sich der Fundamentalsatz der Philosophie:

> Je pense, donc je suis
> cogito, ergo sum
> Ich denke, also bin ich

Dieses 'Ich bin' ist identisch mit dem 'ich denke', daher kann ich den Satz auch formulieren zu 'denkend bin ich' oder 'indem ich denke, bin ich' oder 'indem ich weiß, dass ich bin, weiß ich auch, dass ich denke'.

Das sich selbst als denkend erfahrende Denken ist aber das Ich, das sich denkend erfährt.

Das Ich kennzeichnet Descartes als res cogitans, d.h. als denkendes Ding. In ihm fallen „Geist, bzw. Seele bzw. Verstand bzw. Vernunft zusammen. Die res cogitans ist demnach ein Ding, das zweifelt, einsieht, bejaht, verneint, nicht will, das auch bildlich vorstellt und empfindet."[219]

a) „Cogito ergo sum" und seine Wirkung

Dieser Spruch ist vielleicht der am meisten zitierte und am häufigsten abgewandelte in der Philosophiegeschichte. Bei dem amerikanischen Karikaturisten *Saul Steinberg* hieß er

Ich denke, also ist Descartes

und bei dem amerikanischen Sportschuhhersteller *Nike*

Ich laufe, also bin ich.

Als es noch etwas gemütlicher zuging, sagte der französische Philosoph und Naturforscher Pierre Gassendi[220]

Ambulo ergo sum[221]

---

[219] Kunzmann, Peter: dtv-Atlas zur Philosophie, dtv-Verlag, München, 1991, S. 107

[220] 1592 - 1655

[221] Ich gehe, also bin ich, bzw., wie man damals sagte, als die großen Gartenanlagen in Europa angelegt wurden: Ich (lust-) wandle, also bin ich.

In einem der „Denk-Spiele" von Timm Ulrichs heißt es:

ich denke, also bin ich.
ich bin, also denke ich.
ich bin also, denke ich.
ich denke also: bin ich?[222]

Thomas Holzer sagt:

I consume, therefore I am.[223]

Und Klaus Staeck entwirft ein Plakat mit der Aufschrift, das ebenso gut für viele Menschen in unsere heutige Zeit passt:

Ich sehe fern, also bin ich.[224]

Bei dem amerikanischen Philosophen Humphrey[225] heißt es gemäß seiner Sicht des Bewusstseins:

Ich empfinde, also bin ich

und er zitiert daneben den Schriftsteller Milan Kundera[226], der es so formuliert hat:

‚Ich denke also bin ich‘,
ist die Feststellung eines intellektuellen, der Zahnschmerzen unterschätzt.

Humphrey kommt jedoch damit der modernsten Auffassung am nächsten, die von Antonio Damasio vertreten wird, der sein neuestes Buch[227] auch so betitelt hat:

Ich fühle, also bin ich

Damit wird zum Ausdruck gebracht, dass wir ohne den unbewussten, andauernden Gefühlsstrom nie zu der Spitze des Eisberg kommen würden, die uns im bewussten Erleben auftaucht.

---

[222] Zweite, Armin: Ich ist etwas Anderes. Kunst am Ende des 20. Jahrhunderts. Dumont, Köln, 2000, S.23
[223] Zweite, a.a.O.
[224] Zweite, a.a.O.
[225] Humphrey, Nicholas: Die Naturgeschichte des Ich. Hoffman & Campe, Hamburg, 1995, S. 249
[226] Milan Kundera: Immortality, London, 1991, S. 225 (zitiert nach Humphrey)
[227] List Verlag, München, 2000

b) *Rudolf Steiner zu Descartes,*

Rudolf Steiner, der in allen seinen Schriften verkündet, dass man nur im Denken das Wesen der Welt erkennen könne, schreibt trotzdem in seiner Allgemeinen Menschenkunde:

> Es ist der große Fehler gerade im Ausgange der letzten Entwickelungsepoche der Menschheit in den letzten Jahrhunderten gemacht worden, das Sein mit dem Denken als solchen zu identifizieren. „Cogito ergo sum" ist der größte Irrtum, der an der Spitze der neueren Weltanschauung gestellt worden ist; denn in dem ganzen Umfange des „cogito" liegt nicht das „sum", sondern das „non sum". Das heißt, soweit meine Erkenntnis reicht, bin ich nicht, sondern ist nur Bild.[228]

Dieser Widerspruch scheint mir unauflöslich zu sein. Aber es ist bei weitem nicht der einzige in Steiners Werken, wie noch ausführlich gezeigt werden soll. Steiner glaubt und verkündet ansonsten, dass die wirkliche Erkenntnis nur durch das Denken und nur in der geistigen Welt liege. Eine geistige Wirklichkeit, die keine Täuschung sei, sondern so wirklich wie die Sinnenwelt. In seiner Autobiographie schrieb er, dass er schon als ca. 11-jähriger diese Gedanken hatte:

> Denn die Wirklichkeit der geistigen Welt war mir ebenso gewiss, wie die der sinnlichen. Ich hatte aber eine Art Rechtfertigung dieser Annahme nötig. Ich wollte mir sagen können, das Erlebnis von der geistigen Welt ist ebenso wenig eine Täuschung wie das von der Sinnenwelt.[229]

Was Steiner damals vielleicht noch nicht wissen konnte, ist aber, dass wir uns auch in unserer Wahrnehmung der äußeren Sinneswelt so gewiss nicht sein können. Zahlreiche Untersuchungen aus den Bereichen der Psychologie, Medizin und Neurophysiologie haben uns gezeigt, dass unsere Sinne die Welt interpretieren, **bevor** sie in unser Bewusstsein gelangt. Vieles was wir für wahr annehmen, ist von unseren Sinnen bereits zensiert oder manipuliert. In vielen Fällen sind wir auch nicht in der Lage Halluzinationen von realen Eindrücken zu unterscheiden. Häufig sehen wir das, was wir (unbewusst) sehen wollen[230]. Also, wenn wir uns schon nicht dessen sicher sein können, was wir durch unsere Sinne aufnehmen, wie können wir es dann von dem sein, was wir uns nur vorgestellt haben? Dies ist nicht die Cartesische, sondern die Steinersche Sackgasse!

---

[228] Steiner, Rudolf: Allgemeine Menschenkunde (GA 293). Rudolf Steiner Verlag, Dornach, 1975
[229] Steiner, Rudolf: Mein Lebensgang (GA 28). Fischer, Frankfurt, 1982
[230] Siehe dazu die zahlreichen Spielkartenexperimente („schwarzer Herzkönig"), die kontrollierten Untersuchungen zu Augenzeugenaussagen, die Ergebnisse der Halluzinationsforschung etc.

c) Descartes Wirkung in der Philosophie

Der im Mai 1997 verstorbene John Eccles wollte sich

> als einer der letzten großen Verfechter von Descartes Dualismus nicht
> damit zufrieden geben, dass auch Geist Nervenflimmern ist. ... Zugleich
> haben Gehirnforscher in den letzten Jahren zunehmend erkannt, dass
> Materie und Geist lediglich zwei Seiten einer Medaille sind - eine Sicht
> gegen die John Eccles immer wieder polemisierte.[231]

Inzwischen wird aber von vielen Philosophen die Trennung die Descartes zwischen Körperlich-Materiellem und Geistigen vorgenommen hat als verhängnisvoll, von Neurophysiologen als Irrtum angesehen. So legt der bekannte amerikanische Neuropsychologe Antonio Damasio[232] anhand einer Fülle von Material aus Neurologie, Neuropsychologie und Hirnforschung die Unsinnigkeit der Trennung zwischen Vernunft und Gefühlen, von Geist und Körper dar: Gefühle sind ein integraler Bestandteil unserer Vernunft- und Verstandeskräfte.

Damasio kommt zu dem Schluss:

> Nicht nur die Trennung von Geist und Gehirn ist ein Mythos – auch die
> Trennung von Geist und Körper dürfte fiktiv sein. Der Geist ist in seiner
> ursprünglichen Bedeutung des Wortes verkörpert, nicht nur verhirnt.[233]

Er greift danach den evolutiven Standpunkt auf, den ich auch vertrete und schreibt

> An irgendeinem Punkt der Evolution hat ein elementares Bewusstsein
> seinen Anfang genommen. Mit diesem elementaren Bewusstsein kam auch
> ein einfacher Geist in die Welt. Als der Geist komplexer wurde,
> entwickelte sich die Möglichkeit des Denkens und noch später der
> Sprachverwendung zum Zwecke der Kommunikation und der besseren
> Organisation des Denkens. Für uns gab es also zuerst das Sein und erst
> später das Denken.[234]

---

[231] Rubner; Jeanne: Eccles' Irrtum. Zum Tod des weltberühmten Neurophysiologen. Süddeutsche Zeitung, 6.6.1997

[232] Damasio, Antonio R.: Descartes' Irrtum. Fühlen, Denken und das menschliche Gehirn. dtv. München, 1997

[233] Damasio, Antonio R., a.a.O., S. 166

[234] Damasio, Antonio R., a.a.O., S. 329

Und dann erläutert Damasio auch noch, worin Descartes Irrtum bestand was ihn auch zu dem Titel seines Buches veranlasste:

> Darin liegt Descartes' Irrtum: in der abgrundtiefen Trennung von Körper und Geist, von greifbarem, ausgedehntem, mechanisch arbeitendem, unendlich teilbaren Körperstoff auf der einen Seite und dem ungreifbaren, ausdehnungslosen, noch zu stoßenden und zu ziehenden, unteilbaren Geiststoff, auf der anderen.; in der Behauptung, dass Denken, moralisches Urteil, das Leiden, das aus körperlichem Schmerz oder seelischer Pein entsteht, unabhängig vom Körper existieren. Vor allem: in der Trennung der höchsten geistigen Tätigkeiten vom Aufbau und der Arbeitsweise des biologischen Organismus[235]

Wenngleich Descartes zu den bedeutendsten Philosophen der Neuzeit gehört, muss man sich von heutiger Warte aus zurückblickend doch fragen wie es möglich war, dass die Auffassung der (fast) vollständigen Unabhängigkeit zwischen geistiger und materieller Welt so lange Bestand haben konnte. Widerspricht sie doch der augenfälligen, jederzeit nachvollziehbaren, lebensweltlichen Erscheinung, dass Materielles sehr wohl Seelisches beeinflussen kann (Empfindungen) und Seelisches auf Materielles einwirken kann (Handlungen).
Descartes war dieser Widerspruch natürlich auch nicht entgangen, doch versuchten er und seine Schüler diese Auffassung durch alle möglichen „hochgradig riskanten metaphysischen Hypothesen"[236] zu retten (wie den Occasionalismus Malebranches oder die prästabilisierte Harmonie Leibniz').

---

[235] Damasio, Antonio R., a.a.O., S. 330
[236] Cramer, Konrad: Das cartesianische Paradigma und sein Folgelasten. In: Bewusstsein. Hrsg.: Sybille Krämer. Suhrkamp, Frankfurt, 1996, S. 123

Ich möchte dieses Kapitel über Descartes mit einem Zitat von Damasio beschließen:

> Verschiedene Spielarten des cartesianischen Irrtums verstellen uns den Blick auf die Wurzeln des menschlichen Geistes in einem biologisch komplexen, aber anfälligen, endlichen und singulären Organismus. Sie verstellen den Blick auf die Tragik, die dem Wissen um diese Anfälligkeit, Endlichkeit und Einzigartigkeit innewohnt. Und wo Menschen, die ihrer bewussten Existenz innewohnende Tragik nicht mehr sehen, fühlen sie sich auch nicht mehr aufgerufen, etwas zur Linderung dieser Tragik zu tun, und vielleicht sind sie dann nicht mehr in der Lage, genügend Achtung für den Wert des Lebens zu empfinden. [] Natürlich ist das eine schwierige Aufgabe, bedeutet sie doch: den Geist von seinem Podest im Nirgendwo an einen bestimmten Ort zu verlegen, ohne dabei seine Würde und Bedeutung zu beschädigen; seine niedrige Herkunft und Verletzlichkeit anzuerkennen und sich doch seiner Führung anzuvertrauen. Eine Aufgabe, die in der Tat so schwierig wie unabdingbar ist, aber ohne die wir weit besser daran täten, Descartes' Irrtum unberichtigt zu lassen.[237]

---

[237] Damasio, Antonio R., a.a.O., S. 332f.

8. Samuel Thomas Soemmerring

Der berühmte Anatom und Physiologe Samuel Thomas Soemmerring (* 28.1.1755, + 2.3.1830) legte 1796 in Königsberg eine Arbeit mit dem Titel „Ueber das Organ der Seele" vor (zu dem Immanuel Kant ein Nachwort verfasste). Darin beschäftigte er sich mit den Leib-Seele-Zusammenhängen, speziell mit dem Übergang zwischen Körper und Seele und Fragen des *Lebensantriebes*, der *Lebens*- bzw. *Seelenkraft*. Soemmerring setzte in seinen Überlegungen die Existenz einer Seele als in sich geschlossener Wesenheit voraus. Was später von John Eccles mit Liaisonhirn bezeichnet wurde, ist bei Soemmerring in etwa das *Sensorium commune* (= der hypothetische Vereinigungsort aller Nerven im Gehirn). Man versuchte schon vor Soemmerring, die Seele oder den Geist zu lokalisieren und so konnte der Autor bereits auf verschiedene Versuche zurückblicken:

Descartes	Zirbeldrüse
Bontekoe et al.	Corpus callosum
Digby	Septum cerebri
Vieusseus	Centrum ovale
Haller et al.	Pons
Crusius	Rückenmark.

Die Hirnrinde, der heute im Zusammenhang mit seelischen Tätigkeiten eine dominierende Funktion zugewiesen wird, tauchte damals noch nicht auf.

„Die großen Entfernungen zwischen diesen Strukturen, ... wie auch ihre auffallend unterschiedliche Beschaffenheit zeigten die große Unsicherheit der Lokalisationsversuche. Wenn eine dieser Auffassungen richtig gewesen wäre, hätte sie sich schon lange durchsetzen müssen."[238]

Auch Soemmerring konnte das Sensorium commune im Gehirn nicht lokalisieren und wies ihm daher einen Sitz in der Flüssigkeit der Hirnhöhlen zu, da er glaubte, dass alle Nervenenden nur mit dieser Hirnflüssigkeit in Verbindung stünden. Soemmerring griff damit auf die alten Vorstellungen der Spirituslehre zurück und ersetzte die ursprünglich gasförmig vorgestellten *Spiritus* durch die Flüssigkeit der Hirnhöhlen, bzw. eine in ihnen enthaltene feinere Organisation. Dabei stellte er sich die Seele allerdings nicht als in der Flüssigkeit genau lokalisierbar vor, sondern allenfalls als 'virtuell'[239]. Er sah also eine Wechselwirkung zwischen Körper und Seele, die Gehirn

---

[238] Weber, Bernhard: „Über das Organ der Seele". Samuel Thomas Soemmerring (1796). Arbeiten der Forschungsstelle des Instituts für Geschichte der Medizin der Universität zu Köln, Band 45, Köln, 1987, S. 75

[239] Mit dieser 'virtuellen Gegenwart', die keine genauen räumlichen Verhältnisse kennzeichnet, mutet Soemmerring außerordentlich modern an (*Holographie, morphogenetische Felder*).

stattfinden musste, obwohl sich die Seele dort nicht lokalisieren lasse, da sie immateriell und damit nicht im Raum sei. Alle Vorgänge im lebenden Nervensystem ließen sich immer nur als Bewegungen (als Veränderungen des Ortes) beschreiben. Körper und Seele gemeinsam ist aber zumindest eine Art 'zeitliche Übergangsstelle': zu dem Zeitpunkt, an dem der (noch körperliche) Sinnesreiz eine bestimmte Stelle im Gehirn erreicht und mit anderen Reizen verbunden ist, erscheint eine entsprechende Wahrnehmung in der Seele.

Für Soemmerring nimmt das flüssige Sensorium commune eine Zwischenstellung zwischen Materie und Seele ein. Es erscheint als vermittelndes 'Zwischenwesen' mit teils körperlichen, teils seelischen Qualitäten. Es kann sowohl mit dem Körper als auch mit der Seele (als bewusstem Erleben) harmonisch zusammenwirken.

Soemmerring erklärte sich dann die Empfindung als eine Übertragung der Nervenbewegung auf diese Flüssigkeit. Dies schien ihm um so plausibler, als die Flüssigkeit eine feinere Struktur aufweise, als die 'starre' und 'rigide' Hirnsubstanz. Sie sei damit auf der 'Stufenleiter der Wesen' höher anzusiedeln.

> Je beweglicher und dünner (im Sinne von weniger dicht) eine Substanz wird, je mehr sie also den augenscheinlichen Charakter des materiellen verliert, umsomehr scheint sie sich in Soemmerrings Vorstellung dem immateriellen Seelischen anzunähern. Zunehmende Beweglichkeit und Feinheit, abnehmende Starrheit einer organisierten Substanz ermöglichen den Übergang von rein körperlicher in (auch) seelische 'Bewegung'.[240]

Kant beschäftigte sich eingehend mit Soemmerrings Buch und stand mit dem Autor in Korrespondenz. Kant ging dem Sitz der Seele nach (der wie erwähnt für Soemmerring nicht entscheidend war) und dem Prinzip der Lebenskraft. Kant führte aus, dass er die Seele als eine von aller Materie verschiedene Substanz betrachte, die der Mensch und jedes Tier in sich habe. Sie müsse wegen der Einheit des Bewusstseins als einfach und ohne die Bedingungen des Raumes gedacht werden. Die Frage nach dem Sitz der Seele halte Kant für eine Frage der Metaphysik.

In der belebten Materie hielt Kant verschiedene Gesetze und Kräfte für wirksam:
- mechanische Gesetze (statische und hydrodynamische)
- chemische Gesetze (tiefer verborgen liegend)
- Vitalitätsgesetze (nach denen die tierischen Materien 'Verwandtschaften' unterlägen)

---

[240] Weber, Bernhard, a.a.O., S. 78

- eine Lebenskraft im Bereich des Nervensystems (Irritabilität oder Prinzip der Sensibilität).

Für Immanuel Kant ist im Zusammenhang mit dem *Sensorium commune* von entscheidender Bedeutung,

> dass es in der Lage ist, die Einheit des Aggregats in das unendlich Mannichfaltige aller sinnlichen Vorstellungen des Gemüths zu bringen (Kant, 1791).[241]

Weber zieht am Ende seiner Studie folgendes Fazit:

> Im Vergleich mit modernen Erklärungsansätzen zum Leib-Seele-Problem zeigt sich heute eine Aufspaltung dessen, was Soemmerring noch zusammen denken konnte, in zwei Entwicklungsrichtungen: Die eine knüpft an den Cartesianischen Dualismus an, der auch aus unseren heutigen Auffassungen des Leib-Seele-Zusammenhangs trotz erheblicher Bemühungen nicht auf die Dauer herauszuhalten zu sein scheint. Die andere Entwicklungsrichtung, die eine 'monistische' Auffassung in der Zentrierung der Lebensvorgänge um die Zeitlichkeit durchzuhalten sucht, erscheint noch weniger entwickelt und ausdifferenziert, obwohl sie insbesondere auch für die Untersuchung der Störungen im Bereich des psycho-physischen Übergangs einiges an Entwicklungsmöglichkeiten anzubieten scheint. - Soemmerrings Schrift weist darauf hin, dass eine Verbindung beider Denkrichtungen zwar schwierig, aber doch möglich sein könnte.[242]

---

[241] Weber, Bernhard, a.a.O., Anm. 105, S. 217
[242] Weber, Bernhard, a.a.O., 177

9. New Age & Transpersonale Psychologie

In der neuesten Zeit, seit Anfang der 70er Jahre, gehen die New-Age-Philosophen einen neuen Weg, der weg vom Ich führt. Ziel ist nun ein ich-loses, mystisches Erleben, in dem ein 'überindividueller' höherer Bewusstseinsgrad gesehen wird. In der transpersonalen Psychologie wird angestrebt, sein Ich zu überwinden, mit dem Kosmos zu verschmelzen und dadurch unsterblich zu werden. Der New-Age-Philosoph Ken Wilber argumentiert:

> Wenn das Ichempfinden stirbt, ist das was sich auflöst, nicht ein wirkliches Sein, sondern eine bloße Grenze, eine Grenze, die niemals real, die stets eingebildet war. ... Sich vom Ich-Bewusstsein zum ÜberBewusstsein bewegen, heißt, den Tod ungültig zu machen.[243]

Saum-Aldehoff gibt in der Zeitschrift *Psychologie Heute* folgende Einschätzung der Philosophie Wilbers:

> Wilber - und die Transpersonale Psychologie insgesamt - erliegt damit einem folgenschweren ontologischen Irrtum. Er setzt die Auflösung des Ich mit der Auflösung des Individuums gleich. ... Der unter 'Neu-Mystikern' verbreitete Irrtum besteht in der Annahme, dass mit dem 'Ich' auch die Individualität des eigenen Bewusstseins überwunden werde. Wer ohne Ego auskomme und im eigenen Fühlen, Denken und Tun aufgehe, klinke sich quasi direkt in den kosmischen Strom der Evolution ein und treibe die Schöpfung womöglich gar direkt vorwärts.[244]

Der Zürcher Professor Adolf Dittrich hatte schon Mitte der 80er Jahre in einer groß angelegten Untersuchung mit mehr als 1 000 Versuchspersonen nachgewiesen, dass außergewöhnliche Bewusstseinszustände einen gemeinsamen Kern haben, die sich anhand von drei Dimensionen beschreiben lassen:

Visionäre Umstrukturierung (optische oder akustische Visionen und Halluzinationen, Synästhesien und lebhafte Vorstellungen)
Angstvolle Ichauflösung (Furcht den Verstand, die Selbstkontrolle und die Kontrolle über die Realität zu verlieren)

---

[243] Saum-Aldehoff, Thomas: Der Heilige Zeitgeist. Psychologie Heute, Juli 1995, S. 32
[244] Saum-Aldehoff, Thomas, a.a.O., S. 32

Ozeanische Selbstentgrenzung (Auflösung des Ich, die positiv erlebt wird; Sich eins mit sich und der Welt fühlen; Sich frei wähnen von den Beschränkungen von Raum und Zeit und Ahnung einer 'höheren Wirklichkeit').

Die New-Age -Versuche, seine Individualität über die vorgegebenen Grenzen hinauszuheben, werden von Saum-Aldehoff folgendermaßen beurteilt:

> Ein solcher exklusiver Zugang zum 'Transpersonalen', 'Kosmischen', 'Evolutionären' ist uns Menschen aber nicht gegeben. Wer im Erleben mittels Meditation, Drogen, Flow oder sonst wie sein 'Ich' transzendiert, mag damit einen beglückenden und inspirierenden Zustand erreicht haben. Aber wie vollständig auch immer ein Mensch in mystischen Momenten des Tun, im Kosmos oder in der Leere subjektiv 'aufgehe' und 'verschmelzen' mag - all dies spielt sich innerhalb der *erlebten* Wirklichkeit ab. Die Grenzen dieser vom Gehirn vorgegebenen Erlebniswirklichkeit können wir nicht sprengen - es ist die einzige für uns zugängliche Welt. Nicht nur das Ich, sondern auch die Ichlosigkeit sind Bestandteil menschlichen Erlebens, mithin Produkte einer Wirklichkeit, deren Kategorien und Grenzen vom Gehirn vorgegeben werden.[245]

Auch der amerikanische Psychologe Carroll lässt in seinem Skeptic's Dictionary kein gutes Haar an der New Age-Bewegung, die alles psychologisiere, mit von ihm so genannten *parapsychobabble* und mit 'geistigen Inhalten' anreichere, wo gar keine seien:

> It is a testament to New Age metaphysics that its disciples can turn something as basic and physical as a massage into something spiritual. What will be next? The zen of football? Meditative boxing? Life-force hockey? Whatever it is, it won't lose money.[246]

Davon abzugrenzen ist die echte Mystik: „Diese handelt weder von transpersonalen Seelenwanderungen noch kosmischen Geistaufblähungen. Sie basiert auf der Idee, dass Innenwelt und Außenwelt, menschlicher Geist und göttliches 'Sein', letzten Endes identisch sind."[247]

---

[245] Saum-Aldehoff, Thomas, a.a.O., S. 32
[246] Carroll, Robert T.: Alternative health practices. In: The Skeptic's Dictionary, 1994. Internet: http://wheel.dcn.davis.ca.us/~btcarroll/home/bobshome.html
[247] Saum-Aldehoff, Thomas, a.a.O., S. 33

Matthias Matussek beurteilt in einem ausführlichen Artikel über den amerikanischen New-Age-Wallfahrtsort Sedona die Bewegung folgendermaßen:

> New Age ist spirituelle Technologie. Ihr Ziel ist, in einem Bild zusammengefasst: ein Telefonat mit Gott über den Zeitpunkt des Weltendes, möglichst ein R-Gespräch.[248]

Von der New Age-Bewegung grenzt sich die Anthroposophische Gesellschaft selbst wie folgt ab:

> Die anthroposophische Bewegung wurzelt ganz anders in den philosophischen, künstlerischen und gesinnungsbildenden Bemühungen der europäisch-christlichen Kulturentwicklung als die New Age-Bewegung. In der Anthroposophischen Gesellschaft schätzt man nüchternen Erkenntnisernst (simple "weltumfassende" Deutungsmuster stoßen auf Ablehnung), pflegt ein Bedürfnis nach differenzierter Sinnes- und Gefühlskultur (mit Hochachtung vor Tragik und Schmerz) und besteht nachdrücklich auf der Notwendigkeit einer sich vertiefenden Erkenntnis auch der Kräfte und Wesenheiten des Bösen. Dadurch ergeben sich Unterschiede zum New Age Movement mit allen seinen verwandten Strömungen, die in Stil, Denkweise und moralischer Haltung so eindeutig sind, dass von beiden Seiten keine Zusammengehörigkeit erlebt wird.[249]

Wie weit diese Einschätzung zu teilen ist, *nüchternen Erkenntnisernst* zu pflegen und keine *weltumfassende* Deutungen der Welt zu vertreten, wird weiter unten vielleicht deutlicher werden.

B.

---

[248] Matussek, Matthias: Im Canyon der Kristalle. Der Spiegel, Hamburg, 1992(43), S. 307
[249] Fragen an die Anthroposophische Gesellschaft. Internet: http://www.imp.ch.goetheanum/ag5.htm

C. Das Ich in der Psychologie

1. Sigmund Freud

Ursprünglich war für Freud das Ich gleichbedeutend mit dem Bewusstsein. Erst später (1923) stellte Freud sein Strukturmodell in dem Buch „Das Ich und das Es" vor, in dem er die Topoi des psychischen Apparats „Es", „"Ich" und „Überich" konstruierte (siehe dazu Drews, Sibylle[250]).

a) Das Es

Sowohl vom Unbewussten, wie auch vom Es heißt es, „dass sie niemals eine andere Qualität besitzen, als die des Nichtbewussten. ... Das Unbewusste ist die allein herrschende Qualität im Es. Es und Unbewusstes gehören ebenso innig zusammen, wie Ich und Vorbewusstes, ja das Verhältnis ist hier noch ausschließlicher".[251] Freud selbst schreibt dazu:

> Es ist der dunkle, unzugängliche Teil unserer Persönlichkeit; das einzige, was wir von ihm wissen, haben wir durch das Studium der Traumarbeit und der neurotischen Symptombildung erfahren und das meiste davon hat negativen Charakter, lässt sich nur als Gegensatz zum Ich beschreiben. Wir nähern uns dem Es mit Vergleichen, nennen es ein Chaos, einen Kessel voll brodelnder Erregungen. Von den Trieben her füllt es sich mit Energie, aber es hat keine Organisation, bringt keinen Gesamtwillen auf, nur das Bestreben, den Triebbedürfnissen unter Einhaltung des Lustprinzips Befriedigung zu verschaffen. Für die Vorgänge im Es gelten die logischen Denkgesetze nicht, vor allem nicht der Satz des Widerspruchs. ... Im Es findet sich nichts, was der Zeitvorstellung entspricht, keine Anerkennung eines zeitlichen Ablaufs und, was höchst merkwürdig ist und seiner Würdigung im philosophischen Denken wartet, keine Veränderung des seelischen Vorgangs durch den Zeitablauf. Wunschanregungen, die das Es nie überschritten haben, aber auch Eindrücke, die durch Verdrängung ins Es versenkt wurden, sind virtuell unsterblich, verhalten sich nach Dezennien, als ob sie neu vorgefallen wären.[252]

---

[250] Drews, Sibylle: Psychoanalytische Ich-Psychologie. Suhrkamp, Frankfurt, 1975
[251] Holder, Alex: Freuds Theorie des psychischen Apparates". In: Eicke, Dieter: Die Psychologie des 20. Jahrhunderts: Freud und die Folgen (I), Kindler, Zürich, 1978, S. 257
[252] Freud, Sigmund: Neue Folge der Vorlesungen zur Einführung in die Psychoanalyse. Gesamtwerk, Band XV, Fischer, Frankfurt, S. 80f.

b) Das Ich

Das Ich hat die Aufgabe eines Mittlers zwischen den Forderungen des Es und denen der Außenwelt und zugleich auch denen des Überich. „Das Ich (ist) jener Teil des Es, der durch die Nähe und den Einfluss der Außenwelt modifiziert wurde ... Die Beziehung zur Außenwelt ist für das Ich entscheidend geworden, es hat die Aufgabe übernommen, sie bei dem Es zu vertreten, zum Heil des Es, das ohne Rücksicht auf diese übergewaltige Außenmacht im blinden Streben nach Triebbefriedigung der Vernichtung nicht entgehen würde ... In der Erfüllung dieser Funktion muss das Ich die Außenwelt beobachten, eine getreue Abbildung von ihr in den Erinnerungsspuren seiner Wahrnehmungen niederlegen, durch die Tätigkeit der Realitätsprüfung fernhalten, was diesem Bild der Außenwelt Zutat aus inneren Erregungsquellen ist."[253]

c) Das Über-Ich

Das Über-Ich als Vehikel der Moral stellt einen intrapsychischen Vertreter der Beziehungen dar, die das Individuum, insbesondere zu seinen Eltern und ganz allgemein zur Gesellschaft schlechthin, hat. „Als Niederschlag der langen Kindheitsperiode, während der der werdende Mensch in Abhängigkeit von seinen Eltern lebt, bildet sich in seinem Ich eine besondere Instanz heraus, in der sich dieser elterliche Einfluss fortsetzt. ... Im Elternich wirkt natürlich nicht nur das persönliche Wesen der Eltern, sondern auch der durch sie fortgepflanzte Einfluss von Familien-, Rassen- und Volkstradition sowie die von ihnen vertretenen Anforderungen des jeweiligen sozialen Milieus. Ebenso nimmt des Überich im Laufe der individuellen Entwicklung Beiträge von seiten späterer Fortsetzer und Ersatzpersonen der Eltern auf..."[254]

In den letzten Jahren ist Kritik an dieser Einteilung von Freud geübt worden. Selbst der „Spiegel" hat sich mehrfach mit dem Thema Freud beschäftigt. Unter dem Titel 'Angriff auf das Reich des Ödipus' schreibt er z.B. „Gehirnforscher sehen in Freuds Modell vom dreigeteilten „psychischen Apparat" eine Primitiv-Konstruktion, die mit ihrer schematischen Gliederung in ein „Es", ein „Ich" und ein „Überich" den höchst komplexen Vorgängen im menschlichen Zentralorgan nicht gerecht werden könne."[255]

---

[253] Freud, Sigmund, Band XV, a.a.O., S.82
[254] Freud, Sigmund: Abriß der Psychoanalyse. Gesamtwerk, Band XVII, Fischer, Frankfurt, S. 69
[255] Der Spiegel, 38 (52), 24.12.1984, S. 116ff.

d) Das Ich und seine Funktionen

In seinem 1938 gegen Ende seines Lebens erschienenen 'Abriss der Psychoanalyse' beschreibt Freud die hauptsächlichen Charaktere des Ich:

> Infolge der vorgebildeten Beziehung zwischen Sinneswahrnehmung und Muskelaktion hat das Ich die Verfügung über die willkürlichen Bewegungen. Es hat die Aufgabe der Selbstbehauptung, erfüllt sie, indem es nach außen die Reize kennenlernt, Erfahrungen über sie aufspeichert (im Gedächtnis), überstarke Reize vermeidet (durch Flucht), mäßigen Reizen begegnet (durch Anpassung) und endlich lernt, die Außenwelt in zweckmäßiger Weise zu seinem Vorteil zu verändern (Aktivität); nach innen gegen das Es, indem es die Herrschaft über die Triebansprüche gewinnt, entscheidet, ob sie zur Befriedigung zugelassen werden sollen, diese Befriedigung auf die in der Außenwelt günstigen Zeiten und Umstände verschiebt oder ihre Erregungen überhaupt unterdrückt. ... Eine Handlung des Ichs ist dann korrekt, wenn sie gleichzeitig den Anforderungen des Es, des Über-Ichs und der Realität genügt, also deren Ansprüche miteinander zu versöhnen weiß. Die Einzelheiten der Beziehung zwischen Ich und Über-Ich werden durchwegs aus der Zurückführung auf das Verhältnis des Kindes zu seinen Eltern verständlich.[256]

Dem Ich kommt nach Freud noch eine weitere Funktion zu, nämlich die der *Integration*, *Anpassung* oder *Synthese*, die dem Es besonders abgeht. Damit werden die Inhalte der Seelischen Vorgänge zusammengefasst und vereinheitlicht.

---

[256] Freud, Sigmund: Abriß der Psychoanalyse. Fischer, Frankfurt, 1953, S. 7f.

e) Kritik an Freud

Natürlich regte sich Kritik an der Lehre von Freud vom dem Augenblick an, an dem sie geäußert wurde. Nicht nur weil sie als die ‚dritte Kränkung der Menschheit' angesehen wurde, sondern sein Struktur- oder Schichtenmodell wurde in unzähligen Arbeiten kritisiert und modifiziert.

Hier sollen nur einige Aspekte herausgegriffen werden, die in unserem Zusammenhang eine Rolle spielen.

Der Psychoanalytiker Siegmund Heinrich Fuchs (alias Foulkes) war 1948[257] der Meinung

> dass die alten Nebeneinanderstellungen von Innen- und Außenwelt, Anlage und Umwelt, Individuum und Gesellschaft, Phantasie und Realität, Körper und Geist und so weiter nicht länger haltbar sind. Sie können zu keinem Zeitpunkt voneinander getrennt werden, es sei denn durch künstliche Isolation.[258]

---

[257] in seinem Buch: Introduction to Group analytical Psychotherapy, 1948, S.10

[258] zitiert nach Sabine Rothe: Psychoanalyse im Netzwerk der Gruppe. S.H. Foulkes in Frankfurt a.M. in: Plänkers, Thomes et al. (Hrgb.): Psychoanalyse in Frankfurt am Main. Edition Diskord, S. 169

2. C. G. Jung

In dem hier abgehandelten Zusammenhang sind die beiden von Jung eingeführten Begriffe der *Persona* und des *Schattens* bedeutsam.

Helmut Barz schreibt in seinem Buch über C.G. Jung:

> Im Rahmen der 'Sozialisation' lernt der heranwachsende Mensch, dass er nicht alles ausleben darf, was in ihm angelegt ist. Erlaubt ist nicht einfach, was gefällt, sondern vor allem das, was sich ziemt. So sind wir genötigt, viele unerwünschte Eigenschaften zu unterdrücken oder zu verdrängen: Daraus entwickelt sich der Schatten. Gleichzeitig erkennen wir es als vorteilhaft, die angenehmen und die erwünschten Seiten unseres Wesens bewusst zu fördern und sie den Mitmenschen auch erkennbar zu machen, ja ihnen sogar einige Züge hinzuzufügen, die nicht unbedingt zu unserem eigenen Bestand gehören, die aber offensichtlich von uns erwartet werden. So entwickelt sich allmählich unsere 'Persona'".[259] Die Persona ist so etwas, wie die deckende Hülle oder Haut des Ich. Sie wird durch unsere Erziehung und Anpassung an gesellschaftliche Konventionen und Routine geformt. Persona hat dabei zwei Bedeutungen: „erstens, ich sehe durch meine Person die Außenwelt ...; zweitens, die Umwelt sieht mich von außen als Persona und erwartet von mir ein bestimmtes, zur Person gehörendes Verhalten. Die Persona engt das Ich ein, ist aber gleichzeitig auch eine schützende Hülle, für das Ich, das sich hinter der Person verbergen kann und sich nicht zu erkennen zu geben braucht.[260]

„Der Jungsche Begriff des 'Schattens' berührt sich in vielem mit dem Konzept des (persönlichen) Unbewussten von Freud. Auch der Schatten bildet sich im Laufe des Lebens aus Verdrängungen, auch der Schatten wirkt vom Unbewussten her meistens störend auf das bewusste Leben ein. ... Mit dem bildhaften Terminus 'Schatten' bringt Jung zum Ausdruck, dass das Verdrängte als eine abgekapselte 'Teilpersönlichkeit' oder als 'dunkler Bruder' ein Eigenleben führt, durch welches das Ich bewusst kompensiert wird."[261]
Der Schatten enthält „zu einer Gestalt verdichtet, alles was das Bewusstsein als unbewusste Minderwertigkeit in uns abweist. Einerseits ist der Schatten im persönlichen Unbewussten beheimatet, dem Bereich der Erinnerungen und verdrängten Strebungen und mit den weniger erfreulichen Abschnitten unserer Lebensgeschichte verknüpft. Andererseits enthält der Schatten auch Aspekte des

---

[259] Barz, Helmut: Heilung und Wandlung. C.G. Jung und die Medizin. dtv, München, 1991, S. 32
[260] Lievegoed, Bernard: Lebenskrisen Lebenschancen. Kösel, München, 1979, S. 172
[261] Barz, Helmut, a.a.O., S. 34

kollektiven Unbewussten und schließt damit destruktive Kräfte ein, die in jedem Menschen vorhanden sind. Schließlich kann der Schatten als 'Doppelgänger' archetypischen Charakter annehmen, er kann als der von der Person gespaltene 'dunkle Bruder' erfahren werden."[262]

Weiterhin ist für das Verständnis von Jung der Prozess der **Individuation** wichtig, die von Jung auch als 'Selbstverwirklichung' bezeichnet wurde. Dazu wiederum ist die Erläuterung des Begriffes des *Selbst* notwendig.

„Das Selbst ist der zentrale Archetypus des kollektiven Unbewussten, der in sich alle denkbaren Gegensätze vereinigt. Aus ihm scheinen Dynamik und Struktur aller anderen Archetypen hervorzugehen, er ist die anordnende und bewirkende oberste Instanz der Seele."[263]

Bei dem Individuations- oder Selbstverwirklichungsprozeß ist mit *Selbst* nicht das individualistische *Ich-Selbst* sondern der Archetypus des Selbst gemeint. Individuation bedeutet also nicht eine egozentrische Pflege der Persönlichkeit, sondern eine Erfahrung des Selbst, die im bewussten Ich nicht das Zentrum der Persönlichkeit, sondern im Selbst eine übergeordnete, das Ich umfassende Ganzheit erkennt.

Der erwähnte Begriff des **Archetypus** hat einen zentralen Platz in Jungs tiefenpsychologischer Lehre. In dem Archetypus sollen sich die *Urbilder* spiegeln, die das *kollektive Unbewusste* der Menschheit enthalten. Diese Vorstellung hat in letzter Zeit eine erhebliche Beeinträchtigung erfahren, seit der amerikanische Wissenschaftshistoriker Richard Noll in seinem Buch „The Jung Cult" behauptet hat, dass Jung die Daten und Fakten seiner bisweilen sensationellen Forschungsergebnisse gefälscht hat.

> „Jung scherte sich um Daten und Fakten nur sehr bedingt" weiß Richard Noll und liefert das beste Beispiel für seinen Vorwurf gleich mit. So erschlafft der entscheidende Beweis für Jungs Theorie des kollektiven Unbewussten, der sogenannte Sonnenphallus-Mann, bei näherer Betrachtung ganz beträchtlich. Wie Jung immer wieder behauptete, hatte ihm ein Patient von einer merkwürdigen Vision berichtet: Ein riesiger Phallus baumelte von der Sonne herab und befächerte die Erde mit kräftigem Wind. Diese Vorstellung, so machte Jung seinen Schülern glaubhaft, sei auch in der Liturgie des spätrömischem Mithraskultes wiederzufinden. Dort wird von einem Rohr berichtet, das von der Sonne herabhängt und Wind erzeugt. „Jung beharrte darauf, dass der Patient davon keinesfalls gewusst haben könne und betrachtete dies als Beweis für das Vorhandensein jener Ur-Bilder", sagt Noll.
> Ein Irrtum, wie der Harvard-Stipendiat nachweist. Denn in Wirklichkeit handelte es sich bei dem Penis-Phantasten nicht um einen Patienten C. G.

---

[262] Lievegoed, Bernard, a.a.O., S. 172f.
[263] Barz, Helmut, a.a.O., S. 35

Jungs, sondern vielmehr um seinen Assistenten, Johann Jakob Honegger. Penibel fasste Honegger die Hirngespinste auf Papier zusammen und nahm sich aus bis heute ungeklärter Ursache zwei Jahre später das Laben. Wie Richard Noll eindrucksvoll schildert, war der sagenumwobene Mithraskult zu dieser ebenfalls vom Okkultismus gebannten Zeit keineswegs unbekannt. Mit Beginn des Jahrhunderts wurde in zeitgenössischen Büchern und Aufsätzen darüber häufig und intensiv diskutiert. Den Schweizer Medizinmann scherte das freilich wenig. Er gab die Honegger-Papiere nach dessen Tod als die seinen aus und fälschte die Daten solange, bis die Gespräche mit dem Sonnenphallus-Mann in eine Zeit zurückdatiert waren, in der tatsächlich fast niemand von dem Mithraskult gewusst haben konnte.[264]

Die ist aber mitnichten das erste mal, dass Daten so lange an eine Theorie angepasst wurden, bis sie diese bestätigten.

Der in England geadelte Psychologe Richard Burt fälschte die Ergebnisse von Zwillingsuntersuchungen, um damit seine Theorie der Vererbung der Intelligenz zu beweisen. Da die gefälschten Protokolle erst nach seinem Tod entdeckt wurden, konnte er nicht mehr zur Rechenschaft gezogen werden, der Forschung hatte er aber damit einen schlechten Dienst erwiesen.

Ebenfalls erst nach seinem Tode wurde der größte Schwindel der Wissenschaftsgeschichte aufgeklärt, den Martin Hilton 1908 eingefädelt hatte. Er fälschte den Schädel des sog. Urmenschen von Piltdown", um dem britischen Empire eine 200 000-jährige Geschichte zu verschaffen.

500 wissenschaftliche Veröffentlichungen beschäftigten sich mit dem Eoanthropus dawsoni. Bereits im Pleistozän, so schien es, hatte der „Earliest Englishman" (ein Buchtitel) in der Gegend von Sussex mit Flintsteinen gehämmert.[265]

Zumindest kann man aber sagen, dass die angeblichen Forschungsergebnisse von Jung, Burt und Hilton wissenschaftlich protokolliert und damit überhaupt erst nachprüfbar waren. Wenn man sich bei seinen Arbeiten jedoch auf 'übersinnliche Daten' beruft, ist diese Überprüfung von vornherein ausgeschlossen.

---

[264] Wichmann, Dominik: Dreiste Mogelpackung. Süddeutsche Zeitung. 26./27.8.1995
[265] Der Spiegel: Posse im Pleistozän. 1996(23), S. 198

3. Gordon Allport

Hehlmann definiert das Proprium als das „'Eigne', 'Eigentliche', 'Persönliche'; das Selbst"[266]. Er weist darauf hin, dass der Begriff bereits von Swedenborg im Sinne von Stolz und Selbsterhöhung gebraucht wurde.

Gordon W. Allport, der den Begriff auch benutzte, weist darauf hin, warum er ihn für notwendig hält, statt einfach nur vom *Selbst* zu sprechen. Erstens würden die Begriffe *Ich* (z.B. von Freud) oder *Selbst* nur für bestimme Aspekte verwendet, so dass er eine „frische und breiter angelegte Kennzeichnung"[267] vorziehe. Zweitens bleibe das philosophische Problem *„des Wissenden"* (*„the Knower"*) bestehen. Der *Wissende* würde auch als *Selbst* bezeichnet, der Begriff des ***Proprium*** umfasse aber in einem weiteren Sinne das Selbst auch als Objekt von Kenntnissen und Gefühlen. So seien wir uns unseres Propriums direkter bewusst, wie wir es uns von dem *Wissenden* nie so direkt sein können.

Allport geht dem Problem des Wissenden weiter mit der Frage nach:

> Wer ist das Ich, das das körperliche Ich kennt, das ein Bild seiner selbst und ein Gefühl von Identität über die Zeit hinweg hat; das weiß, dass ich geeignete Ziele habe? Ich weiß alles dies und ich weiß darüber hinaus auch, dass ich weiß, dass ich es weiß. Aber wer ist es, der dieses im Griff hat?[268]

Allport stellt dann konträre Positionen von Emmanuel Kant und William James dar und sieht selbst die Lösung der Frage in der <u>Struktur der Persönlichkeit</u>, die es überflüssig mache, sich ein inneres Agens vorzustellen, das die Fäden in der Hand halte.

---

[266] Hehlmann, o.J., a.a.O., S. 424
[267] Allport, Gordon W.: Pattern and Growth in Personality. Holt, London & New York, 1961, S. 127
[268] Allport, Gordon W., a.a.O., S. 128: „Who is the I who knows the bodily me, who has an image of myself and sense of identity over time, who knows that I have propriate strivings? I know all these things and, what is more, I know that I know them. But who is it who has this perspectival grasp?"

4. Ernst August Dölle

Für den bedeutenden deutschen Psychologen E. A. Dölle ist Logik primär die Lehre von dem was bleibt, indem es fließt. Er befindet sich damit aufgehoben in der Heraklitschen Schule („Alles fließt und Nichts bleibt"), hat aber weiter gefragt „Bleibt wirklich nur das Nichts?"[269]

Von Dölle wurde der in unserem Zusammenhang relevante Begriff der *Seelennlogik* eingeführt. *Seelenlogik* ist die Lehre von dem, was bleibt, indem es fließt, insofern es Gegenstand der Psychologie ist. Seelenlogik ist somit die metatheoretische Grundlegung der Psychologie...["][270]

Dölle geht in seiner Lehre von einer Dualität[271] oder wie er es bezeichnet *Zweiheitlichkeit* aus und ist damit von vornherein auf Duplizität ausgelegt: die Seele erkennt stets etwas, was von ihr erkannt wird; der Noesis steht also das Noema gegenüber (welches wiederum zweiheitlich ist).

Die Intentionalität der Seele lässt sich fundamental wie folgt dichotomisieren: „Die Erkenntnis kann sich (1) auf etwas richten, was die Seele selbst nicht ist ... Sie kann sich (2) auf sich selbst zurück richten, sich selbst zum Gegenstand nehmen. Hier geht es um die Erkenntnis der Seele durch die Seele, um die Seelenerkenntnis."[272]

Aus Dölles Argumentation fallen die beiden vorläufigen Fundamentaldefinitionen heraus:

„1. *Seele* ist dasjenige, was nicht-reflexiv intentional ist, insofern es Welt erkennt, und was reflexiv intentional ist, insofern es sich selbst erkennt.
2. *Psychologie* ist methodal die reflexive Intentionalität der Seele und materialiter das Insgesamt der Noemata der reflexiven Intentionalität."[273]

Es würde an dieser Stelle zu weit führen, auf alle Leistungen einzugehen, die Dölle in seinem unermüdlichen Forscherleben für die Psychologie erbracht hat. Schon lange vor Zajonc[274] hat er sich mit Licht und Bewusstsein befasst und den **Optozentrismus**

---

[269] Seine Antwort war: „Der Rhythmus des Geschehens *bleibt*. - /- Ordnung und Logos [sic!] *bleiben*" (zitiert nach Stapf, K.H. a.a.O., S.49).
[270] Stapf, K. Hermann: E.A. Dölles Seelenlogik. In: Dichotomie und Duplizität. Huber, Bern, 1974, S. 49
[271] Hier auch ein Brückenschlag zu der ägyptischen Vorstellung des *Ba* und des *Ka* (siehe dort)
[272] Stapf, K.H., a.a.O., S. 53
[273] Stapf, K.H., a.a.O., S. 53f.
[274] Zajonc, Arthur: Die gemeinsame Geschichte von Licht und Bewusstsein. Rowohlt, Reinbek, 1994

der abendländischen Kultur beklagt. Seine Psychologie war dagegen geprägt von einer *Innenschau, Introspektion* und vom Ein*sehen*.

Hinweisen möchte ich aber noch auf die Bekanntschaft von Dölle mit dem Komponisten Otto **Jägermeier** (1870 - 1933). Jägermeier wurde durch Dölle mit philosophischen und tiefenpsychologischen Themen bekannt gemacht und regten ihn an zu *Psychosen* (1900), basierend auf Freuds *Studien über Hysterie* und zu *Grundzüge der transzendentalen Analytik nach Kant für großes Orchester, Soli, Chor, Orgel und obligaten Universitätsprofessor* (1914).[275]

Abschließend soll nur noch ein Zitat von Stapf die ganze Tragweite der Lehre Dölles belegen, die in ihren Konsequenzen heute noch gar nicht ermessen werden kann. Generationen von Psychologen und Philosophen werden sich damit noch kritisch auseinander zusetzen haben und manche, vermeintlich fundamentale, Erkenntnis [auch der Physik, besonders der Quantentheorie], wird sich dem kritischen **Zweifel** zu beugen haben:

> Der Körper wird durch die Seele zum Leib; die Seele ist stets und unser ganzes Leben lang überdauernd als Entelechie unseres Leibes existent. Ihre Existenz konstituiert sich im intentionalen Aktiv-Sein. So ist Seele selbstverständlich nicht mit Wachsein bzw. Bewusstsein gleichzusetzen. (hier irrt ROHRACHER!) Zugleich ist Seele aber auch nicht Schlaf, nicht Bewusstlosigkeit.[276]

Letztlich sei noch der Regensburger Professor Dr. Adolf Vukovich zitiert, der folgende Aussagen von Dölle für diesen besonders typisch hielt:

„Vieles, was man sagen könnte, wird nicht ausgesprochen."

„Vieles, was ausgesprochen wird, trifft nicht zu."

„Das Wenige, was zutrifft, ist meistens weder neu, noch wissenswert."[277]

---

[275] Dietel, Gerhard: Musikgeschichte in Daten. dtv/Bärenreiter, München, 1994, S. 731
[276] Stapf, K.H., a.a.O., S. 55
[277] Der Spiegel, Wissenschaft - Bart ab, Nr. 48, 1974

D. Das Ich in der Anthroposophie

1. Vorbemerkung

Bisher wurde die anthroposophische Sichtweise bei den Definitionen von Gehirn, Bewusstsein, Ich etc. schon gestreift. Bevor die Hauptkapitel zum 'Ich in der Anthroposophie' und zur anthroposophischen Vorstellung zur 'Ichentwicklung' folgen, scheint mir eine grundsätzliche Stellungnahme angezeigt. Diese Vorbemerkung ist zu einem immer längeren Kapitel angewachsen, da mit der Beschäftigung mit anthroposophischen Themen, sich auch die Grundsatzfragen herauskristallisierten und Widersprüche zur Geistes- und Naturwissenschaft deutlicher wurden.

Die Abhandlungen über die anthroposophische Menschenkunde und die Ichentwicklung, die im Zusammenhang mit den anderen *Wesensgliedern* vor sich geht, soll wertneutral erfolgen, um dem Leser einen Eindruck des anthroposophischen Menschenbildes zu vermitteln. Sie können auch vorab gelesen werden, unbeeinflusst von den folgenden Ausführungen. Aber auch im Rahmen der hier vorgelegten Arbeit kann m.E. die Kritik nicht ausbleiben, wenn man sich ernsthaft mit dem Thema beschäftigt.

Die Kritik bezieht sich vor allem auf die Themen:

Anthroposophische Geheimwissenschaft vs. Geisteswissenschaft
Anthroposophie vs. Naturwissenschaft
Anthroposophische Grundmodelle (Drei- und Viergliederung)
Anthroposophische naturwissenschaftliche Behauptungen

Rudolf Steiners Lehre heißt **Anthroposophie**, also die Weisheit des oder vom Menschen. Steiner kommt ursprünglich aus der theosophischen Richtung und so heißt auch sein frühes Hauptwerk **Theosophie**, also die Weisheit Gottes. Das Gesamtwerk wird aber als Geisteswissenschaft bezeichnet, deshalb nennt sich die zentrale Studienstätte der Anthroposophie „Hochschule für Geisteswissenschaften" in Dornach, Schweiz.

Traditionellerweise sind aber an den Universitäten die Fachrichtungen unterteilt in Geisteswissenschaften (Philosophie, Psychologie, Germanistik, Geschichte. etc.) und Naturwissenschaften (Physik, Chemie, Astronomie etc.), neben Rechtswissenschaften, etc. Die universitären Geistes- und Naturwissenschaften unterziehen sich alle dem Ausgangspunkt allen Philosophierens, dem Zweifel[278], und damit regelmäßig der Kritik der Fachwelt. „Schon Platon hatte, im Anschluss an Sokrates, das Sich-Wundern (thaumazein), als die Betroffenheit vom nicht Selbstverständlichen, als den Anfang allen Philosophierens erklärt."[279] Und Descartes sagte später von sich „Denn ich fand mich verwirrt" (Discours I,6: Car je me trouvais embarrassé). In der Anthroposophie verhält es sich jedoch geradezu umgekehrt: „Im Grunde muss man bereit sein, jeden Zweifel als unberechtigt, als Vorurteil, Misstrauen usw. einzusehen, bevor man weiß, was diesen Zweifel ausmacht."[280] Die anthroposophische Geiste*swissenschaft* unterzieht sich in ihren Grundlagen also keinerlei Kritik.

Wie in jeder Weltanschauung mit universalem Erklärungsanspruch immunisiert sich auch die Anthroposophie gegen jede Form der Kritik, indem z.B. das sachlich und methodisch bewusst sich begrenzende wissenschaftliche Denken als eine amputierte, halbierte Form des Erkennens herabgesetzt wird. Der kritische Geist entwertet und verfehlt für Steiner und seine Schüler die „Geistigkeit" der anthroposophischen Schauungen, wenn er sie in Form allgemeinverständlicher oder einzelwissenschaftlich gehaltvoller Begriffe zu formulieren und zu prüfen versucht. Die Leser der Steinerschen Werke sollen letztlich nicht mehr fragen: Ist das, was der Autor berichtet, wahr? Sondern vielmehr: Durch welche Fähigkeiten ist es hervorgebracht und wie kann ich diese selber ausbilden? Gerade der Verzicht auf das kritische Hinterfragen wird von Steiner als unentbehrliche Voraussetzung für das Sich-Öffnen gegenüber

---

[278] Dazu merkt Hans Peter Duerr allerdings an: „Der Skeptizismus ist mit der Dogmatik verschwistert, ihr Streit ist eine Familienangelegenheit. Der Skeptiker wird deshalb immer nur so stark sein, wie es de Dogmatiker zulässt" (Duerr, Hans Peter: Traumzeit. Über die Grenze zwischen Wildnis und Zivilisation. Suhrkamp, Frankfurt, 1985, S. 485). Heute ist aber gerade **der** Weg angezeigt, der versucht, zwischen diesen unversöhnlichen Endpunkten zu vermitteln. Zwischentöne sind eben kein „Krampf im Klassenkampf" (Duerr, a.a.O, S. 485)

[279] Holz, Hans Heinz: Descartes. Campus, Frankfurt, 1994, S. 64f

[280] Rudolph, Charlotte: Von der Entwicklung der Anthroposophie zur Waldorfpädagogik heute. Oder: Wege zur Versteinerung. Diss. phil. Berlin, 1985

der okkulten Welt des Geistigen bzw. der Geister gefordert. Der „Schulungsweg" soll zu distanzlosem Einverständnis und zu existentieller Identifikation mit dem geistigen Führer verhelfen. Vom kritischen Verstand wird hiermit nicht Geringeres gefordert als die völlige Selbstverleugnung und damit der Wiedereintritt in die selbstverschuldete Unmündigkeit.[281]

Durch diese Selbstverleugnung und den Verzicht auf Kritik sollte sie daher auf den Zusatz
„-wissenschaft" verzichten und das bezeichnen, was ihr Ursprung und ihr Ziel ist, nämlich den Geist. Sie könnte sich also z.B. Spiritosophie (oder Psychosophie, so eine Wortschöpfung von Rudolf Steiner selbst[282]) nennen und wäre dann eingereiht in den ursprünglichen Begriff der *Theosophie* und der von Steiner so benannten *Anthroposophie*. Sie würde dann den Schulungsweg bezeichnen, der von der Weisheit Gottes über den Menschen zum Geist geht und auf den (zumindest in naturwissenschaftlicher Sicht irreführenden) Begriff der Wissenschaft verzichten.

Überhaupt ist es heute notwendiger, denn je, von einem übertriebenen Anthropozentrismus wegzukommen, da diese Haltung den Menschen in den wenigen Jahren, in denen er auf der Erde weilt, zu den katastrophalen Zuständen geführt haben, mit denen wir im 20. Jahrhundert nun besonders zu kämpfen haben. Gebraucht werden heutzutage *Ökosophen*, welche die Erde als ein lebendes System verstehen, in dem alle Dinge miteinander verbunden und von einander abhängig sind. Erinnert werden soll an die eingangs zitierte Tiefenökologie, die postuliert, „dass der Mensch im Netzwerk des Lebens zwar eine besondere Faser ist, aber nicht außerhalb der Natur steht."[283]

Damit widerspreche ich natürlich der anthroposophischen Behauptung, dass die ganze Entwicklung der Erde nur auf den Menschen hin ausgerichtet war. Die Entwicklungsgesetze, die in der Natur walten, haben für den Menschen (nach Rudolf Steiner) nur eine eingeschränkte Bedeutung. So schrieb der hochgeachtete Anthroposoph Walther Bühler: „Da der Mensch als einziges geistbegabtes Wesen **über die Natur hinauswächst** (Hervorhebung vom Autor), bedarf er auch dieser besonderen Abwandlung der Entwicklungsgesetze."[284]

---

[281] Ullrich, Heiner: Freies Geistesleben und religiöser Dogmatismus. Solidarität, 12, 1994
[282] Steiner, Rudolf: Anthroposophie Psychosophie Pneumatosophie. Philosophisch-Anthroposophischer Verlag am Goetheanum, Dornach, 1931
[283] Lüpke, Geseko von: Der Erde eine Stimme geben. Tiefenökologie, a.a.O., S. 14
[284] Bühler, Walther: Schicksal und Sinngebung im Lichte der Reinkarnation. Soziale Hygiene. Merkblätter zur Gesundheitspflege im persönlichen und sozialen Leben, Verein für ein erweitertes Heilwesen, Bad Liebenzell, 1984, S. 19

In den Aussagen Steiners und Bühlers liegt m.E. gewaltiger Zündstoff. Nicht dass der Mensch nicht etwas Besonderes innerhalb unserer Erde wäre (innerhalb des Kosmos wissen wir es nicht), aber zu verleugnen, dass für ihn die gleichen Gesetze herrschen, die auch für seine Mitkreaturen gelten, ist vermessen. Der Mensch kann sich **innerhalb** der Grenzen von Raum und Zeit bewegen, überwinden kann er sie nicht.

Gegenüber den universitären Wissenschaften, die sich mit zahllosen, sich immer wieder widersprechenden Einzelergebnissen herumschlagen müssen, scheint es attraktiv, eine Gesamtschau des Menschen anbieten zu können, die den Menschen in allen seinen Facetten ganzheitlich erklärt. Diese Gesamtschau lässt sich aber nur so lange aufrecht erhalten, so lange man die Grundlagen dieser Gesamtschau nicht in Frage stellt und auf eine kritische Prüfung von Einzelereignissen verzichtet.

Demgegenüber ist es auch keine akzeptable Haltung, der Schulmedizin die Wissenschaftlichkeit abzusprechen, wie es Marco Bischof[285] tut, nur weil sie noch kein einheitliches Gesamtbild vorweisen kann. Das einheitliche Gesamtbild, wie es auch die Anthroposophie liefert, kann nur jemand wünschen, der sich vor den Widersprüchlichkeiten der Welt fürchtet, der es nicht erträgt, dass das menschliche Erkennen stets Stückwerk bleiben wird.

Interessant ist in diesem Zusammenhang auch, wie der ägyptische Literatur-Nobelpreisträger Nagib Mahfus, inzwischen hochbetagt, die Abgrenzung von Glauben und Erkenntnis sieht. Er sagt:

> Ich stehe auf der Seite der Erkenntnis. Denn nur die Erkenntnis kann uns aus dem stürmischen und beängstigenden Ozean der Unwissenheit retten, in dem wir leben müssen. Der Glaube kommt in den meisten Fällen eher aus der Seele und dem Herzen als aus dem Verstand. ... Al-Ghazali [ein muslimischer Denker aus dem elften Jahrhundert] zeigte, dass sich ein umfassendes Wissen niemals durch Anlernen eröffnet, sondern durch etwas, was er „Aldhauq" nannte: Der Mensch muss die Wahrheit fühlen, um sie zu kennen. So besteht die wahre Erkenntnis bei den Sufis darin, die Wahrheit zu leben und nicht, sie zu denken.
> Ich habe immer dann Momente des Zweifels an meinem Glauben erlebt, wenn ich ihn dem Verstand, der Logik und der Wissenschaft unterordnen wollte. Wie Al-Ghazali bin ich aus diese harten Zeit des Zweifels, die etwa fünf Jahre dauerte, mit einer Gewissheit des Glaubens hervorgegangen, die Vernunft in den Hintergrund rückt. ...
> Die Wissenschaft operiert im Sichtbaren und fragt nicht nach dem Sinn dessen, was sie sieht. Das Gesetz der Schwerkraft macht es uns möglich

---

[285] Bischof, Marco: Biophotonen. Zweitausendeins, Frankfurt, 1995, S.33

zu verstehen, wie man in der Luft fliegt oder unter Wasser sinkt. Doch die Wissenschaft fragt nicht nach dem Sinn der Schwerkraft oder den Gründen für ihre Existenz. Das ist die Aufgabe der Philosophie.[286]

Ich finde, dass dies eine wunderbare, klare Aussage des hochbetagten Mahfus ist, der seinen Entwicklungsweg auch in zwei Büchern, in *Die Spur* und *Das Lied der Bettler* niedergelegt hat. Man findet häufig bei Naturwissenschaftlern, dass sie gegen Ende ihres Lebens auch zu den sog. 'Letzten Fragen' und der Sinnfrage vorstoßen. Nur wird im Folgenden deutlich werden, dass ich es für nicht legitim halte, wenn von Seiten der Philosophie (bzw. speziell hier der Anthroposophie), versucht wird, gleichzeitig mit der Sinnfrage, auch eine allumfassende und allzeit gültige Erklärung der Naturwissenschaft abzugeben.

So war es insbesondere Rudolf Steiner, der es verstand, das Okkulte, das Geheime in einem einheitlichen Bild zusammenzufügen, in dem er für alles eine Erklärung anbieten konnte: für die Entstehung des Universums, für die geistige Evolution des Menschen, für den Aufbau des Menschen in seinen Wesensgliedern, für dessen Krankheiten, für geschichtliche Zusammenhänge usf. Ein Ringen um Erkenntnis wird dann entwertet, wenn von einer Seite aus behauptet wird, die (übersinnliche) Erkenntnis schon vorher besessen zu haben.

2. Intersubjektivität

Bevor das Verhältnis von Anthroposophie zu den anderen Wissenschaften genauer untersucht werden soll, ist auf einen Punkt einzugehen, der für die Naturwissenschaften selbstverständlich ist, aber auch von Rudolf Steiner für die anthroposophischen Erkenntnisse in Anspruch genommen wird: die Behauptung, dass die Ergebnisse intersubjektiv überprüfbar sind. Ich folge hier dem Gedankengang von Sven Ove Hansson[287] von der Universität in Uppsala, der sich mit der Frage auseinandergesetzt hat, ob Anthroposophie als Wissenschaft bezeichnet werden kann.

Steiner gibt dazu ein Beispiel, dass die eingeweihten Menschen zu den gleichen Erkenntnissen gelangen: „So gewiss zwei richtig sehende Menschen einen runden Tisch rund sehen, und nicht einer rund und der andere viereckig, so gewiss stellt sich vor zwei Seelen beim Anblicke einer blühenden Blume dieselbe geistige Gestalt."[288]

---

[286] Mahfus, Nagib: Vom Sinn der Schwerkraft. Süddeutsche Zeitung. 2./3.10.1995
[287] Hansson, Sven Ove: Is Anthroposphy Science? Conceptus, XXV (64), 1991, S. 37- 49
[288] Steiner, Rudolf: Wie erlangt man Erkenntnisse der höheren Welten (GA 10). Fischer, Frankfurt, 1985, S. 46

Sollten zwei *Geheimschüler* nicht zu den gleichen Erkenntnissen gelangen, so hätten sie Fehler gemacht.

Steiner schreibt dazu:

> Wer, ohne auf bestimmte Tatsachen der übersinnlichen Welt den Seelenblick zu richten, nur 'Übungen' macht, um in die übersinnliche Welt einzutreten, für den bleibt diese Welt ein unbestimmtes, sich verwirrendes Chaos. Man lernt sich einleben in diese Welt gewissenmaßen [sic!] naiv, indem man sich über bestimmte Tatsachen derselben unterrichtet, und dann gibt man sich Rechenschaft, wie man - die Naivität verlassend - vollbewusst selbst zu den Erkenntnissen gelangt. Man wird sich, wenn man in geheimwissenschaftliche Darstellungen eindringt, überzeugen, dass ein sicherer Weg zu übersinnlicher Erkenntnis doch nur dieser sein kann.[289]

Der Übende muss dabei seine Visionen mit denen vergleichen, die sein Lehrer (als inspirierter Vorgänger) hat und seine eigenen Visionen sind nur wahr, wenn sie mit denen des Lehrers übereinstimmen. Dieses Kriterium definiert die Art der Intersubjektivität. Wenn jeder Schüler die Authentizität seiner Visionen mit denen seines Lehrers abgleicht und jeder den gleichen Lehrer benutzt, sind die Visionen intersubjektiv vergleichbar.

Daraus ergeben sich aber zwei epistemologische Probleme:

Da es verschiedene okkulte Vorgänger mit verschiedenen Erkenntnissen gibt, wie kann man (intersubjektiv) herausfinden, wessen Erkenntnisse die wirklichen sind? Wenn Führung durch einen Lehrer notwendig ist, wie erlangte der erste okkulte Lehrer seine Erkenntnisse?[290]

Steiner scheint keines dieser beiden Probleme gelöst zu haben. Steiners Intersubjektivität besteht daher in der Unterordnung unter eine Autorität, deren überlegener Zugang zur höheren Erkenntnis nur vereinbart wird. Dies ist zwar eine Intersubjektivität, aber eine autoritäre.

Ein wichtiger Einwand in diesem Zusammenhang ist, dass Steiner das Universum danach modelliert, was letztlich ein ganz persönlicher und individueller Akt ist,

---

[289] Steiner, Rudolf: Geheimwissenschaft im Umriß (GA 13). Fischer, Frankfurt, 1985, S. 50
[290] Hansson, Sven Ove, a.a.O., S.41:
(1) Since there are different occult forerunners with different teachings, how do we (intersubjectively) find out which are the genuine ones?
(2) If the guidance of a teacher is necessary, where did the first occult teacher get his knowledge from?

nämlich das Denken. Wenn angenommen wird, dass ich während des Denken über dieses Denken eine intellektuelle Intuition dieses Denkens haben kann, dann folgt daraus noch nicht, dass das, was ich intuiere eine einzige Aktivität ist, die die Wurzel des gesamten Universums ist.

Copleston bemerkt dazu:

> ... ein Gespräch über das 'transzendentale Ego' verpflichtet uns nicht, zu sagen, dass es ein und nur ein einziges derartiges Ich gibt, so wie es die Generalisierungen eines Mediziners über 'den Magen' ihn nicht dazu verpflichtet, zu glauben, dass es nur einen einzigen Magen gibt.[291]

Gerhard Vollmer schreibt ganz richtig, dass zum Erkennen der Welt eine gewisse Gemeinsamkeit in unserem Erkennen, ein Mindestmaß an Intersubjektivität notwendig ist:

> Wären unsere Ansichten über und unsere Einsichten in die Welt so persönlich, so individuell, so subjektiv und deshalb auch so verschieden wie etwa unsere Träume, so dürften wir kaum wagen, von Erkenntnis zu sprechen.[292]

In dem Sinne bin ich der Meinung, dass Rudolf Steiners Weltansicht eben eine ganz persönliche, subjektive war, die kein Mensch nach ihm objektiv nachvollziehen konnte. Ich kann mich als Psychotherapeut auch in die Träume meines Klienten einfühlen, werde aber nie erfahren, ob er dies wirklich geträumt hat, werde nie in der Lage sein (wie in Karl Valentins Ententraum) in der nächsten Nacht das Gleiche zu träumen und werde mir darüber hinaus immer im Klaren bleiben, dass es sich um Träume, nicht um die Realität handelt. Steiners Kosmos soll jedoch, so wird es jedenfalls von der Mehrzahl der Anthroposophen vertreten, als die Realität, ja als die geistige Wahrheit, akzeptiert werden. Vielleicht schieße ich mit der folgenden Behauptung auch etwas übers Ziel hinaus, aber bei weitem nicht so weit, wie Steiners Adepten ihrerseits gestoßen sind, wenn ich behaupte, dass nach Steiner keiner, ohne einer Selbsttäuschung anheimzufallen, den Kosmos, den Traum Steiners selbst erleben konnte.

Traumdeutung ist in der Tiefenpsychologie ein anerkanntes und wichtiges Mittel, Zugang zur geistigen Welt eines anderen Menschen zu finden, die Realität wird damit

---

[291] Copleston, Frederick: A History of Philosophy. Vol. 7, Part 1, Doubleday, NY, 1965, S.65. Zitiert nach: Smook, Roger: Rudolf Steiner on the presupposition of Goethean Science. Idealistic Studies, 22, 1992, S. 71:
"... talk about the 'transcendental ego' no more commits us to saying that there is one and only one such ego than a medical writer's generalizations about 'the stomach' commits him to holding that there is one and only one stomach."
[292] Vollmer, Gerhard: Evolutionäre Erkenntnistheorie. S. Hirzel, Stuttgart, [6]1994, S. 211

aber nie bewiesen. Insofern mag auch das Studium des Riesenwerkes Rudolf Steiners interessant sein, wenn man sich für die Geschichte der Philosophie, für Mythos, Mythisches, Metaphysik interessiert, man soll aber nicht glauben, damit über die Welt hinaus gelangen zu können.

Vielleicht wird das bisher ausgeführte noch etwas deutlicher, wenn ich versuche, die Objektivitätskriterien, die Vollmer[293] aufgestellt hat, mit der Anthroposophie zu konfrontieren.

---

[293] Vollmer, Gerhard, a.a.O., S. 32

IX. Objektivitätskriterien		Anthroposophie
a) intersubjektiv verständlich:	Wissenschaft ist keine Privatangelegenheit. Wissenschaftlich relevante Aussagen müssen mitteilbar und deshalb in einer gemeinsamen Sprache formuliert sein	Anthroposophie ist eine Privatschöpfung Rudolf Steiners. Er benutzt teilweise Begriffe aus anderen Philosophien (Ätherleib, Astralleib) allerdings mit z.T. anderen Bedeutungen, andererseits Neuschöpfungen (Geistselbst, Lebensgeist) die nur von Anthroposophen verstanden werden können
b) Unabhängig vom Bezugssystem:	Nicht nur die Person des Beobachters soll irrelevant sein, sondern auch sein Standort, sein Bewusstseinszustand, seine „Perspektive"	Objektiv ist man nach Meinung der Anthroposophen nur dann, wenn man ihren Standpunkt einnimmt. Nähert man sich ihnen mit einer anderen Perspektive, wird man schnell abgelehnt, ins materialistische, ahrimanische Lager abgeschoben
c) Intersubjektiv nachprüfbar:	Jeder soll die Aussage kontrollieren, d.h. sich durch geeignete Maßnahmen von ihrer Richtigkeit überzeugen können	Die angebliche Richtigkeit kann nur durch jahrelange Geistesschulung überprüft werden und wenn, dann ist es eine persönliche, nicht eine weiter vermittelbare Einsicht
d) Unabhängigkeit von der Methode:	Die Richtigkeit einer Aussage darf nicht von der Methode abhängen, die man zu ihrer Überprüfung verwendet. Nach diesem Kriterium ist die Behauptung „ein Elektron ist ein Teilchen" nicht objektiv (und deshalb wissenschaftlich falsch)	Die Richtigkeit ist ausschließlich mit der von Steiner angegebenen Methode feststellbar; alle anderen Versuche werden als ungeeignet abgelehnt
e) Nicht konventionell:	Die Richtigkeit einer Aussage darf auch nicht auf einem Willkürakt (z.B. einem Beschluss, einer Konvention) beruhen.	Die Richtigkeit ist intersubjektiv nicht objektivierbar, da sie nur auf dem Werk Rudolf Steiners, auf seiner „Privatphilosophie", der Anthroposophie beruht.

1. Anthroposophische Fundamente

a) Die Wurzeln

(1) Persönlichkeit Rudolf Steiners

Charlotte Rudolph hat in ihrer Dissertation auf das Doppelleben Steiners hingewiesen, auf die Zerrissenheit seiner Seele: „Sie sei von Rissen und Brüchen durchzogen, denn er lebe in zwei Welten, einer Sinnlichen und einer Geistigen, die er kaum zueinander bringen könne."[294] Steiner schreibt dazu selbst in seinem *Lebensgang*: „Ich darf schon sagen: die Sinneswelt hatte für mich etwas Schattenhaftes, Bildhaftes. Sie zog in Bildern vor meiner Seele vorbei, während der Zusammenhalt mit dem Geistigen durchaus den echten Charakter des Wirklichen trug."[295]

Diese Schwierigkeiten mit der ihn umgebenden Welt, mit dem Sinnlichen umzugehen, findet man in den Äußerungen des jungen Steiner immer wieder. So schreibt der 29-jährige in einem Brief an Pauline Specht:

> Muss ich doch einmal in Gesellschaft gehen, dann empfinde ich nachher einen unbeschreiblichen Ekel vor den hölzernen Menschen ohne Kern und Seele. Man kann anklopfen, wo man will: man stößt überall nur auf nüchternen Verstand, kalte Berechnung.[296]

Und ein gutes Jahr später schreibt er an die selbe Adressatin auch noch aus Weimar:

> Etwas anderes ist es aber, wenn uns Zustände umgeben, die uns *fortwährend* das Gefühl des Ekels einflößen. Und dieses ist es, was ich nicht los werde, wenn ich all die Jämmerlichkeit, die Kleinlichkeit, die Borniertheit sehe, die mich umgibt.[297]

In seinem schon erwähnten *Lebensgang* schreibt Steiner dann weiter:

---

[294] Rudolph, Charlotte: Von der Entwicklung der Anthroposophie zur Waldorfpädagogik heute. Oder: Wege zur Versteinerung. Diss. phil. Berlin, 1985, S. 23
[295] Steiner, Rudolf: Mein Lebensgang (GA 28). Fischer, Frankfurt, 1982, S. 234
[296] Steiner, Rudolf: Brief vom 22.11.1890. In: Briefe. Band I (1881 - 1891). Selbstverlag Marie Steiner, Dornach, 1948, S. 120
[297] Steiner, Rudolf: Brief vom 14.12.1891. In: Briefe. Band I (1881 - 1891). Selbstverlag Marie Steiner, Dornach, 1948, S. 215

Ich lebte ganz intensiv mit dem, was andere sahen und dachten; aber ich konnte in diese erlebte Welt meine innere geistige Wirklichkeit nicht hineinfließen lassen. Ich musste in meinem eigenen Wesen immer in mir zurückbleiben. Es war wirklich meine Welt wie durch eine dünne Wand von aller Außenwelt abgetrennt.

Mit meiner eigenen Seele lebte ich in einer Welt, die an die Außenwelt angrenzt; aber ich hatte immer nötig, eine Grenze zu überschreiten, wenn ich mit der Außenwelt etwas zu tun haben wollte.[298]

Meines Erachtens ist dieser psychologische Hintergrund bisher in der Literatur noch nicht genügend herausgearbeitet worden. Es bedürfte dazu eines Psychoanalytikers, wie z.B. Eissler, der Goethe einer umfassenden Studie unterzogen hat. Aber es ist zumindest höchst erstaunlich, dass die Wurzel der totalen Hinwendung an das Geistige, Übersinnliche in den persönlichen Schwierigkeiten Steiners, sich in der physisch sichtbaren Welt heimisch zu fühlen, begründet zu sein scheint.

(2) Okkultismus

In zweiter Hinsicht ist die Lehre Steiners ist vielleicht leichter zu verstehen, wenn man sie auf dem geistigen Hintergrund des 19. Jahrhunderts sieht. Die Geheimlehren, der Okkultismus standen durch die Wissenschaftsgläubigkeit der damaligen Zeit unter Legitimationsdruck, waren aber auch in der Lage Modelle zu erstellen, die der streng positivistischen Wissenschaft versagt blieben. Schon Ernst Bloch schrieb 1912 in dem Aufsatz 'Die Okkulten':

> Das sogenannte Okkulte heutzutage reicht von den kleinen Hellsehern bis hinauf zum 'equestrischen' Georgewesen und seinem Lombard bis wieder herab zum allgemeinen Fußvolk oder aber zur 'Einweihung' Steiners... Oft lächerlich, oft dunkelmännerhaft, missbrauchbar läuft da immerhin auch ein Wandel wie auf lang verschütteten Wegen; gegen ein trostlos gewordenes rein mechanistisches Weltbild, für das 'Hineinragen' in mehr oder mindere höhere Welten.[299]

Es geht dabei Bloch nicht um „Bluff oder Seriosität", sondern um das Phänomen Steiner, „diesen bedenklichen Fall, der zweifellos mit allem Unrat zuweilen auch eine bedeutende Perle gebe".[300]

---

[298] Steiner, Rudolf: Mein Lebensgang (GA 28). a.a.O., S. 235
[299] Bloch, Ernst: zitiert nach Loers, Veit in: Szeemann, Hellmut: Okkultismus und Avantgarde. edition tertium, Frankfurt, 1995, S. 11f.
[300] Szeemann, Hellmut: Okkultismus und Avantgarde. edition tertium, Frankfurt, 1995, S. 12

Immerhin ist dieser durch seine Anhänger, seinen Stil und den Bildungsgrad seiner Werke dreifach kompromittierte Mann der einzige in unseren Tagen, der okkultes Erbgut 'irgendwie' wieder lebendig zu machen weiß.[301]

b) Höhere Erkenntnis

Rudolf Steiner hat genau angegeben, wie der Mensch heute schon Geistorgane für eine *Höhere Erkenntnis* ausbilden kann. Er hat dies ausführlich in seinem, erstmals 1909 erschienenen Werk: „Wie erlangt man Erkenntnisse der höheren Welten" beschrieben.

Nun könnte man denken, dass es sich damit so verhält, wie z.B. beim Erlernen einer Fremdsprache. Solange ich z.B. Japanisch nicht gelernt habe, wird mir alles, was Japaner äußern fremd und unverständlich sein. Will ich also Japanisch lernen, werde ich alles unternehmen, um dies zu erreichen: Sprachkurse besuchen, Vokabeln und Grammatik lernen, in das Land fahren, etc.
Bei dem von Steiner vorgeschlagenen *geheimwissenschaftlichen* oder *okkulten* Unterricht, verhält es sich jedoch grundsätzlich anders. Man braucht zwar einen Lehrer (wie beim Sprachunterricht), der aber ein *Eingeweihter* sein muss und der die höhere Erkenntnisfähigkeit bereits besitzt. Bis dahin lässt sich die Parallele noch ziehen. Man selbst muss aber *berufen* sein, denn es gilt: „sein Geheimnis wird er [der Lehrer] Dir erst anvertrauen, wenn Du reif bist"[302].
Vor die Schulung wird außerdem eine weitere Bedingung geknüpft:

> Eine gewisse Grundstimmung der Seele muss den Anfang bilden. Der Geheimforscher nennt diese Grundstimmung den *Pfad der Verehrung*, der Devotion gegenüber der Wahrheit und Erkenntnis. Nur wer diese Grundstimmung hat, kann Geheimschüler werden.[303]

Hier sind also die entscheidenden Unterschiede zum üblichen Lernen. Wird der zitierte Sprachlehrer alles tun, um sein Lehrziel zu erreichen, ebenso wie der Schüler, sind die von Steiner gesetzten Bedingungen, die entscheidenden Hemmnisse. So lange man nicht durch das '*Tor der Demut*' geschritten ist, kann man das *rechte* Wissen nicht erlangen. Ebenso ist alle Kritik verpönt:

---

[301] Bloch, Ernst: zitiert nach Loers, Veit in: Szeemann, Hellmut: Okkultismus und Avantgarde. edition tertium, Frankfurt, 1995, S. 12
[302] Steiner, Rudolf: Wie erlangt man Erkenntnisse der höheren Welten (GA 10).
Fischer, Frankfurt, 1985, S. 18
[303] Steiner, Rudolf, (GA 10), a.a.O., S. 19

> Aber jede Kritik, jedes richtende Urteil vertreiben ebenso sehr die Kräfte der Seele zur höheren Erkenntnis, wie jede hingebungsvolle Ehrfurcht sie entwickelt.[304]

In der Diskussion mit Anthroposophen wird daher meist sehr schnell klar, dass ein wirklicher Dialog nicht möglich ist. Der auf dem Boden der Naturwissenschaft Stehende kann versuchen, irgend eines der oben genannten Beispiele, z.B. die Evolution des Menschen, nach allen Regeln der Kunst zu begründen, er wird jedoch rasch an die 'magische Grenze' stoßen, dass man die anthroposophische Seite nicht verstehen könne, wenn man im Physischen verhaftet bleibe. Nur wenn man den anthroposophischen Schulungsweg beschritten habe, sich *Geistesaugen* ausgebildet habe, mit denen man die *übersinnliche* Welt sehen könne, dann könne man überhaupt weiter miteinander sprechen.

Der Mensch ist aber (zumindest so lange er auf dieser Erde lebt) ein biologisches, physisches Wesen und als dieses erleidet er im Laufe der Jahre einen meist als schmerzhaft erlebten Prozess zunehmender Auflösung.

> Der Versuch, sich emotional damit zu entschädigen, dass gleichzeitig der menschliche Geist zu Strukturen höherer Ordnung aufwächst, ist meistens nicht von Erfolg gekrönt, denn erstens stimmt diese Annahme in der Regel nicht, und falls sie stimmt, erbringt ein aufwachsender Geist in einem verfallenden Körper auch kein wirklich überzeugendes Gefühl erfolgreicher Kompensation.[305]

Anthroposophen können diesem Satz wahrscheinlich voll zustimmen, weil sie betonen werden, dass das eben zwar in der Regel (bei Normal Sterblichen) zutreffe, aber nicht bei ihnen.

Alles was oben zur Geheimwissenschaft gesagt wurde und was in den folgenden Kapiteln z.B. zu den *Wesensgliedern*, zum Schlaf, Tod, *Kamaloka*, *Geisterland* gesagt wird, ist nur für den zu verstehen, der diese höhere Erkenntnisfähigkeit in sich ausgebildet hat. Da diese jedoch an die jeweilige Person gebunden ist und nicht intersubjektiv vermittelbar ist oder nur unter den geschilderten Bedingungen gelernt und gelehrt werden kann, ist damit ein weiteres Gespräch, eine Vertiefung oder gar eine wissenschaftliche Überprüfung ausgeschlossen.

---

[304] Steiner, Rudolf, (GA 10), a.a.O., S. 21
[305] Wöhlcke, Manfred: Soziale Entropie. Die Zivilisation und der Weg allen Fleisches. dtv. München, 1996, S. 17

Ein weiteres Problem hat sich seit Steiners Tod 1925 ergeben: kein Mensch hat seitdem nur annähernd seine hellseherischen Fähigkeiten erzielt (z.B. scheint es seitdem keinem möglich gewesen zu sein in der *Akasha-Chronik* zu lesen).

Bei Nachfragen zu Einzelheiten von Steiners Lehre geht es einem häufig so wie Brügge es geschildert hat: „ER hat's gewusst. Von IHM haben sie's. Die von IHM aber vor allem geforderten Denk- und Meditations-Disziplin führt keinen so weit, wie ER anscheinend damit kam."[306]

Nun könnte man einwenden, dass auch in der beim üblichen schulischen oder universitären Lernen das Wissen von Vorgängern einbezogen wird. Dabei gibt es aber zwei wichtige Unterschiede:

der eine betrifft die Einstellung gegenüber kritischem Denken. In der 'üblichen' Wissenschaft ist die Zielrichtung, den Schüler zu kritischem Denken anzuhalten. In der Anthroposophie ist es das Ideal, ihm zu helfen, das kritische Denken zu unterdrücken.

> Erhält man also solche Wahrheiten mitgeteilt, dann erregen sie in der Seele durch ihre eigene Kraft die Inspiration. Man muss nur versuchen, wenn man solcher Inspiration teilhaftig werden will, diese Erkenntnisse nicht nüchtern und verstandesmäßig zu empfangen, sondern sich von dem Hochschwung der Ideen in alle nur möglichen Gefühlserlebnisse versetzen zu lassen.[307]

der andere betrifft den Zugang zu Erkenntnissen. In der konventionellen Wissenschaft sind die Lehrer angehalten, die Schüler zu ermuntern, so viel wie möglich zu lernen, auch hinsichtlich der neuesten und am weitesten entwickelten Ergebnisse der Wissenschaft. Es wird für den beginnenden Physiker als nicht 'gefährlich' angesehen, zu versuchen die Quantenphysik zu verstehen oder für den Studierenden der Linguistik, sich mit noch nicht entzifferten Mayainschriften zu beschäftigen.

In der Anthroposophie gibt es strikte Grenzen, welche Informationen, dem noch nicht Initiierten zugänglich gemacht werden sollen. Der Geheimschüler muss vor Dingen bewahrt werden, die ihn unvorbereitet in maßlose Bestürzung versetzen müssten. Der Eingeweihte wird sein Wissen auch erst dann preisgeben, wenn der Initiant dazu reif ist:

---

[306] Brügge, Peter, a.a.O., S. 108
[307] Steiner, Rudolf: Die Stufen der höheren Erkenntnis, Dornach, 1931,
zit. nach: Hansson, Sven Ove, a.a.O., S.48

Du magst ihm schmeicheln, du magst ihn foltern, dir irgend etwas zu verraten, von dem er weiß, dass er es dir nicht verraten darf, weil du auf der Stufe deiner Entwickelung dem Geheimnis noch nicht den rechten Empfang in deiner Seele zu bereiten verstehst.[308]

c) *Zahlensymbolik*

Die Vielfalt der empirischen Welt wurde von den frühen Denkern immer auf einen einzigen Urgrund zurück geführt

> auf das Wasser (Thales), das Unendliche (Anaximander), die Luft (Anaximenes), das Feuer (Heraklit), die Zahl (Pythagoras), den Nous (Anaxagoras).[309]

Da man später glaubte, dass derartige Weltentwürfe zu vereinfachend seien, stellte man sich die Welt dualistisch vor, aufgebaut aus

> Liebe und Streit (Empedokles), Geist und Materie (Anaxagoras), Atome und leerer Raum, (Demokrit), Wesen und Erscheinung (Platon), Stoff und Form (Aristoteles), Zufall und Notwendigkeit (Lukrez), Ahura Mazda und Angra Mainyu (die Mächte des Lichts und der Finsternis in der altpersischen Religion Zarathustras).[310]

Da man mit einer derartigen Erklärung aber auch unzufrieden war, wurden Dreigliederungen propagiert (z.B. christliche Religion: Dreieinigkeit von Gott, Sohn und Heiligem Geist), Viergliederungen (Empedokles: Erde Wasser - Luft - Feuer) oder weitere Mehrgliederungen.

Bei Rudolf Steiner finden wir vor allem die Drei- und Viergliederungen wieder, die Fundamente der anthroposophischen Welterklärung bilden und wie alle anderen oben angeführten Systeme als endgültig betrachtet werden. Diese sollen im Folgenden kurz betrachtet werden.

---

[308] Steiner, Rudolf (GA 10), a.a.O., S. 18f:
[309] Vollmer, Gerhard: Das alte Gehirn und die neuen Probleme. In: Vollmer, Gerhard: Was können wir wissen? Band 1: Die Natur der Erkenntnis. Hirzel, Stuttgart, 1988, S. 144
[310] Vollmer, Gerhard, a.a.O., S. 144

(1) Die Vier-Leiber-Lehre

Die *Vier-Leiber-Lehre* ist die verbreitetste und zeitlich erste Grundlage der anthroposophischen Menschenkunde. Auf den vier Stufen der begrifflichen, imaginativen, inspirativen und intuitiven Erkenntnis gewahrt der Geistwissenschaftler den physischen Leib und die drei höheren okkulten Leiber bzw. Wesensglieder des Menschen, nämlich den Ätherleib, den Astralleib und das Ich. Steiner geht davon aus, dass die *reine Sinneswissenschaft* am Menschen nur das unterste Wesensglied, den physischen Leib, studieren kann.

> Diese Erkenntnisart sei nicht fähig, die drei höheren vegetativen, seelischen und geistigen Wesenheiten des Menschen mit ihrer immer feiner werdenden Stofflichkeit wahrzunehmen und zu beschreiben. Dem geisteswissenschaftlich geschulten Forscher sollen indes auch diese oberen drei 'Leiber' des Menschen mit ihrer immer stärker werdenden Vergeistigung durch ihre je besondere Form der 'Aura' wahrnehmbar sein: Die Aura ist dreigliedrig. Die Glieder stecken ineinander wie drei ovale Nebelgebilde, die die menschliche Gestalt umhüllen und einhüllen.[311]

In Abbildung 6 werden die verschiedenen Viergliederungen wiedergegeben, wie sie von Steiner bezeichnet wurden. Es handelt sich neben den Wesensgliedern u.a. um die Naturreiche, Elemente (Empedokles lässt grüßen), Urphänomene, Lebensalter, Körperregionen, Hauptorgane, Farben etc. nebst den zugeordneten künstlerischen Therapien.
Dazu Heiner Ullrich: „Der Analogie-Zauber auf der Grundlage der symbolischen Zahl 4 ließe sich leicht ins Uferlose fortsetzen. Denn überall in der Welt und im Menschen wirken dieselben vier Kräfte; ihr Wirken scheint unterschiedslos alles erklären zu können."[312]

---

[311] Ullrich, Heiner: Waldorfpädagogik und okkulte Weltanschauung. Juventa,Weinheim, 1986, S. 81
[312] Ullrich, Heiner: Zwischen Heilkunst und Heilslehre. Deutsches Ärzteblatt, 85 (25/26), 1988, S. 31

Aus dieser Gegenüberstellung ist zu entnehmen, dass dem *physischen Leib* das Mineralische zugeordnet ist, mit dessen Tendenz zur Verfestigung des Knochengerüsts. Dem *Ätherleib* werden die Kräfte des Wachstums und der Fortpflanzung in der Pflanze zugeschrieben. Dem *Astralleib* wird das Tierreich mit der seelischen Welt der Nerven- und Sinnesfunktionen zugeordnet und letztlich dem *Ich* das spezifisch Menschliche von Sprache und Selbstbewusstsein. In dieser Viergliederung erscheint der Mensch als Krone der Schöpfung, als Synthese aller vier Wesensglieder und als vollendeter Mikrokosmos. Steiner betrachtet also den Menschen in seiner Viergliedrigkeit als die evolutionäre Ur-Einheit der Lebewesen, aus der sich schrittweise die Reiche der Mineralien, Pflanzen und Tiere ausgegliedert haben.

1	2	3	4	5
„Leiber"	Naturreiche	Elemente Aggregat-zustände	Urphäno-mene	Struktur
Ich-Leib	Mensch	Feuer wärmehaft	Lichtstrahl	vertikal horizontal
Astralleib	Tier	Luft gasförmig	Luftblase	dreidimensional horizontal
Ätherleib	Pflanze	Wasser flüssig	Tropfen	zweidimensional vertikal
physischer Leib	Mineral	Erde fest	Kristall	eindimensional

6	7	7a	8
Weltauf-fassung	Lebensalter Geburt	Erziehungs-grundsätze	„organische" Grundlagen
Moralität / Liebe	Mündigkeit 4. Jahrsiebt	Selbsterziehung	Wärme-organisation
Musik	Sexualreife 3. Jahrsiebt	eigenes Urteil Wissenschaft	Luft-organisation
Bild	Zahnwechsel 2. Jahrsiebt	Nachfolge Kunst	Flüssigkeits-organisation
Begriff / Abstraktion	Geburt 1. Jahrsiebt	Nachahmung Natur	Mineralische Organisation

Abbildung 5: Menschenkunde auf der Grundlage der Vier-Leiber-Lehre (nach Ullrich, Zwischen Heilkunst und Heilslehre, 1988, S.31)

9	10	11	12	13
Körper-region	Haupt-organe	körperl.Er-schein.bild	Krankheiten	Konstitution Temperament
Blut	Herz (Blut)	Calor Temperatur	Entzündungen	cholerisch
Nerven Sinne	Niere (Lunge)	Dolor Schmerz	Tympanie	sanguinisch
Drüsen-flüssigkeit	Leber (Herz)	Tumor Wucherung	Ödeme	phlegmatisch
Knochen Skelett	Lunge (Skelett)	Rubor Blutröte	Sklerosen	melancholisch

14	15	16	
Farben	Jahreszeit	Künstlerische Therapien	
rot	Sommer (Wärme)	Sprach-gestaltung	(Eurythmie)
gelb	Herbst (Lüfte)	Musik Malerei	(Eurythmie)
blau	Frühling (Säfte)	Plastizieren	(Eurythmie)
violett	Winter (Klarheit)	Architektur Gymnastik	(Eurythmie)

Abbildung 6: Menschenkunde auf der Grundlage der Vier-Leiber-Lehre (nach Ullrich, Zwischen Heilkunst und Heilslehre, 1988, S.31)

An dieser Stelle soll eine Textpassage von Ullrich wiedergegeben werden, da makro- und mikrokosmische Entsprechungen im anthroposophischen Gedankengut immer wieder anzutreffen sind.

> Die Lehre vom Mikro- und Makrokosmos ... zieht sich wie ein roter Faden durch über drei Jahrtausende der Philosophiegeschichte. Dabei wird man zwei Bestandteil der Lehre unterscheiden müssen:
> den Makranthropismus bzw. Anthropomorphismus als den eher psychologischen Versuch, den Kosmos mit dem Menschen zu erklären (die Welt ist ein Mensch im Großen), und die Mikrokosmos-Lehre als die eher mechanistische These, der Mensch lasse sich aus den 'Kräften' des Weltalls erklären (der Mensch ist die Welt im Kleinen).
>
> Das anthroposophische Denken benutzt beide Teile der Lehre. Es ähnelt im Gebrauch dieser Vorstellung ganz dem vorneuzeitlichen Philosophieren, das die mikro-makrokosmische Entsprechung naiv als

169

eine Wahrheit vorträgt, aus der man weittragende Schlüsse über Mensch, Natur und Gesellschaft ziehen kann, und das sich erkenntniskritisch nicht darüber bewusst ist, dass es sich hierbei im Grunde um ein Spiel mit Analogien handelt. 'Stellen wir uns aber einmal entschieden auf den Boden unserer eigenen Welterkenntnis und unserer aufkeimenden Erkenntnistheorie, so müssen wir bestimmt sagen: Der Makranthropismus ist nichts weiter als eine poetische Phantasie, ist kein brauchbarer philosophischer Begriff, ist nichts weiter als wieder der alte menschliche Irrtum, der sich seine Vorstellung von der Natur nach dem Bilde des Menschen gestaltet; und der Mikrokosmos ist eine mechanische Umkehr dieses Irrtums. ... im Makranthropismus wird gar nicht irgend ein neuer Gedanke ausgesprochen, sondern nur der Grundfehler alles menschlichen Denkens in einem klingenden Worte zusammengefasst, als ob der Fehler in Vorzug wäre; es wird aus der Not eine Tugend gemacht' (Mauthner, Fritz: Wörterbuch der Philosophie, Nachdruck der 1. Aufl. 1910/11, Zürich 1980, II, S.90).[313]

---

[313] Ullrich, Heiner, 1986, a.a.O., S. 83f.

(2) Die Dreigliederung des Organismus

Steiner hat noch ein anderes menschenkundliches Schema auf der Grundlage der Zahl 3 entwickelt, das besonders für die anthroposophische Medizin und Arzneikunde von Bedeutung ist. In Abbildung 7 werden einige der Funktionen dargestellt, die sich ausgehend vom Denken, Fühlen und Wollen auf die Körperfunktionen, Formprinzipien, Bewusstseinszustände, Pflanzenteile etc. beziehen.

Am Beispiel der Pflanze sind die drei Bereiche die

Wurzel, in der die erhärtenden, erstarrenden, verfestigenden Prozesse tätig sein sollen, dort, wo sich die Pflanze auch mit der mineralischen Erde auseinandersetzen muss.

Blüte, in der sich die Regenerations- und Fortpflanzungskräfte zeigen

Blätter, die mit der rhythmischen Atemtätigkeit verglichen werden können.

Der Mensch wird gleichsam als umgekehrte Pflanze erkannt, mit der Wurzel im Kopfbereich, dem Blatt im rhythmischen System und dem Blütenprozess in den Regenerations- und Stoffwechselorganen.

Wiederum Ullrich dazu:

> „Die Zahlen 3 und 4 täuschen eine scheinbare Exaktheit vor. Tatsächlich werden Mensch und Welt hier nicht in einfachen Zahlenverhältnissen vermessen, sondern unter der Wirkung von kosmischer Zahlensymbolik gedeutet. Zahlensymbolisch sind die 3 und 4 überhaupt nicht kommensurabel, substantielle Viergliederung und funktionelle Dreigliederung letztlich auch nicht kompatibel."[314]

In der Anthroposophie, wie im Mythos ist die Zahl keine Ordnungs- oder Funktionszahl; sie hat als Symbol ihr eigenes Wesen und ihre besondere Kraft. Was dieselbe Zahl an sich trägt, trägt in sich dasselbe Wesen. Im Gegensatz zur heutigen wissenschaftlichen Auffassung der *Psyche* oder *Seele* als einer unanschaulichen Einheit herrscht in der Anthroposophie das Bild der Seelenspaltung: in ein und demselben Menschen existieren ganz verschiedene Seelenteile, *Wesensglieder* oder *Leiber*, neben- oder übereinander.

---

[314] Ullrich, Heiner, 1988, a.a.O., S. 32

Dabei verpflichtet die Dreizahl an sich, wie auch die Süddeutsche Zeitung anlässlich eines Kommentars zu den Drei Tenören Placido Domingo, Luciano Pavarotti und José Carreras bemerkt:

> Die Drei ist nicht nur eine ganz tolle Primzahl, sondern auch unter den magischen Zahlen eine absolut gute Nummer – man denke an Sujets wie die Dreifaltigkeit, die Dreifelderwirtschaft, den 3-D-Film, den Dreipunktegurt oder die Heiligen Drei Könige, nicht zu reden von der Dreierwette, dem Dreimäderlhaus und dem Dreiecksverhältnis.[315]

---

[315] Süddeutsche Zeitung vom 9.7.1997 (Streiflicht, S.1)

1	2	3	4	5	6
Seelische Bereiche	Körper-funktionen	hauptsächlicher Ort	Formprinzip	Bewusstsein	Tendenzen Kräfte
Denken	Nerven-Sinnes-System	Kopf	sphärisch	Wachen	Abbau Verhärtung Antipathie
Fühlen	Rhythmisches Herz-Kreislauf-System	Brust-korb	elliptisch	Traum	rhythmischer Ausgleich (Puls, Atem)
Wollen	Stoffwechsel-Gliedmaßen-System	Unterleib	radial	Schlaf	Aufbau Bewegung Sympathie

7	8	9	10	11	12
Krankheiten (Ungleich-gewichte	Pflanze	Verabreichung	Musikal. Element	Sozialer Organismus	Prinzip
Sklerose Verhärtung	Wurzel (verhärtend)	Einreiben Bad	Melodie	Kultur	Freiheit
Ausgleich versagt	Blatt /Stengel (rhythmisch)	Injektion	Harmonie	Politik	Gleichheit
Entzündung Auflösung	Blüte (regenerierend)	oral	Rhythmus	Wirtschaft	Brüderlichkeit

Abbildung 7: Menschenkunde auf der Grundlage der Dreigliederung des Organismus (nach Ullrich, Zwischen Heilkunst und Heilslehre, 1988, S. 35)

173

Nach dem heutigen Wissenschaftsverständnis, bei dem es darauf ankommt systemisch, d.h. in Zusammenhängen, in vernetzten und sich zurückkoppelnden Systemen zu denken, ist eine Denkweise, die immer wieder nur drei oder vier Glieder betrachtet (auch wenn diese untereinander in Wechselwirkung stehen) obsolet. Es erinnert an die Freudsche Dreiteilung in Es, Ich und Überich, die auch wie ein pneumatisches System des 19. Jahrhunderts wirkte. Mit der allfälligen Drei- oder Viergliederung scheint mir kein wesentlicher Fortschritt seit Platon gelungen zu sein. Steiner knüpfte damit an antike Vorstellungen an, die jahrhundertelang tradiert, aber besonders im 18. und 19. Jahrhundert wieder diskutiert wurden. So stößt man z.B. in der 'Anthropologie' von Ernst Platner (1744 - 1818) auf die „Unterteilung der Person in 'tierische Masse' (Körpersubstanz), 'Nervengeist' und Seele.“[316] Auch in USA findet man im 19. Jahrhundert diese Dreiteilung. Das Hauptwerk des Amerikaners Thomas Copwell Upham (1799 - 1872) von 1869 heißt: Elements of Mental Philosophy; Embracing the three Departments of the Intellect [Denken], Sensibilities [Fühlen], and Will [Wollen].

d) Reinkarnation und Karma

In diesem Kapitel soll kurz auf die anthroposophische Vorstellung von der Wiederverkörperung oder Reinkarnation eingegangen werden. Eine ausführliche Diskussion unter naturwissenschaftlichen Gesichtspunkten erfolgt im Kapitel „Ich und naher Tod".
In der Anthroposophie nimmt man an, dass das Ich den geistigen Kern einer unvergänglichen Individualität darstellt. Dasjenige, was der Mensch in seinem irdischen Leben erfahren hat, verarbeitet er im geistigen Leben zwischen Tod und neuer Geburt zu seinem Schicksal (Karma) für sein nächstes Erdenleben. Die Seele, die sich wiederverkörpert, findet in einem neuen Erdenleben mit neuen Anlagen Entwicklungsmöglichkeiten, die auf dem bisher Erreichten aufbauen. Jeder Mensch ist dadurch unlösbar mit dem Entwicklungsgang der Menschheit verbunden.

> Der eigentliche Sinn der sich wiederholenden Erdenleben ist also die Höherentwicklung der Individualität; durch die Reinkarnation wird ihr der erforderliche Zeitraum zur Verfügung gestellt.[317]

---

[316] Weber, Bernhard: „Über das Organ der Seele". Köln, 1987, S. 3
[317] Bühler, Walther: Schicksal und Sinngebung im Lichte der Reinkarnation. Soziale Hygiene. Merkblätter zur Gesundheitspflege im persönlichen und sozialen Leben, Verein für ein erweitertes Heilwesen, Bad Liebenzell, 1984, S. 19

Dass es gar keinen Sinn macht, die anthroposophischen Vorstellungen von Reinkarnation und Karma mit naturwissenschaftlichen Augen zu betrachten schreibt z.B. Bühler:

> Die Vorstellung von wiederholten Erdenleben setzt allerdings eine spirituelle Auffassung vom Wesen des Menschen voraus. Der übliche Begriff der Unsterblichkeit der Seele nach dem Tode, ihrer Postexistenz, muss durch den Begriff der „Ungeborenheit" oder „Präexistenz" ergänzt werden. Eine übersinnlich-geistige oder kosmische Welt muss als ebenso wirklich angesehen werden wie die physische Erdenwelt.[318]

Von anthroposophischer Seite aus macht man sich schon seit etlichen Jahren Gedanken um die Berechtigung und die Auswirkungen der modernen Genforschung und -technologie. Was von den 'Technokraten' häufig nicht geleistet wird, sich nämlich um die weitreichenden Folgen verantwortungsbewusst zu kümmern, wird von anthroposophischen Forschern in der Öffentlichkeit diskutiert. So schrieb Hans Ulrich Albonico kürzlich

> Gerade die moderne Genetik zeigt also auf, dass die Gene gar nicht die ausschließliche Bestimmungs- und Kontrollfunktion haben, die man ihnen zuschreibt. Entwicklungsprozesse werden - auch in der Sicht einer zeitgemäßen Naturwissenschaft - in höchst komplexer Weise durch den gesamten Organismus in seiner umfassenden Auseinandersetzung mit seiner Entwicklung und seiner Umgebung geleitet. Damit ist das Geschehen unüberblickbar - und auch nicht gezielt manipulierbar! Genau das will die Gentechnik nicht wahrhaben - und wird damit unwahrhaftig. Wahrscheinlich wird sie deshalb jedoch um so gefährlicher.[319]

Während ich das Ausmaß der Bestimmung durch die Gene und die Manipulationsmöglichkeiten (auch im Positiven und nicht nur im Negativen) nicht zu beurteilen vermag, muss ich dieser Aussage insoweit zustimmen, als ich auch der Auffassung bin, dass sich die menschliche Entwicklung zu einem Gutteil (ich bin Anhänger der 50:50-Theorie) nach der Geburt in der Sozialisation abspielt. Damit widerspreche ich aber der anthroposophischen Behauptung, dass über die Gene und die nachgeburtliche Entwicklung hinaus der Mensch durch karmische Einflüsse (und sei es auch nur teilweise) bestimmt sei. So wie im obigen Zitat behauptet wird, dass der Mensch nicht gezielt manipulierbar sei, behaupte ich, dass er auch nicht durch vorgeburtliche (genauer vor der Zeugung liegende) Einflüsse determiniert ist.

---

[318] Bühler, Walther, a.a.O., S. 15
[319] Albonico, Hans Ulrich: Gentechnik: Die Zementierung des genetischen Determinismus. Rundbrief für die Mitarbeiter der medizinischen Sektion am Goetheanum in aller Welt. Advent 1995, Nr. 14, S. 211

e) Alltags-Ich vs. Höheres Ich

In der Anthroposophie wird unterschieden zwischen dem Un-Individuellen, Äußeren, das wie eine Art Gewand gesehen wird, durch welches hindurch das eigentlich individuelle Ich hindurchscheint. „Dieses äußere Gewand können wir das Alltags-Ich nennen. Es bestimmt sich aus der Vergangenheit. Das Alltags-Ich kennt sich nur aus der Erinnerung. So wie ich heute reagiere, habe ich schon hundertmal reagiert. Diese Art zu reagieren gehört zu meinen Gewohnheiten. Und das bin ich eben. - So erlebt sich das Alltags-Ich. Das Alltags-Ich definiert sich selbst als das, was war, eben aus der Herkunft, den früher gebildeten und bis heute bestehenden Gewohnheiten und Eigenschaften, dem Erlebten, an das es sich erinnert."[320]

Demgegenüber kann das Höhere Ich als der Gestaltungswille betrachtet werden, der die innere Dynamik unseres Lebensganges prägt. Dem Höheren Ich sind wir da am nächsten, wo wir im Werden begriffen sind. Das Höhere Ich taucht deshalb besonders in Krisen auf. Der direkten Wahrnehmung ist es meist entzogen.

Bezogen auf die Biographiearbeit kann man sagen, dass das Höhere Ich so etwas wie der Biographie-Schreiber ist und das Alltags-Ich das Geschriebene.

Der Mensch ist nach Steiner sozusagen Bürger zweier Welten: mit seiner Leiblichkeit ist er der physischen Welt verbunden, sein höheres Ich lebt hingegen in der geistigen Welt. Zwischen physischer Welt und geistiger Welt nimmt sich der Mensch selbst wahr, in seinem Denken, Fühlen und Wollen.

---

[320] Wais, Mathias: Biographiearbeit Lebensberatung. Urachhaus, Stuttgart, 1992, S. 33

2. Anthroposophie und andere Wissenschaften

a) *Anthroposophie und Naturwissenschaft*

Nach Rudolf Steiner gibt es zwischen Anthroposophie und konventioneller Wissenschaft keinen Widerspruch.

> Mit der naturwissenschaftlichen Tatsachenforschung stehen die Ergebnisse der Geisteswissenschaft nirgends in Widerspruch. Überall, wo man unbefangen auf das Verhältnis der beiden hinsieht, zeigt sich vielmehr für unsere Zeit etwas ganz anderes. Es stellt sich heraus, dass diese Tatsachenforschung hinsteuert zu dem Ziele, das sie in gar nicht zu ferner Zeit in volle Harmonie bringen wird mit dem, was die Geistesforschung aus ihren übersinnlichen Quellen für gewisse Gebiete feststellen muss.[321]

In anderen Worten, konventionelle Wissenschaft ist auf dem Wege allmählich die Wahrheiten wieder zu entdecken, die von der Geisteswissenschaft bereits entdeckt wurden. Steiners Aussagen dazu inwieweit die Geisteswissenschaft ihre Grundlagen in der konventionellen Wissenschaft hat und lediglich eine 'Erweiterung' darstellt, sind zwar widersprüchlich (siehe Zitate weiter unten), er erkannte aber die empirische Wissenschaft als Prüfstein der Anthroposophie nicht an. Nichtsdestotrotz brachte ihn die Vorhersage einer Konvergenz der herkömmlichen Wissenschaft mit der Anthroposophie in eine Position, in der seine Angaben auf übliche wissenschaftliche Art geprüft werden können.[322] Wenn sich herausstellt, dass sich die Naturwissenschaft in den 70 Jahren seit Steiners Tod in Richtung Anthroposophie bewegt hat, wäre dies eine starke Stütze seiner Erkenntnislehre. Wenn sich aber die Naturwissenschaften von der Anthroposophie weiter wegbewegt haben, hätte man Hinweise, dass Steiners okkulte Erkenntnisse nicht unfehlbar waren.

Dazu seien an dieser Stelle seien einige Beispiele genannt:

Der Grundsatz, dass der Mensch kein Erdengeschöpf sei, sondern seinen Ursprung in der **geistigen Welt**.
Der Arzt Heiner Ullrich schreibt dazu:

> Die geistreligiöse Spekulation Rudolf Steiners lässt das Weltall und den Mensch aus einem geistigen Urgrund hervorgehen; auf dem Wege der

---

[321] Steiner, Rudolf: Aus der Akasha-Chronik, Dornach, zit. nach: Hansson, Sven Ove, a.a.O., S.48

[322] Der 'wissenschaftliche' Charakter wird übrigens genauso vehement von der Theosophie für deren System betont.

Wiederverkörperung erheben sich Mensch und Erde dann wieder zurück zum Geist. In jedem Mensch lebt ein geistiger Kern, der vor der Geburt aus den geistigen Welten herabsteigt, um sich mit dem Körper zu verbinden; im Tode löst er sich wieder von der sterblichen Hülle, um sich in einem nächsten Erdenleben wieder zu verkörpern. In der nächsten Wiederverkörperung erfährt die Seele dann durch das Karma, das heißt die Schicksalsverkettung, Lohn oder Strafe für die Taten und Gedanken des vorangegangenen Lebens.[323]

Der Grundsatz des **Mikrokosmos**, der besagt, der Mensch sei die Welt im Kleinen, die Welt sei ein Mensch im Großen.
Danach gibt es in anthroposophischer Anschauung in den Naturreichen eine Stufenordnung vom Mineralischen, über das Pflanzliche zum Tier und letztlich zum Menschen, als der 'Krone der Schöpfung', wobei der Mensch alle vier Seinsbereiche mit seinem Geist durchdringe.

Ullrich kommentiert diese Anschauungen dann folgendermaßen:

> „Die eben dargelegten Grundanschauungen von der Geistigkeit der Welt und vom Mikrokosmos Mensch sind seit der neuplatonischen Philosophie geläufig. Kant bezeichnete sie schon als 'Metaphysik der faulen Vernunft'; damit ist ein Totalwissen gemeint, das unter Missachtung der Grenzen der Erkenntnis das Ganze schon zu kennen meint, bevor auch nur ein Einzelproblem exakt erforscht worden ist. Das menschliche Erkennen kann sich mit objektiver Gültigkeit nur im Bereich der Natur-Erscheinungen, der Geschichte und des menschlichen Verstandes bewegen. Eine geistige Welt oder Welt der Ideen kann nicht Gegenstand wissenschaftlicher Erfahrung sein."[324]

Dabei weiß man heute und wusste es m.E. auch schon zu Steiners Zeiten, dass der Mikrokosmos weder ein Abbild des Menschen ist, noch dass der Mensch in seinem Makrokosmos ein Abbild des Megakosmos ist.
Somit hinken auch beliebte Vergleiche, wie z.B., dass die 25920 Atemzüge, die ein Mensch pro Tag (im Durchschnitt) macht, eine Entsprechung in den 25900 Jahren hätten, die die Sonne braucht, um im Zodiac einen Durchlauf zu vollziehen.
Mit derartigen Vergleichen kann man immer wieder Leute verblüffen, sie sind aber inhaltsleer.

Der Aufbau des Menschen aus drei, vier oder sieben *Wesensgliedern*.

---

[323] Ullrich, Heiner: Zwischen Heilkunst und Heilslehre. Deutsches Ärzteblatt, 85 (25/26), 1988, S. 27
[324] Ullrich, Heiner, a.a.O., S. 28

Von diesen ist nur der physische Leib mit irdischen, physischen Maßstäben feststellbar, die anderen Wesensglieder und deren Verhältnis untereinander sind nicht nachprüfbar und daher nur als **meta**physisch (oder mystisch) zu bezeichnen.

Die Koevolution von Mensch und Tier, d.h. die Behauptung, dass der Mensch geistig immer schon angelegt war, sich sukzessive materialisiert habe, und dabei die Tiere (wie auch die Mineralien und Pflanzen) aus sich herausgelöst habe.
Dies widerspricht jeglicher wissenschaftlicher Evolutionstheorie.

Die Überzeugung, dass das Blut der Träger des *Ich* sei.[325] [326]

Es ist zwar durch die psychosomatischen Forschungen hinreichend bekannt, dass die *Psyche*, die *Seele* oder der *selbstbewusste Geist*, die heute als je immateriell verstanden werden, den Körper beeinflussen können, wenn nicht gar eine Identität zwischen Seele und Leib besteht, nirgends jedoch dass ein Körperteil (hier das Blut) Träger seelischer Funktionen sein kann. Allenfalls könnte man sagen, dass durch die Nervenfortsätze bestimmte Erregungen in den Organen ausgelöst werden, wodurch z.B. Adrenalin oder Endorphine ausgeschüttet werden.

Die Verneinung der Existenz motorischer Nerven (siehe dazu die Abhandlungen in den beiden von Wolfgang Schad herausgegebenen Büchern[327]).

Es gibt wohl wenig, was in der Medizin besser erforscht ist, als die sensorischen und motorischen Nerven und Reizleitungsbahnen. Eine Ablehnung der Existenz motorischen Nerven ist, zumindest mir, nicht bekannt.

Die Auffassung, dass die Erde durch die Geistigkeit der Leichname der Menschen gedüngt wird und ohne diesen Prozess der Kristallisation anheimfallen würde.[328] Rudolf Steiner dazu: „Was machen nun die toten Kräfte mit der menschlichen Natur? Es wirken ja in die menschliche Natur herein die todbringenden Kräfte, die draußen in der Natur vorwaltend sind; denn gäbe der Mensch der äußeren Natur nicht fortwährend Belebung, so müsste sie absterben. (...) Wäre der Mensch nicht hier auf der Erde, so würde eben längst das Sterben sich ausgebreitet haben über den Erdenprozess, und die Erde wäre als Ganzes in eine große Kristallisation

---

[325] Steiner, Rudolf & Wegman, Ita: Grundlegendes für eine Erweiterung der Heilkunst. Kapitel: Blut und Nerv. Verl. d. klinisch-therapeutischen Instituts, Arlesheim, 1953, S. 33 ff
[326] Husemann, Friedwart: Das Ich im Blut zwischen Eisen und Alkohol. Der Merkurstab, 46, Juli/August 1993, S. 417f.
[327] Schad, Wolfgang: Die menschliche Nervenorganisation und die soziale Frage. Verlag Freies Geistesleben. Stuttgart, 1992
[328] Steiner, Rudolf: Allgemeine Menschenkunde (GA 293). Rud. Steiner Verl., Dornach, 1975, S.60

übergegangen."[329] In diesem Zusammenhang im O-Ton Hans Peter Dürr, der Direktor des Max-Planck-Instituts für Physik in München: „Die Natur braucht uns überhaupt nicht leid zu tun. Der ist es nämlich vollkommen egal, wenn die Menschen ihre Lebensgrundlage zerstören, dann lasst sie die zerstören. Ich komme nicht in Verlegenheit. Ich kann auch noch mal 1 oder 2 Milliarden Jahre in meiner Entwicklung zurückgehen und es noch einmal versuchen mit Lebewesen, die vielleicht dann besser mit mir umgehen."[330] Ebenso Vollmer: „Die Erde könnte auch gut (oder sogar besser!) ohne intelligente Wesen auskommen".[331]

Selbst das Jugendmagazin der Süddeutschen Zeitung hat sich dieses Themas angenommen und gefragt, was geschehen würde, wenn der Mensch plötzlich von der Erde verschwunden wäre. Dabei wurden Hinweise auf die Auswirkungen auf z.B. Gebäude, Tiere, Pflanzen, das Klima und die Ozonschicht gegeben. Zum Thema Pflanzen heißt es:

> Wenn sie niemand mehr zurückhält, überwuchern Pflanzen jeden Ort, an dem ihre Wurzel Halt und ein wenig Feuchtigkeit finden. Innerhalb von nur 100 Jahren bedeckt der Wald Äcker, Gärten und Parkanlagen. Hauptsächlich Büsche und Laubbäume, wie Buchen und Eichen werden dort wachsen, wo Landwirte heute Getreide, Kartoffeln und anderes Gemüse anbauen und Gärtner ihre Blumen pflegen.[332]

Der Natur würde es danach also nur gut tun, wenn der Mensch wieder von der Bildfläche verschwunden wäre. Was allerdings bei diesem Szenario das Geschehen dramatisch beeinflussen würde, wären die zahlreichen Atomreaktoren, die ohne Wartung durch Menschen einem Supergau entgegengehen würden, gegen den der Störfall in Tschernobyl harmlos aussehen würde. Bei der langen Halbwertszeit von Uran 235 wäre die Erde auf Jahrmillionen atomar verseucht.

Der Austritt der Sonne aus der Erde im Archaikum / Proterozoikum, der außerhalb anthroposophischer Kreise nirgends diskutiert wird, da er so absurd ist, dass man sich mit einer solchen Auffassung nur blamieren würde.

---

[329] Steiner, Rudolf: Allgemeine Menschenkunde (GA 293), a.a.O., S. 56 ff.
[330] Dürr, Hans Peter in: Lüpke, Geseko von: Der Erde eine Stimme geben. Tiefenökologie. Das Modell einer ganzheitlichen Umweltethik. Bayerischer Rundfunk: Kirchenfunk., 19.7.1995 (20:05 - 21:30)
[331] Vollmer, Gerhard: Mesokosmos und objektive Erkenntnis. In: Vollmer, Gerhard: Was können wir wissen? Band 1: Die Natur der Erkenntnis. Hirzel, Stuttgart, 1988, S. 76
[332] Jetzt: Das Jugendmagazin der Süddeutschen Zeitung: Auf einen Blick. Was passiert, wenn der Mensch plötzlich von der Erde verschwindet?. Nr. 22, 28.5.1996

Der Austritt des Mondes aus der Erde. Darüber gab es vor kurzem eine Diskussion in der Zeitschrift „Der Merkurstab" zwischen Dankmar Bosse[333] [334]und Klaus Frisch[335]. Während in der universitären Wissenschaft[336] das Thema als weitgehend[337] abgeschlossen zu betrachten ist, wird in der Anthroposophie noch mehrheitlich der Standpunkt vertreten, dass der Mond erst im Perm /Trias (d.h. vor ca. 220 Millionen Jahren) aus der Erde ausgetreten sei. Eine Zurückverlagerung des Zeitpunktes in den Beginn der Erdenentwicklung würde eine komplette Neuformulierung der anthroposophischen Sichtweise der Menschheitsentwicklung notwendig machen.

Hansson führt darüber hinaus drei weitere Beispiele an, die sich auf die vorhergesagte Struktur der Atome (Atome als Blasen vor der imaginativen Erkenntnis), die Relativitätstheorie (der glänzende Unsinn ... durch welchen Einstein ein großer Mann geworden ist) und den zukünftigen Einsatz von Quecksilber gegen Syphilis beziehen.

Die Beispiele ließen sich *ad nauseam*[338] fortsetzen. Es waren dies alles Beispiele, bei denen

- sich die Anthroposophie meines Erachtens einer Grundlagendiskussion in der „scientific community" nicht stellt, oder dies nur in anthroposophischen Kreisen tut,
- sie noch Theorien anhängt, die in der wissenschaftlichen Fachwelt längst ad acta gelegt wurden oder
- sich keinerlei Tendenz in der von Steiner vorhergesagten Richtung ergab, bei denen also keinerlei Annäherung zwischen anthroposophischer Geisteswissenschaft und Naturwissenschaft erfolgte .

---

[333] Bosse, Dankmar: Vergleich der anthroposophischen und der geologischen Gliederung der Erdgeschichte. Der Merkurstab, 45 (4), 1992, S. 291ff.
[334] Bosse, Dankmar: Wie alt ist unsere Erde? Der Merkurstab, 46 (4), 1993, S. 382ff
[335] Frisch, Klaus: Zur geologischen Datierung des Mondaustritts. Der Merkurstab, 46 (4), 1993, S. 396ff
[336] Encyclopaedia Britannica. Band 12, Encyclopaedia Britannica Inc., Chicago, 1978, S. 429: Suggestions that the Moon separated from the Earth at a very early stage in the history of the solar system were revived in the 1960s. The weakness of such theories is that they are essentially attempts to explain the mechanics of the hypothetical separation process without regard for the geological evidence against them.
[337] Der Spiegel, 23, 1995, S. 212: während die Herauslösung des Mondes in der flüssigen Phase der Erde widerlegt zu sein scheint, wird von Wissenschaftler der Universität Hawaii neuerdings die These vertreten, dass der Mond durch den Einschlag eines kleinen Planeten erzeugt wurde, der tiefere Schichten aus der Erde herausschlug.
[338] Hansson, Sven Ove, a.a.O., S.45

Die anthroposophische Geisteswissenschaft bleibt also im Grunde eine *Geheimwissenschaft,* sowohl was ihre Grundlagen betrifft, als auch in ihren praktischen Anwendungen.

Dabei hat Rudolf Steiner selbst schon 1910 ausgeführt:

> Der Verfasser sagt es unumwunden: er möchte vor allem Leser, welche nicht gewillt sind, auf blinden Glauben hin die vorgebrachten Dinge anzunehmen, sondern welche sich bemühen, das Mitgeteilte an den Erkenntnissen der eigenen Seele und an den Erfahrungen des eigenen Lebens zu prüfen. Er möchte vor allem *vorsichtige* Leser, welche nur das logisch zu Rechtfertigende gelten lassen. Der Verfasser weiß, sein Buch wäre nichts wert, wenn es nur auf blinden Glauben angewiesen wäre; es ist nur in dem Maße tauglich, als es sich vor der unbefangenen Vernunft rechtfertigen kann. Der blinde Glaube kann so leicht das Törichte und Abergläubische mit dem Wahren verwechseln.[339]

Es wäre nur zu schön, wenn die Anthroposophen diese Worte Steiners beherzigen würden und lernen würden, das was Steiner ausgeführt hat eben nicht blind als das Wort des „Doktors" zu glauben, sondern versuchen würden, ihre (von anthroposophischen Glaubensregeln unbefangene) Vernunft zu gebrauchen und sich dem von Steiner so bezeichneten „Wahren" (das wohl immer eine Chimäre bleiben wird) wenigstens etwas zu nähern. Aber obwohl schon 85 Jahre vergangen sind, seit Steiner dies niedergeschrieben hat, scheinen die meisten Anthroposophen diesen Weg noch nicht eingeschlagen zu haben.

Wissenschaft wird heute nach bestimmten Grundsätzen betrieben, nach Regeln, die sich überprüfen lassen. Die Erkenntnisse der **eigenen Seele**, die Erfahrungen des **eigenen Lebens** dürften dazu nicht mehr ausreichen. Wenn in der Wissenschaft Theorien[340] aufgestellt werden (und das ist immer der Fall), legt man an diese strenge Maßstäbe an: „sie müssen logisch und / oder empirisch überprüfbar sein; und die müssen (nach Popper[341]) prinzipiell falsifizierbar sein."[342] Popper geht auch an anderer Stelle auf den Umgang mit Theorien ein: „Die Hauptfunktion der durch Welt 3 vollzogenen Vergegenständlichung ist jedoch die, unsere Theorien bewusster Fehleraufdeckung zugänglich zu machen: der Kritik".[343]

---

[339] Steiner, Rudolf: Geheimwissenschaft im Umriß. Fischer, Frankfurt, 1985, S. 14f
[340] Zu den Einschränkungen und besonderen Bedingungen verweise ich auf meine einführenden Abschnitte zur Erkenntnis- und Wissenschaftstheorie.
[341] Popper, Karl R.: The Logic of Scientific Discovery. London, 1959
[342] Wuketits, Franz: Evolutionstheorien. Wissenschaftliche Buchgesellschaft, Darmstadt, 1995, S. 32
[343] Popper & Eccles, a.a.O. S. 159

Steiner ergänzt in einem weiteren Vorwort zur Geheimwissenschaft 1925 das oben Zitierte:

> Dass ich dem Buche den Titel 'Geheimwissenschaft' gegeben habe, hat sogleich Missverständnisse hervorgerufen. Von mancher Seite wurde gesagt, was 'Wissenschaft' sein will, darf nicht 'geheim' sein. Wie wenig bedacht war ein solcher Einwand. Als ob jemand, der einen Inhalt *veröffentlicht*, mit diesem 'geheim' tun wolle. Das ganze Buch zeigt, dass nichts als 'geheim' bezeichnet, sondern eben in eine solche Form gebracht werden sollte, dass es verständlich sei wie nur irgend eine 'Wissenschaft'. Oder will man, wenn man das Wort 'Naturwissenschaft' gebraucht, nicht andeuten, dass es sich um Wissen von der 'Natur' handelt? Geheimwissenschaft ist Wissenschaft von dem, was sich insoferne im Geheimen abspielt, als es nicht draußen in der Natur wahrgenommen wird, sondern da, wohin die Seele sich orientiert wenn sie ihr Inneres nach dem Geiste richtet. 'Geheimwissenschaft' ist Gegensatz von 'Naturwissenschaft'.[344]

Von daher gesehen ist eigentlich <u>jeder weitere Versuch müßig</u>, mit seinen naturwissenschaftlichen Augen, einen ernsthaften Versuch des Dialogs und der kritischen Auseinandersetzung zu machen, da sich geheimwissenschaftliche Erkenntnisse **so** nicht prüfen lassen.

An anderer Stelle ist Rudolf Steiner in einem Vortrag vom 26. Oktober 1922 ausführlich auf das Verhältnis von Naturwissenschaft und Anthroposophie eingegangen. Zusätzlich sollen zwei Auszüge daraus an dieser Stelle wiedergegeben werden:

> Und wenn sich eine, um diesen Goetheschen Ausdruck zu gebrauchen, geistgemäße Betrachtungsweise über den Menschen, über seine Gesundheit und Krankheit heute irgendwie betätigen will, so darf sie nicht gegen die naturwissenschaftliche Forschung sich betätigen".[345]

> Nun ist es unsinnig, sinnenfällige Empirie in der Physiologie, in der Biologie zu treiben, wozu braucht man die speziellen Fachwissenschaften, man entwickelt sich geistige Fähigkeiten, schaut in die geistige Welt hinein, kommt dann zu einer Anschauung über den Menschen, über den gesunden, über den kranken Menschen, und kann gewissermaßen eine geistige Medizin begründen, - so das wäre ein großer Irrtum. Es tun ja das manche auch, aber es kommt nichts dabei heraus. Höchstens das, dass sie

---

[344] Steiner, Rudolf: Geheimwissenschaft im Umriß. Fischer, Frankfurt, 1985, S. 29
[345] Steiner, Rudolf: Physiologisch-Therapeutisches auf Grundlage der Geisteswissenschaft. Rudolf Steiner Verlag, Dornach, 1989, S. 77

wacker schimpfen eben dann über etwas, was sie nicht kennen. Also darum kann es sich nicht handeln, dass wir etwa einen Strich machen gegenüber der gewöhnlichen sinnenfälligen empirischen Wissenschaft und aus geistigen Wolkenkuckucksheimen herunter eine Geisteswissenschaft begründen. So ist es gar nicht gegenüber den empirischen Wissenschaften, das heißt demjenigen, was man heute empirische Wissenschaften nennt, was ich hier sinnenfällig empirische Wissenschaft nennen möchte. So ist es gar nicht. Sie können zum Beispiel, wenn Sie geisteswissenschaftlich forschen, nicht etwa auf dasselbe kommen, was Sie mit dem Mikroskop erforschen. Sie können ruhig jemanden, der Ihnen den Glauben beibringen will, dass er aus der Geisteswissenschaft heraus dasselbe finden kann, was man unter dem Mikroskop findet, als einen Scharlatan auffassen. Das ist nicht so. Dasjenige, was empirische Forschung in heutigem Sinne gibt, besteht. Und um die Wissenschaft auch im Sinne geisteswissenschaftlichen Anthroposophie vollständig zu machen auf irgend einem Gebiete, dazu ist nicht etwa ein Hinwegräumen des sinnenfällig Empirischen statthaft, sondern es ist durchaus ein Rechnen mit dieser sinnenfälligen Empirie notwendig. Nirgends wird derjenige, der, wenn ich mich dieses Ausdrucks bedienen darf, in anthroposophischer Geisteswissenschaft Fachmann ist, etwas anderes finden, als dass man dadurch, dass man Geisteswissenschaft treibt, erst recht sich im Sinne des sinnenfälligen Empirischen mit den Erscheinungen der Welt befassen muss.[346]

Wenn Steiner also hier dafür plädiert, zunächst ganz herkömmliche Naturwissenschaft zu betreiben (und diese wohl erst in einem weiteren Schritt geisteswissenschaftlich / anthroposophisch zu erweitern) hat er an anderer Stelle (s.o.) den Gegensatz von Geheimwissenschaft und Naturwissenschaft betont.

Aus dieser Abneigung heraus, sich mit schnöder Naturwissenschaft zu befassen, ist es zu verstehen, dass es z.B. bis dato keine (um ein beliebiges Beispiel von zahllosen möglichen zu wählen) kontrollierte Studie zur besonderen Wirkung der biologisch-dynamischen Landwirtschaft gibt. Dabei wäre es gerade hier besonders einfach (und ethisch vertretbar), einen 'Feldversuch' durchzuführen (mit klassischer, hieraus stammender Varianzanalyse), um die Wirkungen der verschiedenen 'treatments' (z.B. konventionell, vs. biologisch-dynamisch) festzustellen.

---

[346] Steiner, 1989, a.a.O., S. 80-81

Inzwischen gibt es immerhin erste vergleichende Untersuchungen. So berichtet Markus Hurter über die Ergebnisse des DOK-Versuches des Forschungsinstituts für biologischen Landbau in Oberwil (Schweiz). Dabei handelt es sich

> um einen Langzeitversuch, der seit 1978 läuft und bei dem die Anbausysteme *D*ynamisch, *O*rganisch und *K*onventionell verglichen werden. Im Oktober [1995] fanden zum gegenwärtigen Ergebnisstand eine wissenschaftliche Tagung in Bern statt. Die dynamischen Varianten heben sich in allen Faktoren, bei denen die Vitalität und die Lebensvielfalt erfasst werden, selbst von den organischen deutlich ab: Artenvielfalt der Beikräuter, Humusgehalt, Biomasse, Mykorrhiszierung (Intensität der Symbiosen zwischen Wurzeln und Pilzen), Aufschluss des Phosphors und des Kaliums aus den organischen und mineralischen Komponenten des Bodens.[347]

Auch wenn dies noch allererste Arbeiten sind und über die Qualität der landwirtschaftlichen Produkte hier noch keine Aussage gemacht wurde, sind derartige Studien doch sehr anerkennenswert und überhaupt der einzige Weg, die anthroposophischen Behauptungen überprüfbar zu machen.

Denn wie sah bisher der Weg aus, auf dem man glaubte Forschungsergebnisse erzielen zu können, die so exakt sind, wie die der Naturwissenschaft? Rudolf Steiner riet z.B. zur

> wiederholten geistigen Versenkung in ein garantiert keimfähiges Samenkorn auf dem Tisch. Dabei heißt es, können die im Korn gespeicherten Wachstumskräfte in der Phantasie zur Pflanze entfaltet und danach plötzlich eine 'kleine Lichtwolke' um das Samenkorn wahrgenommen werden. In der Regel ist diese Erscheinung leider eine Selbsttäuschung.[348]

---

[347] Hurter, Markus: Biologisch-dynamischer Landbau im Vergleich. Das Goetheanum. Zeitschrift für Anthroposophie. 39(75), 7.1.1996, S. 468

[348] Brügge, Peter: Die Anthroposophen. Rowohlt, Reinbek, 1984, S. 28 (Der entsprechende Text findet sich in: Steiner, Rudolf: Wie erlangt man Erkenntnisse der höheren Welten? Fischer, Frankfurt, 1985, S. 60-62)

[Auf das gleiche Beispiel nimmt Steiner in der Akasha-Ckronik Bezug. Die Atlantier konnten sich nicht nur in die Samenkörner versenken, sondern wußten, wie man es macht „um die Kraft eines Kornhaufens in technische Kraft umzuwandeln". Steiner, Rudolf: Aus der Akasha-Chronik. (GA 11).

Rud. Steiner Verl. Dornach, 1975, S. 22]

Dazu auch ein Bericht in der Süddeutschen Zeitung über ein Professorengespräch 1982 in München zum Thema „Wissenschaft und Wahrheit". Der Wissenschaftshistoriker Fritz Kraft führte damals aus:

> Die Vorstellung, man brauche die Natur nur gründlich genug zu beobachten und Erkenntnisse zu sammeln, um nach und nach der ganzen Wahrheit teilhaftig zu werden, ist schon aus zwei Gründen trügerisch. Zum einen zieht jeder aus derselben Beobachtung unterschiedliche Schlussfolgerungen. Es gibt also keine einzige verlässliche Form der Deduktion, was zu immer neuen Versuchen geführt hat, Erkenntnis zu objektivieren, bis zu den heute angewendeten mathematischen Methoden. Zum anderen zeigt aber die Geschichte der Naturwissenschaften, dass die herrschenden Theorien nicht immer aufgrund von rationalen, streng methodischen Erwägungen zustande gekommen sind.[349]

So hatte Karl Raimund Popper gemeint, man müsste schon dankbar sein, wenn Theorien wenigstens nicht widerlegt werden könnten (was zu seinem oben erwähnten Theorem der *Falsifizierbarkeit* führte).

Roger Smook kommt in seinem sehr fundierten und wohlwollenden Artikel zu der Schlussfolgerung, dass Rudolf Steiner in seinen philosophischen Werken, wie z.B. der Geheimwissenschaft, versucht, durch Argumentation zu überreden und nicht durch Hinweise auf vermutete Ergebnisse der Geisteswissenschaft.[350]

Auch Jan Badewien, der sich von der kirchlichen Seite kommend, mit dem Werk Steiners beschäftigt hat, kann eigentlich, wenn man unvoreingenommen an dessen Werk herantritt nur zu dem gleichen Ergebnis kommen und so schreibt er denn auch zu Steiners Positivismus:

> Es gibt objektive Wahrheiten, er teilt sie mit. Es gibt die Beobachtung in der höheren, geistigen Welt - er macht sie und vermittelt sie. Kurz: er sagt, wie es ist!
> Daher gibt es bei ihm weder Vermutung noch Behauptung, noch Hypothese. Statt dessen nur Mitteilung, Darstellung, Wiedergabe des objektiv Gültigen. So überwindet Steiner den materialistischen Positivismus durch einen 'geistigen Positivismus': Die gleiche Methode wird auf das neue Gebiet des Geistigen angewandt, das nur Steiner zugänglich ist.

---

[349] Buschbeck, Malte: Wenn selbst Naturgesetze irren. Süddeutsche Zeitung, 22. Juni 1982
[350] Smook, Roger: Rudolf Steiner on the presupposition of Goethean Science. Idealistic Studies, 22, 1992, S. 72:
„In his philosophical works he seeks us to persuade by argumentation and not by reference to supposed results of spiritual research."

Eine solche Sprache dürfte bei Themen, die die alten Menschheitsfragen umfassen, wohl einmalig sein: bei den Fragen nach dem Woher des Menschen, nach seinem Wesen, nach seiner Beziehung zum Göttlichen, nach dem Sinn des Lebens, nach Endlichkeit und Unendlichkeit. Gerade diese Fragen bedürfen nach übereinstimmender Ansicht aller ernstzunehmenden Philosophen und Theologen der vorsichtigen, herantastenden, bescheidenen Darstellung. ... Hier disqualifiziert sich selbst, wer so unbekümmert bzw. in so übersteigertem Selbstbewusstsein objektive Wahrheit für seine Ansichten behauptet, wer undiskutierbare Gültigkeit für seine Texte beansprucht, wie Steiner es tut: Er ist der Forscher im Übersinnlichen, der das bislang Verborgene schaut und offen legt. Wer sich seine Texte zu eigen macht, der muss dies akzeptieren. Er hat damit in Steiner den Führer, in dessen Erkenntnisweg seinen eigenen Weg anerkannt. Das weitere Streben beschränkt sich darauf, sich diese dargelegten 'Mitteilungen' aus der höheren Welt besser anzueignen, sie besser zu verstehen.

Eine solche Haltung lässt sich nur mit einer Glaubensgewissheit vergleichen. Ein Glaubender verlässt sich auf die Gewissheit des göttlichen Wortes, das ihm durch die Offenbarungen zugänglich gemacht wird („So spricht der Herr"). Aber der Glaubende ist sich bewusst, hier nicht wissenschaftlich zu erkennen, sondern in einem Akt vertrauenden Lebensvollzuges etwas anzunehmen.[351]

Eine kritische Diskussion der Lehren Steiners vermisste auch Badewien vor zehn Jahren und die Situation hat sich in der Zwischenzeit nicht geändert:

Bis heute gilt Steiners Wort als verbindlich. Wird es nicht verstanden, so wird es nicht kritisch hinterfragt, sondern der Nachfolger sieht in sich selbst die Ursache des Nicht-Verstehens. Nicht Steiners Worte sind dann falsch, sondern man selbst ist „noch nicht so weit genug", um sie zu verstehen. Dies „Argument" begegnet in Gesprächen mit Anthroposophen häufig.

Man begegnet dort also Steiners Worten nicht „unvoreingenommen" (so eine Hauptforderung Steiners), sondern mit der Grundhaltung, sie seien eben richtig und wahr. Dies ist sicher nicht der die Erkenntnishaltung eines Naturwissenschaftlers, auch nicht die eines Wissenschaftlers auf einem anderen Gebiete![352]

---

[351] Badewien, Jan: Anthroposophie. Eine kritische Darstellung. Bahn, Kostanz, 1985, S. 195 f.
[352] Badewien, Jan, a.a.O., S. 197

So schrieb Ullrich kürzlich gegen Ende eines Artikels in der Jugendzeitschrift des DGB:

> Das Paradox der anthroposophischen „Geisteswissenschaft" ist also, dass hier mit dem Anspruch auf wissenschaftliche Geltung verkündet wird, was im tiefsten Grunde Mythologie und Religion ist. Steiners „lebendige Logik der Bilder" - Allbeseelung, Analogiezauber, Zahlensymbolik und Karma - ist der anti-modernistische Versuch der Rehabilitierung des mythischen Denkens und eines kultischen Lebens inmitten einer verwissenschaftlichten Zivilisation. ... Das Paradox der Anthroposophie ist jedoch, dass hier ein Denken sich als wissenschaftlich bezeichnet, was in Gegenstand und Methode geradezu das Gegenteil ist.[353]

Man kann es hier anfügen oder auch an anderer Stelle, aber irgendwo muss es einmal ausgesprochen werden, dass sich auch Steiner der allgemeinen Regel wissenschaftlicher Methodologie hätte unterwerfen sollen, nämlich dem sogenannten Prinzip der Einfachheit, auch **„Occams Rasiermesser"** genannt:

> Man erfinde keine zusätzlichen phantastischen oder unbekannten Ursachen, so plausibel sie rein logisch auch sein mögen, wenn die vorhandenen Prozesse zur Erklärung ausreichen.[354]

Nun wird man nicht behaupten, dass das Steinersche Mysteriengebäude plausibel und logisch aufgebaut ist, wenn er sich aber an den ersten Teil dieses Fundamentalsatzes gehalten hätte, wäre uns viel erspart geblieben.

b) Anthroposophie und Psychologie

Noch ein Wort zu den beiden Wissenschaften, die die Wortstämme der Weisheit und der Seele in sich tragen, der Philosophie und Psychologie. Erstere befasst sich mit der Liebe zur Weisheit. Die Anthroposophie hingegen glaubt an die Weisheit des Menschen.
Ein weiteres Hauptwerk von Rudolf Steiner befasst sich explizit mit Philosophie, nämlich der „Philosophie der Freiheit".

Die Psychologie hat an sich den gleichen Betrachtungsgegenstand wie die anthroposophische Geisteswissenschaft, nämlich den Geist oder die Seele, nähert sich diesem aber über das Denken, den Logos, wobei nicht ausgeschlossen werden soll, dass sie nicht auch von der Weisheit ihres Gegenstandes überzeugt ist. Dies gilt in der

---

[353] Ullrich, Heiner: Freies Geistesleben und religiöser Dogmatismus. Solidarität, 12, 1994
[354] zitiert nach: Gould, Stephen Jay: Die Entdeckung der Tiefenzeit. dtv, Frankfurt, 1992, S. 177

Auffassung des Verfassers trotz des Ausspruches von Steiner: „Die Psychologen sind ja ein besonderes Völkchen innerhalb unserer Zivilisation, weil sie es fertig gebracht haben, nicht wahr, eine Wissenschaft zu haben ohne Gegenstand: Psychologie ohne Seele, Seelenkunde ohne Seele."[355]

Wer so spricht, muss sich nicht wundern, wenn seine Auffassungen nicht unkritisch hingenommen werden. Steiner hängt mit seiner geisteswissenschaftlichen Konstitutions- und Temperamentslehre Vorstellungen an, mit denen er über das 19. Jahrhundert nicht hinaus gekommen ist. Es bedürfte einer eigenen Abhandlung, um Steiners psychologische Gedanken vor dem Hintergrund der Psychologie seiner Zeit und heutigen Anschauungen zu beleuchten.

Zumindest soll aber Ullrich zitiert werden, dessen differenzierte Ausführungen sich mit meiner Meinung decken und der zu folgendem Schluss kommt, dass die Temperamentslehre:

> gegenüber dem heutigen Problembewusstsein und Forschungsstand als defizitär und anachronistisch eingeschätzt werden muss. STEINER entwickelt seine Lehre als wahrhaftiger Dogmatiker, indem er vor jeder Auseinandersetzung mit den Theorien und Resultaten der zeitgenössischen Persönlichkeitsforschung absieht. Indem STEINER eklektizistisch in beträchtlichem Ausmaß auf vorwissenschaftlich-spekulative Formen der Seelenkunde zurückgreift, entzieht er sich der für die neuzeitlichen Wissenschaften charakteristischen Forderung nach analytischer Klarheit und empirischer Bewährung.[356]

3. Anthroposophische Menschenkunde

Vor der Betrachtung des Menschen noch einige Sätze zur Stellung des Menschen innerhalb des mineralischen und tierischen Reiches. Dazu seien aus der anthroposophischen Ärztezeitschrift „Der Merkurstab" einige Stellen zitiert, die in Kurzfassung diese Zuordnung darstellen: „Pflanzen haben einen physischen Leib und einen Lebens- oder Ätherleib, der die Physis beweglich und lebendig erhält. Tiere haben einen physischen Leib, einen Ätherleib und einen Seelenleib, der Träger von Empfindungen, Instinkten, Trieben und Begierden ist."[357]
„Mineral, Pflanze und Tier haben Bewusstseinsstufen, wie sie der Mensch auf dem Saturn (Trance Bewusstsein: Mineral), der Sonne (Tiefschlafbewusstsein: Pflanze) und dem Mond (Traumbewusstsein: Tier) gehabt hat. Sie sind innerhalb diese

---

[355] Steiner, 1989, Physiologisch-Therapeutisches..., S. 87
[356] Ullrich, Heiner: Waldorfpädagogik und okkulte Weltanschauung. Juventa, Weinheim, 1986, S. 180
[357] Warnke, Ulrich: Vom neuen Denken. Der Merkurstab, 47 (5), Sept./Okt. 1994, S. 477

äonenlangen Werdens zurückgebliebene „Abfälle" der Menschenentwicklung, mithin weit davon entfernt, Ursachen, Vorläufer des Menschen im wesenhaften Sinne zu sein. Deshalb ist es (in bezug auf die Tiere) wirklichkeitsgemäßer, bei ihnen von Menschenähnlichkeit, als beim Menschen von Tierähnlichkeit zu sprechen."[358]
Dabei ist es wichtig im Auge zu behalten, dass für die Anthroposophie alles auf der Welt im Geistigen „urständet", d.h. selbst die mineralische Welt „urständet" in einem Urbild innerhalb der geistigen Welt, ganz zu schweigen von tierischen oder menschlichen Wesen.

Wenden wir uns nun aber der anthroposophischen Menschenkunde zu.

Für Rudolf Steiner ist der Mensch dreigegliedert in Leib, Seele und Geist und er stellt sich vehement gegen traditionelle Ansichten einer Zweigliederung:

> Sie können ja fast überall, wo sie heute von Psychologie reden hören, von einer bloßen Zweigliederung des Menschenwesens reden hören. Sie können davon reden hören, der Mensch bestehe aus Leib und Seele oder aus Körper und Geist ... man betrachtet dann Körper und Leib und ebenso auch Geist und Seele als ziemlich gleichbedeutend. Fast alle Psychologien sind auf diesem Irrtum der Zweigliederung des menschlichen Wesens aufgebaut. Man kann gar nicht zu einer wirklichen Einsicht in die menschliche Wesenheit kommen, wenn man sich nur dieser Zweigliederung als einem durchgreifend Gültigen zuwendet.[359]

Man hat also die Dreigliederung von

1. Leib
2. Seele und
3. Geist.

In dieser Dreigliederung von Leib, Seele und Geist fehlt offensichtlich noch das Ich. Dies tritt erst in Erscheinung, wenn man mindestens eine Viergliederung annimmt. Der Mensch gliedert sich dann in den

1. Leib
2. Seele und
3. Geist und das
4. Ich

---

[358] Warnke, Ulrich, a.a.O., S.480
[359] Steiner, Rudolf: Allgemeine Menschenkunde. Erster Teil. Rudolf Steiner Verlag, Dornach, 1975 (GA 293), S. 47

Bevor das Verhältnis von Leib, Seele und Geist zum Ich und zu den sog. *Seelengliedern* untersucht werden soll, zunächst eine Darstellung des Verhältnisses des Ich zu den verschiedenen *Leibern*, aus denen der Mensch nach Steiner zusammengesetzt ist, nämlich dem:

1. Physischen Leib
2. Äther-, Lebens- oder Bildekräfteleib und dem
3. Astral- bzw. Empfindungsleib zu denen das
4. Ich eine jeweils besondere Beziehung hat.

Seinen Leib bildet der Mensch aus den mineralischen Stoffen der Umwelt. Durch die physische Stoffe, aus denen er besteht ist der Leib verwandt mit allem, was den Menschen umgibt, mit Steinen, Pflanzen und Tieren. Diesen materiellen Körper nennt Steiner den *physischen Leib*. Dieser physische Leib besteht aus den anorganisch-mineralischen Stoffen, in welche er nach dem Tode zerfällt; er unterliegt den Gesetzten der physisch-materiellen Welt. Er ist als unterste Stufe der menschlichen Wesenheit mit dem bloßen Auge sichtbar und kann naturwissenschaftlich erforscht werden.

Die Lebensorganisation, die dem physischen Leib Gestalt gibt, ihn in Funktion hält und vor der Auflösung bewahrt, nennt Steiner den *Ätherleib*. Den Ätherleib hat auch die Pflanze, die aber wie in einem Schlafzustand lebt. Der Ätherleib ist als innerste Umhüllung des physischen Leibes nur der Imagination (dies ist die erste Stufe der hellseherischen Erkenntnis) zugänglich. Der Äther- oder Bildekräfteleib ist mit seinen funktionellen und gestaltenden Kräften sozusagen der 'Architekt' des physischen Leibes. „Während er bei den Pflanzen und Tieren nur der Garant von Ernährung, Wachstum und Fortpflanzung ist, ist er beim Menschen zusätzlich Träger der gleichbleibenden seelischen Faktoren: der Gewohnheiten, des Gedächtnisses, des Temperaments, ja des Charakters insgesamt."[360]
Der *Ätherleib*, hat seine Bezeichnung von dem Steinerschen Glauben an den Äther. Die Vorstellung einer Erfüllung des Kosmos durch einen (feinstofflichen) Äther geht bis auf Aristoteles zurück. Besonders im Okkultismus des 19. Jahrhunderts feierte dieser Begriff neue Urständ im Zusammenhang mit den unsichtbaren Aspekten der Natur, mit der '*vierten Dimension*'. „Wie die vierte Dimension wurde auch der Äther durch des Siegeszug der Relativitätstheorie zu einem fiktionalen Konstrukt erklärt."[361]

Erst der Wachzustand hebt das Bewusstsein auf die nächste Stufe. Dieses Bewusstsein wird getragen von einem Wesensglied, das Steiner den *Astralleib* nennt. Der

---

[360] Ullrich, Heiner: Waldorfpädagogik und okkulte Weltanschauung. Juventa,Weinheim, 1986, S. 85
[361] Henderson, L.J.: Die moderne Kunst und das Mittelalter. In: Szeemann, Hellmut: Okkultismus und Avantgarde. edition tertium, Frankfurt, 1995, S. 16

Astralleib ist in der Aura die mittlere Hülle, die die beiden unteren Wesenheiten durch ihre Lichtgestalt umschließt. Er ist daher nur der geisteswissenschaftlichen Schulung auf der zweiten Stufe, der Inspiration wahrnehmbar. „Der Astral-Leib den der Mensch mit den Tieren gemeinsam hat, ist der Träger der leichten, beweglichen Empfindungen der Lust, des Schmerzes, der Triebe, der Begierden und der Leidenschaften".[362]

Im Menschen gibt es jedoch etwas, „das ihn über jedes Tier erhebt, und er weiß auch klar, dass er ein vom Tier verschiedenes, über dieser Gattung stehendes Wesen ist. ... Das Wesensglied, welches ihm zu solcher Unabhängigkeit und solchem Selbstbewusstsein verhilft, ist sein *Ich*"[363]. Dieser Ich-Leib ist in der äußeren Hülle der Aura als 'blauer Nichtskörper' nur dem sichtbar, der seine Geistorgane bis zur Intuition (d.h. der höchsten Stufe der Erkenntnis) geschult hat. Als Träger des Selbstbewusstseins, der Individualität und der Moralität leuchtet in ihm als unsterblicher Teil des Menschen das ewig Geistige auf. „Durch seine Tätigkeit kann das menschliche Ich die drei übersinnlichen Wesenheiten bzw. Leiber in die Formen von Geistselbst, Lebensgeist und Geistesmensch veredeln, sich somit graduell immer höher in die Welt der 'Hierarchien' emporentwickeln."[364]

Die besondere Bedeutung und die Entwicklung des Ich, als dasjenige, was den Menschen zum Menschen macht, wird weiter unten bei der anthroposophischen Sichtweise der ontogenetischen Entwicklung, speziell bei der Darstellung der Jahrsiebte, deutlich werden. Die zentrale Stellung des Ich wird aber jetzt schon klarer, wenn man es in die Siebengliedrigkeit hineinstellt, die Steiner an vielen Stellen erläutert. Die ersten drei Wesensglieder werden über das Ich hinaus umgeformt und weiterentwickelt und zwar in folgender Weise:

„So viel von dem astralischen Leib umgestaltet worden ist, so viel ist im Menschen Geistselbst oder Manas vorhanden"[365].
Wird auch der Ätherleib umgewandelt, so erhält man das sechste Wesensglied, den Lebensgeist oder Buddhi.
Wenn schließlich auch der physische Leib in reinen Geist verwandelt wird, so erhält man den Geistesmenschen oder das Atma.

---

[362] Ullrich, Heiner, (1986), a.a.O., S.85
[363] Baumann, Adolf: Wörterbuch der Anthroposophie. Mvg-Verlag, München, 1986, S. 276
[364] Hartmann, Otto Julius: Anthroposophie. Freiburg, 1950, S. 100.
Zitiert nach: Ullrich, Heiner, (1986), a.a.O. , S. 85
[365] Steiner, Rudolf: Die Erkenntnis der Seele und des Geistes.
(Vortrag vom 24.10.1907) In: Wiederverkörperung. Verl. Freies Geistesleben, Stuttgart, 1982, S. 19

Wir kommen also dadurch zu der folgenden Siebengliedrigkeit des Menschen:

1. Physischer Leib
2. Äther-, Lebens- oder Bildekräfteleib
3. Astralleib
4. Ich
5. Geistselbst (Manas)
6. Lebensgeist (Buddhi)
7. Geistesmensch (Atma)

Alles was im Menschen zusammenwirkt, ist Äußerung des Geistes, da nach Steiner alles Geist ist. Das Ich ist dabei der zentrale Vermittler zwischen der ureigenen Gestalt des Geistigen und seiner Äußerung und „so findet eine fortwährende Vergeistigung während der Umwandlung der drei menschlichen Leiber oder Glieder der menschlichen Wesenheit statt"[366].

An anderer Stelle begegnet uns bei Steiner das Ich wieder und zwar als Ichsinn und damit als der höchste der zwölf Sinne (siehe dazu Vogel)[367].

Nach dem Blick auf das Ich nun ein kurzer auf die Seele des Menschen.
Die zentrale Stelle, die dem **Ich** in der **Sieben**gliedrigkeit des Menschen zukommt, kommt der **Seele** in der **Drei**gliedrigkeit des Menschen zu:

1. Geist
2. Seele
3. Leib.

Dabei sind die Bewusstseinsseele und Empfindungsseele die Vermittler zwischen den Wesensgliedern:

- Geist
  - ← Empfindungsseele
- Seele
  - ← Bewusstseinsseele
- Leib

---

[366] Steiner, 1982, a.a.O. S. 22
[367] Vogel, Lothar : Der dreigliedrige Mensch. Verl. am Goetheanum, Dornach, 1992, S. 240

Als kleiner Exkurs soll betrachtet werden, welches die eigentlichen Aufgaben der Seele sind. Es sind dies die drei zentralen Tätigkeiten des

1. Denkens
2. Fühlens und
3. Wollens,

die sich in den drei leiblichen Aspekten der menschlichen Gesamtorganisation auswirken,

1. der Nerven-Sinnesorganisation
2. der rhythmischen Organisation und der
3. Stoffwechsel-Gliedmaßenorganisation.

Dabei ergibt sich folgende Zuordnung

Oberer Mensch	→	Nerven-Sinnesorganisation	→	Denken
Mittlerer Mensch	→	Rhythmische Organisation	→	Fühlen
Unterer Mensch	→	Stoffwechsel-Gliedmaßenorganisation	→	Wollen

Diese drei Bereiche müssen genau auf einander abgestimmt sein, „da sie in einem dauernden Spannungsverhältnis zwischen oberer und unterer Tätigkeit leben müssen, in ihrer leibgerichteten Betätigung immer wieder einen Ausgleich suchen, der erst das Leben ermöglichen kann[368]".

Betrachtet man die oben angegeben drei Aufgaben der Seele genauer, stößt man auf die zugehörige Dreigliederung in

Empfindungsseele	→	Ätherleib
Verstandesseele oder Gemütsseeele und	→	Astralleib
Bewusstseinsseele	→	Ich.

Steiner führt dazu aus: „Die Empfindungsseele hängt in Bezug auf ihre Wirkung vom Ätherleib ab. Denn aus ihm holt sie ja das hervor, was sie als Empfindung aufglänzen lassen soll[369]". Die Empfindungsseele ist also das unterste Seelenglied.
Die Verstandesseele hat dagegen mit dem Denken des Menschen zu tun. Sie ist dem Astralleib zugeordnet.

---

[368] Koob, Olaf: Gesundheit Krankheit Heilung. Fischer, Frankfurt, 1983, S. 77
[369] Steiner, Rudolf: Theosophie. Rudolf Steiner Verlag, Dornach, 1962 (GA 9), S. 33

„Das was in der Seele als Ewiges aufleuchtet sei ... Bewusstseinsseele genannt. ... Der Kern des menschlichen Bewusstseins, also *die Seele in der Seele*[370]" ist also für Steiner die Bewusstseinsseele, sie steht in Beziehung zum menschlichen Ich.

Die drei Seelenglieder finden sich wieder als die mittleren Wesensglieder, wenn man den Menschen in einer Neungliederung sieht, bei der sich die drei Glieder des Menschen Leib - Seele - Geist in den drei Wesensgliedern wiederholen:

1. Physischer Leib
2. Äther-, Lebens- oder Bildekräfteleib $\rangle$ Leib
3. Astralleib
4. Empfindungsseele
5. Verstandesseele oder Gemütsseeele $\rangle$ Seele
6. Bewusstseinsseele
7. Geistselbst (Manas)
8. Lebensgeist (Buddhi) $\rangle$ Geist
9. Geistesmensch (Atma)

4. Alltags-Ich vs. Höheres Ich

In der Anthroposophie wird unterschieden zwischen dem Un-Individuellen, Äußeren, das wie eine Art Gewand gesehen wird, durch welches hindurch das eigentlich individuelle Ich hindurchscheint. „Dieses äußere Gewand können wir das Alltags-Ich nennen. Es bestimmt sich aus der Vergangenheit. Das Alltags-Ich kennt sich nur aus der Erinnerung. So wie ich heute reagiere, habe ich schon hundertmal reagiert. Diese Art zu reagieren gehört zu meinen Gewohnheiten. Und das bin ich eben. - So erlebt sich das Alltags-Ich. Das Alltags-Ich definiert sich selbst als das, was war, eben aus der Herkunft, den früher gebildeten und bis heute bestehenden Gewohnheiten und Eigenschaften, dem Erlebten, an das es sich erinnert."[371]

Demgegenüber kann das Höhere Ich als der Gestaltungswille betrachtet werden, der die innere Dynamik unseres Lebensganges prägt. Dem Höheren Ich sind wir da am nächsten, wo wir im Werden begriffen sind. Das Höhere Ich taucht deshalb besonders in Krisen auf. Der direkten Wahrnehmung ist es meist entzogen.

Bezogen auf die Biographiearbeit kann man sagen, dass das Höhere Ich so etwas wie der Biographie-Schreiber ist und das Alltags-Ich das Geschriebene.

---

[370] Steiner, 1962, a.a.O. S. 37
[371] Wais, Mathias: Biographiearbeit Lebensberatung. Urachhaus, Stuttgart, 1992, S. 33

Der Mensch ist nach Steiner sozusagen Bürger zweier Welten: mit seiner Leiblichkeit ist er der physischen Welt verbunden, sein höheres Ich lebt hingegen in der geistigen Welt. Zwischen physischer Welt und geistiger Welt nimmt sich der Mensch selbst wahr, in seinem Denken, Fühlen und Wollen.

5. Anmerkungen zur Schichtenlehre

Das Schichtendenken begegnet im Bereich der Persönlichkeitspsychologie ganz grundsätzlichen Schwierigkeiten, was auch auf die anthroposophischen Vorstellungen zutrifft:

> Es verkennt die Nichträumlichkeit und den funktionalen Charakter des Seelischen, welches keineswegs ein hierarchisches Ordnungsprinzip erzwingt.
> Die Einheit der Person wird durch die Überschätzung der Selbständigkeit der Schichten nur durch den theoretischen Kunstgriff der Summation garantiert, so als werde das Individuum erst im „Dachgeschoss" seines Aufbaus bzw. im Endstadium seiner Entwicklung menschliche Person.
> Die Personalität des Menschen darf sich nicht nur in der obersten, sie müsste sich auch in jeder der übrigen Schichten aufweisen lassen.
> Das Schichtendenken tendiert allzu leicht dazu, in einer biologisch-entelechischen Auffassung stecken zu bleiben und das gewaltige Feld der kulturellen und geschichtlichen Sphäre methodisch zu vernachlässigen, an der sich die Persönlichkeit heranbildet.
> Das anthropologische Schichten und Phasendenken bleibt, philosophisch gesehen, dann fruchtlos, wenn es wie etwa bei STEINER - nur in der Vergegenständlichung der Person verharrt und die unmittelbare Innerlichkeit der personalen Existenz nicht noch einbezieht.[372]

6. Fazit

Es bleibt es fraglos, dass universitäre Wissenschaften und anthroposophische Geisteswissenschaft nie gänzlich zu einander finden können, weil, wie Bischof schon von den Naturheilverfahren sagte „die beiden Richtungen auf völlig gegensätzlichen Weltbildern beruhen."[373]

---

[372] Ullrich, Heiner: Waldorfpädagogik und okkulte Weltanschauung. Juventa, Weinheim, 1986, S. 88
[373] Bischof, a.a.O. S.33

Steiner war aber der Überzeugung (und mit ihm alle Anthroposophen), dass **er** auf der Seite der Wahrheit steht, dass **er** die Tatsachen kennt, dass die **anderen** *meinen* und *glauben,* und hat dies in seinen schriftlichen Werken und (mit- oder nachgeschriebenen) Vorträgen immer und immer wieder behauptet.

Badewien zieht das Fazit folgendermaßen:

> Der Anspruch, Wahrheit mitzuteilen, hat aber eine unvermeidliche Konsequenz: Wer so genau weiß, wie die objektive Wahrheit aussieht, der muss alles andere als Irrtum, Lüge usw. abqualifizieren. Die Scheidelinie zwischen wahr und falsch, zwischen richtiger Erkenntnis und Irrtum ist für ihn (und für seine Anhänger) klar erkennbar. Ein Drittes dazwischen gibt es nicht. Wer für Steiner und seine „Geisteswissenschaft" eintritt, steht auf der Seite der Wahrheit und des Guten, wer gegen ihn steht, der befindet sich auf der Seite des Irrtums und des Bösen. Daher ist Anthroposophie - ganz gleich, wie sie sich nach außen hin auch geben mag - von ihrem Ansatz her nicht tolerant.[374]

Hansson sah nur einen mögliche Ausweg für den gläubigen Anthroposophen: „Dass man Steiners Warnungen bezüglich einer kritischen Einstellung gegenüber dem Okkulten (d.h. Steiners eigener Lehre) ernst nimmt. Wenn einige von Steiners Vorhersagen falsch oder widersprüchlich scheinen. Wo ist dann das Problem? Das Problem besteht darin, dass in Wirklichkeit nichts übrig bleibt, was Anthroposophie mit herkömmlicher Wissenschaft gemein hat.[375]

Ullrich zieht folgende Schlüsse aus seiner Beschäftigung mit der Anthroposophie :

> Das Paradox der Anthroposophie ist, dass im Namen der Wissenschaft verkündet wird, was gerade der Gegensatz zur Wissenschaftlichkeit ist. Wissenschaft ist, wo sie echt ist, kritisch, weil sie weiß, was sie weiß und was sie nicht weiß. ... Anthroposophie ist eine dogmatische Totalanschauung; sie möchte das Ganze der Welt und des Menschen gewiss und endgültig wissen; sie vermeint, das Rätsel des Menschen ein für allemal zu lösen - sie will in der Form der zwingenden Wissenschaft gerade das haben, was sich so nicht wissen lässt. Tatsächlich werden mystische Spekulationen zum Totalwissen mit dem Anspruch allgemeingültiger Wahrheit verabsolutiert. Die Gefahren eines solchen weltanschaulichen Denkens, eines solchen Lebens 'im Gehäuse' liegen

---

[374] Badewien, Jan: Anthroposophie. Ein kritische Darstellung. Bahn, Kostanz, 1985, S. 198
[375] Hansson, Sven Ove, a.a.O., S.45: „That is to take seriously Steiner's warnings against a critical attitude towards the occult (i.e. Steiner's teachings). If some of Steiner's pronouncements seem false or contradictory, then that must be because we do not understand them. So what is the problem? The problem is that there is virtually nothing left that anthroposophy can have in common with science."

darin, dass es den Blick für die Vieldimensionalität wissenschaftlicher Bemühungen verliert und in einer letztlich religiös gestimmten Welt mythischer Bilder hängen bleibt.[376]

Was letztlich von der Anthroposophie übrig bleibt, sind eigentlich nur die Funktionen, die gewöhnlich der Religion zugeordnet werden: Trost, ein Sinn für Bedeutung und Zweckbestimmtheit, die Hoffnung auf ein Leben nach dem Tode und Grundlagen für eine Moralität.[377]

Es ist hier nicht der Ort, die Leistungen der Anthroposophie schlecht zu machen, die sie z.B. auf folgenden Gebieten gezeitigt hat:

Schule	freie, undogmatische, kind- und entwicklungsgemäße Erziehung
Medizin	*humane* Medizin, Verstehen und Akzeptieren des Patienten als Menschen[378]
Pharmazie	alternative, nebenwirkungsreduzierte Medikamente
Landwirtschaft	chemiefreier Anbau, ökologische Bewusstsein, Lebensmittel; Achtung vor der Natur
Heilpädagogik	Heilung durch Musiktherapie, Sprachgestaltung, Heileurythmie, Malen und Plastizieren; Behindertenbetreuung in Dorfgemeinschaften; Camphill-Einrichtungen
Kunst	Bühneneurythmie, 'hygienische' Eurythmie, Betriebseurythmie; Pflanzenfarben

Wirtschaft / Rechtswesen Bewusster Umgang mit Geld, Leihgemeinschaften, GLS-Bank (Geben - Leihen und Schenken); besondere Strukturen in sozialen Gemeinschaften.

---

[376] Ullrich, Heiner, a.a.O., S. 32

[377] Hansson, Sven Ove, a.a.O., S.46: „What remains then, is essentially the functions that are traditionally claimed for religion: consolation, a sense of meaning and purpose, hope for after-life, foundations for morality".

[378] Dies war z.B. der einhellige Tenor der Patienten, die in der Talkshow *Fliege* am 19.9.1995 (ARD 16.03) zur anthroposophischen Medizin befragt wurden.

Aber schon Badewien schrieb: „Ein solches humanitäres Wirken kann jedoch in keiner Weise als ein Beweis für die Richtigkeit der Steinerschen Lehren gewertet werden - beides liegt auf völlig verschiedenen Ebenen."[379] Es ist dies eine Verwechslung, der man häufig begegnet: wenn es diese ganzen „Früchte" der Lehre Steiners gibt, dann müsse doch auch seine Lehre, seine Grundannahmen, seine Weltanschauung richtig sein. Und es ist zudem zu fragen, wie lange die „Früchte" (um bei diesem anschaulichen Beispiel zu bleiben) noch „geerntet" werden können, wenn der „Boden" nie kritisch überprüft wird. Dies gilt cum grano salis für alle angeführten Bereiche. Die Wirksamkeit der Methoden und Heilmittel wird mit herkömmlichen, naturwissenschaftlichen Methoden nicht untersucht, z.B.

- anthroposophische Medikamente[380]

- biologisch-dynamische Landwirtschaft (kosmische Impfung des Kompostes, Sternenwirksamkeit etc.)

- Differentielle und spezifische Wirkungen der künstlerischen Therapien.

Auch die Behauptungen der anthroposophischen Menschenkunde werden nur sehr selten mit den Ergebnissen der herkömmlichen naturwissenschaftlichen Disziplinen konfrontiert, z.B. mit
- Astronomie
- Geologie
- Evolutionsforschung.
Schlägt man in anthroposophischen Kreisen vor, wie man die eine oder andere anthroposophische Behauptung wissenschaftlich untersuchen könnte, gerät man schnell in den Verdacht, ein Abgesandter Ahrimans zu sein, der mit seinem nüchternen, technischen, zergliedernden Verstand das schöne, heile Bild der Anthroposophie zerstören möchte.

Aber vielleicht ist die herkömmliche naturwissenschaftliche Überprüfung von Steiners Behauptungen überhaupt der verkehrte Weg und müßig. So schreibt z.B. Stewart C. Easton:

> One obvious method is to point out how some of these so-called „mystical" ideas can be put to work fruitfully in the external world - as, for example, in biodynamic agriculture whose achievements are capable of being tested by „scientifically" acceptable means. ...

---

[379] Badewien, Jan: Anthroposophie. Bahn, Konstanz, 1985, S. 135
[380] Hier begann man inzwischen mit ersten vergleichenden Untersuchungen von Medikamenten zur Krebsbehandlung (Mistelpräparat Iscador).

But Steiner's work should not be judged by such criteria as these, which might be lucky guesses and in any event prove nothing about his other teachings, nor the genuineness of his spiritual gifts.381

Für Easton gilt dagegen als Test, ob die Anthroposophie für einen selbst sinnvoll erscheint:

> In my opinion, what might be called a „pragmatic" test - does this knowledge „make sense," does it help us to understand better the world we live in? - is one that Steiner passes with flying colors.[382]

Easton glaubt, dass man zu dieser Überzeugung nicht kommen würde, wenn das Gedankengut Steiners nicht außerordentlich konsistent wäre und man dadurch zu der Überzeugung käme, dass Steiner das, was er behauptet nicht selbst erlebt habe.

Dem kann man entgegenhalten, dass, worauf auch Easton hinweist, Steiner alles andere als konsistent war, sondern im Laufe der Jahre verschiedene Modelle entwickelte, die sich widersprechen, oder bestenfalls ergänzen. Aber wenn das alles ist, was zur Überprüfung vorgebracht werden kann, dann muss man sagen, dass es zahlreiche andere Glaubenssysteme gibt, die auch in sich stimmig sind, wie das Christentum, der Buddhismus, die Lehre Mohammeds etc. und die deren Anhänger ebenfalls zu einem sinnerfüllten Leben anleiten können.

7. Schlussbemerkung

Meine kritische Haltung gegenüber zahlreichen Grundannahmen Steiners habe ich in der Vorbemerkung schon in extenso zum Ausdruck gebracht. In der Rückschau erinnert mich die heutige Situation an die Zeit des Umbruchs vor gut 300 Jahren, wo mit dem Inquisitionsverfahren gegen Galilei und dessen erzwungenem Widerruf seiner Erkenntnisse eine Epoche zu Ende ging. Gegen die Autorität der Kirche musste sich das Selbst-Denken behaupten.

So bin ich der Überzeugung, dass auch heute in Bezug auf die Anthroposophie eine Neuorientierung notwendig geworden ist. Das heißt nicht, dass damit sogleich die Bedeutung von Steiners Texten in Frage gestellt wird. Allerdings kann an den Aussagen weder wörtlich, noch in der herkömmlichen Auslegung festgehalten werden. Vielmehr müssen seine Werke auf ihren neu zu erschließenden Sinn hin befragt werden.

---

[381] Easton, Stewart, C.: Man and world in the light of anthroposophy. The Anthroposophic Press, Spring Valley, 1975, S. 9 f.
[382] Easton, Stewart, C., a.a.O., S.10

Wo es notwendig und gerechtfertigt erscheint, sollten aufgrund heutiger philosophischer, psychologischer und naturwissenschaftlicher Erkenntnisse Grundannahmen und Folgerungen kritisch überprüft und weitergeführt werden. Ein Fortschreiten, eine Erneuerung ist auch hier notwendig, wenn die Anthroposophie nicht zunehmend 'versteinern' will. Ich sehe diese Gefahr überdeutlich, da ich diesen Erneuerungswillen weithin vermisse. Die Anthroposophie droht damit immer mehr zu einer esoterischen Sektenbewegung zu werden, welcher der Dialog mit der Außenwelt zunehmend verloren geht. Ich bin sicher, dass dies nicht im Sinne Rudolf Steiners wäre, da ich andererseits immer wieder überrascht bin über seine Flexibilität in der Handhabung seiner eigenen Erkenntnisse. Flexibilität heißt hier auch: Veränderung und Fortschreiten der Ergebnisse, eine Tatsache, die von Steiners Anhängers z.T. heftig dementiert wird, als ob es etwas anrüchiges, unehrenhaftes sei, seinen Standpunkt im Laufe seines Lebens zu verändern.

So wird aber immer noch jedes Wort „des Dr." geheiligt und sein Weltbild als das einzig richtige und wahre angesehen, ein genereller Fehler, den Solomon so bezeichnete:

> The still common but no longer wholly respectable tendency to project one's own view of the world as a universal or „transcendental" truth, as the way the world really is. ... „The transcendental pretense" is the attempt to claim that one's own world view is in fact the only correct view, for any person in any society at any time."[383]

Ich neige deshalb mehr zu der Descarteschen Regel III:

Man sollte sich nur den Gegenständen zuwenden, zu deren klarer und unzweifelhafter Erkenntnis unser Geist zuzureichen scheint.

> Durch diese Vorschrift werden von der Philosophie prinzipiell alle transzendentalen Gegenstände ausgeschlossen, weil unser Geist nur in der Lage ist, weltimmanente Gegenstände klar und deutlich zu erfassen. Die als metaphysisches Erkenntnisinstrument benutzte 'analogia entis' der Scholastik (d.h. der Rückschluss von endlich Seiendem in der Welt auf die Qualitäten des unendlich Seienden über der Welt, also auf das Sein und Wesen Gottes) scheidet mithin aus. Sie ist als ein unzulässiges Verfahren gekennzeichnet, weil unser Geist zu einer klaren und unzweifelhaften Analogie vom Endlichen auf das Unendliche nicht zureicht.[384]

---

[383] Solomon, Robert C.: The Ego in German Philosophy. A Reexamination. Philosophic Exchange, 18, 1987. S. 7
[384] Holz, Hans Heinz, a.a.O., S.71

Damit reicht unser Geist auch nicht aus, da er an die physische Welt gebunden ist, sich zu schulen, um auf dieser Welt übersinnliche, *höhere*, metaphysische Welten zu erkennen.

Ich verstehe daher Rudolf Steiner zunehmend aus seiner Zeit heraus als einen Menschen, dem es noch einmal (wahrscheinlich zum letzten mal im 20. Jahrhundert) gelungen ist, ein **in sich stimmiges** Gesamtwerk zu schaffen, das einer einheitlichen Gesamtwelterklärung dient. Es wurde aus den gleichen Gründen von Harald Szeemann[385] eingereiht in die „Europäischen Utopien seit 1800", neben Philipp Otto Runge, Richard Wagner, Ludwig II, Wassily Kandinsky und vielen anderen.
Ich sehe ihn aber auch als einen Menschen an, der noch stark vom 19. Jahrhundert geprägt war und der dem Trugschluss unterlegen ist
> in den Dingen mehr Ordnung und Regelmäßigkeit [anzunehmen] welche
> die Gestaltpsychologie des 20. Jahrhunderts als „Prägnanztendenz"
> bezeichnet [hat].[386]

Daher seine ganze Schematisierung und Ordnung, z.B. in Zwei-, Drei-, Vier-, Sieben- oder Neungliederung des Menschen. Erst im 20. Jahrhundert wurde in den verschiedensten Disziplinen begriffen, dass derartige Einteilungsversuche aus der menschlichen Natur kommen, mit der Natur der Dinge aber nur selten etwas zu tun haben:

- die Zeit vergeht „nahtlos", wir teilen sie in Sekunden, Minuten, Tage, Monate, Jahre
- das Strahlenspektrum ist kontinuierlich, wir ordnen einem bestimmten Bereich Farben zu, bilden einen Farbkreis
- selbst Leib und Seele lassen sich nicht von einander trennen, wie erst durch die Psychosomatik klar wurde.

---

[385] Szeemann, Harald: Der Hang zum Gesamtkunstwerk. Europäische Utopien seit 1800. Sauerländer, Aarau, 1983
[386] Vollmer, Gerhard: Evolutionäre Erkenntnistheorie. S. Hirzel, Stuttgart, ⁶1994, S. 6

X.   Die Entwicklung des Ich

A. *Evolution*

1. Naturwissenschaftliche Sichtweise der Evolution

Vor der Betrachtung der Ichentwicklung des Menschen einige Anmerkungen zur Evolution. Die Evolution des Kosmos wird heute von den Wissenschaftlern je nach Standpunkt in einen Zeitraum von 12 - 15 Milliarden zurück verlegt. Unsere Sonne ist gemeinsam mit den Planeten vor ca. 5 Milliarden Jahren entstanden. Das erste Leben entstand vor ca. 3,8 Milliarden Jahren mit selbstreplikaktionsfähigen Organismen. Bis der Entwicklung mehrzelliger Lebewesen dauerte es dann allerdings noch sehr lange (bis etwa vor 700 Millionen Jahren).   Für die Entstehung des Menschen war die Entwicklung von Wirbeltieren Voraussetzung, die vor ca. 500 Millionen[387] Jahren einsetzte; die ersten Säuger entstanden vermutlich vor 200 Millionen Jahren. Eine Definition der Abstammungslehre, wie sie heute z.B. im Knaur gegeben wird lauter folgendermaßen:

> Deszendenz- od. Evolutionstheorie, die Wissenschaft von der Herkunft der vielfältigen Lebensformen (z.B. des Menschen) aus Frühformen der erdgeschichtl. Entwicklung. Nach heutiger Vorstellung entstand das Leben durch stufenweise chem. Synthese aus einfachen Molekülen; bei Erreichung hoher chemischer Komplikation begann der Lebensprozeß anzulaufen (Urzeugung) und ist seither nicht wieder abgerissen. Im Laufe der Evolution, deren geschichtliche Wege die Paläontologie (Versteinerungskunde) teilweise belegt (Lücken durch verbindende Zwischenformen geschlossen), erfolgte eine schrittweise Vervielfältigung der Lebenstypen mit komplizierterem Bauplan und eine fortschreitende Verbesserung der Anpassung. Die Ursachen dieser Höherentwicklung hat erstmals Darwin (1859) aufgedeckt. In den Organismen werden ständig Erbänderungen (Mutationen) erzeugt; diese werden von der Umwelt entweder gefördert (positiv ausgelesen) oder bleiben ohne Bedeutung (negativ ausgelesen oder ausgeschaltet). Diese Selektionstheorie der Evolution ist durch die moderne Evolutionsgenetik experimentell gestützt worden. Die Auslese der besser geeigneten Mutanten (Überleben des

---

[387] Mit einem 525 Millionen Jahre alten Fossil, dem Yunnanozoon lividum, das ein chinesische-schwedisches Team von Paläontologen im südchinesischen Chengjiang aus dem Erdreich gegraben hat, wurde vielleicht der erste Vorläufer der Wirbeltiere gefunden. Damit wären die Wirbeltiere „zeitgleich mit allen den anderen primitiveren Tierstämmen wie den Gliederfüßern oder Stachelhäutern entstanden." Der Spiegel: Am Anfang war der Kot, 1996(4), S. 136

Geeignetsten) im Kampf ums Dasein gilt nicht für das Einzelindividuum, sondern statistisch für die Gruppe oder Population. Die Selektionstheorie ist die einzige widerspruchsfreie Ursachentheorie der Evolution; alle anderen Theorien sind widerlegt (z.B. Lamarckismus, der die Vererbung umweltbedingter Eigenschaften vertritt) oder überschreiten das Gebiet der Naturwissenschaften (wie der Vitalismus, der das zielstrebige Eingreifen einer übernatürlichen Lebenskraft annimmt).[388]

Wir wollen aber an dieser Stelle auch Darwin selbst zu Wort kommen lassen. Er schrieb 1859 in seinem grundlegenden Werk: „The origins of species":

The affinities of all the beings of the same class have sometimes been represented by a great tree. I believe this simile largely speaks the truth. The green and budding twigs may represent existing species; and those produced during each former year may represent the long succession of extinct species... The limbs divided into great branches, and these into lesser and lesser branches, were themselves once, when the tree was small, budding twigs; and this connexion of the former and present buds by ramifying branches may well represent the classification of all extinct and living species in groups subordinate to groups... From the first growth of the tree, many a limb and branch has decayed and dropped off, and these lost branches of various sizes may represent those whole orders, families, and genera which have now no living representatives, and which are known to us only from having been found in a fossil state... As buds give rise by growth to fresh buds, and these, if vigorous, branch out and overtop on all a feebler branch, so by generation I believe it has been with the great Tree of Life, which fills with its dead and broken branches the crust of the earth, and covers the surface with its ever branching and beautiful ramifications"

William H. Calvin[389] hat die Entwicklung der Erde, die man diese 5 Milliarden Jahre zurückverfolgen kann, auf eine Strecke von 100 m übertragen. Auf diese Strecke abgebildet, entsprechen die letzten 4 cm der Zeit seit dem Auftauchen der *homo habilis* und der rapiden Zunahme des Gehirnvolumens (2 Millionen Jahre), die letzten 2 mm der Zeit seit dem Neandertaler (100 000 Jahre) und die letzten 0,1 mm der Zeit seit der Erfindung der Schrift (5000 Jahre).
Auf einen Tagesablauf von 24 Stunden übertragen spalteten sich die ersten menschenähnlichen Wesen um 23:57 Uhr von den Uraffen ab und es betrat der

---

[388] Knaurs Lexikon
[389] Calvin, William H.: Der Strom der bergauf fließt. Eine Reise durch die Evolution. Hanser, München, 1994

heutige Mensch die Welt (Neandertaler) knapp 2 Sekunden vor Mitternacht.[390] Die materielle Entwicklung der Erde und die Evolution der Lebewesen nehmen also relativ viel Zeit in Anspruch, die kulturelle Evolution hat hingegen gerade erst begonnen.

Die Evolution des Menschen lässt sich mittlerweile von den direkten Vorläufern des Menschen, den **Hominoiden** (= Hominide und Menschenaffen, vor 6,5 Millionen Jahren) zu den ersten **Hominiden** verfolgen.

---

[390] Andererseits richtet sich die Hoffnung mancher Wissenschaftler darauf, dass der Mensch erst am Anfang eines 24-stündigen Tages steht, seine (geistige) Entwicklung also noch vor sich hat. Derartige Gedanken finden sich auch bei Rudolf Steiner wieder, der den Gipfel der menschlichen Entwicklung im sog. *Geistesmenschen* sieht (s. **Fehler! Verweisquelle konnte nicht gefunden werden.**)

Der heutige Stand an Funden von Hominiden stellt sich in etwa so dar:

Zeitraum	Name	(a) Fundort	(b) Forscher	(c) Besonderheiten
6 Millionen Jahre	*Millennium Man*	Baringo-Diskrikt – Tugen-Berge (Zentral-kenia)	M. Pickford & B. Senut[391] (25.11.2000)	Aufrechter Gang; Fund von Arm- und Oberschenkelknochen, Zähnen und Kieferteilen
4,4 Millionen Jahre	*Ardipithecus ramidus*[392]	Aramis Flußbecken (Middle Awash) / Äthiopien	R. Leakey & Walter[393] (1994), White	Kein direkter Vorfahre des Menschen; Fund von Gebiss und Arm-knochen; hochliegender Kehlkopf
4,0 - 4,1 Millionen Jahre	*Australo-pithecus anamensis*[394]	Kanapoi und Allia Bay am Rudolfsee / Kenia	Meave Leakey[395] (1995)	Gang auf zwei Beinen; Fund von Schienbein und Oberarm
3,5 - 3,8 Millionen Jahre	*Australo-pithecus arafensis*	Laetoli / Tansania	Mary Leakey (1977)	Fußspuren von Laetoli (menschenähnlicher Fußabdruck von Ferse und geschlossenen Ze-hen)
3,5 Millionen Jahre	„Little Foot" *Australo-pithecus*	Sterkfontein/ Südafrika	Clarke (1980) & Tobias (1995)	Füße nur z.T. an das Bodenleben angepasst (der große Zeh erwies sich als typischer Greifzeh eines Men-schenaffen)
3,1 Millionen Jahre	„Lucy" *(Australopithec us arafensis)*	Hadar/ Äthiopien	Donald Johanson & Tim White (1974)	Aufrechter Gang

Danach folgen der *Homo habilis* (ca. vor 2 Millionen Jahren), der *Homo erectus* (ca. vor 1,5 Millionen Jahren) und der *Homo sapiens* ('Neandertaler'[396], vor 100 000 Jahren).

---

[391] Die Zeit Nr. 51, 2000: Klappern mit alten Knochen. Ein spektakulärer Fund in Kenia wirft neues Licht auf die menschliche Evolution.

[392] Übersetzung: Bodenaffe von der Wurzel

[393] Süddeutsche Zeitung vom 8.6.1995: Puzzlespiel mit alten Knochen (s.a. Nature, Band 375, 1995, S. 88)

[394] Übersetzung: Südaffe vom Meer

[395] Süddeutsche Zeitung vom 24.8.1995: Weiterer Urahne des Menschen entdeckt (s.a. Nature, Band 376, 1995, S. 565)

[396] Nach neuen Untersuchungen, die Ian Tattersall (American Museum of Natural History, New York) und Jeffry Schwartz (University of Pittsburgh) an den Nasenöffnungen von Schädeln von Neandertalern und heutigen Menschen durchgeführt haben, bestehen zwischen ihnen so große Unterschiede, dass der

Der derzeit neueste Fund (Stand: Dezember 2000) wirft endlich Licht auf die Wurzel des menschlichen Stammbaums. Friedemann Schrenk schreibt in der ZEIT dazu:

> Ein paar versteinerte Arm- und Oberschenkelknochen, Zähne und Kieferteile sind die letzten Zeugen der fünf Wesen - vielleicht eine Urzeitfamilie. Ein Greis, drei jüngere Erwachsene, alle schimpansengroß, dazu ein Kind, müssen sich am Ufer eines vorzeitlichen Sees von Früchten und Wurzeln ernährt haben. Anscheinend lebte die Gruppe, vorerst auf den Namen "Millennium Man" getauft, bereits vor sechs Millionen Jahren, und zwar auf zwei Beinen.
> Der spektakuläre Fund des Grabungsteams von Martin Pickford und Brigitte Senut ist eine Jahrhundertsensation. ... Die Reste des Millennium-Menschen wurden nach jahrelangen Geländearbeiten am 25. November 2000 in fossilhaltigen Schichten der Tugen-Berge 250 Kilometer nordwestlich von Nairobi entdeckt. Die Ausbeute darf als ein Highlight in der Paläoanthropologie Afrikas gelten. Die Funde sind durchaus vergleichbar mit der Entdeckung des Taung-Babys in Südafrika 1924 oder den berühmten 3,6 Millionen Jahre alten Fußspuren von Laetoli 1974 in Tansania. ... Pickford hatte nicht nur Finderglück, sondern vor allem seine Lebensgefährtin dabei, die ausgerechnet Spezialistin für die Beinknochen von Hominiden ist. Brigitte Senut hatte bereits die Fortbewegung bei der berühmten "Lucy" *(Australopithecus afarensis)* untersucht. ... Welch eine Sensation war der Fund von Lucy in Äthiopien Anfang der siebziger Jahre! Damals galt Lucy mit drei Millionen Jahren als der älteste Vormensch, heute erscheint sie angesichts des sechs Millionen Jahre alten Millennium Man fast lächerlich jung. Lucys Skelett wird inzwischen ironischerweise eher einem Mann als einer Frau zugeordnet. Senut hat immer wieder darauf hingewiesen, dass der aufrechte Gang des Menschen sehr alt sein muss, denn sie stellte fest, dass bei den bekannten *Australopithecus afarensis*-Vertretern mindestens zwei Typen des aufrechten Gangs vorkommen.[397]

Der Fund der kenianischen Anthropologin Meave Leakey[398] aus dem Jahre 1995 in Kanapoi hatte den Zeitraum in dem sich der aufrechte Gang entwickelte gegenüber den berühmten Fußspuren von Laetoli schon einmal um ca. 500 000 Jahre nach hinten verschoben. Dieser frühe Zweibeiner war mit einem Körpergewicht von 46 bis 55 Kilogramm etwa so groß wie ein Schimpanse. Die Fundstücke zeigten jedoch

Neandertaler nicht mehr als Vorläufer des heutigen Menschen gelten kann, sondern als eigene Spezies betrachtet werden muss (La Nación, 6.10.1996, S. 34 A)
[397] Schrenk, Friedemann: Klappern mit alten Knochen. Die Zeit, 51, 2000
[398] Focus 34, 1995, S. 108: Zweibeiner auf den Bäumen. Der Mensch lernte den aufrechten Gang nicht erst in der Savanne

Eigentümlichkeiten, die für den modernen Menschen typisch sind, sie erlaubten nämlich das Strecken des Beins, was auf eine senkrechte Stellung des Fußes zu den Beinen hinweist. Dazu schreibt *Der Spiegel*:

> Die kenianische Urmenschenforscherin hatte nicht nur eine neue Art, *Australopithecus anamensis*, entdeckt, sie sah sich auch in ihrer These von der Artenvielfalt der Hominiden bestätigt. „Jede grundsätzliche Neuerung wird von der Evolution erst einmal variiert", verkündet sie. „Warum sollte es mit dem aufrechten Gang anders gewesen sein?"
> Meave Leakey ist davon überzeugt, dass zunächst eine Vielzahl verschiedener aufrecht gehender Menschenaffen entstanden sein müssen, die jeder auf seine Weise die neuen Möglichkeiten des Zweibeinertums erkundeten. Nur einer von ihnen habe sich später zum Menschenaffen weiterentwickelt, während die anderen ausstarben.[399]

Auf ein weiteres Verbindungsglied in der Entwicklung vom Affen zum Menschen war der Wissenschaftler Clarke[400] 1980 in Südafrika gestoßen. Die 3,5 Millionen Jahre alten Fußknochen eines *Australopithecus* („Little Foot") zeigten deutlich, dass der Affenmensch Füße gehabt habe, mit denen er wie ein Mensch auf zwei Beinen gehen konnte. Clarke sprach davon, dass dieses Lebewesen zugleich Mensch und Affe gewesen sei.

> Vor ein weiteres Rätsel stellt die Wissenschaftler die Entdeckung von „Little Foot". Erst jetzt untersuchte Phillip Tobias vier Hominiden-Fußknochen, die schon 1980 in einer südafrikanischen Höhle entdeckt worden waren. Und er stieß dabei auf „genug, um jedermanns Blut zum Kochen zu bringen", wie es einer seiner Kollegen formulierte.
> Denn „Little Foot" ist eine eigenartige Schimäre: Der federnde Spann und die kräftige Ferse scheinen bereits einem Zweibeiner zu gehören: Der große Zeh hingegen ist noch wie ein Daumen abgespreizt - der typische Greifzeh eines baumlebenden Klettertiers.[401]

Die Funde von Leakey und Clarke scheinen zu beweisen, dass der Vorläufer des Menschen die zweibeinige Lebensweise nicht lernte, um im hohen Gras der Savannen den Überblick zu bewahren, sondern dass die Evolution den aufrechten Gang zu einer Zeit erfand, als unsere Ahnen noch in den Bäumen kletterten.

Dazu sehen allerdings die neuesten Funde von Martin Pickford im Widerspruch: „Die Menschwerdung begann mit dem aufrechten Gang. Und er entwickelte sich damals

---

[399] Der Spiegel: Auf der Spur des ersten Menschen. Siegeszug aus der Sackgasse. 1995(42), S. 228
[400] Süddeutsche Zeitung vom 29./30.7.1995
[401] Der Spiegel 1995(42), a.a.O., S. 236f.

parallel zum Rückzug des afrikanischen Regenwaldes: als eine sinnvolle Fortbewegung am Boden in dessen lichten Randgebieten."[402]

Diese Hinweise über die sukzessive Höherentwicklung des Menschen gewinnen die Paläoanthropologen aus Knochenfunden, Fußabdrücken, aus Werkzeugfunden, aus dem Verhältnis von Körper zu Gehirngröße, aus der Asymmetrie des Gehirns, sowie aus Veränderung der Neigung der Schädelbasis, die Voraussetzung für die Absenkung des Kehlkopfes[403] und damit der Sprachentwicklung war.

Die Thesen aus den Funden sind unter Paläontologen teilweise noch heftig umstritten. „Denn die Paläoanthropologen sind eine streitsüchtige Zunft. Erbittert umkämpft sind nicht nur wissenschaftliche Details: Gehören die Knochen zu einer neuen Art? Gar zu einer neuen Gattung? Handelt es sich wirklich um einen Urahnen des Menschen oder doch nur um einen Uronkel? Ist Whites Fund, wie missgünstige Paläoanthropologen argwöhnen, möglicherweise der Urahn des Schimpansen?"[404] Man kann aber nach den neuen Funden nicht mehr davon sprechen, dass das 'missing link'[405] zwischen Hominoiden und Hominiden nicht existiere. Damit braucht man aber nicht zu der Ansicht eines falsch verstandenen Darwinismus zurückkehren, dass der Mensch vom 'Affen' abstamme, sondern muss sich nur klar machen, dass der Mensch und der Schimpanse (mit dem er 97 % der Gene gemeinsam hat) einen gemeinsamen Vorfahren haben (von dem uns aber immerhin 6,5 - 7 Millionen Jahre trennen).

Ebenso umstritten wie verblüffend ist die „Aquatic Ape Theory" der Amerikanerin Elaine Morgan, die zahlreiches Material zusammengetragen hat, das darauf hindeutet, dass die Vorläufer des heutigen Menschen einen „Umweg" während der Evolution durch ein Stadium gemacht haben, in dem sie teilweise im oder am Wasser gelebt hatten. Hinweise dafür ergeben sich z.B. aus dem Verlust der Körperbehaarung, den Fettreserven unter der Haut, der Tränenproduktion, der willentlichen Atemkontrolle etc.[406]

Dies war auch eine Hypothese des Physiologen Alister Hardy: Er erklärte das Fehlen von fünf oder sechs Millionen Jahre alten Fossilien mit einer Entwicklungsphase des

---

[402] Schrenk, Friedemann: Klappern mit alten Knochen, Die Zeit, 51, 2000

[403] Naturwissenschaftliche Rundschau, Heft 5, 1995, S. 179

[404] Der Spiegel 1995(42), a.a.O., S. 222

[405] So ist neuerdings ein außergewöhnlich gut erhaltener 9,8 Millionen Jahre alter Schädel eines Ankarapithecus meteai aus der Familie der Hominiden in der Türkei entdeckt worden, der unter Experten als „bedeutendster Fund eines „Menschenartigen" aus der Zeit von 18 bis fünf Millionen Jahren (gilt), weil er eine Lücke in der langen Entwicklungsgeschichte des Menschen schließt." (Süddeutsche Zeitung, 8.8.1996; s.a. Nature, Bd. 382, S. 349, 1996).

[406] Näheres kann in ihren Büchern nachlesen werden oder auch im Internet unter: http://www.brad.uk/ ~dmorgan/aat/leaflet.txt

Vormenschen im Wasser. „Doch nun zeigen die neuen Funde ziemlich klar: Die Wasserhypothese hat - für viele bedauerlich - verloren."[407]

Die Wissenschaftler gehen heute sogar noch weiter, indem sie nach einem geheimnisvollen Vorfahren suchen, der der Urahn beinahe aller tierischen Kreaturen gewesen sein könnte. Die Gene, die den Menschen mit den anderen Lebewesen und den Vorfahren verbinden, sind die sog. Hox-Gene. So wachsen Fliegen und Menschen nach demselben Bauprinzip, das in Strängen von Hox-Genen aufgezeichnet ist. Diese sind beim Insekt und beim *Homo sapiens* gleich, allerdings hat die Fliege 8, der Mensch 38. „'Genetisch sind sich die Lebewesen sehr viel ähnlicher, als wir je vermutet hätten', resümiert der Baseler Biologe Georg Halder. 'Inzwischen fragen wir uns: Was erzeugt eigentlich die Unterschiede zwischen Würmern und Menschen?'"[408]

Was unterscheidet den Menschen von der Nacktschnecke? Der Kopf. Im Gegensatz zu ihren nächsten Verwandten aus dem Stamm der Chordatiere haben alle Wirbeltiere einen Schädel mit Gehirn. Doch wie kann eine derart komplexe Struktur durch die zufällige Mutation von Genen entstehen?

> Die Frage versuchten britische Forscher zu beantworten, indem sie die Gene des Lanzettfisches studierten [] Dieser Fisch besitzt zwar schon eine innen liegende Skelettstruktur, aber keinen Kopf. Damit sich bei einem Embryo Nase, Augen, Schädel und Gehirn in der richtigen Anordnung ausbilden, müssen die entsprechenden Gene an- oder ausgeschaltet werden. Die Schalter hierfür sind andere Gene – und obwohl der Lanzettfisch weder Nase noch Augen besitzt, sind die molekularen Steuerelemente für deren Entwicklung bereits vorhanden. Das konnten die Forscher zeigen, indem sie diese Steuergene aus dem Fisch in Embryos von Maus und Huhn einpflanzten. Um einen Kopf zu bilden, wurde also auf bereits vorhandenes Genmaterial zurückgegriffen: Was in der Evolution wie eine Revolution erscheint, ist oft nur eine kleine Variation des Erbguts. So wurden aus einem kleinen Fisch mit zwei spitz zulaufenden Enden sehende, riechende und denkende Wesen.[409]

Der Zeitraum der „Menschwerdung" lässt sich nach heutigen Erkenntnissen auf einen Zeitraum von ca. 6 Millionen Jahre eingrenzen. Dafür sprechen die Ergebnisse von Martin Pickford und Brigitte Senut in Zentralkenia, Leakey in Ostafrika und Clarke in

---

[407] Schrenk, Friedemann, a.a.O.
[408] Der Spiegel: Lehrreicher Alptraum. Was unterscheidet den Menschen vom Wurm? Viel weniger als gedacht., 1995(38), S. 234f.
[409] Kleine Ursache Wie der Kopf erfunden wurde. Süddeutsche Zeitung vom 19.12.2000

Südafrika. Generell wird Afrika, besonders Ostafrika[410], als die 'Wiege der Menschheit' angesehen. Mit seinem Ausspruch „Eva kam aus Afrika" wurde der Us-Genforscher Allan Wilson berühmt, der sich als erster die Geschichtsschreibung des Menschengeschlechts aufgrund molekularer Untersuchungen des Erbguts vornahm. „Er machte sich zunutze, dass die Gene der Mitochondrien, bestimmter Organellen in den Zellen, stets von der mütterlichen Eizelle vererbt werden. Im Zellplasma jeder menschlichen Zelle, so folgerte Wilson, schwimmen mithin die direkten Abkömmlinge von Mitochondrien der Urmutter aller heute lebenden Menschen."[411]

Das einzigartige Drama versuchen die Anthropologen in drei Akte zu gliedern, von denen jeder eine Revolution in der Geschichte des Lebens darstellt:

- Vor fünf bis sieben Millionen Jahren erlernte der Vorläufer des Menschen den aufrechten Gang, als erstes und bisher einziges Säugetier: Fast alle Veränderungen des Skeletts lassen sich als Anpassung an diese neue Form der Fortbewegung begreifen.
- Erst zwei bis drei Millionen Jahre später begann, mit dem Auftauchen der Gattung Homo, das rasche Wachstum des Gehirns. Der Mensch entwickelte Werkzeuge. Es entstand die soziale Struktur einer Gesellschaft von Jäger und Sammlern.
- Vor 100 000 Jahren hatte der moderne Mensch, Homo sapiens, die Bühne bereits betreten. Innerhalb weniger 10 000 Jahre, gleichsam in einem erdgeschichtlichen Augenblick, entstehen Kunst, Schmuck, Handel, komplexere Werkzeuge, vermutlich auch die ersten Mythen.[412]

Bemerkenswert ist jedoch, dass die ersten Zweibeiner alle wieder ausstarben, also auch der Homo erectus, der archaische Homo sapiens und der Neandertaler. „Welcher das Erfolgsmodell war, das zum weisen *Homo sapiens* wurde, ist unbekannt."[413]

Mit den Vorfahren des heutigen *Homo sapiens* haben sich auch die Genforscher beschäftigt. Für sie hat der biblische Adam tatsächlich existiert. So hat der Genetiker Michael Hammer von der Universität Arizona den Aufbau von Teilen des Y-Chromosoms, ein Stück Erbmasse, das nur bei Männern vorkommt, untersucht.

---

[410] Dafür sprechen auch neue Genanalysen, die von amerikanischen Forschern bei 1600 Menschen bei 42 Volksstämmen durchgeführt wurden (siehe: Nürnberger Nachrichten: Wiege der Menschheit in Afrika. 9./10.3.1996)
[411] Der Spiegel: Auf der Spur des ersten Menschen. Siegeszug aus der Sackgasse (III). 1995(44), S. 142
[412] Der Spiegel 1995(42), a.a.O., S. 232
[413] Focus 34, 1995, S. 109

Er verglich diese Genfragmente von acht Afrikanern, zwei Australiern, drei Japanern und zwei Europäern auf ihre Unterschiede. Dann rechnete Hammer, wie lange die Evolution gebraucht habe, um diese Unterschiede hervorzubringen. Die Ergebnisse deuten darauf hin, dass die Y-Chromosomen aller heute lebenden Männer ihre Wurzeln in einem Mann haben, der vor 188 000 Jahren lebte.[414]

Interessant ist es im Hinblick auf die gesamte Evolutionsgeschichte, sich mit dem Phänomen der Zeit zu beschäftigen. Friedrich Cramer weist darauf hin, dass die Eigenzeiten der verschiedenen Arten im Evolutionsstammbaum völlig verschieden sein können: „Die Spezies homo sapiens gibt es seit 100000 Jahren ... ob sie noch weitere 100000 Jahre aushalten wird, mag fraglich erscheinen -, die Kopffüßler-Schnecken (Nautilus), die man in der Schwäbischen Alb massenhaft ... als 200 Millionen Jahre alte Versteinerungen (Ammoniten) findet, gibt es im Pazifik heute noch in nahezu unveränderter Gestalt."[415] Er gerät mit seiner Darstellung aber nicht in Gegensatz zur Evolutionsentwicklung, sondern vertieft das Verständnis für sie in seinem höchst lesenswerten Buch.

Den Zusammenhang des Zeitempfindens mit der rasanten technischen Entwicklung in den letzten 100 Jahren und der Auswirkung in der Interpretation von Musikwerken zeigt Grete Wehmeyer[416] auf.

Während der ganzen Evolutionsgeschichte des Menschen hat zu seinem Leben die Fortbewegung gehend oder laufend auf seinen eigenen Beinen gehört. Demnach ist das Laufen eine der wenigen natürlichen und naturgebundenen Bewegungsarten, die dem Einzelnen in einer völlig aus den Fugen geratenen Zivilisation noch bleibt:

> Im Akt des Laufens erinnert sich der Läufer gleichsam der unendlichen Evolutionsgeschichte und Lebens- und Verhaltensweisen, die seinen Vorfahren über Jahrtausende in ihrer Entwicklungsgeschichte vertraut waren und ihr Leben und Überleben sicherte.[417]

---

[414] Süddeutsche Zeitung vom 24.11.1995: Adams Existenz genetisch nachgewiesen
[415] Cramer, Friedrich: Der Zeitbaum. Grundlegung einer allgemeinen Zeittheorie. Insel, Frankfurt, 1994, S. 214
[416] Wehmeyer, Grete: Prestißißimo. Die Wiederentdeckung der Langsamkeit in der Musik. Kellner, Hamburg, 1989
[417] Köhler, Willi: Zum Laufen geboren. Erinnerung an ein evolutionäres Erbe der Menschheit. Psychologie heute, 22(19), 1995, S. 47

Dieses Kapitel soll mit einem Zitat des großen Ethologen Konrad Lorenz enden, der weiter unten noch mehrfach herangezogen wird:

> An der Wahrheit der Abstammungslehre ist schlechterdings nicht zu zweifeln. Wenn schon die nur auf den vergleichend-anatomischen Tatsachen fußende Rekonstruktion des Stammbaums mit einer Wahrscheinlichkeit richtig ist, deren Ausdruck astronomische Zahlen erheischen würde, so erhöht sich diese Wahrscheinlichkeit noch einmal um ein größenordnungsmäßig ähnliches Vielfaches durch die Stimmigkeit aller, aber auch aller, paläontologischen Dokumente.[418]

2. Evolution der Erkenntnisfähigkeit

Es wurde im vorigen Kapitel deutlich gemacht, wie die Evolution des Menschen verlaufen ist, zumindest, wie sich heute der Wissenschaft im ausgehenden 20. Jahrhundert darstellt.

Was aber hat den Menschen zum Menschen gemacht? Waren der menschliche Geist und dessen Kategorien des Denkens und seine Anschauung von Raum, Zeit und Kausalität bereits a priori vorhanden? Oder kann sich mit Konrad Lorenz fragen:

> Ist die menschliche Vernunft, mit allen ihren Anschauungsformen und Kategorien, nicht ganz ebenso wie das menschliche Gehirn etwas organisch, in dauernder Wechselwirkung mit den Gesetzen der umgebende Natur Entstandenes?[419]

Lorenz zeigt in diesem klassischen Artikel von 1941, der als Stammvater der „Evolutionären Erkenntnistheorie" bezeichnet werden kann, ganz klar, dass die Kant'schen Kategorien des Apriorischen heute keine Geltung mehr haben:

> Durch die zur Bescheidenheit mahnende Erkenntnis, dass alle Gesetze der „reinen Vernunft" auf höchst körperlichen und, wenn man so will, geradezu auf maschinellen Strukturen des menschlichen Zentralnervensystems beruhen, die in äonenlangem Werden wie irgend ein anderes Organ entstanden sind, wird unser Vertrauen zu ihnen einerseits erschüttert, andererseits aber wesentlich erhöht.[420]

---

[418] Lorenz, Konrad: Über die Wahrheit der Abstammungslehre (1964). In: Lorenz, Konrad: Das Wirkungsgefüge der Natur und das Schicksal des Menschen, Piper, München, 1983, S. 42
[419] Lorenz, Konrad: Kants Lehre vom Apriorischen im Lichte gegenwärtiger Biologie (1941). In: Lorenz, Konrad: Das Wirkungsgefüge der Natur und das Schicksal des Menschen, Piper, München, 1983, S. 82
[420] Lorenz, Konrad: a.a.O., S. 89

Nicht ist absolut, außer dem in und hinter den Erscheinungen Steckenden selbst, nichts, was unser Hirn denken kann, hat absolute, im eigentlichen Wortsinn apriorische Geltung. Auch nicht die Mathematik mit allen ihren Gesetzen.[421]

Der Geist ist also auch erst mit der Entwicklung des begrifflichen Denkens und der syntaktischen Sprache in die Welt gekommen. Er war vorher nicht „in der Welt", sondern entwickelte sich zusammen mit dem Menschen.

Der Psychoanalytiker Michael Lukas Moeller schreibt dazu:

> Nach den jüngsten Auffassungen ist die Evolution ein Erkenntnisprozeß, eine erst biologische, dann kulturelle Erfahrungsverdichtung. Die Gene sind nichts anderes als eine Sammlung von Erfahrungen mittels der Methode der Mutation und Selektion. Daran ändern auch nichts die Entdeckungen der Soziobiologie über den Eigennutz der Gene.[422]

3. Anthroposophische Sichtweise der Evolution

Die Verwendung des Begriffs 'Evolution' im Zusammenhang mit der Anthroposophie ist eigentlich irreführend, da es sich um keine Evolution im herkömmlichen, naturwissenschaftlichen Sinne handelt, sondern um eine Entwicklung, die der sinnlichen Wahrnehmung nicht zugänglich ist. Nur derjenige, der sich die höhere Erkenntnisfähigkeit angeeignet hat, kann diese Entwicklungsvorgänge *schauen* und *erkennt* dann die verflossenen Vorgänge in ihrem eigenen Charakter, die in die sog. *Akasha-Chronik* eingeschrieben sind.

> Sie stehen vor ihm nicht wie die toten Zeugnisse, der Geschichte, sondern in vollem *Leben*. .... Die in das Lesen einer solchen lebenden Schrift eingeweiht sind, können in eine weit fernere Vergangenheit zurückblicken als diejenige, welche die äußere Geschichte darstellt; und sie können auch - aus unmittelbarer geistiger Wahrnehmung - die Dinge, von denen die Geschichte berichtet, in einer weit zuverlässigeren Weise schildern, als es dieser möglich ist.[423]

---

[421] Lorenz, Konrad: a.a.O., S. 90
[422] Moeller, Michael Lukas: Der Krieg, die Lust, der Frieden, die Macht. Rowohlt, Reinbek, 1992, S. 244
[423] Steiner, Rudolf: Aus der Akasha-Chronik. (GA 11). Rud. Steiner Verl. Dornach, 1975, S. 17

Nach Steiner hat sich der Kosmos nicht so entwickelt, wie es die heutige Naturwissenschaft sieht. Steiner befand sich aber mit seiner Darstellung bereits damals im Gegensatz zur Naturwissenschaft seiner Zeit, wenn er ausführt:

> Der Mensch war vorhanden, bevor es eine Erde gegeben hat. Doch darf man sich nicht vorstellen ... dass er etwa vorher auf anderen Planeten gelebt habe und in einem gewissen Zeitpunkte auf die Erde gewandert sei. Diese Erde hat sich vielmehr mit dem Menschen entwickelt.[424]

Nach anthroposophischer Sichtweise macht der Mensch, der also als geistiges Wesen von vornherein angelegt war, eine Entwicklung durch, die sich über den *alten Saturn*, die *alte Sonne* und den *alten Mond* bis zur heutigen Erde erstreckt. Steiner schreibt dazu:

> Da haben wir zunächst die erste Anlage des physischen Leibes während der alten Saturnzeit. Dann haben wir unter dem Einflusse der Sonnenzeit dasjenige, was der ätherische Leib aus dem physischen Leibe macht ... und das, was die Sonnenentwicklung daraus macht. Dann haben wir unter dem Einflusse der Mondenzeit dasjenige, was der astralische Leib aus ihm macht und während der Erdenzeit das, was das Ich aus ihm macht.[425]

Er hat jedoch an vielen anderen Stellen und auch schon wesentlich früher über die geisteswissenschaftliche Vorstellung von der Evolution gesprochen, so z.B. in einem Vortrag vom 7.3.1907 mit dem Titel 'Der Lebenslauf des Menschen im Zusammenhang mit der planetarischen Evolution.'[426] Dort ist in einer gerafften Darstellung das Wesentliche geschildert.

---

[424] Steiner, Rudolf: Aus der Akasha-Chronik. (GA 11). Rud. Steiner Verl. Dornach, 1975, S. 109
[425] Steiner, Rudolf: Das Ich von aussen wahrnehmbar, als Sprache und Gesang, als schöpferische Phantasie, als Innenerlebnis (Vortrag vom 9.1.1915), Philosophisch-Anthroposophischer Verlag am Goetheanum, Dornach, 1935, S. 2
[426] Steiner, Rudolf: Ursprungsimpulse der Geisteswissenschaft. (GA 96). Rudolf Steiner Verlag, Dornach, 1974, S. 237 - 249

In der 'Evolution' bildete sich der Mensch also sukzessive aus, verfestigte sich mehr und mehr und stieß die anderen Wesen (Pflanzen und Tiere) von sich ab. Die geistige Entwicklung des Menschen während der angenommenen früheren Zuständen der Erde (alter Saturn - Wärmeplanet etc.) hat Steiner immer wieder dargestellt; sie ist einer der Grundpfeiler der Anthroposophie. Steiner war sich bewusst, wie oben bereits vermerkt, dass er mit solchen Vorstellungen in scharfen Gegensatz zu den Naturwissenschaften geriet, aber er setzte sich darüber hinweg:

> Diese Tatsachen sind durch rein übersinnliche Beobachtung gewonnen; es muß sogar gesagt werden, dass der Geistesforscher am besten tut, wenn er sich aller Schlußfolgerungen aus seinen naturwissenschaftlichen Erkenntnissen peinlich genau entäußert; denn durch solche Schlußfolgerungen wird ihm leicht der unbefangene innere Sinn der Geistesforschung in die Irre geführt.[427]

Er war so überzeugt von der Richtigkeit seiner Auffassung, dass er schreiben konnte:

> Es kann gar nicht scharf genug betont werden: mit den *Tatsachen* der Naturwissenschaft steht Geistesforschung nirgends im Widerspruch. Wo von ihren Gegnern ein solcher Widerspruch gesehen wird, da bezieht er sich eben gar nicht auf die Tatsachen, sondern auf die *Meinungen*, welche sich diese Gegner gebildet haben und von denen sie *glauben*, dass sie aus den Tatsachen sich notwendig ergeben.[428]

Den Tieren wird gar eine herkömmliche Evolution abgesprochen, sie entwickeln sich nicht mehr zu einer höheren Stufe, die es die Aufgabe (!) des Menschen ist:

> on the contrary, all animals are degenerating in a natural manner at a slow or rapid pace as the result of having incarnated too soon (as is the case with animals) or too late (as is the case with birds) thus halting their evolution.[429]

---

[427] Steiner, Rudolf: Aus der Akasha-Chronik. (GA 11). Rudolf Steiner Verlag Dornach, 1975, S. 187
[428] Steiner, Rudolf, (GA 11), a.a.O., S. 188
[429] Easton, Stewart, C.: Man and world in the light of anthroposophy. The Anthroposophic Press, Spring Valley, 1975, S. 283

Aber es kommt noch schöner. Die Tiere sind ebenso wie der Mensch das Ergebnis der Arbeit geistiger Wesen von denen sie geschaffen wurden, für die Aufgaben, die Tiere, Vögel, Bienen und andere Lebewesen zu leisten haben. Und

> by contrast many harmful insects have been brought into being by powers hostile to man, largely as the result of man's own moral failings.[430]

Die armen Moskitos: jetzt sind sie nicht nur lästig für den Menschen, sondern haben ihr Leben auch noch den moralischen Verfehlungen des Menschen zu verdanken. Na Danke!

Steiner stellt hier die Verhältnisse auf den Kopf: die Ergebnisse der Naturwissenschaft werden als *Meinungen* und als *Glaube* bezeichnet, die übersinnlichen 'Erkenntnisse' als *Tatsachen*. Daran lässt sich auch heute noch nicht rütteln und so bleibt die 'Geisteswissenschaft' oder 'Geheimwissenschaft' ein in sich geschlossenes Erklärungssystem, ein **übersinnliches** Weltbild, das mit herkömmlichen naturwissenschaftlichen Methoden nicht kritisiert oder widerlegt werden kann.
Auch wenn es an sich sinnlos ist, mit naturwissenschaftlichen Argumenten gegen Gespenster zu argumentieren, sollen doch noch zwei Tatsachen aus der Evolutionsforschung an dieser Stelle angeführt werden, die einem das naturwissenschaftliche Auge öffnen sollen, wohingegen einem der trübe Blick des anthroposophischen, höheren geistigen Auges nie so klar werden wird:

Die Evolution ist stellt einen grundsätzlich unprognostizierbaren Vektor dar, kann also nie von Beginn des Lebens auf der Erde teleonomisch auf den Menschen hin ausgerichtet gewesen sein.

Mit einer angeblichen Zielgerichtetheit vertragen sich ebenso wenig die Prinzipien der Homologie und der Analogie:

> *Homologie* ist das passive Beibehalten von Merkmalen, die von gemeinsamen Vorfahren entlang dem Zeitpfeil der Genealogie geteilt worden sind; *Analogie* ist die aktive Herausbildung von ähnlichen Formen in separaten stammesgeschichtlichen Linien, weil immanente Funktionsprinzipien nur ein begrenztes Spektrum von Lösungen für gemeinsame Probleme von Organismen im gesamten Ablauf der Zeit zulassen.[431]

---

[430] Easton, Stewart, C., a.a.O., S. 283
[431] Gould, Stephen Jay: Die Entdeckung der Tiefenzeit. dtv, Frankfurt, 1992, S. 284

Unvereinbar ist damit das angebliche Abstoßen aller Tiere vom menschlichen Stammbaum. Ebenso wie der (nicht nur) anthroposophische Wunschgedanke, dass der Mensch das Ziel der Schöpfung sei.

Auch Badewien kommt zu einem ähnlichen Ergebnis: „Steiners System erweist sich ... als eine klassische Metaphysik, gespeist aus vielfältigen philosophischen Quellen."[432]

Und Ullrich bemerkt nach einer Darstellung der anthroposophischen Menschheitsgeschichte und des Kosmos:

> STEINERS Lehre von der periodisch-rhythmisch sich über ungeheure Zeiträume erstreckenden (Höher -) Entwicklung der Welt hat mit den neuzeitlichen historischen und entwicklungsgeschichtlichen Vorstellungen nichts zu tun. Wenn STEINER in z.T. genauen Zahlenangaben die Dauer der einzelnen Weltalter, Epochen und Perioden berechnet, dann denkt er in den „naturalen", enthistorisierenden Zeitvorstellungen der Chronologien, wie sie mit nur entfernter Ähnlichkeit bis ins 18. Jahrhundert üblich waren. Im Hinblick hierauf bezeichnet es KANT als Mystik, „nicht etwa, wie die Vernunft es verlangt, die Zahlen der Weltepochen von den Begebenheiten, sondern umgekehrt, die Begebenheiten von gewissen Zahlen abhängig zu machen.[433]

Nicht berücksichtigt werden hier anthroposophische Überlegungen zum Wesen der Zeit, wie sie von Kniebe[434] und anderen dargestellt werden. Die Autoren kommen durchweg zu einer anderen Auffassung des Zeitverlaufs in der Erdgeschichte und dadurch auch zu einer anderen Einschätzung der Erdentwicklung. Vor allem kommt es durch die 'hyperbolische Skala'[435] zu einer unglaublichen Verzerrung der tatsächlichen Zeit der Erdentwicklung. Die Abbildung, die bei Bosse im Original 18,1 cm hoch ist, müsste gemessen an der Darstellung der

ersten 5000 Jahre 5 km (!) hoch sein,
ersten 2 Millionen Jahre, immerhin noch 137 m hoch sein.

---

[432] Badewien, Jan: Anthroposophie. Ein kritische Darstellung. Bahn, Kostanz, 1985, S. 48
[433] Ullrich, Heiner, (1986), a.a.O., S. 100
[434] Kniebe, Georg, et. al.: Was ist Zeit? Die Welt zwischen Wesen und Erscheinung. Verl. Freies Geistesleben, Stuttgart, 1993
[435] Bosse, Dankmar: Wie alt ist unsere Erde? Der Merkurstab, 46 (4), 1993, S. 384

Um überhaupt einen Ausweg aus dem Zeitdilemma zu finden führt Bosse vier verschiedene „Maßstäbe" ein:

• lemurische Zeit	radiometrische Methode (vor ca. 22 Millionen Jahren)
• Paläozoikum bis Tertiär	Entwicklung der Tierwelt (Knochenfunde)
• Mitte der atlantischen Zeit	Platonisches Weltenjahr (entspricht 12 Kulturepochen à 2 160 Jahren = 25 920 Jahre)
• ab 3000 v.Chr.	Jahr

„Erst vom Jahre 3000 v.Chr. an beginnt die individuelle Geschichte des Menschen, für die das *Jahr* inhaltsvoller Maßstab wird."[436] Um nicht in Konflikt mit naturwissenschaftlichen Ergebnissen zu gelangen wird also ins Feld geführt, dass es verschiedene Arten des Verlaufs der Zeit gegeben habe, wobei erst mit dem Menschen von sinnvoller Zeit gesprochen werden könne. Wieder also wird die Erdgeschichte rein anthropozentrisch betrachtet und die gut gesicherten Ergebnisse über die Verhältnisse in der Natur verleugnet.

Die wirklichen Zeitdauern werden dadurch vollkommen verschleiert. Soweit überhaupt Zeitangaben zur Datierung der sog. *polarischen*, *hyperboräischen* und *lemurischen* Zeit zu finden sind, widersprechen diese den gesicherten naturwissenschaftlichen Erkenntnissen (einschließlich deren kalkulierbaren Fehlergrenzen), wie sich die Erde und das Leben auf ihr entwickelt hat, in geradezu extremer Weise.

Wäre Rudolf Steiner wirklich Naturwissenschaftler im hergebrachten Sinne gewesen, hätte er sich auch in der Frage der Zeit an ein Grundprinzip gehalten: **Naturgesetze sind zeitlich und räumlich konstant**. Stephen Jay Gould schreibt dazu in seiner Abhandlung über den englischen Geologen Charles Lyell:

> Die Philosophie hat schon lange erkannt (siehe vor allem J.S. Mill 1881), dass die Annahme der Invarianz der Naturgesetze notwendige Vorbedingung für die Erweiterung des induktiven Schließens in eine nicht-beobachtbare Vergangenheit ist.[437]

---

[436] Bosse, Dankmar, a.a.O., S. 393
[437] Gould, Stephen Jay: Die Entdeckung der Tiefenzeit. dtv, Frankfurt, 1992, S. 176

Die anthroposophischen Hypothesen zur Erdentwicklung werden von keiner der mir bekannten wissenschaftlichen Untersuchungsmethoden gestützt, wie

- Untersuchungen der Erdoberfläche
- Tiefbohrungen
- Analyse von Meteoriten
- Analyse von Mondgestein

Ebenso wenig wie die Annahmen zur Menschwerdung, die im Gegensatz stehen zu

- Untersuchungen von Knochenfunden (s.o.) mit der Radiokarbon-Methode[438]
- vergleichenden Funden von Schädeln, Fußknochen etc.
- anatomischen Untersuchungen von Skeletten.
- Untersuchungen von Genforschern (s.o.).

Würden die Anthroposophen die Evolution anerkennen und den Menschen in die Abstammungslehre einbeziehen, dann müssten sie die Vorzugsstellung, die sie dem Menschen allenthalben zuweisen aufgeben. Dagegen erheben sich nicht nur *„emotionale Widerstände, die auch heute noch nicht abgebaut sind"*[439], sondern das ganze Welt- und Menschenbild der Anthroposophie würde zusammenbrechen.

Zwar war der Begriff *Tiefenzeit* zu Steiners Zeiten noch nicht geprägt, aber die Anerkennung der wahren Zeitverläufe werden auch heute von Anthroposophen noch verleugnet. Es soll daher von anderer Warte aus noch einmal an das oben wiedergegebene anschauliche Modellvorstellung von Calvin angeknüpft werden mit einem Zitat des amerikanischen Paläontologen und Evolutionsforschers Stephen Jay Gould:

> Was könnte tröstlicher und der Überlegenheit des Menschen angemessener sein als die herkömmliche Konzeption von einer jungen Erde, die schon wenige Tage nach ihrer Erschaffung dem menschlichen Willen untertan ist? Und wie bedrohlich dagegen die Vorstellung von einer schier unbegreiflichen Unermeßlichkeit, in der sich das menschliche Erdendasein letzten Endes auf eine Millimikrosekunde beschränkt! Das hat bereits Mark Twain veranschaulicht: Wenn die Höhe des Eiffelturmes dem Alter

---

[438] Eine Einführung in diese Untersuchungsmethode, ihre Grundlagen und Fehlergrenzen, findet sich z.B. in: Gründler, Johannes: Peru durch die Jahrtausende. Kunst und Kultur im Lande der Inka. Niederösterreichische Landesausstellung 1983, Schloß Schallaburg, 1983: Die Radiokarbon-Methode und ihre Anwendung in der peruanischen Archäologie, S. 230 ff

[439] Vollmer, Gerhard: Evolutionäre Erkenntnistheorie. S. Hirzel, Stuttgart, ⁶1994, S. 67

der Erde entspräche, dann entspräche dem Alter des Menschen die dünne Lackschicht auf der obersten Turmspitze.

Charles Lyell drückt denselben Gedanken etwas melancholischer aus, wenn er von James Huttons Welt sagt, ihr fehlten die Spur eines Anfangs und die Aussicht auf ein Ende.[440]

4. Fazit

In der anthroposophischen Sichtweise der Evolution, in der alles auf den Menschen als Ziel hin ausgerichtet war, worin der Sinn der ganzen Evolution überhaupt gesehen wird, spiegelt sich nur erneut die anthropozentrische Sichtweise der Anthroposophie. Dem kann man mit Konrad Lorenz entgegenhalten:

> Die Menschen betrachten sich allzu gerne als den Mittelpunkt des Weltalls, als etwas, was der Natur nicht angehört, sondern ihr als etwas Höheres, Andersartiges polar entgegengesetzt ist. Diese Einstellung entspringt jener Art von Hochmut, von dem das Sprichwort sagt, dass es vor dem Fall kommt, denn er verhindert gerade die Art von Selbsterkenntnis, die uns heute so bitter not tut.[441]

Der Mensch muss also Abschied nehmen, von der Vorstellung, dass alles in der Welt nur auf ihn hin ausgerichtet ist, also auch davon, dass es überhaupt eine zielgerichtete Weltordnung gibt:

> Der Versuch, Sinn und Richtung in das evolutive Geschehen hineinzuinterpretieren, ist genauso verfehlt wie die Bestrebungen so vieler sonst wissenschaftlich denkender Menschen, aus geschichtlichen Ereignissen Gesetzlichkeiten zu abstrahieren, die es erlauben, den weiteren Verlauf der Geschichte vorauszusagen, etwa in dem Sinne, wie die Kenntnis gewisser Gesetze der Physik eine Voraussage physikalischer Geschehnisse ermöglicht.[442]

---

[440] Gould, Stephen Jay: Die Entdeckung der Tiefenzeit. dtv, Frankfurt, 1990, S. 14
[441] Lorenz, Konrad: Über die Wahrheit der Abstammungslehre (1964). In: Lorenz, Konrad: Das Wirkungsgefüge der Natur und das Schicksal des Menschen, Piper, München, 1983, S. 36
[442] Lorenz, Konrad: Die Vorstellung einer zweckgerichteten Weltordnung (1976). In: Lorenz, Konrad: Das Wirkungsgefüge der Natur und das Schicksal des Menschen, Piper, München, 1983, S. 26

Nichts von „finaler Determination"! *Finis* bedeutet Ende, *determinare* beendigen, jedes Ende aber würde Verzweiflung sein.[443]

So viel dürfte in den beiden vorangegangenen Kapiteln klar geworden sein, dass die Evolution des Menschen auf der Erde im Verhältnis zur Erdentwicklung ganz am Ende (von heute aus gesehen) stattgefunden hat und dass die ganze geschichtliche Zeit nur noch einen Hauch ausmacht.

> Das bedeutet nicht mehr und nicht weniger, als dass sich die Menschheit noch in einem primitiven Frühstadium befindet. (Man kann höchstens sagen, dass wir uns in der Zeit des Post-Kannibalismus befinden. Noch am Anfang unserer Zeitrechnung gab es in Europa Blutopfer. Was bedeuten 2000 Jahre? Nichts im Vergleich zur Zeitspanne, seit der Menschen auf der Erde leben.)[444]

Dem kann ich eigentlich nur hinzufügen, wie der Mensch selbst dieses Dilemma der verrinnenden, unaufhaltsamen Zeit sieht, wie er es selbst an sich erlebt und wie er damit für sich umgeht oder fertig wird, indem ich ein Lied von Ringsgwandl zitiere:

Wia de Johr vorbeigehn

Wia de Johr vorbeigehn,
fast ohne Spur,
ma siehgt uns garnix o,
a poor Kratzer nur.

Mir san beschäftigt alle,
mir ham no so vui vor,
mir gebn dem Tod koa Chance,
er trifft uns nia alloa.

A klanoa Kriag amoi,
an am ganz entferntn Eck,
es kemman Freind dazua,
und andre sterbn uns weg.

Irgendwo auf dera Welt, gibt's oiwei wos wo's schiaßn,
aber s'Fernsehn bringt's dann scho,
wenn's wos is zum wissen miaßn,

---

[443] Lorenz, Konrad: Die Vorstellung einer zweckgerichteten Weltordnung (1976). In: Lorenz, Konrad: Das Wirkungsgefüge der Natur und das Schicksal des Menschen, Piper, München, 1983, S. 35
[444] Oppenheim, Meret: Das Ende kann auch ein Anfang sein. In: Feyerabend, Paul (Hrsg.): Kunst und Wissenschaft. Verlag der Fachvereine, Zürich, 1984, S. 247

Irdendwo blost grad a Wirbelsturm poor Hüttn ausanand,
irgendwo stinkt's dem Planeten, und er bebt vor Grant.

Aber mir, mir is des alles Wurscht,
i kaaf ma a Hoibe für mein Durscht,
weil, ändern tuat se sowieso nix,
Prost mei Freind, wos soi's?

Irgendwo geht grod des Liacht aus, irgendwo werd jemand munter,
irgendwo steigt jemand aufi, irgendwo springt jemand runter.
Irgendwo a Katastrophe, irgendwer werd gschundn,
entweder es passiert wos, oder es wird wos erfundn.

Aber mir, mir is des alles Wurscht,
i kaaf ma a Hoibe für mein Durscht,
weil, ändern tuat se sowieso nix,
Prost mei Freind, wos soi's?[445]

Dieses Fazit soll mit einem weiteren Zitat von Konrad Lorenz beendet werden, da es noch einmal (aber man kann es nicht oft genug wiederholen) deutlich macht, welche Bescheidenheit wir Menschen tunlichst an den Tag legen sollten. So wie in der Ökologie ein langsamer Prozess des Umdenkens begonnen hat, was die Stellung des Menschen in der Natur und seine Verantwortlichkeit betrifft, so sollte auch die Anthroposophie langsam Abstand nehmen, den Menschen in diese einzigartige und herausragende Stellung zu hieven, die ihm nicht zukommt.

Die Absolutsetzung des Menschen, die Aussage, dass alle überhaupt denkbaren vernünftigen Wesen - und seien es Engel! - an die Denkgesetze den *Homo Sapiens* L. gebunden sein müßten, erscheint uns eine geradezu unbegreifliche Überheblichkeit. Was wir für die verlorene Illusion von der Sondergesetzlichkeit des Menschen eintauschen, ist die Überzeugung, dass er in seiner Weltoffenheit grundsätzlich fähig ist, in seinem Forschen wie in seiner überindividuellen Artentwicklung über sich selbst, ja sogar über die apriorischen Geformtheiten seines Denkens hinauszuwachsen und grundsätzlich Neues, Niedagewesenes zu schaffen und zu erkennen.[446]

---

[445] Ringsgwandl, Georg: Wia de Johr vorbeigehn. In: Vogelwild. Trikont, München, 1992
[446] Lorenz, Konrad: Kants Lehre vom Apriorischen im Lichte gegenwärtiger Biologie (1941). In: Lorenz, Konrad: Das Wirkungsgefüge der Natur und das Schicksal des Menschen, Piper, München, 1983, S. 107

B. Entwicklung des Ich in der Evolution (Phylogenese)

1. Naturwissenschaftliche, tiefenpsychologische Sichtweise

Die evolutive Phase, über die in diesem Kapitel gesprochen wird, kann als noch nicht abgeschlossen bezeichnet werden. Zumindest reicht dazu unsere jetzige Erkenntnis nicht aus. Von paläoanthropologischen Funden ausgehend, grenze ich diese Periode ein bis zur Entwicklung der Schrift, mit der die Geschichtlichkeit beginnt. Die Zeit danach behandle ich in den Kapiteln ab „Das Ich in der Antike". Trotz der fließenden Grenzen sollen Erkenntnisse aus der Prähistorie hier abgehandelt werden.
In der Forschung herrscht weitgehende Übereinstimmung, dass vor unserer modernen Gesellschaft eine „primitive", „prälogische", „protologische" oder mythologische Denkweise existierte. In dieser Welt gab es noch keine feste Grenze zwischen Subjekt und Objekt. Die Welt war noch nahe, ebenso wie die Götter oder die toten Vorfahren. Auch ein distinktes Ich kann daher in dieser Zeit noch nicht angenommen werden, da für den vorgeschichtlichen Menschen gilt, dass er noch von einer psychophysischen Einheit ausging.[447]

Die Entwicklung des Ich kann nicht getrennt werden von der Entwicklungsgeschichte des Menschen überhaupt. Für Eccles ist sicher „dass, sich der Mensch als Ergebnis zweier miteinander in Wechselbeziehung stehender doch ganz verschiedener Evolutionen entwickelte. Die eine ist die biologische Evolution in Form von gewöhnlichem Zufall und Notwendigkeit bei Mutationen und Überleben unter den Bedingungen der natürlichen Selektion; und der zweite Weg führt mit seiner Entwicklung der Gedankenprozesse zu Kreativität in einem weiten Bereich kultureller Leistung: künstlerischer, literarischer, kritischer, wissenschaftlicher, technologischer usw."[448]
Es ist dabei wichtig zu beachten, dass die biologische und die kulturelle Evolution zusammen verliefen. „Es war nicht so, dass das Gehirn zuerst wuchs und dann der Mensch plötzlich herausfand, dass er ein Gehirn besaß, das all dieser Leistungen fähig war."[449]

---

[447] Hankoff, L.D.: Body-Mind Concepts in the Ancient Near East: A Comparison of Egypt and Israel in the Second Millenium B.C. in: Rieber, Robert W.(Hrsg.): Body and Mind. Academic Press, New York, 1980, S. 7: „In terms of body and mind ... the primitive perceives and experiences no separate entities. Mental and physical functions are not distinct categories for him and are all attributed to a psychophysical unity".
[448] Popper & Eccles, a.a.O. S. 543
[449] Popper & Eccles, a.a.O. S. 544

Die Entwicklung des Ich muss weitgehend spekulativ bleiben, wenn man sie vor die Erfindung der Schrift (Sumer, 3000 v.Chr.) zurückverfolgen will. Bruno Jonas hat eindrucksvoll dargestellt, welche besondere Entwicklung die Schrift in Bayern genommen hat (eine zeitliche Einordnung vermisst man allerdings), die nach seiner Auffassung von den ersten schreibenden Bayern entwickelt wurde.

> Lange waren die Menschen ja der Meinung, nichts aufschreiben zu dürfen, weil durch die Schrift die Worte erstarrten. Die Alten glaubten, dass durch die Schrift die Sprache getötet würde. Die Angst vor der toten Sprache, die keiner mehr sprechen konnte, war so groß, dass sie über lange Zeit vor der Schrift zurückschreckten. Zu schreiben war ein Tabu, und jeder, der eine Schrift entwickelte, wurde sofort mit dem Tode durch den Schriftkeil bestraft.
> So kam es, dass die Bayern lange nur gesprochen und nichts aufgeschrieben haben.
> Die Zwischeneiszeitbayern sprachen sehr langsam und dehnten die Vokale auf der Suche nach dem schönsten Klang sehr lange. Das dauerte manchmal Tage, bis ein Gespräch beendet war. Man hatte unendlich viel Zeit.
> Erst als sie sich immer mehr erzählten, weil es immer mehr Dinge gab, die sie sich mitteilen mussten, zum Beispiel, wo die besten Schwammerlplätze waren und wo der Wildbach am lauschigsten rauscht, sich aber keiner mehr was merken konnte, weil alles zuviel war, erst dann erlaubte man einigen wenigen das Schreiben. Diese Schreiber mussten dann den anderen erzählen wo die besten Schwammerlplätze waren. Das Schreiben war den sogenannten Schreibern vorbehalten und war lange ein Vorrecht der Gelehrten, die das Schreibwissen wieder nur an Gelehrte weitergeben durften.[450]

Ich werde einige Erkenntnisse aus der Evolutionsforschung und Paläoanthropologie vorstellen, die Schlussfolgerungen daraus diskutierten.

Julian Huxley hat darauf hingewiesen, dass nach seiner Meinung in Bezug auf den sich entwickelnden Menschen nicht die biologischen Fragen die wesentlichen sind, sondern, die des Kulturstroms. Beim Menschen ist der genetischen Fortschritt im Vergleich zu Veränderungen in den übertragbaren Techniken des kulturellen Fortschritts (Kunst, Fertigkeiten, Wissen, Sitten...) zurückgetreten. „Das bedeutet nicht nur ein schnelleres Tempo, sondern eine neue Art des Zeitmaßes - eine Beschleunigung statt einer mehr oder minder stetigen Durchschnittsgeschwindigkeit über lange Zeiträume hin. In dem langen Prolog zur menschlichen Evolution

---

[450] Jonas, Bruno: Die Arche auf dem Arber. Warum die Menschheit von den Bayern abstammt - ein Geständnis. Süddeutsche Zeitung. 21./22.9.1996, Seite III

erforderte jede größere Veränderung etwa hunderttausend Jahre; unmittelbar nach dem Ende der Eiszeit etwa tausend Jahre; während eines großen Teils der überlieferten Geschichte betrug die Zeiteinheit einer größeren Veränderung rund ein Jahrhundert, während sie in der letzten Zeit auf etwa ein Jahrzehnt zusammengeschrumpft ist".[451]

Es gibt jedoch auch paläoanthropologische Hinweise, die über den Zeitraum der Erfindung der Schrift hinausreichen. So hat man Schädel gefunden, die am lebendigen Menschen trepaniert wurden, da man offenbar Zusammenhänge zwischen Gehirn und Seele vermutete[452].

Noch weiter zurück reichen Grabfunde, die auf bestimmte Bestattungsriten hinweisen, aus denen man ablesen kann „dass für die Toten etwas Organisiertes getan wurde, doch dies dürfte einfach das Endergebnis gewesen sein. Vor dieser Zeremonie dürften viele Gespräche, Nachdenken, Vorstellungen, viel Mythen Erfinden usw., stattgefunden haben."[453] Rituelle Totenbestattungen kann man bis in die Altsteinzeit (ca. 70000 Jahre v.Chr.) zurückverfolgen.

Noch vor dieser Phase dürfte die Entwicklung der Sprache liegen. Der Paläolinguist Richard Fester hat sich sein Leben lang mit diesem Gebiet befasst und war der Überzeugung, dass sämtliche Sprachen auf sechs Silben zurück gingen, die in der Steinzeit geformt wurden:

- BA   steht für den Mensch und sein Sozialleben,
- KALL   ist der Hohlraum, der Mutterleib, die Sippe, der Clan, das Flussbett, der See, die Niederung,
- TAL   ist das Enge, Dünne, Tiefe, sowie das Weibliche,
- OS   bedeutet Höhleneingang und Körperöffnung,
- ACQ   heißt Wasser,
- TAG   ist das Aufrechte, die Waffe, das Werkzeug, das männliche Glied und Gott.[454]

Lange vor dieser hypothetischen Sprachentwicklung war allerdings das Bayerische bereits lange Weltsprache.

> Erst durch die babylonische Sprachverwirrung entwickelten sich die verschiedenen Sprachen. In vielen Sprachen kann man heut noch die bayerischen Ursprünge nachweisen: Im Französischen trottoir, pissoir,

[451] Huxley, Julian: in Picon, Gaetan: Panorama des zeitgenössischen Denkens. S. Fischer Verlag, 1961, S. 569

[452] Oeser, Erhard & Seitelberger, Franz: Gehirn, Bewusstsein und Erkenntnis. Wissenschaftliche Buchgesellschaft, Darmstadt, 1995, S. 2

[453] Popper & Eccles, a.a.O. S. 545

[454] Süddeutsche Zeitung: Der Urknall. Magazin Nr. 25, 23.6.1995, S.10

chemiserl, paraplui, merci ... Im Englischen wird der bayerische heni (Honig) zu honey, das bayerische g'scheid zu clever, du zu you, lusen (hören) zu listen, gagumer (Gurke) zu cucumber.[455]

Letztlich ist es aber der Wissenschaft nicht gelungen, einen überzeugenden frühen, primitiven Zustand der Sprache zu finden.

> Nicht einmal die systematische ... Klassifizierung der Sprachen, z.B. in isolierende, agglutinierende, flektierende und polysynthetische Sprachen..., lässt Schlüsse auf den Entwicklungsstand einer Sprache zu.
> Diese Tatsachen bedeuten zwar eine Enttäuschung, sollten aber doch nicht so sehr überraschen, wenn man bedenkt, wie weit die ältesten überhaupt vorhandenen oder rekonstruierbaren Spracherzeugnisse zurückreichen ... Die kühnsten Hypothesen über eine gemeinsame Ursprache der indoeuropäischen, semitischen, uralischen, türkischen und anderer Sprachfamilien, das sogenannte Boreische, weisen in die mittlere Steinzeit, also etwas 10 000 v. Chr. Zurück. Was aber sind 10 000 Jahre gegenüber der Millionen, in denen der Mensch entstand und die Sprache sich entwickelt haben muss?[456]

Eine ins Mythologische reichende Sichtweise der Ichentwicklung stammt von dem Tiefenpsychologe Erich Neumann, Thronfolger im Reiche C.G. Jungs, der fand, dass unter dem Symbol der Sonne eine Ablösung von der Natur- und Schicksalsbezogenheit und vom Unbewussten stattgefunden hat. „Das eigenständige Ich, sein Wille, seine Freiheit wurden betont, es kam zur 'losgelösten Begrifflichkeit' des modernen Bewusstseins"[457], von dem er fürchtete, dass es die Existenz der abendländischen Menschheit bedrohe. Dies ist eine der typischen Anschauungen, die nur im Zusammenhang mit dem jeweiligen Weltbild zu beurteilen ist, deren Erklärungswert im naturwissenschaftlichen Sinne versagen muss.

Was hat aber Sprache und Schrift mit der evolutionären Ichentwicklung zu tun? Wie wir in der ontologischen Entwicklung des Kindes im nächsten Kapitel sehen werden, ist die Findung des eigenen Ich mit dem Erwerb der Sprache verbunden. Darum kann man davon ausgehen, dass die Menschen vor der Entwicklung einer Sprache auch noch kein Ichbewusstsein hatten.

---

[455] Jonas, Bruno, a.a.O., Seite III
[456] Vollmer, Gerhard: Evolutionäre Erkenntnistheorie. S. Hirzel, Stuttgart, ⁶1994, S. 152
[457] Barth, Ariane: Hautnah wie ein Liebender - Die Macht des Mondes. Der Spiegel, 41 (17), April 1987, S. 110

2. New-Age Sichtweise

Der New-Age-Philosoph Ken Wilber hat eine ganz bestimmte, eigene Vorstellung, wie sich das Ich in der Evolution ausgebildet hat. Er trifft folgende Einteilung:

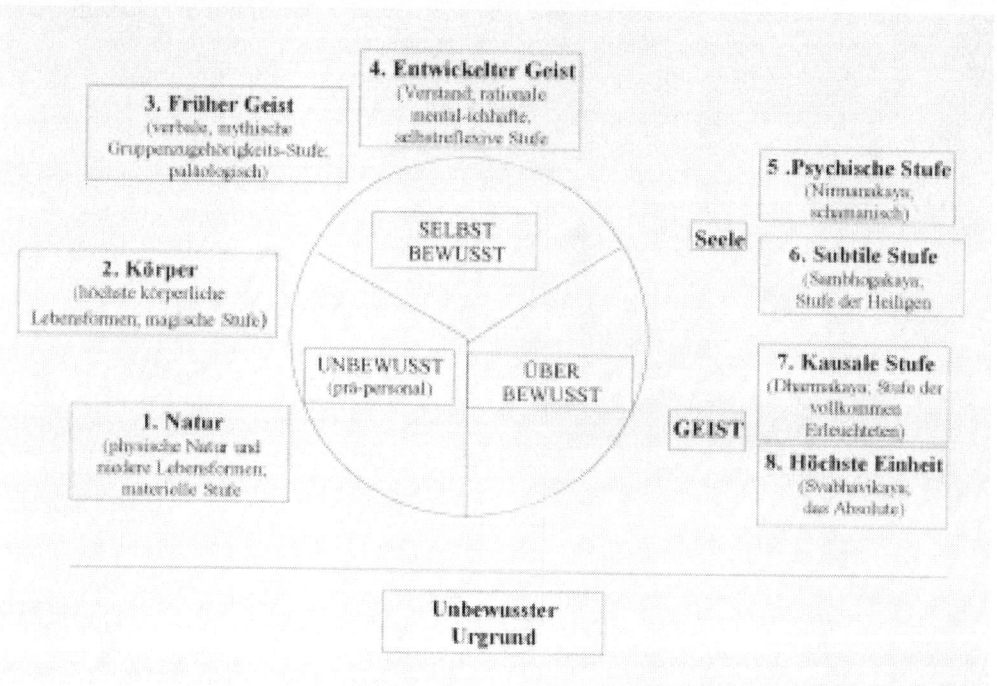

Abbildung 8: Ken Wilber: Entwicklung des Ich in der Evolution

Das menschliche Bewusstsein hat sich nach Ken Wilbers Theorie „aus einem 'unbewussten Urgrund' über Stadien enger Verbundenheit mit der Natur (1), dem Körper (2) und der Gruppe (3) bis zur Stufe des personalen Ich-Bewusstseins (4) entwickelt. Nachdem sich die Menschheit aus der Unbewusstheit des Präpersonalen erhoben hat, könnte sie nun aufsteigen in die höheren Bewusstseinssphären des Transpersonalen und in vier weiteren Stufen (5 bis 8) schließlich zur Vereinigung mit dem 'absoluten Geist' gelangen."[458]

---

[458] Wilber, Ken: Die Geburt des Ego. Psychologie Heute, September 1984, S. 58

Die ichhafte Stufe unterteilt Wilber in größere Abschnitte (für das Abendland = Europa und der Nahe Osten):

die frühe Egoperiode   =   2500 bis 500 vor Christus (Zeit des Übergangs; Zusammenbruch der Gruppenzugehörigkeits-Struktur)
die mittlere Periode   =   500 v.Chr. bis ca. 1500 (Beginn des 'wahren mentalen Ego')
die späte Periode   =   1500 bis zur Gegenwart (Beginn mit der Renaissance, Galilei und Kepler).

Was die zukünftige Entwicklung der Menschheit betrifft dämpft Wilber überhöhte Erwartungen: „Die Menschheit als ganzes stehe durchaus nicht vor einer tiefgreifenden kollektiven Rückkehr zum GEIST oder einem neuen Zeitalter. Dennoch reden die Enthusiasten des 'Neuen Zeitalters' so, als würde nun innerhalb eines Jahrzehnts das Höchste Bewusstsein, der wahre GEIST über uns kommen. Doch wir haben schreckliche fünfzehn Milliarden Jahre gebraucht, und zwar nur für die erste Hälfte der Rückkehr, und ich bezweifle, dass die zweite Hälfte bis morgen Nachmittag zu bewältigen sein wird."[459]

3. Anthroposophische Sichtweise

a) Allgemeine anthroposophische Anschauung

Nach anthroposophischer Vorstellung ist der Mensch noch nicht am Ende seiner Entwicklung angelangt. Während man aber gemeinhin über die zukünftigen Stadien nur spekulieren kann, hat Rudolf Steiner ganz bestimmt Vorstellungen. Jede 'Kulturepoche' dauert eine bestimmte Zeitspanne; wir befinden uns danach in der sog. *Nachatlantischen Zeit* (siehe **Fehler! Verweisquelle konnte nicht gefunden werden.**), in der sich das Ich zum *Geistselbst* entwickeln soll. Darauf sollen noch zwei weitere Epochen folgen, in denen sich das Ich weiter zum *Lebensgeist* und *Geistesmenschen* permutiert.

Frank Linde[460] fasst die Angaben Rudolf Steiners in folgender Weise tabellarisch zusammen:

---

[459] Wilber, Ken, a.a.O., S. 58
[460] Linde, Frank: Die Entwicklung neuer Seelenfähigkeiten im 20. Jahrhundert, nach Darstellungen Rudolf Steiners. In: Alte und neue Seelenfähigkeiten. Flensburger Hefte, 34, September 1991, S. 24

Atlantische Zeit	Der Ätherleib ragte über den physischen Leib heraus, instinktiv schauendes Bewusstsein.
Ende der Atlantischen Zeit	Ätherleib und physischer Leib kommen allmählich zur Deckung, erstes Aufleuchten des Ich-Bewusstseins, die schauende Kraft wird gelähmt.
Indische Kulturepoche	Der Ätherkopf ragte noch über den physischen Kopf heraus, Nebelwolken ätherischer Natur wurden wie Tau oder Reif über den Dingen gesehen.
Ägyptische Kulturepoche	Beginn des Finsteren Zeitalters, Kali Yuga, im Jahre 3101 v. Chr.
Griechische Kulturepoche	Vollständige Durchdringung des Ätherleibes und des physischen Leibes erreicht, Sinneswahrnehmungen wie heute.
3. Jahrhundert v. Chr.	Zusammenhang vom Ätherkopf und physischen Kopf geht verloren.
Unsere Kulturepoche	
1721	Ätherleib rückt weiter aus physischem Leib heraus, Zusammenhang von Ätherherz und physischem Herz lockert sich (bis 2100 n.Chr.).
1413 - 1879	Gabriel-Zeitalter, im Gehirn werden feine Strukturen ausgebildet, das Organ zur Rückerinnerung an frühere Reinkarnationen.
1879	Beginn des Michael-Zeitalters, Imaginationen, Inspirationen und Intuitionen können in die Menschenseele einfließen.
1899	Ende des Kali Yuga, Beginn des „Lichten Zeitalters", neue Seelenfähigkeiten breiten sich vor, Ätherhellsehen als vollbewusstes Schauen, der ätherische Christus kann von jetzt ab wahrgenommen werden.
1930 -1940	Die Neuen Seelenfähigkeiten sollen sich deutlicher zeigen, Zeit der Krisis.
Ende des 20. Jahrhunderts	Christus wird der Herr des Karma.

Anmerkungen zu der oben wiedergegebenen Tabelle:

Die Entwicklung der Wesensglieder in den früheren Kulturepochen und mehr noch eine genaue Datierung in unserer Kulturepoche kann (wohlgemerkt mit physischen Maßstäben) nicht nachvollzogen werden.

Das Jahr 1879 ist das Jahr, in dem Rudolf Steiner seine Studien an der technischen Hochschule in Wien aufnimmt. Es soll gerade das Jahr gewesen sein, in dem der

Erzengel Michael die Herrschaft über die Erde von Gabriel übernommen hat. „Mit diesem kosmischen Ereignis soll ein neues Zeitalter des Geistes und der Wissenschaft angebrochen sein. Die besondere Verehrung Michaels durch Steiner und die Anthroposophen hat in dieser herausragenden Stellung Michaels seine Wurzeln.[461]
Zu dem Zeitraum 1930 - 1940 ist anzumerken, dass er zwar mit dem Aufstieg des Nationalsozialismus eine krisenhafte Zeit war, wenngleich der Beginn schon in den Zwanziger Jahren lag und zumindest bis 1945 reichte. Von den vorhergesagten neuen Seelenfähigkeiten ist aber noch nichts zu bemerken.
Ob Christus in den letzten Jahren dieses Jahrhunderts *Herr des Karma* wird, bleibt abzuwarten., Meine Prognose ist aber, dass es so gehen wird, wie mit vielen derartigen Prophezeiungen von Nostradamus bis zu den Mormonen: der avisierte wird Zeitpunkt vergehen und nichts des Vorhergesagten wird eingetroffen sein.

In anthroposophischer Sichtweise beginnt sich die Denkkraft des Menschen also während der Zeit der Atlantis zu entwickeln. „Damit war die Ich-Kraft, welche bei den Göttern war, im Menschen aufgewacht. ... Die Entwicklung der Denkkraft hatte sich stufenweise vollzogen, stufenweise formte sich im Menschen das ihm von den Sonnengeistern verliehene Ich.“[462]

Die Ichentwicklung geht somit nach anthroposophischer Anschauung einher mit der gesamten Erdenentwicklung, indem sich der Mensch nach und nach geistig und leiblich ausbildet, nicht jedoch schrittweise, angefangen von Einzellern über alle anderen unserer biologischen Vorläufer, sondern so, dass alles auf den Menschen hin ausgerichtet war und der Mensch geistig immer schon da war. Diese Anschauung widerspricht der schrittweisen Evolution in extremer Weise.

Dieses teleologische Denken, das früher weit verbreitet war ist aus den Wissenschaften weitgehend verschwunden. In der Physik verschwand es schon relativ früh, in der Biologie herrschte es im 19. und zum Teil sogar noch im 20. Jahrhundert vor. „Tatsächlich dient es aber mehr der Verschleierung unserer Unwissenheit als der Erklärung“.[463]

In der Anthroposophie gehört es jedoch heute noch zu den Grundpfeilern der Weltanschauung. Ohne die Zielgerichtetheit auf den Menschen hin, wäre die Vorstellung der Entwicklung der Menschheit in den von Steiner angegebenen Stufen ihres ganzes Sinns beraubt.

---

[461] Badewien, Jan: Anthroposophie. Bahn, Konstanz, 1985, S. 180
[462] Uehli, Ernst: Atlantis und das Rätsel der Eiszeitkunst. Mellinger Verlag, Stuttgart, 1980, S. 64
[463] Vollmer, Gerhard: Evolutionäre Erkenntnistheorie. S. Hirzel, Stuttgart, ⁶1994, S. 170

Dabei hätte Steiner, der Sigmund Freuds Werk kannte sich schon bei diesem sich seine Desillusionierung holen können und rechtzeitig den Mensch anders einordnen können:

> Die Menschheit hat im Laufe der Zeit durch die Wissenschaft zwei große Kränkungen ihrer naiven Selbstliebe hinnahmen müssen. Die erste kam, als man erkannte, dass unsere Erde nicht Mittelpunkt des Universums, sondern nur ein winziger Fleck in einem Weltsystem von kaum vorstellbarer Größenordnung ist ... Die zweite kam, als die biologische Forschung den Menschen des besonderen Vorzugs beraubte, eine besondere Schöpfung zu sein, um ihn zum Nachfahren der Tierwelt degradierte.[464]

In einer anschließenden Erklärung stellt Freud fest

> dass sein eigenes Werk die nächste und möglicherweise letzte Bastion dieses unglückseligen Rückzugs zu Fall gebracht hat: den Trost, dass wir trotz unserer Abstammung vom Affen immerhin Vernunft und Geist besitzen.[465]

Aber selbst wenn Steiner diese Stelle Freuds gelesen hätte, er hat ja, als überaus belesener Mann auch vieles andere gelesen, was er aber verdrängt, verdreht, unterschlagen hat oder bewusst karikiert, um sein eigenes mystisches Weltbild aufrecht erhalten zu können.

---

[464] zitiert nach: Gould, Stephen Jay: Die Entdeckung der Tiefenzeit. dtv, 1990, S. 13
[465] Gould, Stephen Jay, a.a.O., S. 13

b) Die Ichentwicklung in der Eurythmie

Es soll nun noch angeknüpft werden, an das, was weiter oben bereits zur anthroposophischen Sichtweise der Evolution angeführt wurde, indem ein kurz dargestellt wird, wie die Evolution des Ich in der Eurythmie gesehen wird.

In der Eurythmie spiegelt sich die Phylogenese des Ich in der Laut-Entwicklungsreihe
U - AU - EI - E - I - O - A
wider, zu der es folgende Zuordnung gibt:

alter Saturn	U	Samstag	Physischer Leib
alte Sonne	AU	Montag	Ätherleib
alter Mond	EI	Dienstag	Astralleib
Mars	E	Dienstag	Ich im Ätherleib
Merkur	I	Mittwoch	Ich im Physischen Leib
Jupiter	O	Donnerstag	
Venus	A	Freitag	

Diese eurythmische Vokalreihe und deren Zusammenhänge mit den Planeten, Wochentagen, Metallen, Organen, Farben etc. ist auch in **Fehler! Verweisquelle konnte nicht gefunden werden.** ersichtlich, in der diese Beziehungen zusammengefasst sind.

Die Aufgabe der Eurythmie in diesem Zusammenhang sieht Steiner folgendermaßen: „Wir versuchen das, was da das Ich im ätherischen Leibe darinnen an Bewegungen erzeugen kann; ich möchte sagen, herauszuholen durch die e u r y t h m i s c h e n B e w e g u n g e n, soweit das in der Gegenwart schon geschehen kann. Wenn Sie sich, sagen wir, ein Gedicht oder ein Musikstück eurythmisiert vorstellen, und Sie könnten abstrahieren, abgesehen von dem physischen Leibe und nur hinsehen auf das, was der Ätherleib tut, dann würden Sie das Ich im ätherischen Leibe darinnen in Bewegung haben."[466]

---

[466] Steiner, Rudolf, 1935, a.a.O., S. 8

C. Entwicklung des Ich in der Ontogenese

1. Physiologisch-psychologische Grundlagen der Ichentwicklung

Die Ontogenese des Ich ist eng gekoppelt mit der Ontogenese des Gehirns. Erst die Ontogenese des Gehirns schafft die Möglichkeit für eine Ausformung des Ich. Dabei sollen die Vorgänge während der Embryonalzeit in diesem Kapitel gestreift werden, das Hauptaugenmerk aber in den folgenden Kapiteln auf die Zeit nach der Geburt gerichtet werden. Das Gehirn „ist bei der Geburt funktionell und strukturell unreif und erreicht auch seine morphologische Reife nur in Wechselbeziehung zwischen seinen genetischen Dispositionen und den äußeren Einflüssen aus der Umwelt und Mitwelt, d.h. in sog. Selbstorganiationsprozessen".[467] „Falls in der bestimmten kritischen Entwicklungsphase der spezifische Input (z.B. optische Signale; akustische Reize: Sprache) nicht eintritt, unterbleibt die histogenetische Reifung endgültig, das System degeneriert, die Hirnfunktion wird daher nicht voll entwickelt und bleibt für immer auf niedriger Stufe".[468]

Dadurch werden nun die Ergebnisse der Experimente des Stauferkaisers Friedrich II. um so klarer, der Kinder aufwachsen ließ, ohne ihnen die Möglichkeit sprachlichen Kontakts zu geben. Die Kinder starben danach samt und sonders. Erst René Spitz hat diese Arbeiten in der Neuzeit wieder aufgegriffen und auf dramatische Weise deutlich gemacht, wie notwendig die menschliche Zuwendung gegenüber den Säuglingen und Kleinkindern ist. Auch bei den von Spitz beobachteten Kindern verfielen viele ohne ausreichende Zuwendung in Marasmus oder starben.

Wie steht es aber nun mit der vorgeburtlichen Zeit? Kann man bereits währen dieser Zeit von einer *Person* oder einem *Ich* des Fötus sprechen? Wie eingangs bemerkt spielt für die Ausbildung des Ich die Entwicklung des Gehirn eine entscheidende Rolle. <u>Ein</u> Faktor der höheren Gehirnfunktionen ist das Gedächtnis.

Derzeit laufen sozusagen an beiden Enden Diskussionen: beim Einsetzen und beim Erlöschen, also bei der allmählichen Entstehung Gehirns und beim Hirntod. Bei letzterem geht es u.a. um die Frage, ob man bei einem irreversiblen Großhirnversagen noch von einer Person oder einem Ich sprechen kann. Zweifellos ist ein im (irreversiblen) Koma Liegender oder ein Sterbender noch ein Mensch, aber wann ist er keine Person mehr, wann hat er sein Ich verloren? Gegenüber dem Verlöschen des Ich und der Berechtigung zur Organspende werden jedoch auch Diskussionen über das

---

[467] Oeser, Erhard und Seitelberger, Franz: Gehirn, Bewusstsein und Erkenntnis. Wissenschaftliche Buchgemeinschaft, Darmstadt, 1995, S. 37
[468] Oeser, Erhard und Seitelberger, Franz, a.a.O., S.38

'andere Ende' geführt. Man hat begonnen, für die Behandlung der Parkinson-, Alzheimer- oder der Huntington-Krankheit Teile von Föten zu verwenden, z.B. fötale Thymuszellen oder fötales Nervengewebe. Bei Verwendung von Körperorganen wie Herz, Nieren oder Leber stellt sich meist nicht die Frage der Zugehörigkeit zu einem bestimmten Menschen.[469] Da aber das Menschsein und noch mehr das Person- oder Ichsein mit kortikalen Funktionen zusammenhängt, kommt hier ein neuer Aspekt ins Spiel: wann hat das kortikale, menschliche Nervengewebe eine Differenzierung erreicht oder bereits eine individuelle Geschichte erworben, dass es ethische Probleme der Verpflanzung geben könnte?

In dem Horrorszenario der Verpflanzung eines ganzen Großhirns eines Erwachsenen geht man meist davon aus, dass danach der Empfänger die Identität des Spenders hätte (mit allen Problemen des ihm fremden Körpers). Aber wann hat sich der Kortex des Fötus bereits so weit entwickelt, dass mit der Entnahme auch Bewusstseinsanteile übergehen würden? Während der 20. - 29. Schwangerschaftswoche entwickelt sich das Gehirn und die Synapsen bereits so weit, dass Korein[470] hier von der „unteren Grenze" des Gehirnlebens spricht.

Aber wo ist eine Grenze bei Gewebeentnahmen zu ziehen? Mary Mahowald vom *MacLean Center for Clinical Medical Ethics* hat sich in einem Artikel mit diesem Thema befasst. Letztlich kann auch sie keine Antworten geben, befürwortet jedoch vom ethischen Standpunkt aus derartige Transplantationen fötalen Gewebes.

> First, consider the burden/benefit calculus by which the loss or change of identity is weighed against reduced life span and severe morbidity. Both individually and societally, the cost of care and the ongoing physical and psychological suffering occasioned by progressive, severe diseases such as Parkinson's may be greater than that loss or change. Ironically, patients and their family members sometimes view the radical changes in mental and physical function wrought by their disease as having already altered their identity. Second, the potential recipient of fetal neurografts can in most cases be informed of the risks and implications regarding the effect of the procedure, and choose or refuse to undergo it. An individual suffering from a severely debilitating, otherwise incurable, disease, might say: "Even if my identity were altered, I'd rather become someone else than live this way." [...] A third argument is one based on the value of life, as more fundamental than personal identity. If the recipient's life would

---

[469] Der bekannte Arzt Deeprak Chopra, der in USA lehrt, berichtet in seinen Vorträgen, dass Menschen, denen ein neues Herz eingepflanzt wurde, plötzlich neue Vorlieben entwickelten, die denen des Spenders entsprachen, worüber sie jedoch keine Informationen hatten. Das Zutreffen oder Nichtzutreffen dieser Aussagen konnte von mir nicht überprüft werden.

[470] Korein, Julius: "Ontogenesis of Fetal Nervous System: The Onset of Brain Life, "Transplantation Proceedings 22 (1990), 982-983, zitiert nach: Mahowald, Mary B.: The Brain and the I. Neurodevelopment and Personal Identity. Journal of Social Philosophy, 1997 (im Druck).

otherwise be cut short or lost, it may be better to live even with another's identity than not to live at all.[471]

Wir sind also an dieser Stelle in fundamentale ethische Frage abgerutscht, die man zwar wissenschaftlich unterfüttern kann, die man aber letztlich für sich selbst entscheiden muss.

2. Philosophische Bemerkungen zur Ichentwicklung

Popper erscheint es von erheblicher Bedeutung, „dass wir nicht als **Ich** geboren werden, sondern dass wir lernen müssen, dass wir ein Ich haben; ja, wir müssen erst lernen ein Ich zu sein".[472]

Außerdem schreibt er: „Um ein Ich zu sein, muss man viel lernen; insbesondere das **Zeit**gefühl, dass man sich in die Vergangenheit ... und in die Zukunft ... erstreckt. Doch das setzt Theorie voraus, zumindest in der rudimentärsten Form der Erwartung".[473]

Schon viel früher war den Philosophen aber bewusst, dass sich das Ich erst entwickeln muss und vor allem, dass es sich erst in einer intersubjektiven Begegnung ausprägen konnte. Bereits im Jahr 1785 notierte der deutsche Philosoph Friedrich Heinrich Jacobi: „Ohne Du ist das Ich unmöglich".[474]

Heinz-Klaus Metzger sieht die Ich-Entwicklung folgendermaßen, wobei er sich an den Franzosen Jacques Lacan anlehnt: „Das Ich des menschlichen Individuums wird erst zum Subjekt durch die Erkennung des anderen, d.h. des Abstandes zum anderen. Die (An-) Erkennung des (Abstandes zum) anderen fällt mit dem Eintritt in das >Stadium des Symbols< zusammen, d.h. mit dem Erwerb der Sprache, der sich nur dank einer Abspaltung vollzieht, einer Verdopplung, die das Subjekt konstituiert: Ich bin Ich, der ich spreche."[475]

---

[471] Mahowald, Mary B.: The Brain and the I. Neurodevelopment and Personal Identity. Journal of Social Philosophy, 1997 (im Druck).

[472] Popper & Eccles, a.a.O. S. 144

[473] Popper & Eccles, a.a.O. S. 146

[474] zitiert nach: Martin Scherer: Brillen erfinden, mit denen man ohne Augen sehen kann. Mit den „Schriften zum Spinozastreit" begann die verdienstvolle Gesamtausgabe des Werkes von Friedrich Heinrich Jacobi. Süddeutsche Zeitung, 8.5.1999

[475] Metzger, Heinz-Klaus: György Ligeti. Musikkonzepte Nr. 53, Januar 1987, S. 78

3. Psychologische Bemerkungen zur Ichentwicklung

Die körperlichen Eindrücke vermitteln dem Säugling den ersten Eindruck eines körperlichen Selbst. Dies ist jedoch nur die erste Stufe zur Ich-Identität. Diese bleibt auch erhalten, obwohl sich unser Körper ständig verändert. Jede Erfahrung verändert auch unser Gehirn, so dass es unmöglich ist, eine identische Erfahrung ein zweites mal zu haben. Trotzdem bleibt die Gewissheit der Selbst-Identität erhalten.

> Einige Philosophen sind von diesem Gefühl der persönlichen Identität so beeindruckt, dass sie glauben, dass jede Person eine unveränderliche und unvergängliche Seelen-Substanz besitzt. Diese Substanz würde die Einheit eines gegebenen Lebens von der Geburt bis zum Tod - und vielleicht darüber hinaus - garantieren. Andere sagen dazu nein und meinen, dass die bloße Überlappung aufeinanderfolgender Zustände des Bewusstseins und die Verkettung von Gedächtnisinhalten alles ist, was wir benötigen, um unsere Selbst-Identität zu bewahren.[476]

Wie dem auch sei, ein wichtiger Faktor bei der Etablierung der Selbst-Identität ist im zweiten Lebensjahr der Erwerb der **Sprache**. Die wichtigste linguistische Hilfe ist dabei der eigene Vorname des Kindes, mit dem es immer wieder angesprochen wird und den es mit der Zeit mit seiner eigenen Person identifiziert. Der eigene Name bleibt der wichtigste Anker für unsere Selbst-Identität während unseres Lebens.
Auch Shakespeare versichert uns, dass der eigene Name der kostbarste Besitz ist:

Jago
Der gute Name ist bei Mann und Frau,
Mein werter Herr,
Das eigentliche Kleinod ihrer Seelen.
Wer meinen Beutel stiehlt, nimmt Tand; 's ist etwas
Und nichts; ...
Doch wer den guten Namen mir entwendet,
Der raubt mir das, was ihn nicht reicher macht,
Mich aber bettelarm.[477]

---

[476] Allport, Gordon W.: Pattern and Growth in Personality. Holt, London & New York, 1961, S. 115: Some philosophers are so impressed with this sense of personal identity that they argue that each personality contains an unchanging and imperishable soul-substance. This substance is what guarantees unity to a given life from birth to death - and probably thereafter. Others say no, that the mere overlap of successive states of consciousness and the interlocking and reviewing of memories are all we need to account for the sense of self-identity".
[477] Shakespeare, William: Shakespeares Dramatische Werke, Band 4: Othello (3. Aufzug, 3. Szene). Bibliographisches Institut, Leipzig & Wien, 1907, S.331

Allerdings bereitet uns Vollmer eine Enttäuschung, wenn wir der Meinung wären aus dem Studium der Entwicklung der Sprache bei Kindern auch auf der Phylogenese schießen zu können:

> Die Idee, den Ursprung der Sprache am Sprechenlernen von Kindern zu studieren, die ja ein primitives Sprachstadium durchlaufen, scheitert, weil erstens Haeckels Gesetz von der Wiederholung der Phylogenese durch die Ontogenese nicht lückenlos gilt und zweitens weil das Kind von vornherein eine extrem differenzierte Sprache erlernt, nicht eine Ursprache, und zwar mit einem bereits in seinem Alter hoch organisierten Gehirn (so dass das biogenetische Grundgesetz gar nicht anwendbar wäre.[478]

Ein schönes Beispiel für die langsame Entwicklung des Ich beim heranwachsenden Kind finden wir z.B. in der Kunst August Mackes. McCullagh schreibt dazu:

> Das Kind befindet sich noch in einem Zustand der Selbstgewissheit, in dem Wissen noch nicht in subjektiv und objektiv gespalten ist.[479]

Das Kind scheint noch Teil einer magischen Welt zu sein und lebt noch in einer ewigen Gegenwart.

> In den Mittelpunkt gerückt und oft von Licht umflutet, wurde es in größerer Nähe zu dem unerreichbaren Geheimnis des Paradieses gesehen.[480]

---

[478] Vollmer, Gerhard: Evolutionäre Erkenntnistheorie. S. Hirzel, Stuttgart, [6]1994, S. 152
[479] McCullag, Janice: Mackes Paradiesesvision. In: Güse, Ernst-Günter: August Macke, Bruckmann, München, 1986, S. 97
[480] McCullag, a.a.O., S. 97.f.

Abbildung 9: August Macke: Leute am blauen See und Sonniger Weg (beide 1913; Ausschnitte)[481]

---

[481] Güse, Ernst-Günter: August Macke, Bruckmann, München, 1986, S. 266 (Abb. 110) und S.267 (Abb. 111)

239

4. Stadien der Ich-Entwicklung

a) Psychologische Sichtweise

Als ein Beispiel für viele sollen hier die Stadien der Ich-Entwicklung kurz skizziert werden, die von Jane Loevinger vorgeschlagen worden sind.[482]

Auf der ersten Stufe der Ich-Entwicklung muss das Ich vom Nicht-Ich oder das Selbst vom Nicht-Selbst unterschieden werden. Dabei gibt es autistisches Stadium in dem belebte und unbelebte Teile der Umwelt nicht unterschieden werden. Im **symbiotischen** Stadium entwickelt das Kind eine starke Beziehung zu seiner Mutter und kann die Mutter von seiner Umgebung unterscheiden. Das Selbst ist jedoch noch nicht von der Mutter abgegrenzt. Die Sprache scheint der entscheidende Faktor zu sein, der zur Überwindung dieses Stadiums führt.

Das zweite Stadium ist das **impulsive**. Das Kind versichert sich der Unabhängigkeit von der Mutter durch Ausübung eines eigenen Willens. Die Impulskontrolle fehlt noch und Regeln werden nicht als solche zur Kenntnis genommen.

Das dritte Stadium ist das **opportunistische**. Es wird zwar erkannt, dass es Regeln gibt, das Kind folgt ihnen aber nur nach Maßgabe von unmittelbaren Vorteilen (= Nutzenmaximierung).

Das vierte Stadium ist das **konformistische**. In dieser Phase werden die Regeln teilweise internalisiert. Wichtigste Reaktion auf Regelverletzungen ist die Scham.

Das fünfte Stadium ist **gewissensorientiert**. Moralische Regeln werden internalisiert. Innere Imperative gewinnen Vorrang vor externen, durch Gruppen gestützte Regeln. Die Reaktion auf Regelverletzungen ist Schuld.

Das sechste Stadium wird als **autonomes** bezeichnet. Die typischen moralischen Probleme entstehen jetzt aus inneren Konflikten, widersprüchlichen Pflichten und Bedürfnissen.

Die siebte und letzte Stufe bezeichnet Loevinger als die **integrierte**. Statt bloßem Austragen der Konflikte wird der Versuch unternommen, konfligierende Ansprüche miteinander zu versöhnen. Hochschätzung von Individualität und Verzicht auf Unerreichbares sind hierfür charakteristisch.

Loevinger lässt diese Stufen aufeinanderfolgen, und ordnet sie bewusst **nicht** genau bezeichneten Jahresabschnitten zu, da dies von Kind zu Kind schwankt, aber es gilt, dass eine Stufe aus der jeweils vorhergehenden hervorgeht.

---

[482] Loevinger, Jane: Zur Bedeutung und Messung von Ich-Entwicklung. In: Doebert, Rainer: Entwicklung des Ich. Kiepenheuer & Witsch, Köln, 1977, S.150ff.

Ergänzend sollen die Entwicklungsschritte wiedergegeben werden, wie sie Daniel Stern gesehen hat. Daniel Stern unterscheidet beim frühkindlichen Menschen vier Entwicklungsschritte zur „Selbstkomposition", die er bemerkenswerterweise mit musikalischen Begriffen erfasst und die nach seiner Anschauung die Erfahrung einer „Körper-Musik" bereits in der Gebärmutter voraussetzen:

die *Dynamik* des auftauchenden Selbst (1. bis 2. Monat) = Fähigkeit der Empfindung von Stärke und Ohnmacht,

der *Rhythmus* des Kern-Selbst (3. bis 8. Monat) = Empfindung eigener Handlungen

der *Klang* des „Subjektiven Selbst" (8. bis 16. Monat) = Empfindung von eigenen Gefühlen gegenüber anderen,

die *Melodie* = Empfinden eines verbalen Selbst (15. bis 18. Monat) vor dem Hintergrund bisher nonverbaler Erfahrungen.[483]

---

[483] Traub, Rainer: Der Mensch, ein Schrank. Rainer Traub über Musiktherapie. Spiegel Special, Nr.12, 1995, S. 44

b) *Anthroposophische Sichtweise*

(1) Vorbemerkung

Lange Zeit in der Menschheitsgeschichte sah man das eigene Schicksal als getragen und gesteuert von einem Gruppenbewusstsein. Das Bewusstsein, dass jeder Mensch sein eigenes und einmaliges Schicksal haben kann, musste sich erst allmählich entwickeln. Der anthroposophische Diplompsychologe und Psychoanalytiker, Mathias Wais, der sich seit Jahren mit dem menschlichen Lebenslauf befasst sagt dazu:

> Der Mensch ist heute in der Situation, dass er sein Leben selbst ergreifen muss. Es sind biographische Entscheidungen von ihm gefordert, wo früher Ereignisse sich 'von selbst' eingestellt haben. Der moderne Mensch sieht sich in Situationen gestellt, in denen es *Möglichkeiten* gibt, wo früher Zwang, moralischer Druck oder die schiere Selbstverständlichkeit den Ereignisablauf bestimmten. Der moderne Mensch findet sich aber auch zunehmend in Situationen wieder, die er gar nicht als die seinen erkennen kann. Er kann ganze Lebensabschnitte oder auch einzelne Ereignisse erleben und dabei das Gefühl haben, 'neben sich zu stehen' - nicht wirklich in Kontakt mit den gegebenen Umständen.[484]

Früher waren also die Lebensläufe der meisten Menschen von außen bestimmt. Die Rolle und der Lebensgang eines Handwerkers war weitgehend vorgezeichnet, ebenso wie der von vielen Frauen (Beruf, Familie, Kinder, Küche).
Besonders in dem was wir heute als die '68-er-Jahre bezeichnen, hat ein Umdenken begonnen, was die bisherigen Traditionen (Erziehung, Geschlechterrollen, Autoritäten in Familie, Studium und Beruf, Lebensformen ...) betraf. Man lernte die Vergangenheit anders zu betrachten (betrachtete z.B. kritisch die herkömmliche Geschichtsschreibung) und setzte sich auch mit der Gegenwart und Zukunft kritischer auseinander. Man entwickelte ein Bewusstsein der eigenen Entwicklungsmöglichkeiten, erkannte aber auch, dass einem diese nicht in den Schoß fallen, sondern errungen werden müssen. Dabei wurde auch deutlich, dass die eigene Biographie von Krisen gekennzeichnet sein kann, mit denen man sich auseinandersetzen muss, dass es Erschütterungen geben kann und Widerstände (in der Familie, im Arbeitsleben oder in der eigenen Person).

---

[484] Wais, Mathias: Biographiearbeit Lebensberatung. Urachhaus, Stuttgart, 1992, S. 25

(2) Biographiearbeit

Auch die Anthroposophie hat sich in den letzten Jahren zunehmend mit der Beratung von Menschen befasst. Dieser Beratung und Hilfestellung bei der Lebensbewältigung liegt das anthroposophische Menschenbild zugrunde. Zum einen wird ganz deutlich gesehen, dass jeder Mensch seine **persönliche** Biographie hat, sein Lebensthema, das er mit keiner anderen Person teilt. Andererseits ist aber auch eine **allgemeine** Biographie erkennbar, in der sich nach bestimmten Gesetzmäßigkeiten die sog. *Wesensglieder* des Menschen, zu denen auch das *Ich* gehört, entwickeln. Auf diesem Hintergrund setzt nun die anthroposophische Biographieberatung an. Diese versteht sich als Arbeit an der eigenen Biographie, bei der der Biographieberater kraft seiner Ausbildung und Kenntnis der Entwicklungsgesetzmäßigkeiten des *Ich* oder der *Seele* helfend zu Seite steht. Grundsätzlich ist diese Beratung abzugrenzen von den verschiedenen Formen der Psychotherapie und Psychoanalyse. Nur in den Fällen, wo die Biographiearbeit von klinischen Diplompsychologen ausübt wird, können beide Formen verschmelzen.

Was ist aber nun eigentlich die individuelle Biographie? Es gibt es im Leben bestimmte Ereignisse, die viele Menschen in *ähnlicher* Weise durchlaufen: Geburt, Einschulung, Schulabschluss, Berufsausbildung, Familie, Kinder. Jedes Ereignis kann bestimmte Erfahrungen (Begegnungen, Trennungen, Erfolge, Misserfolge) mit sich bringen, kann von erlebten Höhepunkten oder auch von Krankheiten begleitet sein. Dies ist die Grundlage der Biographie. Zur eigenen Biographie wird sie jedoch erst durch den Zusammenhang aller Ereignisse, durch die Dynamik, die in ihr liegt, zu der auch die Krisen, die Wendepunkte, die Vergangenheit und die Zukunftsentwürfe gehören. Die Biographie wird dabei als eine sich in der Zeit entfaltende Gestalt angesehen.

Die konkrete Biographiearbeit hat ihren Akzent in dem, was für den *Ratsuchenden* oder *Klienten* (man vermeidet von *Patient* zu sprechen) in der Zukunft liegt. Man versucht, die konstruktiven Kräfte des Menschen zu stärken und ihm bei einer Wandlung (wenn er diese anstrebt) zu helfen. Biographiearbeit versucht Anregungen in einem freien und partnerschaftlichen Arbeitsgespräch zu geben, den Klienten dabei völlig frei lassend ob er dies aufgreifen und ob er daraus etwas machen will. Biographiearbeit wird verstanden als Hilfsmittel zur Selbstidentifikation.

Die anthroposophische Biographieberatung bezieht einerseits die Gesamtwesenheit des Menschen, d.h. die Vorstellung von der Dreigliederung des Menschen in seinem Denken, Fühlen und Wollen mit ein; andererseits die anthroposophischen Ansichten von der leiblichen, seelischen und geistigen Entwicklung des Menschen unter dem biographischen Gesichtspunkt.

Die biographische Entwicklung beinhaltet je nach psychologischer Schule bestimmte Gesetzmäßigkeiten; die anthroposophische Anschauung bezieht häufig Rhythmen ein, wie den Siebener- oder den Fünferrhythmus. Es können jedoch in der individuellen Biographie auch andere, sich auch überschneidende Rhythmen eine Rolle spielen. Bei der Betrachtung des Lebenslaufes einer einzelnen Person wird sich bald herausstellen, in welcher Gestalt, in welcher Abwandlung diese Rhythmen zutagetreten. Die Kenntnis der Gesetzmäßigkeiten wird dann bei der Beratung eine Hilfe sein, Vergangenheit, Gegenwart und Zukunft besser beurteilen zu können.

Die Biographie eines Menschen beschränkt sich allerdings nach anthroposophischer Auffassung nicht nur auf das Leben des Menschen zwischen Geburt und Tod, sondern weist durch sein *Karma* und sein *Schicksal* über diese beiden Endpunkte hinaus. Der Spur von der Geburt bis zum Tod (A) kommt der Schicksalsstrom vom Tod zur Geburt entgegen und es gehört „zur Aufgabe des Engels, uns durch das Leben zu begleiten, damit diese beiden Linien sich treffen". Dabei soll folgendes Gesetz gelten.

> Aus der Arbeit des Ichs wird die Grundgestimmtheit des Astralleibes des nächsten Lebens. Das Verarbeitungsvermögrn des Astralleibes wirkt sich im nächsten Ätherleib aus. Und die Nachwirkungen des Ätherleibes bilden den physischen Leib. Die physischen Realitäten wirken dann als entgegengesetztes Schicksal (B) und treffen neu auf das Ich.[485]

---

[485] Meyer-Dietler, Ruth: Die Differenzierung des Biographiebegriffes. Rundbrief für die Mitarbeiter der medizinischen Sektion am Goetheanum in aller Welt. Epiphanias, No. 15, 1996, S. 30

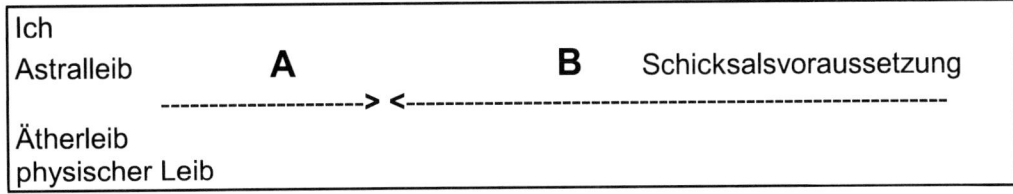

Der Biographiearbeit liegt also nicht nur das anthroposophische Menschenbild mit all seinen Untergliederungen zugrunde, sondern auch alle diesbezüglichen Vorstellungen zum Leben vor und nach dem Tode, zu Karma, Schicksal und Reinkarnation. Ohne Beachtung dieser „Erkenntnisse" lässt sich Biographiearbeit nicht betreiben.

(3) Jahrsiebte

Diese Hinweise und Einschränkungen wurden vorausgeschickt, bevor nun <u>eine</u> (allerdings auch die bekannteste und grundlegendste) Darstellung einer rhythmischen Entwicklung, nämlich der in sog. **Jahrsiebten** kurz vorgestellt wird. Einen Überblick über die U-förmige Abfolge der Jahrsiebte mit einigen der relevanten Themen der Ichentwicklung soll die folgende Abbildung vermitteln (**Fehler! Verweisquelle konnte nicht gefunden werden.**)

(a) Das erste Jahrsiebt (0 - 7 Jahre)

Im ersten Jahrsiebt entwickelt sich vor allem der *physische Leib*, der mit der Geburt noch lange nicht 'fertig' ist. So finden z.B. entscheidende Reifungsprozesse im Gehirn (die sog. Markreifung der weißen Substanz) erst nach der Geburt statt. Zu der leiblichen Ausbildung kommen in dieser Phase ganz entscheidend die Einflüsse der Umwelt hinzu, indem das Kind die soziale Umgebung aufnimmt (Eltern, Kultur, einschließlich der Sprache). Das Kind wird wach durch die Sinne, durch das Einströmen der Sinneseindrücke. Die Welt wird erfahren und ausprobiert durch die Eroberung des Raumes, durch Bewegung. **Krisen** in diesen ersten Jahrsiebt sind meist leibliche Krisen (Kinderkrankheiten).

Im *sozialen* Bereichen schafft die Familie ein Heim und damit Vertrauen, Sicherheit und Schutz ('Nestwärme'). Wichtig ist in dieser Phase die Ausbildung eines Urvertrauens.

Das sich entwickelnde Ich hat in dieser Phase zum aufrechten Gang des Kindes geführt. Rudolf Treichler sagt dazu: „Um das 3. Jahr, wenn das Kind beginnt, 'ich' zu sagen, glänzt ein erstes Ichbewusstsein im Kopf auf. Was das Kind von nun an durch seine Sinne aufnimmt, wird zugleich von diesem Ichbewusstsein aufgenommen und kann daher auch vom Ich wieder innerlich wahrgenommen werden, d.h. erinnert werden. Und von nun an prägt das langsam immer bewusster werdende Ich alle seelischen Äußerungen des Kindes."[486]

So wird in diesem Lebensabschnitt die Welt erobert durch die

Aufrichte (Gehen)	→	physischer Raum
Sprache	→	realer / sozialer Raum
das Denken	→	geistiger Raum

Rudolf Steiner prägte für diese Phase den Spruch

> Die Welt ist
> gut

[486] Treichler, Rudolf: Die Entwicklung der Seele im Lebenslauf. Verl. Freies Geistesleben, Stuttgart, 1992, S. 28

(b) Das zweite Jahrsiebt (7 - 14 Jahre)

Diese Lebensphase konzentriert sich auf den Brustraum. Es wird ein Innenraum geschaffen, in dem sich das seelische Leben entwickelt. Das rhythmische System wird stärker ausgebildet:

das Herz   Zusammenziehung - Dehnung und
die Lunge   Ein- und Ausatmen.

Mit dem Ende des ersten Jahrsiebts geht die organschaffende Tätigkeit im physischen Leib zu Ende, es werden nunmehr schöpferisch bildende Kräfte frei. Diese sog. Bildekräfte kann man sich vorstellen, als Impulskräfte, die von der Seele oder dem Ich ausgehen und über das Nervensystem vermittelt den physischen Leib beeinflussen. Diese seelischen Kräfte formen eine Ganzheit, einen übergeordneten 'Leib', eine 'Gestalt', die Rudolf Steiner als den *Lebensleib* oder ***Ätherleib*** bezeichnet (wobei *Äther* auf den Ursprung der Bildekräfte im Erdenumkreis = Äther hinweist).
Die Gestaltungs- und Wachstumskräfte des ersten Jahrsiebts werden nun zu Denkkräften. Im Kind erwacht in dieser Phase ein neues *Ichgefühl*. Das Fühlen wird jetzt richtig ausgebildet. Einsamkeit und Trauer können gefühlt und durch das Gefühl der Liebe überwunden werden. Ein Innenraum wird geschaffen, Grenzen werden gesetzt (das *Nein* taucht auf). Um das 9. Lebensjahr herum spricht man davon, dass das Ich im Gefühl erwacht (erste platonische Liebe).

In der Schule entwickelt sich das **Ich** und **Du**, vermittelt durch die Autorität des Lehrers als Referenzperson. Der Lehrer vermittelt die Außenwelt für die Kinder. **Normen** werden verstärkt und gefestigt. **Gewohnheiten** bilden sich heraus (Umgang mit anderen Menschen, Zähneputzen, Art des Essens ...). Wichtig ist in dieser Phase die harmonische Ausbildung zwischen <u>Innen</u> und <u>Außen</u>.

In der Erziehung ist es in dieser Phase wichtig, den Rhythmus zu pflegen (Jahresfeste), das Kind zu einer religiösen Haltung anzuleiten (Gott; Göttliches in der Natur) und im Erlebenlassen von Kunst.

Rudolf Steiner zu dieser Phase:

> Die Welt ist
> schön

(c) Das dritte Jahrsiebt (14 - 21 Jahre)

Charakteristisch für die Phase ist die
- Trennung von der Paradieseswelt des 2. Jahrsiebts und die
- Trennung der Geschlechter,

aber auch die Suche nach einer Einheit und der Beginn einer Selbsterziehung.

Die Jugendlichen sind in dieser Zeit zerrissen zwischen
- dem Idealbild, das sie in sich selbst suchen ('Idole')
- dem Idealbild, das sie bei den anderen Suchen (Eltern)

und den dominant werdenden Trieben.

In dieser Zeit wird das eigene Schicksal stärker sichtbar und werden die Konsequenzen der eigenen Handlungen deutlich. Die Individualität wird immer stärker ausgeprägt.

Nach Rudolf Steiner entwickelt sich in dem dritten Jahrsiebt der sog. *Astralleib* (= *Seelenleib* = *Empfindungsleib*), der sozusagen mit der Pubertät 'geboren' wird. Die Bezeichnung *Astralleib* bezieht sich auf die übersinnliche, durch die Sterne sich andeutende Welt, aus der die Seele mit der Geburt zur Erde niedersteigt. Das Ich ist noch nicht voll entwickelt, es geht noch weitgehend in der Seele auf, durchdringt diese aber bereits mit einem willenshaften Ringen um diese neuen Seelenkräfte, nämlich dem abstrakt-willenshaften Denken.

Von der Erziehung her ist es wichtig, Freiräume zu schaffen und zwar einen

physischen Freiraum	eigenes Zimmer
seelischen Freiraum	Freundschaften, Tagebuch und einen
geistigen Freiraum	Unterstützung oder Unterdrückung der eigenen Intentionen (Berufswahl)

Die große Frage dieser Zeit ist:

> Wer bin ich?

Lievegoed ergänzt dies noch dahingehend:

> Wer bin ich? Was will ich? Was kann ich? Wer sich in dieser Phase des
> Lebens diese Fragen nicht gestellt hat - und sei es auch nur in der Form,
> dass er darunter gelitten hat, die Antwort nicht zu wissen - der hat den
> Grund für das Erwachen der psychischen Seite seines Menschseins nicht
> gelegt und läuft Gefahr, in der langen Phase der Lebensmitte dem
> triebhaft-vitalen Bereich verhaftet zu bleiben und in ewig-pubertärer
> Haltung zu verharren. Er wird sein Selbstwertgefühl von der Meinung der
> Welt abhängig machen oder aus eigener Unsicherheit dauernd gegen die
> Welt anrennen."[487]

(d) Das vierte Jahrsiebt (21 - 28 Jahre)

Biographisch gesehen ist man mit etwa 21 Jahren erwachsen. Das vierte Jahrsiebt wird
häufig als das der '**Lehr- und Wanderjahre**' bezeichnet. Man sucht privat und
beruflich den Ort in der Welt, wo man sich engagieren möchte. Die Erziehung ist
weitgehend zu Ende, die Selbsterziehung beginnt. Man erprobt sich in der Welt der
Erwachsenen. In einer Aufgabe, einem Beruf oder einem Studium versucht man in der
Auseinandersetzung die eigenen Grenzen herauszufinden. Man fragt sich: was habe
ich mitgebracht, welche Werkzeuge und Arbeitsmittel habe ich, welche muss ich
weiter pflegen, was lasse ich zurück?

Das Ich will nun ausstrahlen, ist aber noch durch die Normen gefangen und durch die
übernommenen Rollen (z.B. die Rolle als Sohn, als Vater, Ehemann oder als
Berufstätiger). Es ist eine Zeit des Experimentierens und des Lernen aus Fehlern. Es
ist das Alter der Abenteuers, der inneren und äußeren Auftriebe, der Kraft und der
Geselligkeit.

Mit dem 21. Lebensjahr wird nach Steiner nun als viertes Wesensglied das *Ich*, das
eigentlich menschliche Wesensglied, geboren. Damit reagiert der Mensch nicht mehr
unwillkürlich auf die Welt, sondern zunehmend erkennend und willentlich handelnd.
Das Ich wird als Zentrum der Seele angesehen und wirkt von dort über das
unbewusste Seelenleben bis in den Leib hinab. Es ist dies das Ich, das auch bei
Sigmund Freud oder C.G. Jung im Zentrum steht und das häufig auch als des
eigentliche *Selbst* des Menschen bezeichnet wird.

Während die gesamte Entwicklung des Menschen unter dem Aspekt des sich
entfaltenden Ichs gesehen werden kann, entwickeln sich daneben drei Wesens- oder

---

[487] Lievegoed, Bernard: Lebenskrisen Lebenschancen. Kösel, München, 1979, S. 61

Seelenglieder. Das erste, das in diesem Jahrsiebt sozusagen 'geboren' wird, ist die *Empfindungsseele*. Damit soll ausgedrückt werden, dass dieses Lebensjahrsiebt von Empfindungen geprägt ist. Das innere, seelische Leben nimmt damit erstmals eine 'personale' Form an. Die Entstehung kann man sich so vorstellen, dass sich das Begehren und Urteilen mit der Wahrnehmung verbindet, allerdings jetzt mehr unter der Führung des sich entwickelnden Ichs. Der junge Mensch bekommt dadurch mehr *Zentrum*. Allerdings ist dieser Zustand zunächst nur labil, was man z.B. an den starken Gefühlsschwankungen in dieser Zeit sehen kann.

Krisenmöglichkeiten in dieser Phase (um 26 Jahre) sind häufig sog. Krisen der Talente. Soll ich noch in der Empfindungsseele weiterleben, was denken die Anderen von mir? Wichtig ist daher weiter an der eigenen Individuation zu arbeiten. Welche Talente sind eingegraben, welche werden verwendet? Das Wissen wird allmählich in Lebenserfahrung umgewandelt.

(e) Das fünfte Jahrsiebt (28 - 35 Jahre)

Gegen Ende der 20er Jahre, um das 28. Lebensjahr, kann sich der Charakter des Seelenlebens abermals ändern. Der Mensch erscheint in sich gekehrter, handelt aber auch überlegter und aktiver; die Sturm- und Drangphase hat sich gelegt. Die Jugend ist vorbei, der sog. 'Ernst des Lebens' hat nun endgültig begonnen. Mathias Wais schreibt hierzu: „Mit dem 28. Lebensjahr ist ein Höhepunkt erreicht. Man überschreitet das Maximum jugendlicher Lebenskraft und ist an einem Höchstmaß seiner physischen Kräfte angekommen. Die Zeit, da einem alles zufiel geht zu Ende, und es beginnt eine Phase, in der man sich mit dem Willen einen Platz in der Welt erobert."[488]

Diese Phase wurde auch als die '**organisatorische Phase**' bezeichnet. Man versucht Ziele im praktischen Leben zu ergreifen, für deren Verwirklichung der *Verstand* die Wege organisiert. „Mit ungefähr Dreißig, hat man das erste mal Bilanz gezogen, man weiß was man kann, was einem schwerfällt und was man wahrscheinlich nie schaffen wird."[489]

Das Seelenglied, das sich in dieser Zeit entwickelt, ist die *Verstandes- oder Gemütsseele*. Der Doppelaspekt dieser Bezeichnung besagt, dass der Verstand dieses Seelengliedes die Wärme des Gemüts braucht, um die Verbindung zum Leben zu bekommen. Die Fähigkeit zum eigenen Denken wächst und verbindet sich mit der Fähigkeit zur gemüthaften Verinnerlichung.

---

[488] Wais, Mathias, a.a.O., S.168
[489] Lievegoed, Bernard, a.a.O., S. 70

(f) Das sechste Jahrsiebt (35 - 42 Jahre)

Wenn man ein Leben von 70 Jahren betrachtet, dann bildet das 35. Lebensjahr die sog. Lebensmitte. Daher wird das sechste Jahrsiebt auch als das **Jahrsiebt der Lebensmitte** bezeichnet.
Mathias Wais schreibt zu dieser Phase und zum Thema der Lebensmitte:

> Die Lebensmitte als existentieller Wendepunkt, aber auch Tiefpunkt bestimmt sich thematisch, nicht rechnerisch. Lebensmittethema ist das seltsame Paradox zwischen Sich-Selber-fremd-sein und Ganz-bei-Sich-Sein. Dies kann irgendwann zwischen dem 28. und dem 42. Lebensjahr auftauchen und hat heute eine Tendenz, immer früher sich bemerkbar zu machen; und es ist als eine Phase, die Monate, manchmal Jahre dauert, ganz unabhängig von der objektiven Dauer des Lebensganges.[490]

Das 35. Lebensjahr wird oft als der Höhepunkt des Lebens bezeichnet, z.B. schließt Faust seinen Vertrag mit Mephistopheles mit 35 Jahren, weil er fühlt, dass er nicht weiterkommt. Die Frage nach dem Wert des Erreichten stellt sich, wenn man vom Gipfel der Lebensmitte zurückblickt. Die Frage nach dem Sinn des Lebens wird jetzt deutlicher, indem man sich fragt, welchen Wert das eigene Leben bisher gehabt hat. Das Leben wird nun aus innerer Einsicht heraus gestaltet, wobei man beginnt auf den 'absteigenden' Ast zu kommen, wodurch aber auch jetzt schon neue Kräfte frei werden. Es ist dies eine Zeit, in der die Sicherheit der eben abgeschlossenen sachlichen Phase wieder ins Wanken gerät und damit der lohnende Schritt in eine völlig neue, wichtige Lebensphase möglich wird. Aber der Mensch spürt auch, dass sein Organismus jetzt ganz ausgebildet ist und dass jetzt Schwere an die Stelle von Spontaneität tritt. Es geschieht nichts mehr, wenn ich es nicht tue.

In diesem Jahrsiebt entwickelt sich die sog. *Bewusstseinsseele.* Der Mensch erwacht in der Lebensmitte durch seine Sinne, durch die das Ich die sinnliche Welt neu in sich aufnimmt. In der Bewusstseinsseele wird das bisher mit dem Denken und Gemüt vereinigte Wollen selbständig und richtet sich mehr auf das Denken der Verstandesseele. Im Zentrum der Bewusstseinsseele wird die Welt erkannt, das eigene Bewusstsein erwacht am Wesen der Welt und findet so zur Selbsterkenntnis.

Aufgabe für diese Phase ist die Kritik in Selbstkritik zu verwandeln. Es kann zu einem inneren Leeregefühl kommen, deshalb ist es vorteilhaft Selbstkritik zu üben, um neue

---

[490] Wais, Mathias, persönliche Mitteilung an den Autor vom 6.3.1995

Impulse zu gewinnen und neue Potentialitäten kennenzulernen. Man muss lernen sich selbst (in seinen Grenzen), bzw. die Anderen zu akzeptieren.

In der Partnerschaft sollte man
- seinen eigenen Weg gehen, dabei die Wege des Anderen respektieren, akzeptieren und fördern
- und einen gemeinsamen Weg gehen, gemeinsame Ziele entwickeln.

Eine Gefahr in dieser Phase ist, dass man verhärtet und egoistisch wird. Wenn man sich nur in Arbeit eingräbt, bereitet man die eigene soziale Isolation vor. Man darf nicht vergessen: „Nach dreißig ist jede Weiterentwicklung nur noch eine *Möglichkeit*. Die von Natur aus überquellende Energie der Zwanziger trägt nicht mehr. Was nach dreißig erreicht wird, hängt einzig und allein davon ab, was der einzelne aus seinen Fähigkeiten und Kräften macht."[491]

(g) Das siebte Jahrsiebt (42 - 49 Jahre)

In dieser Phase ergeben sich neue Möglichkeiten, eine neue Kreativität durch das Nachlassen der organischen Kräfte, was man aber auch als ein Loslassen (-können) verstehen kann. Bei Mann beginnt in dieser Phase der Muskelabbau, bei der Frau kann liegt hier häufig schon die Menarche. Andererseits liegt hier aber auch ein großes Spannungsfeld. Man spricht davon, dass 'das Leben mit 40 beginnt'. Bei Männern kommt es z.T. zu erhöhter Sexualität (der 40-jährige holt sich zwei 20-jährige, die er aber nicht 'schafft'). Bei den Männern ist diese Phase häufig um ein Jahrsiebt nach hinten verschoben. Man muss aber nicht das Gefühl haben, etwas verpasst zu haben, da man in dieser Zeit andere Erfahrungen gemacht hat, die andere nicht gemacht haben; dies ist Teil des eigenen Schicksals.

In dieser Phase findet häufig ein Abwägen statt, der Möglichkeiten, die man noch hat. Man fragt sich welche Türen einem noch offen stehen. Man beginnt seine innere Biographie zu verwirklichen. „Nicht mehr andere entscheiden, was für mich auf geistigen Gebiet gut ist, sondern ich selbst suche mir einen realen oder literarischen Lehrmeister, den ich als geistiges Vorbild anerkenne und von dem ich so lange lerne, bis ich zum nächsten weitergehe".[492]
Man kann ab dieser Phase seine 'Früchte' anderen zur Verfügung Stellen, muss aber abwägen, ob diese von den anderen überhaupt gewollt werden. Teilweise kommt es zu

---

[491] O'Neil, George und Gisela: Der Lebenslauf. Lesen in der eigenen Biographie. Verl. Freies Geistesleben, Stuttgart, 1994, S. 33
[492] Lievegoed, Bernard, a.a.O., S. 79

einem sog. 'Tunnelerlebnis', aus dem man sich nur selbst befreien kann; eine fremde Hilfe ist dabei nicht möglich.

Das Wesensglied, das sich in diesem Lebensabschnitt <u>potentiell</u> bilden kann, ist das sog. *Geistselbst*, das sich durch ein reges Gedankenleben ausdrückt.

(h) Das achte Jahrsiebt (49 - 56 Jahre)

Es kommt nun zu einer neuen 'Atmungsphase' in der die Kräfte von innen nach außen und umgekehrt wirken. Man muss einen neuen Lebensrhythmus finden, sonst kommt es zu einer realen Einengung des Atemprozesses.

Diese Phase wird bezeichnet als *Weisheitsphase* oder auch als *moralische* oder *ethische* Phase. Es ist die Phase eines neuen Hinhörens in der man eine inspirative Seelenhaltung einnimmt.

Man ist gerichtet auf die <u>Außenwelt</u>: welche Fragen kommen mir entgegen von Außen, welche Menschheitsfragen, welche Notwendigkeiten. Wo sind die Frage, wo werde ich noch gebraucht?

Man ist gerichtet auf die <u>Innenwelt</u>: man lernt ein besseres Wahrnehmen der inneren Stimme. Man hält ein und befindet sich auf dem Weg Weisheit zu gewinnen. Weisheit ist hier so verstanden, als erworbenes Wissen, das nun mit Herzenskräften durchdrungen wird.

In dieser Phase ist es wichtig die Beziehung zu seinem Partner zu pflegen, so wie es am Anfang der Beziehung war, nachdem nun meist die Beziehungen zu den Kindern schwächer geworden sind. Es stellt sich die Frage: was sind die eigenen Ziele und was sind die gemeinsamen Ziele, die man noch verwirklichen will.

Dies ist die <u>potentielle</u> Periode des sog. *Lebensgeistes*. Es ist, als werde einem eine neue Vitalität verliehen, auf die man sich einstellen muss.

(i) Das neunte Jahrsiebt (56 - 63 Jahre)

In diesem Jahrsiebt soll man sein <u>Sinne</u> mit einem Dankbarkeitsgefühl pflegen. Kann ich auf Fernseher und Kopfhörer verzichten? Wie kann ich meine Sinne in gesunder Weise pflegen? Leitthema ist die *Entsagung* und zwar nicht vom Leben, sondern von dem, die Sinne beschädigenden. „Jetzt kommt bei manchen das Gefühl auf, man müsse noch einmal durch eine schwere Zeit hindurch. Noch einmal muss alles durch das 'Stirb und Werde' gehen. Die gefundenen Werte geraten nicht eigentlich ins Wanken, aber es wird deutlich, dass wir sie uns noch nicht tatsächlich angeeignet haben."[493]

Diese Phase wird auch als die *mystische* bezeichnet. Es ist die Phase, in der wir ganz in uns gekehrt sind, aber geistig ausstrahlen. Wir werden mit den Elementen des <u>Leibes</u> konfrontiert, mit Krankheiten. Aber wir müssen den Versuch machen <u>geistig</u> lebendig zu bleiben.

In dieser Phase frage ich mich, welche Lebensintentionen ich bereits verwirklicht habe und was ich noch tun kann. In Europa ergibt sich bei vielen Menschen nach dem 63. Lebensjahr noch etwas Neues (Studium, Seniorenprojekte etc.).

In dieser hier betrachteten Phase kann sich das Wesensglied des sog. Geistesmenschen ausbilden. „Dies ist das Alter in dem Selbstlosigkeit, die Tugend des freien Geistes, Wirklichkeit werden und sich in 'magischen' Kräften manifestieren kann. Sie erweckt die besten Kräfte in anderen, fördert ihre latenten Möglichkeiten und wirkt in Menschengemeinschaften als einigende, heilende Kraft."[494]

(4) Mondknoten

Bei der Betrachtung des Lebenslaufes unter anthroposophischem Blickwinkel spielen auch die sog. *Mondknoten* eine Rolle. Diese wiederholen sich nach 18 Jahren, sieben Monaten und neun Tagen. An diesen Zeitpunkten ist die Gestirnkonstellation die gleiche wie bei der Geburt des Menschen. Insofern man einen Einfluss der Gestirne anerkennt, kann man davon ausgehen, dass dann die gleichen 'Wirksamkeiten' bestehen. Der Mondknoten-Rhythmus wird vor allem als ein kosmischer Rhythmus

---

[493] Lievegoed, Bernard, a.a.O., S. 90
[494] O'Neil, George und Gisela, a.a.O., S. 36

254

angesehen. Im Gegensatz ist der Siebener-Rhythmus (siehe Kapitel über die Jahrsiebte) ein eher biologischer Rhythmus. Dazu Mathias Wais:

> Wenn wir „Erde" als das Hier und Jetzt auffassen, den Mond spirituellen Traditionen folgend, als Signum des Vergangenen und Sonne als Impulsator des Zukünftigen, dann bedeutet der Mondknoten ein bestimmtes Zusammentreffen von Vergangenheit und Zukunft im Jetzt. ... Phänomenologisch stellen sich die Mondknoten als schicksalsmäßig von außen kommende Abbrüche, als Verlustereignisse, als Auslaufen oder Leerlaufen bisher gültiger Beziehungen und Verhältnisse dar. Es handelt sich dabei um eine Art Reinigung: Die Lebenssituation wird an diesem Wendepunkt gereinigt von dem, was nicht oder nicht mehr zu den Geburtsimpulsen gehört oder passt. Der Mondknoten wird daher meist krisenhaft erlebt, und zunächst steht ganz das Verlusterlebnis im Vordergrund. ... Die andere Seite besteht darin, dass wiederum durch Ereignisse, die von außen eintreten, Hinweise auf etwas Neues, Anderes auftauchen, das es jetzt zu ergreifen gilt.[495]

Die Zeitbestimmung ist nicht akribisch genau zu sehen, aber die Zeiten um den Mondknoten herum sind somit meist Wendepunkte bei denen altes stirbt und neues wird.

Als Beispiel sollen einige Hinweise gegeben werden, welche Ereignisse um die Zeit der Mondknoten herum im Leben von Béla Bartók stattfanden. Der erste Mondknoten lag bei Bartók am 3.11.1899. 1899 erlitt Bartók zunächst eine Lungeninfektion und nachdem diese ausgeheilt war, kurz vor dem Beginn seines Musikstudiums in Budapest, eine Bronchitis. Der erste Mondknoten könnte damit zwei Bereiche in Bartóks Leben kennzeichnen: den Beginn des **Musikstudiums** und seine ihn lebenslang immer wieder beeinträchtigenden **Krankheiten**.

Um den zweiten Mondknoten herum (12.6.1918) begann er mit einer sechs Jahre währenden Serie von Veröffentlichungen zu volksmusikalischen Themen (1918: *Melodien ungarischer Soldatenlieder*, 1920: *Die Volksmusik der Araber von Biskra*, 1921: *Der Einfluss der Bauernmusik auf die Musik unserer Zeit*, etc.).

Kurz vor seinem 3. Mondknoten (am 21.1.1937) beendete er seine letzte Reise, die der Volksmusikforschung gewidmet war. Damit war ein wichtiges Kapitel in seinem Leben zu Ende gegangen.

---

[495] Wais, Mathias: Ich bin was ich werden könnte. Entwicklungschancen des Lebenslaufs; aus der Biographieberatung. Edition tertium, Ostfildern, 1995, S. 36

Andererseits haben aber die für Bartóks Schaffen so bedeutsamen fünf Kompositionspausen, in denen auch immer Altes abgelegt wurde und danach Neues begann, keinen Zusammenhang mit den drei in seinem Leben vorhandenen Mondknoten. Diese lassen sich auch keinem anderen Rhythmus zuordnen, sondern sind von äußeren oder persönlichen Ereignissen ausgelöst worden.

Es konnte nicht ausbleiben, dass auch das Leben Rudolf Steiners unter dem Aspekt der Mondknoten untersucht wurde. Aber nicht nur die Mondknotenwirksamkeiten in seinem Leben zwischen Geburt und Tod wurden untersucht, sondern auch im überzeitlichen Sinne:

> Dr. Karl König, Begründer der Camphill-Bewegung und Anhänger Rudolf Steiners, hat einen Aufsatz geschrieben mit dem Titel: 'der 27. Februar 1861 als welthistorisches Datum'. Darin stellt König die Frage: 'Für uns, die wir seine (= Steiners) Schüler werden durften, bezeichnet dieses Datum ein welthistorisches Ereignis von größter Bedeutung und daher darf in aller achtsamen Behutsamkeit die Frage auftreten: Warum hat sich Rudolf Steiners ewige Individualität dieses Datum für seine Geburt erwählt?'. Berührt schon diese Frage eigenartig, so befremdet die Antwort, die König selbst gibt, mindestens ebenso sehr: Seit dem Mysterium von Golgatha seien gerade zu diesem Zeitpunkt 100 „Mondknoten-Rhythmen" vergangen. König erhebt die Dezimalzahl zur Symbolzahl und feiert seinen Einblick in diese Chronologie ebenso pathetisch wie misstönend: 'Es ist, als könnte man durch solche Zahlen hindurch den Posaunenton der göttlichen Weltenschritte erklingen hören.'[496]

Mathias Wais, der sich intensiv mit Biographiearbeit beschäftigt und entsprechende Literatur veröffentlicht hat (s. Literaturverzeichnis) warnt selbst vor einem zu arglosen Umgang mit der Zahlensymbolik:

> Überhaupt ist es eine heikle Angelegenheit, mit der "Bedeutung" von Zahlenproportionen umzugehen, die man zu finden meint. Die Versuchung ist groß, eine gefundene Zahlenstruktur in einem der numerologischen Werke nachzuschlagen, die heute zahlreich zur Hand und wohlfeil sind. Sinnvoller ist es, sich mit den geistigen Kräftekonstellationen zu befassen, deren irdischer Name in einer Zahl verborgen sein kann. ... Diesen Bereich kann man nicht mechanisch handhaben. Vor allem geht es nicht um eine pauschale Zahlenmystik, die das „Vorkommen" bestimmter Zahlen untersucht und deutet: XY hat in einem Haus mit der Nummer 6 gewohnt, seine Frau hat ihn sechs Jahre

---

[496] Badewien, Jan: Anthroposophie. Ein kritische Darstellung. Bahn, Konstanz, 1985, S. 178f.

nach der Heirat verlassen und die Freundin besitzt sechs Meerschweinchen. Das muss doch etwas bedeuten! Nein, das bedeutet einfach nichts.[497]

Beispiele für biographische Lebensbetrachtungen finden sich zu Camille Claudel, Alexej Jawlensky, Béla Bartók und August Macke bei Wais[498], zu Béla Bartók bei Griesang[499].

(5) Biographieschreibung

Abgesehen von Autobiographien gibt es zahllose Lebensbeschreibungen mehr oder weniger bedeutender Menschen aus allen Zeitepochen und allen menschlichen Wirkbereichen. Oben wurden drei Maler und ein Komponist genannt. Allerdings ist gerade das erwähnte Buch von Mathias Wais für mich ein Beispiel überzogener, spekulativer Biographiebetrachtung, getragen von einem mysteriösen (hier anthroposophischen) Weltbild. Da in unserem Zusammenhang jedoch die Anthroposophie besonders fokussiert wird, soll beispielhaft (und eher abschreckend) auf August Macke eingegangen werden, so wie er von Wais gesehen wird.

Wais sieht in frühen Unfällen „zeichenhaft schon etwas anwesend vom frühen Tod Mackes selbst" (S.200), im Tod des Vaters „vielleicht schon ein erstes Ahnen des eigenen frühen Todes" (S.204) und auch in den sorgenfreien, leichten Bildern Mackes „ahnt man dunkel ein Unheil, etwas Bedrohliches" (S.207).

Dann aber geht er so weit, dass er „sehr auffällige, meist etwas schräg gestellte Balken am Bildrand" (S.208) sieht und sie als Kreuz – Tod bezeichnet.

---

[497] Wais, Mathias, a.a.O., S. 44
[498] Wais, Mathias: Individualität und Biographie. Urachhaus, Stuttgart, 1994
[499] Griesang, Risto: Béla Bartók. Betrachtungen zu seinem Leben unter dem Gesichtspunkt der Jahrsiebte. Unveröffentlichtes Manuskript. Nürnberg, Januar 1995

Abbildung 10: August Macke Seiltänzer und Landschaft bei Hammamet (beide 1914)[500]

---

[500] Güse, Ernst-Gerhard (Hrgb.): August Macke. Bruckmann, München, 1986, S. 283 (Abb. 132) und. 330 (Abb. 200)

Doch nicht genug damit: Wais zeichnet die räumlichen Stationen des Lebens von Macke auf einer Landkarte nach:

> Wenn wir zunächst diejenigen Orte oder Gegenden durch eine gerade Linie miteinander verbinden, in denen er gelebt hat, und wenn wir dies in der Reihenfolge tun, wie er die Orte tatsächlich nacheinander besucht hat, wenn wir also eine Linie ziehen von Meschede nach Köln/Bonn und von Düsseldorf zum Tegernsee, so erhalten wir dasselbe schrägstehende Kreuz, das auf den oben genannten Bilder sich zeigt. Verbinden wir weiterhin Meschede als Geburtsort mit der Gegend Frankreichs, in der Macke gefallen ist, und verbinden wir wieder Düsseldorf mit dem Tegernsee oder auch mit dem Thuner See, so erhalten wir wiederum das schrägstehende, nicht-rechtwinkelige Kreuz. Was konnte es nun mit dem schrägstehenden und nicht-rechtwinkeligen Kreuz auf sich haben? Diese zeichenhafte Geste muß mit dem Todesahnungstraum 1905 bzw. mit dem tatsächlichen Todesvorgang zu tun haben, und auch mit dem Unfall, bei dem ein Pfeil den Schädelknochen des jungen Macke durchbohrte. Ein beim schnellen Gehen Getroffener (wie für Macke verbürgt, während seine Kompagnie angriff) fällt, *indem er die Arme hochreißt*; ein In-sich-Zusammensacken ist unwahrscheinlich, der Körper macht vielmehr eine diffuse Abwehr- und Haltesuchegeste. Deshalb das Arm-Ausbreiten. Im Moment des Angeschossenseins, wenn der Körper gerade aus seiner Gehbewegung herausgerissen, aber noch nicht gefallen ist, bildet er ein solches schräges Kreuz. So zeigt Macke in den schrägstehenden Kreuzen, die geradezu zwanghaft in seinen Bildern auftauchen, genau den Augenblick des *Innehaltens seiner Biographie*, den Übertritt in die andere Dimension, den Moment der Rückkehr.[501]

Jeder kann versuchen, dieses Schema auf sich selbst anzuwenden, um zu sehen, welche ‚Gestalten' sich dabei ergeben.
Verbinde ich München (mein Geburtsort) mit Hamburg (Studienort) und München mit dem Schwarzwald (Schulort), so ergibt sich ebenfalls ein schräg liegendes Kreuz. Der Ort, an dem ich die längste Zeit meines Lebens gearbeitet habe (Nürnberg) liegt genau (!) auf der Linie München – Hamburg. So what? Ich bin eben mit 59 Jahren noch kein „Frühvollendeter".

---

[501] Wais, Mathias: Individualität und Biographie. Urachhaus, Stuttgart, 1994, S.208f.

(6) Zusammenfassung

Bei der Betrachtung der Jahrsiebte in einer Überschau, werden häufig bei der Durcharbeitung und der Interpretation bestimmte Abschnitte einander gegenüber gestellt oder *gespiegelt*. Ein solcher Spiegelungspunkt ist z.B. das 21. Lebensjahr. Im 21. Lebensjahr spiegeln sich häufig die 3 x 7 Jahre vor diesem Zeitpunkt mit den 3 x 7 danach liegenden. „Was in den ersten 21 Lebensjahren von außen auf einen Menschen zukommt und untertaucht, kommt in den nächsten 21 Jahren wieder von innen hoch."[502] Aus dem Zusammenhang zwischen den Jahrsiebten und der Lebensmitte ergeben sich weitere Spiegelungsmöglichkeiten, wenn man die Lebenskurve als u-förmige Kurve darstellt (**Fehler! Verweisquelle konnte nicht gefunden werden.**).

> Aus der Kurve aber Spiegelungen äußerer Ereignisse entnehmen zu wollen, ergibt jedoch keinen Sinn. Falls es sich nicht um durch das biologische Alter vorgegebene äußere Ereignisse wie Schuleintritt, Pensionierung etc. handelt, kann die Kurve nur Entsprechungen von Seelenhaltungen, Interessenrichtungen oder Bewusstseinsstufen zeigen.[503]

So werden z. B. auch einander gegenübergestellt:

0 - 7   und   63 - 70 Jahre = Staunen
7 - 14   und   70 - 77 Jahre = Ehrfurcht, Schönheit
14- 21   und   77 - 84 Jahre = Ringen um Wahrheit, ohne Illusionen.

Man kann den Lebenslauf auch unter dem Gesichtspunkt von **Vitalität** und **Bewusstsein** betrachten:

0 - 21 Jahre :   die Vitalität ist größer als das Bewusstsein (zunehmende Inkarnation = sich mit der Erde verbinden)

21 - 42 Jahre : die Vitalität und das Bewusstsein sind ausgeglichen

42 - 63 Jahre : Die Vitalität ist geringer als das Bewusstsein (zunehmende Exkarnation = sich von der Erde lösen).

---

[502] Lievegoed, Bernard: Auf der Suche nach dem roten Faden. Flensburger Hefte, Flensburg, Nr.31, 1992, S. 20
[503] Wais, Mathias, a.a.O., S. 60f.

In dieser Dreiteilung liegen auch folgende Entwicklungsphasen:

0 - 21 Jahre :   **Physiologische** Entwicklung mit der die seelische parallel geht. Befruchtung des seelischen durch das Geistige

21 - 42 Jahre : **Seelische** Entwicklung durch Soziales, durch Begegnungen

42 - 63 Jahre : **Geistige** Entwicklung. Die seelische Entwicklung kann dabei verschiedne Wege gehen:
- Abbau: z.B. bei Frauen nach der Kindererziehung
- Aufbau: z.B. durch Freiwerden der Kräfte und Finden neuer Ziele

Rudolf Steiner sah den Lebenslauf des Menschen nicht nur unter derartigen entwicklungsmäßigen Aspekten, sondern fand in ihm allgemeine geistige Zusammenhänge dergestalt:

> Man spricht in der Geisteswissenschaft von einem siebenfach gegliederten Lebenslauf und zeigt auch in dieser Richtung, wie man den Menschen als eine kleine Welt aufzufassen versteht, die auf eine verflossene kosmische Epoche zurückblickt und auf eine zukünftige Entwic??kelung hinweist. So ist er herausgeboren aus dem Weltenall - nicht nur aus dem Vergangenen, sondern in seiner ganzen Entwickelung ist auch etwas Prophetisches, das auf eine künftige Epoche hinweist. Und was da geschehen soll, das geschieht heute schon im Lebenslauf des Menschen. Daher ist es nicht ganz unsinnig zu sagen, dass der Mensch wahrhaftig sein Selbst kennenlernt, wenn er die Weltevolution kennenlernt. Wenn er den Blick schweifen lässt von Saturn bis Venus, so sieht er in der großen Welt das, was sich in seinem eigenen Dasein abspielt. Das ist der Zusammenhang des Menschen mit dem ganzen Kosmos.[504]

Dem kann man eigentlich nur hinzufügen, dass es sich damit verhält, wie mit allem Anthroposophischen: es sind Aussagen über übersinnliche Zusammenhänge, die einer kritischen Betrachtung mit sinnlichen Werkzeugen nicht standhalten, bzw. inkommensurabel sind.

---

[504] Steiner, Rudolf: Ursprungsimpulse der Geisteswissenschaft. (GA 96). Rudolf Steiner Verlag, Dornach, 1974, S. 248

Auf die Stufen- und Phasenlehre Rudolf Steiners geht Ullrich detailliert ein führt aus, dass derartige Lehren wegen folgender Schwachpunkte kritisiert und relativiert werden:

> Sie stammen aus vorwissenschaftlichen Überzeugungen, nicht aus empirischer Forschung.
> Mit der Annahme einer „Gesamtentwicklung" wird der Entwicklungsprozess weitaus einheitlicher gesehen, als er in Wirklichkeit ist; tatsächlich werden vielmehr einzelne Momente herausgegriffen und verabsolutiert.
> Die interindividuellen, z.T. auch soziokulturell bedingten Unterschiede der Entwicklungsverläufe werden nicht berücksichtigt.
> Die Behauptung, Entwicklungsprozesse verliefen diskontinuierlich, ist eher Produkt der Theoriebildung als Resultat empirischer Beobachtungen. Denn häufig wird das Gesetz der Phasenfolge aus einer angenommenen Schichtstruktur der Person abgeleitet; danach arbeitet sich der heranwachsende Mensch Stufe für Stufe ins „Dachgeschoss" empor.
> Problematisch ist vor allem die aus den Stufenlehren häufig gezogene Konsequenz, mehr auf eine Pädagogik des Wachsenlassens zu vertrauen anstatt spezifische Lernarrangements zu entwerfen.[505]

---

[505] Ullrich, Heiner: Waldorfpädagogik und okkulte Weltanschauung. Juventa,Weinheim, 1986, S. 112

XI.   Besondere Themen

A. *Der Sitz des Ich*

Theorien über den Sitz der Seele, des Geistes oder des Bewusstseins im Körper sind sehr alt. Bereits aus 10 000 Jahre alten, paläoanthropologischen Funden ist bekannt, dass sich die Menschen Gedanken über den Sitz der Seele machten. Da man damals einen Zusammenhang zwischen Seele und Kopf herstellte, wurden bei Toten Stücke aus der Schädeldecke ausgesägt, um der Seele einen Ausgang zu verschaffen. Auch bei chinesischen Grabfunden (ca. 150 v.Chr.) wurden in den Schädeln der Toten Bohrlöcher gefunden, die dazu dienten, die „Geistseele" zu entlassen.

Auch die speziellere Theorie des Gehirns als Sitz der Seele oder des Geistes ist mindestens 2500 Jahre alt. Sie geht auf die griechischen Ärzte und Philosophen Alkmaeon und Hippokrates und auf Platon zurück. Bei Empedokles findet man die Vorstellung, dass der Sitz des Bewusstsein im Blut liege. So schreibt er

> Das Denkvermögen <habe seinen Sitz> weder im Kopfe noch in der Brust, sondern im Blut. Daher zeichneten sich die Menschen aus, je nach dem Körperteil, in dem dieses in größerer Menge verbreitet sei.[506]

> In den Fluten des Blutes, das entgegenspringt, ist <die Denkkraft> ernährt, wo gerade das Denken nach Meinung der Menschen seinen Sitz hat. Denn das das Herz umströmende Blut ist dem Menschen die Denkkraft.[507]

Bei Aristoteles wird der Sitz des Bewusstseins wieder im Herzen gesehen.

Schon die Ägypter sahen das Herz als Sitz des Bewusstseins an und bestatteten es getrennt Das Gehirn statt dessen wurde bei der Balsamierung durch die Nase entfernt und durch Leinen ersetzt.[508] Diese altägyptische Mythologie setzte sich über Griechenland und das Mittelalter bis in die Gegenwart fort:

---

[506] Pseudoplutarch, Stromateis 10 = 31 A 30, zitiert nach Capelle, Wilhelm: Die Vorsokratiker. Kröner, Stuttgart, 1968, S. 233
[507] Porphyrios, Vom Styx bei Stobacus, Eklogen I, zitiert nach Capelle, Wilhelm: Die Vorsokratiker. Kröner, Stuttgart, 1968, S. 234
[508] Focus 19, 1995, S. 210ff

Das Herz als jener Ort im Körper, wo Identität und Individualität des Menschen sich erst beglaubigen das Organ unverfälschter Echtheit und ungetrübter Natürlichkeit.[509]

Als jedoch Christian Barnard 1967 die erste Herztransplantation im Groote-Schur-Krankenhaus in Südafrika vornahm, wurde der Mythos vom Herzen als „Quelle von allem" mit jäher Konsequenz beendet.

> Die biologischen Funktionen des Organs mögen von lebenswichtiger Bedeutung sein, aber eines ist seit diesem Tag unabweisbar: Das menschliche Herz kann ausgetauscht werden; es ist nicht untrennbar mit einem einzigen Körper verbunden. [...] Das Herz am Ende des 20. Jahrhunderts: ein austauschbarer Hohlmuskel; die Seele muss woanders sitzen.[510]

Aber blicken wir vorerst einmal gut 300 Jahre zurück. René Descartes spezifizierte die Auffassung von Hippokrates, der die Seele / den Geist im Gehirn angesiedelt sah, indem er den Sitz der Seele in die Zirbeldrüse- einer dem Zwischenhirn aufsitzenden Drüse - verlegte. Durch deren Bewegungen wurde der Strom der animalischen Lebensgeister in den Ventrikeln kontrolliert und nach außen geregelt, um die Körperbewegungen hervorzubringen.

Rund 100 Jahre später befasste sich Samuel Thomas Soemmerring noch vor 1777 während seines Studiums mit vergleichenden neuroanatomischen Studien. Da er bei Tieren keine Zirbeldrüse finden konnte, die Tiere aber seiner Ansicht nach „auch beseelt sind, folgerte er, dass Descartes' Lokalisation des Seelensitzes in der Zirbeldrüse falsch sein müsse".[511] Heute weiß man, dass auch die Tiere eine Zirbeldrüse besitzen, in der wie beim Menschen das Hormon *Melatonin* produziert wird.

In anderen Anschauungen ist der Sitz der Seele, des Bewusstseins oder das Zentrum des Menschen an anderer Stelle zu suchen. „*Der Mensch lebt durch den Kopf*, lässt Bert Brecht in der 'Drei-Groschen-Oper' singen. Heute sind immer mehr Menschen auch in der europäisch-amerikanischen Welthälfte davon überzeugt: Das N u r-aus-dem-K opf-Leben hat unser Leben ärmer gemacht. In asiatischer Vorstellung sitzt das Zentrum menschlichen Seins im Bauch. Von dorther steigt die Energie auf. ... Die Japaner - in ihrer Genauigkeit haben den Bereich lokalisiert: Zwei bis drei Finger breit unter dem Bauchnabel. ... Der Meditationslehrer und Psychologe Karlfried Graf

---

[509] Bernhard, Andreas: Verblaßte Mythen: Das Herz. Süddeutsche Zeitung. 20./21.7.1996, S. 41
[510] Bernhard, Andreas, a.a.O.
[511] Weber, Bernhard: „Über das Organ der Seele". Köln, 1987, S. 15

Dürckheim hat seinem Hauptwerk den Titel gegeben: 'Hara - Die Erdmitte des Menschen'".[512]

Allport[513] geht bei seiner Lokalisierung des Selbst, das er mit dem Ich gleichsetzt, von der frühkindlichen Entwicklung des Menschen aus. Das Kleinkind entwickelt zunächst ein körperliches Selbst durch die organischen Empfindungen (Muskeln, Gelenke, Sehnen). Bei der Haltung spielt der Kopf durch seine anatomischen Eigentümlichkeiten (Schwere) eine besondere Rolle. Diese Tatsache, kombiniert mit der Bedeutung der Augen bei jeder räumlichen Anpassung, resultiert nach Allport in der Tendenz, das Selbst in der Region des Kopfes, oft in der Mitte der Augenbrauen, kurz hinter den Augen, in der Art eines Zyklopenauges, zu lokalisieren. Dieses körperliche Ich bleibt auch während unseres ganzen Lebens die grundlegendste Gewähr für unsere Existenz.

Popper vertritt m. E. den heutigen wissenschaftlichen Standpunkt und für ihn ist „ziemlich klar, dass die Identität und Integrität des Ich eine physische Basis hat. Sie scheint ihren Sitz im **Gehirn** zu haben".[514] Eccles kann dem zwar zustimmen, indem er ausführt: „Ich glaube, dass für mein persönliches Leben als ein bewusstes Selbst das Gehirn notwendig ist, aber es ich nicht ausreichend."[515] Er fährt dann fort: „Die Wissenschaft ist in ihrem beschränkten Problembereich sehr erfolgreich; aber die großen Probleme, das Mysterium tremdendum, das die Existenz des ganzen Kosmos sowie auch unsere eigene Existenz als uns selbst erkennende Wesen betrifft, lässt sich nie und nimmer auf wissenschaftliche Art erklären und begründen."[516]
Mit dem Thema der näheren Bestimmung des Sitzes hat sich Eccles trotzdem weiter befasst. Er fußt auf den Untersuchungen von Charles Sherrington von 1940, der die Verbindung von Gehirn und Geist dem sog. Liaisonhirn zuwies. Dieses besteht aus tief unter der Hirnrinde liegenden großen Kernen, die als zentrenzephales System bezeichnet wurden. „Das ursprüngliche Problem von Körper und Geist hat sich so etappenweise immer weiter zum Gehirn-und-Geist-Problem in seinen verschiedenartigen Formen entwickelt und ist schließlich zum Problem von Liaisonhirn .... und Geist geworden."[517]

Eine höchst makabre Note bekommt das Thema, wenn man liest, dass sie bereits ernsthaft Menschen mit der Frage befassen, ob es möglich sei, den Kopf eines

---

[512] Berendt, Joachim-Ernst: Nada Brahma. Die Welt ist Klang. Rowohlt, Reinbek, 1983, S. 172
[513] Allport, Gordon W.: Pattern and Growth of Personality. Holt, London, 1961, S. 113
[514] Popper & Eccles, a.a.O. S. 146
[515] Eccles, John C. & Zeier, Hans, a.a.O., S. 188
[516] Eccles, John C. & Zeier, Hans, a.a.O., S. 189
[517] Eccles, John C. & Zeier, Hans, a.a.O., S. 14

Menschen zu verpflanzen. Eine Redakteurin der Tageszeitung DIE WELT unterhielt sich mit dem umstrittenen US-Chirurgen Robert J. White und fragte ihn dabei:

> DIE WELT: *Verändert ein neuer Körper die Identität des Menschen?*
> White: Der Körper ist ein Kraftwerk. Wird ein kranker durch einen gesunden Körper ersetzt, verbessern sich die Funktionen des Gehirns, weil es wieder von gesunden Organen versorgt wird. Der Körper selbst hat keine Gefühle und Erinnerungen.
> DIE WELT: *Die Identität des Menschen ist also im Gehirn lokalisiert?*
> White: Viele Menschen werden mir jetzt widersprechen, aber ich meine, die Seele eines Menschen ist im Gehirn manifestiert. Mit dem Gehirn transplantieren wir auch das menschliche Bewusstsein. Es gibt bislang keine Hinweise darauf, dass mit der Amputation einer Hand ein Teil der Seele entfernt wird. Die Patienten werden glücklich über ihren neuen Körper sein. Für sie geht es schließlich nicht um Fragen der Identität, sondern um Leben und Tod.[518]

Ich kann White insoweit folgen, dass auch ich die Identität eines Menschen im Gehirn lokalisiert sehe, kann aber auf die ‚Manifestation der Seele‘ dabei verzichten. Lokalisiert man sein Ich, sein Zentrum an anderer Stelle, dann ist das eine Leistung des Bewusstseins. Aber White macht es sich zu leicht, da überhaupt nicht abzusehen ist, was psychologisch passiert, falls dieses Frankenstein'sche Experiment tatsächlich gelingen sollte: das ‚alte Ich‘ blickt dann auf einen völlig fremden Körper zu dem es keine Lebensgeschichte aufgebaut hat. Ich bezweifle sehr, ob so ein Lebens erstrebenswert ist.

Eine repräsentative Umfrage, die das Institut für Demoskopie Allensbach im Auftrag der Hamburger Körber-Stiftung im Herbst 2000 durchführte, gab Aufschluss darüber wie die Deutschen zu diesem Thema stehen:

> Jeder fünfte Deutsche befürwortet die Verpflanzung eines Chips in das eigene Gehirn, wenn sich die Hirnleistung dadurch verbessern ließe. ... 19 Prozent der Deutschen unter 30 würden die Verpflanzung eines kompletten Gehirns akzeptieren und immerhin noch sechs Prozent die Verpflanzung des eigenen Kopfes auf einen anderen Körper. Die Ergebnisse zeigen auch, dass die Zustimmung zu diesen Eingriffen bei Menschen mit höherer Schulbildung größer ist.[519]

---

[518] Ehrenstein, Claudia. „Akzeptanz für Transplantation eines Kopfes wird zunehmen." (Gespräch mit Robert J. White). Die Welt, 30.8.2000
[519] aus: Jeder fünfte Deutsche befürwortet Chip im Gehirn: Die Welt vom 26.10.2000

In der Rückschau wird meines Erachtens aus dieser Situation deutlich, dass jeder für sich selbst entscheiden muss, ob und wie er Selbstbewusstsein, Selbst, Ich, Seele und Geist differenziert und wo er seine Mitte oder den Sitz seines Ich, seiner Seele ansetzt. Sieht der eine alles in einem Punkt konzentriert (Ich - Seele in der Herzregion) ordnet ein anderer zwar das Bewusstsein dem Gehirn, den Sitz des Ich aber wie der Erstere der Herzregion zu.

B. Zwillinge

Das Thema der Zwillingsforschung soll hier nur am Rande gestreift werden. Von Interesse ist in unserem Zusammenhang vor allem, ob die Ichentwicklung bei Zwillingen anders verläuft, als bei Einzelkindern oder Geschwistern.
Werner Deutsch et al. haben sich mit dieser Problematik befasst. Untersucht wurde die Erkennensrate von Porträtfotos der eigenen Person und des Zwillingsgeschwisters mit einer Stichprobe monozygoter (= eineiiger) und dizygoter (= zweieiiger) Zwillinge. Als Ergebnis kann festgehalten werden, dass vom Alter von 2 Jahren bis zum Alter von 2 Jahren 7 Monaten die Erkennensrate ansteigt, das Geschwister jedoch häufiger erkannt wird, als die eigene Person. Erst mit 4 Jahren ist kein Unterschied mehr festzustellen und die Trefferquote ist dann auf 100 % gestiegen.

Die Autoren folgern:

> In welcher sozialen Konstellation Kinder auch immer aufwachsen, die eigene Person ist das schwierigste Kapitel des visuellen Erkennens von Personen. [] Die Entwicklung einer phänotypischen Identität ist ein Meilenstein in der Entwicklung eines jeden Menschen. Zwillinge haben dabei Klippen zu überwinden, die Nicht-Zwillingen erspart bleiben. Wenn es Zwillingen (spätestens) im vierten Lebensjahr gelingt, sich selbst nicht mehr mit dem Zwillingsgeschwister zu verwechseln, heißt das noch lange nicht, dass auch außenstehende Personen ihre phänotypische Identität eindeutig erkennen können. Manche eineiige Zwillinge werden ihr ganzes weiteres Leben lang mehr oder weniger oft verwechselt.[520]

Die Entwicklung des visuellen Selbsterkennens wird erheblich verzögert, wenn die Eltern die Zwillinge gleich anziehen. Später entwickeln jedoch auch eineiige Zwillinge eine Identität und wissen genau, worin sie ihrem Zwillingsgeschwister ähneln und worin sie sich unterscheiden.

---

[520] Deutsch, Werner, et. al.: Identitätsentwicklung von Zwillingen: Warum das Selbst nicht geklont werden kann. In: Grewe, Werner: Psychologie des Selbst (Hrsg.), Psychologie Verlags Union, Weinheim, 2000, S. 64 f.

Aktualität hat das Thema neuerdings gewonnen durch die Möglichkeiten der künstlichen Befruchtung und es Klonens, das nach meiner Einschätzung auch beim Menschen nicht lange auf sich wird warten lassen. Möglich wird dadurch sowohl der künstliche Herstellung von eineiigen Zwillingen, die gleichzeitig geboren werden, wie auch solchen, die im Abstand von etlichen Jahren geboren werden.

Die hier zitierten Autoren gehen auf die damit verbundenen Probleme nicht näher ein, beurteilen sie aber von psychologischer Seite dergestalt:

> Persönliche Identitäten können nicht geklont werden, weil jeder Mensch in seiner Entwicklung viele Chancen hat, individuelle Identitäten zu bilden, selbst dann, wenn es einen genetischen Doppelgänger gibt.[521]

---

[521] Deutsch, et al., a.a.O., S. 73

C. Ich und veränderte Bewusstseinszustände

In diesem Abschnitt werden einige Phänomene abgehandelt, die auftreten, wenn das Ich nicht unter der 'üblichen' Kontrolle des Wachbewusstseins steht. Es werden ein paar Schlaglichter geworfen auf den Zustand im Schlaf und dort spezieller im Träumen, in Grenzerlebnissen, wie Halluzinationen oder Nahtoderlebnissen und in anderen Zuständen, in denen das Ich den Körper (scheinbar) verlässt.

1. Der Schlaf

a) Naturwissenschaftliche Sichtweise

Vor einer Betrachtung des Ich im Schlaf, sollen einige allgemeine Ausführungen zum Schlaf vorangestellt werden.

Die Menschen haben seit je eine unbestimmte Angst „in jenen magischen Urgrund hinabzutauchen, dessen Beschaffenheit ungewiss ist: lichtes Reich tröstlicher Weltenentrückung oder düsterer Bezirk des Hades, wo nach der griechischen Mythologie Hypnos wohnt, der Gott des Schlafes - benachbart dem Thanatos, dem schwarzgeflügelten Gott des Todes".[522] „Zwiespältig ist das Verhältnis des Menschen zum Schlaf. Als Ärgernis, verlorene Zeit gilt das scheinbar bewusstlose Dahindämmern den einen. Als 'schlechte Gewohnheit' suchte der geniale Erfinder Thomas Alva Edison sein Schlafbedürfnis zu vertreiben, 'überflüssig' nannte es Henry Ford, als 'Räuberei' verachtete es John D. Rockefeller."[523] Auch Napoleon Bonaparte, Kaiser der Franzosen hielt nicht viel vom Schlaf: „Seine Regel für die richtige Nachtruhe: 'Vier Stunden für die Männer, fünf für die Frauen und sechs für die Idioten'. 'Nennt mich faul und verdorben, aber weckt mich bloß nicht', meint dagegen US-Autor James Gorman; der Schlaf, besonders ein Nickerchen am Nachmittag, ist für ihn 'eines der letzten Vergnügen, die nicht lebensgefährlich sind'".[524]

„Fast alle Lebewesen, vom Einzeller bis zum Menschen, kennen rhythmische Zustandsänderungen ihrer Organe und Funktionen. Meist sind sie mit der Erddrehung, d.h. mit einer 24-Stunden-Periodik gekoppelt. Es hat sich jedoch gezeigt, dass es, mit Sicherheit bei den Menschen, bei der Tag/Nacht-Periodik nur um einen äußeren Zeitgeber geht, der eine immanente, freilaufende Periodik von mehreren biologischen

---

[522] Der Spiegel: Der Schlaf wird erforscht: Heißes Hirn, 1968(39), S.143
[523] Der Spiegel, 1968(39), a.a.O., S. 142
[524] Der Spiegel: Schlaflos in den Tod, 1996(3), S. 185

Körper-Uhren synchronisiert. Die selbsttätige endogene Periodik entspricht ungefähr der natürlichen Dauer des Tages, ist aber häufig kürzer oder länger als 24 Stunden."[525] „Alle neurophysiologischen Daten zeigen, ohne Zweifel, dass die neuronale Aktivität des Gehirns während der verschiedenen Schlafstadien von gleicher Komplexität wie im Wachzustand ist. Schlaf, oder besser die einzelnen Schlafstadien, sind also das Vorhandensein alternativer funktioneller Organisationsformen des Gehirns, nicht das Fehlen koordinierter neuronaler Tätigkeit."[526]

Wichtigste Erkenntnis der modernen vor allem in den USA vorangetrieben Schlafforschung ist: „Schlaf ist nicht etwa das Eintauchen in eine Art irdisches Nirwana. Vielmehr lebt der Schläfer ein zweites, geheimes und untergründiges Leben. Periodisch sinkt er in die tiefsten Schichten seines Unterbewusstseins, steigt wieder empor in einen paradoxen Zustand von Weltentrückung, unternimmt psychedelische Trips wie im LSD-Rausch - und nach dem Aufwachen weiß er von alledem kaum etwas.
Fast alle früheren Auffassungen wurden durch die nächtliche Messarbeit der Forscher widerlegt oder zumindest korrigiert. Die Wissenschaftler fanden:

- Schlaf ist nicht ein Zustand allgemeiner Ruhe für den Organismus; die Aktivität des Gehirns übertrifft im Gegenteil während der Nachtruhe oftmals die Tageswerte.

- Schlaf ist kein Verharren in einförmiger Bewusstlosigkeit; er stellt vielmehr einen wechselhaften Prozess dar, der in mehreren aufeinanderfolgenden Phasen verläuft.

- Schlaf ist bei allen Menschen regelmäßig von Träumen begleitet; Schlaf ohne Träume führt zu schweren seelischen Störungen.

- Schlaf, der künstlich - etwa durch Medikamente - herbeigeführt wird, ist dem natürlichen Schlaf nicht gleichwertig; gewisse Schlafmittel beispielsweise unterdrücken die Traumtätigkeit."[527]

Im Hinblick auf die Frage, **wodurch** überhaupt der Schlaf von Lebewesen gesteuert wird, ist in jüngster Zeit das Hormon Melatonin näher untersucht worden. Aus den Untersuchungslabors der Biochemiker wurde es vor allem durch wissenschaftliche

---

[525] Negt, Oskar & Kluge, Alexander: Geschichte und Eigensinn. Zweitausendeins, Frankfurt, 1982, S. 1132
[526] Negt, Oskar & Kluge, Alexander, a.a.O., S. 1130
[527] Der Spiegel, 1968(39), a.a.O., S. 145

Fehlschlüsse[528] und deren marktschreierischen Verwertung in der Tagespresse hervorgeholt[529]. Vor allem in den USA, wo man das Hormon bereits in Drogeriemärkten kaufen kann, wurde es als vermeintliches Verjüngungshormon[530] angepriesen und als Mittel zur Behandlung des jet-lags. Das Melatonin scheint also für den Tag- / Nachtrhythmus und wahrscheinlich auch für das Altern zuständig zu sein[531]. Die Ausschüttung wird über das Auge gesteuert, sie ist reichlich während der Dunkelheit, Licht hingegen bremst die Freisetzung. „Auf diese Weise reguliert Melatonin bei Menschen und anderen Säugern die innere Uhr, aber auch den Takt ganzer Lebensphasen wie Pubertät, Wachstum oder Fruchtbarkeit"[532].

Damit ist aber immer noch nicht die Frage beantwortet, **warum** wir überhaupt schlafen. Der Berliner Schlummerforscher Frederik Bes klagt, der Schlaf sei immer „noch ein großes Mysterium".[533] Anfang 1996 gab aber der amerikanische Neurologe Clifford Saper von der Harvard Medical School in Boston bekannt, dass es ihm und

---

[528] Die beiden amerikanischen Forscher W. Pierpaoli und W. Regelson „hatten die Wirkung des Hormons zunächst in den angesehen „Proceedings" der amerikanischen Nationalen Akademie der Wissenschaften dargestellt und ihre irrige Schlußfolgerung dann in einem populären Buch („The Melatonin Miracle" Simon und Schuster, New York, 1995) verbreitet. Die beiden Forscher „hatten vor gut einem Jahr beobachtet, dass Melatonin die Lebenserwartung von Mäusen erhöht. Die Wissenschaftler hatten alten Mäusen die Zirbeldrüse junger Tiere transplantiert und aus der verlängerten Lebenserwartung auf einen Verjüngungseffekt geschlossen. Sie verschwiegen jedoch zwei wichtige Fakten. Die Forscher erwähnten nicht, dass es sich bei den behandelten Mäusen um Stämme handelte, die wegen eines Erbfehlers gar kein Melatonin bilden können. Mit der Behandlung hatte man somit lediglich den Hormonmangel der Tiere ausgeglichen. Außerdem blieb die Beobachtung unberücksichtigt, dass die Lebenserwartung von Mäusen, die selbst Melatonin bilden, durch eine entsprechende Hormontherapie sogar verkürzt werden kann. Die Behandlung begünstigte die Bildung von bösartigen Wucherungen an den Geschlechtsorganen der Tiere. Bislang gibt es keinen Beweis, dass sich die Lebenserwartung von Tieren mit ausreichender eigener Melatoninsynthese durch die Hormontherapie verlängern ließe. Die Behauptung das Melatonin besitze eine solche Wirkung bei Menschen, entbehrt jeder wissenschaftlichen Grundlage." (Barbara Hobom: Entzauberte Wunderdroge Melatonin. Frankfurter Allgemeine Zeitung, 31.1.1996).
Von den beiden Melatoninforschern Steven Repp und David Weaver, die die Irrlehren ihrer Kollegen ins rechte Licht rückten wurden inzwischen zwei Melatoninrezeptoren gefunden, von denen einer für die zirkadianen Rhythmen und saisonalen Eigenschaften und Verhaltensweisen zuständig sein soll.
[529] Vorenthalten werden dem Leser des „Melatonin-Wunder"-Buchs die gelegentlichen Nebenwirkungen des Mittels: „Es führte bei einigen Mäusestämmen zu verkürzter Lebenserwartung und war offenbar auch verantwortlich für die Ausbildung bösartiger Wucherungen an den Geschlechtsorganen; männlichen Hamstern schrumpften unter Melatonin-Einfluß die Hoden." Der Spiegel: Jeden Tag Gurken, 1996(12), S. 203
[530] Dabei wurde übersehen, dass die Melatoninproduktion einer natürlichen Schwankung zwischen Tag und Nacht unterliegt. Um diese geringe Differenz beim gesunden Menschen zu erhöhen „müßte der auf ewige Jugend bedachte Konsument 200 Kilogramm Bananen oder 10 Kilogramm Tomaten oder gar eine Tonne Gurken verzehren - und das jeden Tag." Der Spiegel, 1996(12), S. 203
[531] Simm, Michael: Jugend aus der Zirbeldrüse. Süddeutsche Zeitung, 24.8.1995
[532] Der Spiegel: Fröhlich mit neunzig, 1995(34), S. 153
[533] Der Spiegel, 1996(3), a.a.O., S. 185

seinen Mitarbeitern erstmals gelungen sei, einen Neuronenschaltkreis im Rattenhirn zu enttarnen, der für das Schlafverhalten verantwortlich sei.

> Der zelluläre Schlafgenerator, so der Befund der US-Neurologen, besteht aus einer Gruppe von Nervenzellen im sogenannten ventrolateralen präoptischen Feld (VLPO) des Hypothalamus, einem Nervenzentrum, das den Schlafforschern seit längerem als Schaltstelle für alle Biorhythmen des Körpers gilt. Während des Schlafs ... reichert sich nur in den VLPO-Neuronen das sogenannte Fos-Eiweiß an. Das Fos-Molekül aktiviert im Kern der Nervenzellen eine Reihe von Genen; eine massive Anhäufung der Moleküle im Zellkern lässt nach Meinung der Fachleute auf hektische Betriebsamkeit in den betroffenen Hirnzellen schließen.[534]

Damit wurde nach Meinung des Hirnforschers Schaper, der die Entstehung des Schlafes in diesen präoptischen Nervenzellen sieht, der Hauptschalter im Gehirn gefunden.

Interessant ist auch ein Ergebnis aus der Chaosforschung. Im Wachzustand gilt, dass die Herztätigkeit immer leicht arhythmisch ist. Ein ganz regelmäßiger Herzschlag deutet häufig auf einen bevorstehenden Herzinfarkt hin. Wissenschaftler des Würzburger Instituts für Anwendungen der nichtlinearen Dynamik in der Elektrophysiologie versuchen sogar, Herzrhythmusstörungen durch sanft chaotische Anregungen wieder zu beheben.
Für den Schlafzustand haben Forscher herausgefunden, dass schlafende Ratten leicht chaotisch atmen, also unregelmäßiger schneller und langsamer, tiefer und flacher. „Auf diese Weise so vermuten sie, wird die Lunge homogener ausgelastet als bei einem absolut periodischen Auf und Ab des Brustkorbs."[535]
Popper stellt zum Thema Schlaf fest, „dass wie ohne eine bewusste Theorie über den Schlaf und die Unterbrechung des Bewusstseins durch den Schlaf kein Selbstbewusstsein haben können."[536]

---

[534] Der Spiegel, 1996(3), a.a.O., S. 185f.
[535] Eberl, Ulrich: Steuerungsversuche am Rande des Chaos. Süddeutsche Zeitung. 26.10.1995
[536] Popper & Eccles, a.a.O. S. 553

b) Anthroposophische Sichtweise

Der Schlaf ist nach anthroposophischer Anschauung[537] eine Vorbereitung auf das Leben nach dem Tode. Der Schlaf ist die einzige Zeit, in der wir mit dem Geistigen in Kontakt kommen. Wichtig ist es gut in den Schlaf zu kommen.

Es werden drei Phasen im Schlaf unterschieden:

- Alles Räumliche verliert sich. Das kosmische Bewusstsein erlebt ein Ausgebreitetsein, wie in einem Meer und es besteht eine Sehnsucht sich mit Gott zu verbinden

- Aufenthalt in der Planetenregion; Zersplittertsein in geistige Einzelwesen mit begleitender Angst. Wichtig ist dabei, wie man den Tag verbracht hat.

- Aufenthalt in der Tierkreissphäre; Erleben des Kosmischen.

Rudolf Steiner hat folgende Ansicht von den Prozessen während des Schlafes: „Wenn der Mensch in Schlaf versinkt, dann verändert sich der Zusammenhang in seinen Gliedern. Das was vom schlafenden Menschen auf der Ruhestätte liegt, enthält den physischen und den Ätherleib, nicht aber den Astralleib und nicht das Ich. Weil der Ätherleib mit dem physischen Leibe im Schlafe verbunden bleibt, deshalb dauern die Lebenswirkungen fort. Denn im Augenblicke wo der physische Leib sich selbst überlassen wäre, müsste er zerfallen."[538]

Im Schlaf versammeln sich die (nahestehenden Verstorbenen) um den Schlafenden und sind hungrig auf das, was ihnen mitgebracht wird.

---

[537] eine neue Darstellung der Ausführungen Rudolf Steiners zum Schlaf findet sich bei: Stefan Leber: Der Schlaf und seine Bedeutung. Geisteswissenschaftliche Dimensionen des Un- und Überbewussten. Verlag Freies Geistesleben. Stuttgart, 1996
[538] Steiner, Rudolf: Die Geheimwissenschaft im Umriß (GA 13). Fischer, Frankfurt, 1985, S.82

2. Ich und Schlaf

a) *Naturwissenschaftlich - philosophische Sichtweise*

Die Griechen waren der Meinung, dass die Seele während des Schlafes den Körper verlasse, um auf Wanderschaft zu gehen. Noch in diesem Jahrhundert, war es bei den Eingeborenen der Fidschi-Inseln verboten, einen Schlafenden aufzuwecken - die Seele des Schlummernden sollte Zeit finden, in den leblosen Leib zurückzukehren.

Während im Tiefschlaf die Verbindung des Ich mit dem Gehirn aufgehoben ist, scheint das Ich beim Träumen eine teilweise Verbindung mit dem sich im Zustande des paradoxen oder REM-Schlafes befindlichen Gehirn herstellen zu können.

b) *Anthroposophische Sichtweise*

Während der Zeit des Schlafes geschieht zweierlei:

Der Astralleib und das Ich arbeiten am Ätherleib. Der Astralleib arbeitet von außen die Bilder des Kosmos hinein.[539]

In der Nacht leben wir unser Tageserleben noch einmal zurück (wie im sog. Kamaloka = Vorbereitung auf das Leben nach dem Tode). Dies ist nicht zeitgebunden, sondern läuft in ca. ¼ Stunde ab.

Das Ich befindet sich nach Rudolf Steiner im Schlafe mit dem Astralleib außerhalb des physischen Leibes, bleibt diesem aber eng verbunden. Das Ich ist mit seiner Wahrnehmung an die äußere Sinnenwelt verwiesen und kann deshalb „die Offenbarungen des Geistigen in seiner unmittelbaren Gestalt nicht empfangen".[540]

---

[539] Ätherleib und physischer Leib werden am Tag abgebaut, dadurch entsteht das irdische Bewusstsein: Astralleib und Ich schädigen sich durch den ständigen Anstoß, dadurch werden wir älter und weiser.
[540] Steiner, Rudolf: (GA 13), S. 99

3. Ich und Traum

a) *Naturwissenschaftliche Sichtweise*

Amerikanische Wissenschaftler beobachteten erstmals 1953, „dass in bestimmten Phasen des Schlafs, die von ihnen beobachteten Personen mit den Augenlidern schnelle, zuckende Bewegungen machten. Sie nannten sie rapid eye-movement = REM-Phase. Sie entspricht offenbar der Zeit, in der ein Mensch träumt. Die REM-Phasen fallen von etwa 8 von 16 Stunden bei Kleinkindern bis auf 1 von 6 Stunden im Alter ab. In der biologischen Entwicklungsgeschichte tritt der REM-Schlaf relativ spät auf. *Jagende Tiere* (Mensch, Katze, Hund) haben deutlich mehr REM-Schlaf (durchschnittlich 20 % der Gesamt-Schlafzeit) als *gejagte Tiere* (Kaninchen, Wiederkäuer, durchschnittlich 5 - 10 % der Schlafzeit)."[541]

Die REM-Phasen scheinen auch damit zusammenzuhängen, welche Erlebnisse ein Mensch tagsüber hatte. Cartright et al.[542] haben z.B. in einer Studie metitationserfahrene Personen vor dem Schlafengehen eine Stunde meditieren, eine Parallelgruppe selbstgewählte Musik hören lassen. Die letztgenannte Gruppe hatte einen signifikant höheren REM-Anteil als die Meditationsgruppe, die sich von Durchschnitt nicht unterschied.[543]

Man geht heute davon aus, dass die Musik vor allem die rechte Gehirnhälfte anspricht (zumindest bei musikalischen Laien). Geträumt wird in den REM-Schlafphasen, in denen die ebenfalls die rechte Hemisphäre aktiviert wird. Das Hören von Musik und die Träume scheinen also von fundamentaler Ähnlichkeit zu sein.

Während klinische Psychologen, vor allem psychoanalytisch, freudianisch ausgerichtete, an den Trauminhalten, als dem *Königsweg zum Unbewussten* interessiert sind, fragen sich Naturwissenschaftler, welchen biologischen Sinn die Träume, bzw. die REM-Phasen des Schlafes haben.

---

[541] Negt, Oskar & Kluge, Alexander, a.a.O., S. 1133
[542] Cartright, R. et al.: The effect of presleep stimuli of different sources and types on REM sleep. Psychophysiolog., 14, 1977, S. 388 - 392
[543] zitiert nach: Sand, Shara & Levin, Ross: Music and Its Relationship to Dreams and the Self. Psychoanalysis and Contemporary Thought, 15(2), 1992, S. 177

Der Hirnforscher Ernst Pöppel hat dazu eine eigene These aufgestellt

> Die Schlafphasen, in denen die Träume auftreten haben nur *vor* der Geburt einen Zweck zu erfüllen. Nach der Geburt sind sie überflüssig. Um das zu verstehen, muss man wissen, dass die paradoxen REM-Phasen, die der Traumzeit entsprechen, auch schon vor der Geburt auftreten, und zwar proportional mit einem sehr hohen Anteil.[544]

Er geht dann darauf ein, was der Säugling bereits bei der Geburt leisten muss, um überleben zu können, wie z.B., dass er in der Lage sein muss, die Brustwarzen der Mutterbrust mit seinem Mund zu erfassen, um sich ernähren zu können.

> In den REM-Phasen wird das Gehirn des Ungeborenen gleichsam „eingefahren". Gleich nach der Geburt steht dann ein funktionsfähiges Gehirn bereit, das Informationen, vor allem aus den Augen aufnehmen und verarbeiten kann.[545]

b) *Kabarettistische Sichtweise*

Die für mich schönste Schilderung, wie sich Wachen und Traum durchdringen und wie die alte Frage beleuchtet wird, ob das Leben ein Traum[546] oder der Traum das wirkliche Leben ist, stammt von Karl Valentin aus seinen *Raubrittern vor München*:

> BENE: Ich hab jetzt grad einen Traum ghabt, einen ganz exotischen Traum. Mir hat nämlich träumt, i bin a Entn gwesen und bin in an Weiher umanandgschwommen, und wie ich so umanandaschwimm, seh ich am Rand draußen einen ganz langen, gelben Wurm, der war mindestens so gelb, i bin glei auf in hingschwommen, und grad wie i an Schnabel aufreißen will und will den Wurm fressn, im selben Moment hast Du mich aufgeweckt.
> MICHL: Das is aber schad. Wenn ich da eine Ahnung ghabt hätt, dann hätt ich dir den Wurm zuerst fressen lassen, aber das kann ich doch net schmecken, dass du um sechs Uhr noch träumst.
> BENE: Ja und ıch kann doch net zu dir sagn: Weck mi net auf, weil i träum!
> MICHL: Nun ja es ist gleich, ein schöner Traum war's doch net.
> BENE: Ja, für a Entn scho -

[544] Pöppel, Ernst: Grenzen des Bewusstseins. Insel, Frankfurt, 1997, S. 128
[545] Pöppel, Ernst, a.a.O., S. 129
[546] Titel eines Stückes des spanischen Dramatikers Calderón de la Barca (1600-1681), der im spanischen Original *La vida es sueño* („Das Leben ist Traum") lautet.

MICHL: Ja, für a Entn, aber du bist ja koa Entn!

BENE: Ja, aber im Traum war ich eine Entn; überhaupt, für solche Träume bist du noch z'jung.

MICHL: Du derfst mir ja dankbar sein, dass ich dich aufgweckt hab, denn wenn i dir den Wurm fressn hätt lassen, dann wär dir jetzt höchstens recht schlecht.

BENE: Einer Entn wird doch net schlecht von einem Wurm, verstehst du denn das nicht? Das weiß überhaupt kein Mensch, ob eine Entn wirklich träumt, das weiß niemand, das wäre eine zoologische Berechnung, und wenn's einer Entn wirklich träumt, dann kann sie's nicht sagen, weil s' net redn kann! Bei einem Papagei wär das was anders, weil der reden kann.

MICHL: Du mußt dir doch denken, das war doch nur ein Traum, und Träume sind Schäume.

BENE: Das war kein Schaum, das war ein Wurm ... [Fortsetzung in einer anderen Version: „und wenn'st es net glaubst, dann träumst morgen des selbe, und genau dann wenn'st in den Wurm beißen willst, weck' i di auf"][547]

Das ist genau der Punkt, dass die Konstruktivisten früher behauptet haben, dass die Welt, so wie wir sie wahrnehmen, außerhalb unserer Wahrnehmung gar nicht existiert, d.h. wenn unsere Wahrnehmung aufhört, auch die Welt verschwindet. Um wie viel schöner ist nicht oft die Welt im Traum, mit Möglichkeiten, die einem im wachen Zustand versagt sind.

---

[547] Valentin, Karl: Die Raubritter vor München. In: Alles von Karl Valentin. Piper, München, 1978, S. 353 f.

c) Anthroposophische Sichtweise

Rudolf Steiner führt zum Thema des Traumzustandes in der 'Geheimwissenschaft' folgendes aus: Der Traumzustand ist

> aufzufassen auf der einen Seite als ein Überrest des alten Bilder-Bewusstseins, wie es dem Menschen während der Mondenentwickelung und auch noch während eines großen Teiles der Erdenentwicklung eigen war. Die Entwickelung schreitet ebenso vorwärts, dass frühere Zustände in spätere hineinspielen. Und so kommt es während des Träumens in dem Menschen jetzt als Überrest zum Vorschein, was früher normaler Zustand war. Zugleich aber ist dieser Zustand nach einer anderen Seite doch wieder anders als das alte Bilder-Bewusstsein. Denn seit der Ausbildung des Ich spielt dasselbe auch in die Vorgänge des astralischen Leibes hinein, welche im Schlaf während des Träumens sich vollziehen. So stellt sich im Raume eine durch die Anwesenheit des Ich verändertes Bilder-Bewusstsein dar. Weil aber das Ich nicht bewusst seine Tätigkeit auf den Astralleib während des Träumens ausübt, so darf auch nichts, was in das Gebiet des Traumlebens gehört, zu dem gerechnet werden, was in Wahrheit zu einer Erkenntnis der übersinnlichen Welten im Sinne der Geisteswissenschaft führen kann.[548]

Schon in dem ersten zitierten Satz geht Steiner an der heutigen Erkenntnis vorbei, dass sich in den Träumen das widerspiegelt, was der Mensch in seinem Leben auf dieser Erde erlebt hat, nur dass es dem Gehirn in diesen Traumphasen, in dem es weitgehend ungehindert vom Einfluss es Ich und Überich agieren kann, gelingt, zu neuen Verbindungen zu kommen, die unabhängig von den gewöhnlichen Raum-Zeitverhältnissen sind.

Aber selbst in Kenntnis der heutigen Traumforschung würde Steiner den Satz wohl kaum ändern. Vielmehr ging er in seinen Schriften ja noch viel weiter, in dem er erreichen wollte, dass das Ich auch im Traum aktiv eingreifen kann. Menschen, denen es nicht mehr gelingen würden selbst im Traum loszulassen, könnte man nur bedauern.

---

[548] Steiner, Rudolf: Die Geheimwissenschaft im Umriß (GA 13), S. 429f.

4. Ich und naher Tod

a) Naturwissenschaftliche Sichtweise

In diesem Kapitel soll auf einige Phänomene hingewiesen werden, die in Zuständen, wie im Schlaf, bzw. Traum schon angeklungen sind, aber deutlicher werden, wenn sie unter dem Aspekt der *'Nahtoderfahrungen'*, *'Grenzerlebnisse'* etc. betrachtet werden. Es geht um Phänomene wie *Reinkarnation, Wiederverkörperung, Seelenwanderung, Metempsychosis*[549], *Palingenese*[550] etc.

Der Psychologe Ronald Siegel hat in der renommierten amerikanischen Psychologiezeitschrift 'American Psychologist' 1980 ein Sammelreferat zu diesem Thema veröffentlicht.[551] Die Zeitschrift 'Psychologie heute' druckte ein Jahr später eine weitgehend textgleiche Übersetzung ab.[552]

Die wichtigsten Ergebnisse sollen hier kurz dargestellt werden. Das prototypische Sterbeerlebnis hat nach dem Amerikaner Raymond Moody, der zahlreiche Berichte von Personen gesammelt hat, die 'beinahe' tot waren, folgende gemeinsame Elemente:

> Die Unmöglichkeit, die Erfahrung in Worten angemessen zu beschreiben; das Hören, wie einen der Arzt für tot erklärt; ein Gefühl des Friedens und der Ruhe; ein lautes Klingeln oder Summen; ein dunkler Tunnel, durch den der Mensch hindurchgeht; das Verlassen des eigenen Körpers; das Treffen mit Führern, Geistern, toten Verwandten und Freunden; ein glühendes Licht in einer menschlichen Form; eine panoramische Rückschau auf das eigene Leben; eine Grenzmarkierung, deren Überschreitung keine Rückkehr mehr erlaubt; das Gefühl einer großen Erkenntnis; Städte des Lichts; ein Reich verwirrter Geister; übernatürliche Rettung vom physischen Tod durch einen Geist; eine Rückkehr ins Leben mit veränderten Einstellungen und Überzeugungen.[553]

---

[549] Metempsychose [*gr.*] *die*: Seelenwanderung. Meta gr. + empsychos gr. = belebt
[550] Palingenese [*gr.-lat.*] *die* : 1. Wiedergeburt der Seele (durch Seelenwanderung). 2. das Auftreten von Merkmalen stammesgeschichtlicher Vorfahren während der Keimesentwicklung (z. B. die Anlage von Kiemenspalten beim Menschen)
[551] Siegel, Ronald K.: The Psychology of Life after Death. American Psychologist, 35, 1980
[552] Siegel, Ronald K.: Der Blick ins Jenseits - eine Halluzination? Psychologie heute, April 1981, S. 22ff.
[553] Siegel, Ronald K., (1981), a.a.O., S. 28

Siegels zentrale These ist, dass die oft übereinstimmenden Berichte von Nahtoderfahrungen von der gemeinsamen Gehirnstruktur und des ZNS der Menschen stammen, sowie deren gemeinsamen biologischen Erfahrungen und ähnlichen Reaktionen des ZNS auf Stimulation. Die resultierenden Erfahrungen könnten somit entweder als Evidenz interpretiert werden, dass die Menschen den Tod überleben oder, was wesentlich einfacher verstanden werden kann, als „a dissociative hallucinatory activity of the brain"[554], also als Halluzination, die dem Menschen von seinem Gehirn vorgegaukelt wird.

Susan Blackmore von der Universität Bristol ist mit ihren Kollegen der Frage nachgegangen, warum alle Menschen sehr ähnliche Halluzinationen haben. Auch sie sah die Ursache in der Gehirnstruktur, genauer in dem Aufbau der Sehrinde. Man weiß, dass zahlreiche Zellen für die Mitte des Sehfeldes zuständig sind, aber nur wenige für die Ränder. Diese Zellenverteilung wurde am Computer mit ebenso angeordneten Lichtpunkten simuliert. Das Ergebnis sieht aus

> wie ein dunkler, gefleckter Tunnel mit einem hellen Licht am Ende, das immer größer wird (oder näherkommt) bis es schließlich den Bildschirm völlig ausfüllt.
> Genau besehen gibt es in Wirklichkeit natürlich keinen Tunnel. Dennoch hat das Tunnelerlebnis eine reale körperliche Ursache: das Rauschen in der Sehrinde. Auf diese Weise lässt sich die Entstehung des Tunnels erklären, ohne das Erlebte zu missachten und ohne andere Körper oder Welten hinzuziehen zu müssen.[555]

Die These, dass dem Gehirn nicht zu trauen ist, vertritt Siegel auch in seinem neuesten Buch[556], in dem er feststellt, dass Halluzinationen genauso konkret und existent wirken, wie reale Dinge. Die Ursprünge erscheinen jedoch wie auch bei Blackmore eher banal:

> Dunkle Tunnel oder tanzende Punkte entstehen, wie Siegel entdeckte, wenn rote Blutkörperchen durch Netzhautkapillaren fließen und dabei einen Schatten auf die darunterliegenden Stäbchen und Zapfenzellen werfen. Das tun sie zwar immerzu; doch unter Drogen- oder Stresseinfluss kann die Fähigkeit des Hirns versagen, diese Eindrücke richtig zu deuten.[557]

---

[554] Siegel, Ronald K., (1980), a.a.O., S. 911
[555] Blackmore, Susan: Beinahe tot. In: Gero von Randow (Hg.): Mein paranormales Fahrrad. Rowohlt, Reinbek, 1993, S. 123
[556] Siegel, Ronald K.: Halluzinationen. Eichborn, Frankfurt, 1995
[557] Der Spiegel: Stimme Gottes. 43(1995), S. 228

Man wird ja wohl kaum abstreiten können, dass Nahtoderlebnisse, in welcher Form auch immer sie auftreten, zu einem der größten Stresserlebnisse des Menschen gehören, zumindest soweit, wie der Mensch unerwartet damit konfrontiert wird und nicht wohl vorbereitet „über die Schwelle" geht. Siegel schildert in seinem Buch siebzehn Krankengeschichten seiner Patienten, aus einer Welt jenseits des Realen. So zum Beispiel auch die von einem Professor namens Horace, der von einer Leiter gefallen und seither querschnittsgelähmt war.

> Im Sturz, so glaubte er, habe er eine wundervolle Stippvisite ins Jenseits unternommen: Die Bilder seines Lebens zogen an ihm vorbei, er hörte ein Ave Maria, schwebte außerhalb seines Körpers in einen lichtdurchflossenen Tunnel und hörte seinen toten Bruder sprechen. Für Horace war die Begegnung der Beweis für ein Leben nach dem Tode.
> Siegel fand eine ernüchternde Erklärung: Das Jenseits, in das der Stürzende eingetaucht war, sei eine Halluzination gewesen, erschaffen von einem hochgradig erregten Gehirn.
> Das habe versucht, seine Panik zu beherrschen und mit einer lebensbedrohlichen Situation fertig zu werden. Das Todeserlebnis von Horace, resümiert der Halluzinationsforscher, sei nur ein Wachtraum gewesen - eine schlichte Abwehrreaktion von Körper und Psyche.[558]

Von den vielen Beispielen, die angeführt werden, in denen Visionen von Sterbenden denen von Personen gegenübergestellt werden, die unter dem Einfluss von Halluzinogenen stehen, sollen nur die Tunnelerlebnisse herausgegriffen werden.

> Tunnels im Jenseits-Bericht:
> „Mein Bewusstsein für den Raum verschwand, und meine unmittelbare Umgebung wurde zu einen Tunnel mit Wänden, die in einem leichten orange-farbenen Licht schimmerten".
> „Ich fühlte mich wie auf einer Achterbahn in einem Vergnügungspark, ich schoss durch diesen Tunnel mit einer irrsinnigen Geschwindigkeit."
> „Ich fand mich in einem Tunnel - einem Tunnel von konzentrischen Kreisen, einer Art spiralförmigem Tunnel."
>
> Tunnels in Drogenhalluzinationen:
> „Ich bewege mich durch eine Art von Eisenbahntunnel. Es gibt alle Arten von Lichtern und Farben."
> „Es ist wie eine Röhre, ich fühle mich, wie wenn ich am Boden einer Röhre sitze und nach oben schaue."
> „Ich rase durch einen Tunnel und hinaus in den Raum."[559]

---

[558] Der Spiegel: Stimme Gottes. 43(1995), S. 228
[559] Siegel, Ronald K., (1981), a.a.O., S. 29

Weitere Beispiele werden z.B. zitiert für Städte und Lichter, Erlebnisse den eigenen Körper zu verlassen, bildhafte Rückblenden etc. Immer sind die Berichte von Nah-Toten und Halluzinierenden austauschbar. Die Erfahrungen, die Menschen in solchen Grenzsituationen machen, werden als Hinweis auf die Unsterblichkeit (der Seele) interpretiert, aber diese

> Interpretation ist nicht mehr als eine Metapher, um einen gewissen gemeinsamen Bewusstseinszustand zu beschreiben. Dieser Bewusstseinszustand kann erstaunlich realistisch sein und deshalb viele von der Existenz eines Jenseits überzeugen.[560]

Auch *Der Spiegel* griff die Arbeiten Siegels in einem Artikel auf und berichtet im Wesentlichen, die oben dargestellten Ergebnisse des kalifornischen Forschers.

> Viele Sterbende glauben eine Art entstofflichten Körper - gewichtslos und durchsichtig - zu besitzen, der meist im Zimmer umherschwebt, manchmal sogar bis ins Weltall vordringt.[561]

Nahtoderfahrungen und Grenzerlebnisse wurden von verschiedenen amerikanischen Bestsellerschriftstellern wie Raymond Moody oder Kenneth Ring beschrieben, die damit den Spuren der in Chicago lebenden Schweizer Psychiatrieprofessorin Kübler-Ross folgen. Aber auch „Frau Kübler-Ross musste indes eingestehen, dass 'keiner dieser Menschen wirklich tot war.'"

> Die komplexen Visionen hingegen werden durch eine raffinierte Psycho-Sicherung im Kopf ausgelöst: Das zentrale Nervensystem schaltet bei Super-Stressbelastung einfach Teile des Gehirns ab. Dabei schiebt sich gleichsam eine Jalousie zwischen Innen- und Außenwelt. Der Sterbende entgleitet in einen Bereich ohne Raum und Zeit, Vergangenheit und Zukunft.
> Doch gerade die ständige Flut von Außenreizen sorgt dafür, dass viele (bewusst oder unterbewusst) gespeicherte Wahrnehmungen und Erinnerungen unterdrückt werden - Psycho-Hygiene des Gehirns.
> Wird freilich, wie bei vielen Sterbenden, der Informationsstrom von außen gemindert oder gestoppt, produziert das Gehirn unablässig und ungehindert Bilder aus Vergangenheit und Zukunft - ein Halluzinationsreigen aus Erlebtem und Erlerntem.
> An dieser Selbstverteidigung durch Halluzination ist jedoch nicht nur die Psyche beteiligt: Offenbar verpasst sich das Gehirn noch zusätzlich eine

---

[560] Siegel, Ronald K., (1981), a.a.O., S. 33
[561] Der Spiegel: Fuß im Jenseits. 1981(8), S.198

Art Beruhigungspille, indem es bestimmte Eiweißsubstanzen ausschüttet.[562]

Diese Endorphine blockieren die schmerzleitenden Nervenfasern und beeinflussen überdies das Emotionszentrum im Gehirn. Deshalb halten es Physiologen für wahrscheinlich, dass die Endorphine - gleichsam als Valium der Natur - Menschen die Todesangst nehmen und sogar Angst in Euphorie verwandeln können. Welche Hirnareale bei den Nahtoderlebnissen beteiligt sind, lässt sich heute noch nicht genau festlegen. Vermutlich spielt das *temporo-limbische System* welches das Groß-, Zwischen- und Mittelhirn durchzieht, eine wichtige Rolle. Wenn der rechte Temporallappen des Großhirns elektrisch gereizt wird, so können manchmal Elemente der Nahtoderlebnisse wie Lebensfilmbruchstücke, Zeitveränderungen oder Außerkörperlichkeitserlebnisse beobachtet werden.

Eine Anmerkung zu Raymond Moody: Er ist Psychiater mit einen Doktor in Philosophie, bezeichnet sich aber selbst am liebsten als *Parapsychologe*. Seine Bücher basieren meist auf freizügigen Interpretationen von Anekdoten von Ärzten, Krankenschwestern und Patienten. Carroll bezeichnet es als charakteristisch für Moodys Arbeit, dass er die Fälle ausschließt, die nicht in seine Hypothesen passen.[563]

Nahtoderfahrungen mit den oben geschilderten Erlebnissen werden aus den verschiedensten Kulturen aller Zeiten berichtet. So findet man die erste positive Nahtoderfahrung mit Tunnel, Licht und Paradieslandschaft, aber auch die erste Höllenvision im 5000 Jahre alte sumerischen Gilgamesch-Epos.

> Neutestamentliche Parallelen sind unter anderem die zur Konversion des strenggläubigen Juden Saulus führende Lichtvision (Apg 9), der später auch noch ein Außerkörperlichkeitserlebnis mit Paradies-Vision beschrieb (2 Kor 12).[564]

So scheinen überhaupt die Religionen (zumindest eine ihrer Wurzeln) in Sterbeerfahrungen zu haben, die also nicht nur religionstragend, sondern auch religionsstiftend sein können. Die britischen Psychiater Roberts und Owen vermuten, „dass manche und sogar viele der volkstümlichen Jenseitsbilder ihren Ursprung in Nah-Todeserfahrungen haben könnten, und dass kulturelle Erwartungen nicht nur die

---

[562] Der Spiegel: Fuß im Jenseits. 1981(8), S.199
[563] Carroll, Robert T.: „Characteristic of Moody's work is the glaring omission of cases that don't fit with his hypothesis". Astral Projection. In: The Skeptic's Dictionary, 1994.
Internet: http://wheel.dcn.davis.ca.us/~btcarroll/home/bobshome.html
[564] Schröter-Kunhardt, Michael: Das Jenseits in uns. Psychologie Heute, Juni 1993, S.67

Bilder der Nah-Todeserfahrung determinieren, sondern selbst in ihnen ihren Ursprung haben."[565]

Nach Schröter-Kunhardt gilt aber auch, dass die Behauptung nicht widerlegbar ist, dass die Nahtoderlebnisse Wahrnehmungen einer anderen Realität und keine Halluzinationen seien. Denn, welche Wahrnehmungen *real* und welche *halluziniert* sind, können wir nicht mit Sicherheit feststellen. Unsere Wirklichkeit ist im psychiatrischen Sinne immer eine Illusion, da es sich um eine Interpretation des Gehirns handelt. Religiöses Erleben beruhe somit auf einer biologisch angelegten Matrix, die jenseits der psychoanalytisch erreichbaren Schichten im Unterbewusstsein liegt und in ihrer heilsamen Potenz jede Psychoanalyse übertreffen könne.

Nun könnte man davon ausgehen, dass die geschilderten Erlebnisse unabhängig von der jeweiligen Kultur sind, also bei allen Menschen ähnlich geschildert würden. Eine Untersuchung eines Soziologenteams an der Konstanzer Universität, unter der Leistung des Soziologen Herbert Knoblauch hat jedoch anderes ergeben. 2044 Bundesbürger wurden nach entsprechenden Erlebnissen befragt. Vier Prozent berichteten von Todesnäheerfahrungen, doch gab es erheblich Unterschiede zwischen neuen und alten Bundesländern:

> [Ins] Paradies gelangen die Bedauernswerten aus den neuen Bundesländern weit seltener. Wobei ihnen hier die Wortwahl die Pforte verschließt. Erlebt er nämlich Schönes, hütet sich der atheistisch erzogene Ostdeutsche bei der Benennung entsprechender Motive vor spezifisch biblischer Symbolik. Stattdessen bedient er sich naturnaher Allegorik: Nicht im "Paradies" landet er, sondern in einer "sehr schönen Blumenwiese", einer "grünen Oase", einer "Allee mit blühenden grünen Bäumen" oder an einer "kleinen Quelle, die plätscherte".
> So verwundert auch nicht, dass die Deutung der Ereignisse unterschiedlich ausfällt. Im Westen erkennt fast jeder Zweite einen Hinweis auf Gott, im Osten nur jeder Vierte. Während sich der Ostdeutsche im ausgeprägt areligiösen, weltlichen Rahmen bewegt, erfährt der Westdeutsche eine "jenseitige Welt" (63 Prozent) und spürt "übersinnliche Kräfte" (68 Prozent).[566]

Wenn schon solche Unterschiede innerhalb Deutschlands auftreten, ist es nicht verwunderlich, dass sie zwischen den Kulturen noch wesentlich größer sind:

> Glichen sich die Sterbeprozesse der Menschen aller Kulturen im Kern, dürften geografische und individuelle Besonderheiten keine große Rolle

---

[565] Schröter-Kunhardt, Michael, a.a.O., S. 68
[566] Willmann, Urs: Einmal Hölle und zurück. Die Zeit, Nr. 29, 1999

spielen. Sie tun es aber. Weder Melanesier noch Chinesen passieren im Scheintod einen Tunnel. Das Heraustreten aus dem Körper, allenthalben als Indiz für die Trennbarkeit von Leib und Seele angesehen, ist dort ebenfalls unbekannt. Warum reitet eine Inderin in ihrer Nahtoderfahrung auf einer Kuh in den Himmel, während ein New Yorker mit einem gelben Taxi dorthin fährt?[567]

Das Fazit der Studie lautet demnach auch:

> Weder gibt es eine kulturunabhängige Standarderfahrung, noch verweisen die Erlebnisse auf ein Leben nach dem Tod. Visionen beim Aushauchen des Lebens sind Produkte des Bewusstseins, ein Rauschen der Nervenzellen, in Gang gesetzt von einer komplizierten Chemie des Gehirns und im Wesentlichen geprägt von Kultur und eigener Biografie. Wie der Traum, die Halluzination, der Trip im Drogenrausch.[568]

Wie wir oben gesehen haben, ist die Annahme weit verbreitet, dass körpereigene Opiate und Endorphine am Verlauf einer Nahtoderfahrung beteiligt sind.

> Doch all diese Forschungsansätze greifen nach Ansicht von Hubert Knoblauch zu kurz - auch sie gehen von standardisierten Erfahrungen aus. Heute aber, so der Konstanzer Forscher, mache der Vergleich der Motive angesichts ihrer Vielfalt keinen Sinn mehr. Er schlägt einen "anthropologischen Ansatz" vor. Nicht mehr, *was* die Betroffenen erleben, soll im Zentrum der Forschung stehen, sondern das *Wie*. Da, und nicht bei den Inhalten, liegen die Gemeinsamkeiten beiderseits aller Kulturgrenzen. So ist, wer eine Nahtoderfahrung macht, subjektiv davon überzeugt, dem Tod gegenüberzustehen. Einig sind sich der Indio und der Armenier auch darin, dass die Erlebnisse "herausragend" und "von weit größerer Intensität" als Träume sind. Das Ich ist dabei nicht etwa benebelt, sondern "extrem wach" und von "starken Emotionen" bewegt.
>
> Dafür, zumindest glauben das die meisten Forscher, bedarf es eines funktionierenden Gehirns. Für eine Todesnäheerfahrung kommt daher kein Zeitpunkt in der Nähe des Hirntods in Frage. Ein bisschen Leben gibt es nur noch nach dem Herzstillstand. [...] [Das] Menschenhirn ist nach der Unterbrechung der Sauerstoffzufuhr erst nach fünf bis acht Minuten irreversibel tot: Zeit genug für einen Blick in die zerebrale Bibliothek, für ein paar kühne Gedanken.[569]

---

[567] Willmann, Urs, a.a.O.
[568] Willmann, Urs, a.a.O.
[569] Willmann, Urs, a.a.O.

b) *Anthroposophische Sichtweise*

Die anthroposophische Anschauung von Erlebnissen, die in Todesnähe liegen, weichen stark von naturwissenschaftlichen Erklärungsversuchen ab und ordnen sich nahtlos in das religiös geprägte, geisteswissenschaftliche Weltmodell der Anthroposophie ein.

Ein ganzes Sonderheft der anthroposophischen Flensburger Hefte, befasst sich mit dem Thema der Nah-Todeserfahrungen[570], das kürzlich auch von dem anthroposophischen Arzt Dr. Büttner besprochen wurde. Büttner ist der Meinung, dass Rudolf Steiner bereits 1911 auf das Phänomen hingewiesen habe, „dass Menschen (z.B. durch Nah-Todeserlebnisse) ein sicheres Wissen von dem lebendigen Christus aus eigener Anschauung und nicht durch Evangelien und Urkunden haben werden"[571]. Er bezieht sich dabei auf verschiedene Aussagen von Personen, die im Zustand des nahen Todes eine Art Hellsichtigkeit verspürten, die weit über die normale Art des Sehens mit den physischen Augen hinauszugehen schien. Obwohl Büttner auf verschiedene andere Bücher zum Thema hinweist, geht er auf andere Erklärungsansätze, wie sie oben geschildert wurden, mit keiner Silbe ein.

Neben diesen Christuserfahrungen ist für die Anthroposophie das Erlebnis des nahen Todes nur ein Schritt, der zwischen den Traumerfahrungen und den Todeserfahrungen liegt. Beim Tod ist nur dieses eine Leben auf der Erde beendet und gleichzeitig der Anfangspunkt für ein weiteres Leben gesetzt.

So bleibt auch auf diesem Gebiet die Anthroposophie in ihrem einseitigen Welterklärungsmodell gefangen und verliert sich in weitschweifigen Spekulationen, ohne den Blick auf irgendwelche Forschungsergebnisse zu werfen.

---

[570] Nah-Todeserfahrungen, Flensburger Hefte, Heft 51, IV,1995, Flensburger Hefte Verlag
[571] Büttner, Christian: Erfahrungen in Todesnähe. Rückkehr zum Leben. Der Merkurstab, (49), Heft 4, Juli/August 1996, S. 336 - 339

5. Ich und Tod

a) *Naturwissenschaftlich - philosophische Sichtweise*

Zum Tod haben die meisten Menschen in unserer westlichen Gesellschaft ein 'gestörtes' Verhältnis. Sei es, dass alles, was mit dem Tod zusammenhängt weitgehend tabuisiert ist („darüber spricht man nicht"), sei es, dass er verharmlost wird (Evelyn Waugh: Tod in Hollywood). Den richtigen Umgang hat mit ihm hat man meist verdrängt und dadurch nie richtig gelernt.

Schon Goethe sagte:

> Vieles kann ich ertragen. Die meisten beschwerlichen Dinge
> Duld ich mit ruhigem Mut, wie es ein Gott gebeut.
> Wenige sind mir jedoch wie Gift und Schlange zuwider,
> Viere: Rauch des Tabaks, Wanzen und Knoblauch und ☦ .[572]

Wolfgang Amadeus Mozart hingegen hat sich beizeiten mit dem Tod auseinandergesetzt, was in dem berühmten Brief vom 4. April 1787 an seinen sterbenden Vater dokumentiert ist:

> ... da der Tod, genau zu nemmen, der wahre Endzweck unseres lebens ist, so habe ich mich seit ein paar Jahren mit diesem wahren, besten freunde des Menschen so bekannt gemacht, dass sein Bild nicht allein nichts schreckendes mehr für mich hat, sondern recht viel beruhigendes und tröstendes! [...] ich lege mich nie zu bette ohne zu bedenken, dass ich vielleicht, so Jung als ich bin, den andern Tag nicht mehr seyn werde ...[573]

Ein Schriftsteller unserer Zeit, Graham Greene, beschäftigte sich sein ganzes Leben mit dem Gedanken an den Tod. Sehr alt werden bedeutete für ihn, *das Land des Todes betreten, ohne zu sterben*, so philosophierte Greene gerne in seinem Lieblingslokal „Chez Felix" in Antibes.

---

[572] Goethe, Johann Wolfgang von: Venezianische Epigramme, Nr.66, Gesamtausgabe Band 1. dtv, Frankfurt, S. 207
[573] zitiert nach: Leonhardt, Dorothea: Mozart. Liebe und Geld. Versuch zu seiner Person. Matthes & Seitz, München, 1991, S. 204 (Mozart war zu diesem Zeitpunkt 31 Jahre alt)

Die Psychiaterin Elisabeth Kübler-Ross hat sich mit dem Tod intensiv auseinandergesetzt, mit vielen Sterbenden gesprochen[574] und zahlreiche Workshops veranstaltet, um zu helfen, die Angst vor dem Tod zu verlieren und besser damit umgehen zu können.[575] Allerdings vereinfacht Kübler-Ross die Tatsache des Sterbens und Todes dadurch, dass sie ihren sterbenden Patienten erzählt, dass der Tod nichts weiter sei, als das Abwerfen des 'Kokons' und das Wiedererstehen in ein neues Leben.

Auf den Zusammenhang von Ich und Tod wurde von Carl Friedrich von Weizsäcker schon weiter oben hingewiesen. Auch Popper geht in dem mit Eccles gemeinsam verfassten Buch „Das Ich und sein Gehirn"[576] auf die Beziehung des Ich zum Tod ein, wenn der den Biologen Theodosius Dobzhanksy zitiert: „Ich lebe nicht nur, sondern ich weiß, dass ich lebe. Ich weiß überdies, dass ich nicht für immer leben werde, dass der Tod unausweichlich ist. Ich besitze die Eigenschaften des Selbstbewusstseins und des Todesbewusstsein."[577]

Popper fährt dann selbst fort: „Wir wissen nicht nur, dass wir leben, sondern jeder ist sich dessen bewusst ein Ich zu sein. ... Diese Selbst- oder Ich-Identität hängt ohne Zweifel eng mit der Ich-Identität unseres Körpers zusammen. (Der sich im Laufe des Lebens stark verändert und seine materiellen Bestandteile ständig wechselt)". [578]

Für Eccles lautet die letzte Frage: „Was geschieht, wenn sich das Gehirn beim Tod auflöst und das Selbst sein Liaisonsinstrument für immer verliert? Einer Antwort weiche ich aus mir der Feststellung, dass es in unserer Existenz als selbstbewusste Wesen zwei miteinander verknüpfte Geheimnisse gibt: Lebensanfang und Lebensende."[579]

Sicher und unausweichlich ist also nur der Tod, über das 'Danach' kann man nur spekulieren. Wie schreibt doch die Süddeutsche Zeitung zu diesem Thema:

> Da liegen wir und verlassen uns darauf, dass Staub zu Staub wird, Asche zu Asche. Bis zum Jüngsten Tage, an dem wir - Staub! - laut Apokalypse mit Posaunenschall wiedergeweckt werden und als wunderbar bleiche Gestalten zu erscheinen haben. Das Weitere siehe Michelangelo, Rubens etc. Bis dahin aber: Ruhe sanft!

---

[574] Kübler-Ross, Elisabeth: Interviews mit Sterbenden. Gütersloher Verlagshaus, 1974
[575] Kübler-Ross, Elisabeth: Befreiung aus der Angst. Berichte aus den workshops 'Leben, Tod und Übergang'. Kreuz Verlag, Stuttgart, 1983
[576] Popper, Karl R. & Eccles, John C.: Das Ich und sein Gehirn. Piper, München, 1989
[577] Popper & Eccles, a.a.O. S. 135
[578] Popper & Eccles, a.a.O. S. 135
[579] Eccles & Zeier, a.a.O., S. 189

Seit Jahrtausenden gelten diejenigen, die trotz Todes nicht den ewigen Schlaf finden können, als arme Schweine: Wenn sie als klappriges Gespenst im Keller mit Ketten rasseln, auf dem Söller als Weiße Frau erscheinen oder als Fliegender Holländer in Ewigkeit voll gegen den Wind halten müssen.[580]

Für den Komponisten Hans Werner Henze ist der Tod natürlich mit der Musik verknüpft und er schreibt in seiner Autobiographie: „Der Tod tritt ein, wenn man nichts mehr liebt, wenn es gar keine Musik mehr gibt, die man ums Leben gern noch einmal hören, singen, spielen möchte."[581]

Warum der Mensch überhaupt sterben muss, hat nicht nur die Philosophen beschäftigt, sondern auch die Naturwissenschaftler rund um die Welt. Neuerdings sind sie dem sogenannten „Unsterblichkeitsenzym" auf der Spur, einem Molekül des Zellkerns mit dem Namen „Telomerase".

Gleichsam als ein biochemischer Jungbrunnen verhilft die Telomerase einigen wenigen Zellen im Körper zur Unsterblichkeit. „Nur im Embryo findet man Telomerase noch in allen Körperzellen" erklärt der Altersforscher Jerry Shay, „doch irgendwann kurz vor der Geburt verschwindet es aus den meisten Zellen." Bei erwachsenen Menschen können nur noch die Keimzellen im Hoden, die Stammzellen für die Erneuerung von Haut und Darmgewebe sowie die blutbildenden Knochenmarkszellen das Molekül herstellen; ihnen verleiht das Zellkernenzym fortdauernde Jugend.[582]

In allen anderen Zellen schrumpfen die Telomere bei jeder Zellteilung um rund 50 DNS-Bausteine. Nach 80 bis 100 Teilungen ist das Lebenselexier der Zelle aufgebraucht, wodurch nach der Theorie der Zellbiologen die Lebensspanne auf maximal 120 Jahre begrenzt ist.

Die Frage das Zusammenhanges zwischen Ich und Tod hat in letzter Zeit an Aktualität gewonnen, durch die Diskussion um das Transplantationsgesetz. Im Abschnitt über Ichstörungen und speziell dem Kapitel über Autismus (siehe dort) wird gesagt, dass es zu Deformationen des Ichbewusstseins kommen kann oder dass Menschen der Zugang zu ihrem Ich verwehrt sein kann. Autisten haben kein Ich (oder sind sich dessen nicht bewusst), dadurch haben sie auch kein Bewusstsein ihres Selbst oder ihrer Person. Trotzdem würde ihnen niemand absprechen, dass sie gleichwohl Menschen oder Personen sind.

---

[580] Süddeutsche Zeitung vom 22./23.7.1995: Streiflicht
[581] Henze, Hans Werner: Reiselieder mit böhmischen Quinten. S. Fischer, Frankfurt, 1996, S.77
[582] Der Spiegel: Faustischer Pakt, 1996(4), S. 140f.

Im vorgesehen Transplantationsgesetz wird der (zugegebenermaßen weitergehende) Begriff des Hirntods gleichgesetzt mit dem Tod des Menschen. Dadurch würde es möglich, Menschen, deren (Groß-) Hirnfunktionen unwiderruflich zerstört sind, für tot zu erklären und für Organentnahmen zugänglich zu machen. Bis ins 19. Jahrhundert hinein war die Frage, wann ein Mensch tot sei eine klar zu beantwortende Frage.

> Das Diktum in Zedlers epochalem *Universal Lexicon*, wonach das Herz es sei, was „an dem Menschen am ersten lebet und am letzten stirbet", wird noch von Ärzten wie Hufeland 100 Jahre später wörtlich zitiert. Dass ein Toter ein noch schlagendes Herz habe, ist erst seit kurzer Zeit kein unsinniger Widerspruch mehr. Mit der Erfindung des „Hirntodes" hat das Herz nicht nur als Sitz der Seele, sondern auch als Kriterium des Lebens ausgedient.[583]

Wie immer die Debatte um die Definition des endgültigen Todeszeitpunktes ausgehen wird, schließe ich mich der sog. „engen" Zustimmungslösung an, d.h., dass für Organtransplantationen nur Menschen herangezogen werden dürfen, die bei Vorliegen der Kriterien des Hirntodes, der Entnahme vorher ausdrücklich zugestimmt haben.

In diesem Zusammenhang ist es interessant, wie in anderen Kulturen diese Fragen behandelt werden. Gemeinhin sehen wir z.B. Japan als sehr fortschrittlich in technischen Dingen an. Auf dem Gebiet der Transplantationsmedizin hinken die Japaner jedoch den westlichen Ländern weit hinterher. Der Grund hierfür hängt mit der religiösen Definition des Todes in Japan zusammen. Christoph von Braun schreibt hierzu:

> Im christlichen Denken spiegelt sich die Trennung von Geistlichem und Weltlichem in der Unterscheidung von Seele und Körper wider. Zur Frage des Lebensendes (im Gegensatz zum Lebensbeginn) gibt es daher auch keinen Konflikt zwischen Kirche und medizinischer Wissenschaft. Sogar der Papst verlässt sich zur Todesfeststellung auf das Urteil von Ärzten.
> In Japan gibt es jedoch einen solchen Konflikt. Im Einklang mit den Rest der Welt sieht man heute in medizinischer Hinsicht auch dort den Hirntod als entscheidend für Zeitpunkt des Ablebens an. In religiöser Hinsicht hingegen glaubt man an die Präsenz der Totengeister im Diesseits. Im Klassischen Noh-Theater zum Beispiel ist dies ein häufiges Thema.
> Die Welt der Toten hat beträchtlichen Einfluss auf die Welt der Lebenden. Sie können sowohl nützen als auch schaden. Die Lebenden tun daher gut daran, die Geister nicht zu erzürnen. Nicht umsonst werden in japanischen Familien die Toten in einer aufwendigen Beerdigungszeremonie in der

---

[583] Bernhard, Andreas: Verblaßte Mythen: Das Herz. Süddeutsche Zeitung. 20./21.7.1996, S. 41

vertrauten Umgebung des eigenen Heims bestattet. Auch danach wird Wasser und Reis für sie in den Hausschrein gestellt. Insgesamt kann der Prozess des Sterbens bis zu 30 Jahre andauern. Erst dann ist der Geist des toten endgültig „in die Berge zurückgekehrt", aus denen er ursprünglich kam.

Im Gegensatz zum Westen, wo der Tod ein absolutes, punktuelles und unumkehrbares Ereignis ist, ist er in Japan ein mit vielen Zwischenstufen versehener Vorgang, bei dem auch die körperliche Unversehrtheit des Toten eine Rolle spielt. Bei Unfällen oder sonstigen gewaltsamen Todesursachen, bei denen Körperteile vernichtet werden oder unauffindbar bleiben, entstehen daher erhebliche Konflikte. Aus medizinischer Sicht müssen Körperteile möglichst bald nach dem Ableben der Betroffenen entnommen werden. Zu diesem Zeitpunkt hat aber dessen Geist noch nicht seinen Platz im Jenseits gefunden und steht darum seinem physischen Erdendasein noch sehr nah. Kein strenggläubiger Japaner würde freiwillig die Organe eines Vorfahren oder seine eigenen spenden.[584]

Wie wir gesehen haben, ist es eine der großen Menschheitsfragen, die für viele Menschen wichtig, für andere entscheidend für ihr irdisches Leben ist, was nun ‚wirklich' nach dem Tode geschieht. Douglas Adams weiß hierauf eine Antwort:

> In der großen Diskussion, die jahrhundertelang darüber getobt hat, was, wenn überhaupt, mit einem nach dem Tode geschieht, seis's nun Himmel, Hölle, Fegefeuer oder das bare Nichts, ist eines nie bestritten worden – dass man nämlich die Antwort spätestens dann erfährt, wenn man tot ist.
> Gordon Way war tot, aber er hatte nicht die leiseste Ahnung, was er damit anfangen sollte. Es war eine Situation, in der er noch nie gewesen war.
> Er setzte sich auf. Der Körper, der sich aufsetzte, erschien ihm so real wie der Körper, der allmählich kälter werdend immer noch am Boden lag und seine Blutwärme in Dampfschwaden abgab, die sich mit dem Dunst der kühlen Nachtluft vermischten.
> Er wagte sich ein bisschen weiter und versuchte, langsam erstaunt und unsicher aufzustehen. Der Boden schien ihn zu tragen, er hielt seinem Gewicht stand. Aber andererseits hatte er natürlich gar kein Gewicht, dem standzuhalten war. Als er sich bückte und den Boden berührte, fühlte er nichts als eine Art entfernten, gummiartigen Widerstand, wie man ihn spürt, wenn man mit eingeschlafenem Arm etwas aufzuheben versucht. Sein Arm war eingeschlafen. Seine Beine ebenfalls, und sein anderer Arm und sein ganzer Körper und der Kopf.

---

[584] Braun, Christoph von: Warum japanische Ärzte selten Herzen verpflanzen. Süddeutsche Zeitung. 29.2.1996, S. II

Sein Körper war tot. Er konnte nicht sagen, warum sein Geist es nicht war.[585]

Um nun aber zu erfahren, was ‚wirklich‘ danach kommt, bleibt uns vorderhand nichts anderes, als zu warten, bis es so weit ist. Wer hingegen einen Vorgeschmack bekommen möchte was ihn – möglicherweise – dann erwartet, der möge bei Adams ab dem Zitat weiterlesen.

b) Anthroposophische Sichtweise

Der Todesprozess wird von anthroposophischer Seite folgendermaßen verstanden: Zuerst bricht das Auge, schaut der Seele über dem Haupte nach, der Atem wird ausgehaucht und der Astralleib und der Ätherleib lösen sich vom Körper. Dabei löst sich der Ätherleib über dem Herzen, wenn der Blutstrom aufhört. Der Körper fällt in die Schwere; Man sieht sich von oben, dann wird der Ätherleib frei und legt alle seine Erinnerungen ab und man sieht das *Lebenspanorama* vor sich. Der Ätherleib löst sich im Weltenäther auf: Ich und Astralleib nehmen den Stern, den sie während des Lebenspanoramas gesehen haben mit sich und tauchen in die Mondensphäre ein in der sich der Mensch in Dunkelheit erlebt. Entscheidend ist dabei, was er an Moralität mitbringt. Zunächst ist der Verstorbene umgeben von seinen ihm nahestehenden Verwandten (wie im Schlaf) und ist dabei passiv. Das innerste Wesen erscheint einem im Bilde, das oft erschreckend ist, wodurch der Wunsch aufkommt, dies auszugleichen. Danach kommt die 'Begierdenglut', d.h. das *Kamaloka*.
Man erlebt sein Leben dann umgekehrt. Was der Mensch im Leben getan hat, wird ihm nun von außen getan (dies dauert ein Drittel des Lebens).
Der Mensch steigt dann auf bis zur *Weltenmitternachtsstunde*, in der eine Umkehr beginnt, Die Hierarchien ziehen sich zurück, der Wunsch erwacht im Menschen, wieder herabzusteigen und sich wieder zu verkörpern.

Welche Beziehung besteht zwischen dem Ich und dem Tod? Rudolf Steiner sieht eine enge Beziehung des Ich zum Tod, wenn er schreibt: „Dasjenige was menschliches Ich ist hängt innig zusammen mit demjenigen was der Tod ist:

Ich – Tod.

Und zum treffendsten Studium über das Ich kommen Sie am besten dadurch, dass Sie den Tod studieren.“[586]

---

[585] Adams, Douglas: Der elektrische Mönch. Rogner & Bernhard bei Zweitausendeins, Frankfurt, 1988, S. 83
[586] Steiner, Rudolf: Geisteswissenschaftliche Gesichtspunkte zur Therapie. Rudolf Steiner Verlag, Dornach, 1984 (GA 313), S. 40

Zum Zustand des Menschen nach dem Tode äußert sich Rudolf Steiner folgendermaßen:

> Während sich beim Übergang in den Schlaf der Astralleib nur aus seiner Verbindung mit dem Ätherleib und dem physischen Leibe löst, die letzteren jedoch verbunden bleiben, tritt mit dem Tode die Abtrennung des physischen Leibes vom Ätherleib ein. ... Für den Ätherleib ist aber nunmehr mit dem Tode ein Zustand eingetreten, in dem er während der Zeit zwischen Geburt und Tod niemals war... Er ist nämlich jetzt mit seinem Astralleib vereinigt, ohne dass der physische Leib dabei ist.[587]

Was aber geschieht mit dem Ich nach dem Tode? Steiner geht einige Seiten weiter darauf ein, in dem er zunächst auf das Ich im Schlaf hinweist und dann dessen Weg weiter verfolgt. Wenn das Ich sich auch im Schlafe mit dem Astralleib außerhalb

> dieses physischen Leibes befindet, so bleibt es doch mit diesem eng verbunden. Denn die Tätigkeit seines Astralleibes ist diesem physischen Leib zugewandt. Das durch ist das Ich mit seiner Wahrnehmung an die äußere Sinnenwelt verwiesen, kann somit die Offenbarungen des Geistigen in seiner unmittelbaren Gestalt nicht empfangen. Erst durch den Tod tritt diese Offenbarung an das Ich heran, weil dieses durch ihn frei wird von seiner Verbindung mit dem physischen und dem Ätherleib.[588]

Der Mensch macht nach dem Tode eine Läuterung durch und lebt sein Leben (wie oben beschrieben) noch einmal rückwärts durch. Dabei tritt ihm alles geistig vor Augen, was nicht aus der geistigen Natur des Ich während des Lebens entsprungen ist.

> Nach der Läuterung tritt für das Ich ein völlig neuer Bewusstseinszustand ein. Während ihm vor dem Tode die äußeren Wahrnehmungen zufließen mussten, damit auf sie das Licht des Bewusstseins fallen könne, strömt jetzt gleichsam von innen eine Welt, die zum Bewusstsein gelangt. Auch zwischen Geburt und Tod lebt das Ich in dieser Welt. Nur kleidet sich letztere, da in die Offenbarungen der Sinne; und nur da, wo das Ich mit Außerachtlassung aller Sinneswahrnehmung sich selbst mit seinen 'innersten Allerheiligsten' wahrnimmt, kündigt sich das in unmittelbarer Gestalt an, was sonst nur mit dem Schleier des Sinnlichen erscheint. So wie die Wahrnehmung des Ich im Innern vor den Tode vor sich geht, so von innen heraus offenbart sich die geistige Welt in ihrer Fülle nach dem Tode und nach der Läuterung.[589]

[587] Steiner, Rudolf: Die Geheimwissenschaft im Umriß (GA 13). Fischer, Frankfurt, 1985, S.93
[588] Steiner (GA13), a.a.O., S. 99
[589] Steiner (GA13), a.a.O., S. 106

Auch anthroposophische Ärzte haben sich vehement in die Diskussion um das Transplantationsgesetz eingeschaltet. In einem Flugblatt schreibt der anthroposophische Arzt Frank Meyer

> Wer mit dem Werk Rudolf Steiners vertraut ist und einige Grundideen seiner Menschenkunde verstanden hat, wer sich um ein ganzheitliches Verständnis des Menschenwesens bemüht, wird ebenfalls um ein kritisches Bedenken der Hirntoddefinition nicht herumkommen. Die Vorstellung, dass das Menschsein an das Funktionieren nur eines einzigen Organs (des Gehirns) gebunden ist, widerspricht nicht nur anthropologischen und anthroposophischen Forschungsergebnissen, sie ist zugleich Ausdruck einer extrem eingeengten materialistischen Betrachtungsweise. Dieses Menschenbild zu überwinden haben sich gegenwärtig zahlreiche wissenschaftliche Disziplinen angeschickt. Hinzu kommt, dass die erfolgreichen und missglückten Versuche in Deutschland, „hirntote" Schwangere über Monate hinweg bis zur Entbindung am Leben zu erhalten (1991 in der Filderklinik bei Stuttgart, 1992 in Erlangen), gezeigt haben, dass auch bei diesen Patienten derart komplexe Lebensvorgänge möglich sind, dass es als Widersinn erscheinen muss, von „Toten" zu sprechen.[590]

Meyer fordert zur Unterzeichnung des folgenden Appells auf

> Aus menschenkundlichen und ethischen Gründen halten wir die Explantation von Organen auch bei Patienten mit irreversiblen Ausfall der Hirnfunktionen für nicht vertretbar. Insofern der Gesetzgeber tatsächlich eine Regelung der Organentnahme beschließt, fordern wir den Bundestag auf, ein Transplantationsgesetz zu erlassen, das auch für „hirntot" erklärte Patienten vor einer Organentnahme ohne deren ausdrückliche Einwilligung schützt („enge Zustimmungslösung").[591]

Aus dem weiter oben gesagten dürfte schon hinreichend klar geworden sein, dass Nahtoderlebnisse (Tunnel, Lebenspanorama etc.) naturwissenschaftliche Erklärungen finden können. Anthroposophische Vorstellungen über das Verhältnis der einzelnen Leiber oder Seelenglieder nach dem Tode entziehen sich sowieso der Überprüfung. Kamaloka, Weltenmitternachtsstunde, Weltenäther und was es sonst noch an anthroposophischen Vorstellungen geben mag, bleiben im Dunkeln wie bei einer Mondfinsternis.

---

[590] Meyer, Frank: Appell zum Transplantationsgesetz. Flugblatt, Nürnberg [1996]
[591] Meyer, a.a.O.

c) Fazit

Wer sich näher mit den Thema beschäftigen möchte, sei zum Einstieg auf das umfangreiche Buch von Philippe Ariès: *Geschichte des Todes*[592] verwiesen, in dem zahlreiche Themen wie Scheintod, Jenseits, Seelenwanderung etc. angesprochen werden.

Ich selbst vertrete die Meinung, dass der Tod an sich nicht existiert, dass er aus reiner Negativität besteht. Das Leben ist eine Ausnahme in der Natur, es ist nicht Materie, sondern Form. Im Augenblick des Todes, wenn der Körper die Formkraft verliert, fällt dieser zurück in das Stadium der reinen Materie. In diesem Weltbild haben das, was wir als Seele oder Geist bezeichnen nur Platz in einem belebten Körper.

Für den Beginn des menschlichen Lebens muss eine Setzung getroffen werden (durch Mediziner, Psychologen, Politiker, Juristen) wann der Körper als beseelt oder als menschlich angesehen wird (Abtreibungsfrage).

Für den Beginn des menschlichen Lebens spielen die Fragen eine Rolle, die weiter oben zum Hirntod abgehandelt wurden. Nach dem festgestellten Tod ist dann jedoch kein Platz mehr für ruhende oder wandernde Seelen, für Reinkarnation oder überhaupt für ein Jenseits.

Würde man dagegen einwerfen, dass dies ein materialistischer Standpunkt ist, dann würde ich dem voll beipflichten, jedoch dagegen halten, dass dies eben das Faszinierende an der Materie ist, dass sie sich zu solchen komplexen Formen, wie dem Menschen, bzw. dessen Gehirn formen kann und wiederum dadurch Bewusstsein ermöglicht. Nur darf man nicht dem Zirkelschluss anheimfallen, dass man durch sein Bewusstsein, das was man als Seele oder Geist bezeichnet zum Ausgangspunkt macht. Nicht der Geist war zu Beginn (wie es z.B. die Anthroposophen wahrhaben wollen) sondern die Materie.

---

[592] Ariès, Philippe: Geschichte des Todes. Wissenschaftliche Buchgesellschaft Darmstadt, 1996

6.   Reinkarnation

a) Naturwissenschaftlich - philosophische, volkskundliche und kabarettistische Sichtweise

Die renommierte Encyclopaedia Britannica definiert Reinkarnation folgendermaßen:

> Reincarnation   also   called   TRANSMIGRATION,   or
> METEMPSYCHOSIS, in religion and philosophy, rebirth of the soul in
> one or more successive existences, which may be human, animal, or, in
> some instances, vegetable.[593]

Der Glaube an Reinkarnation herrschte vor allem in alten, östlichen Religionen, wie im Hinduismus und Buddhismus. Ihnen ist gemeinsam die Doktrin des Karmas, ein Gesetz von Ursache und Wirkung, das besagt, dass das, was man im gegenwärtigen Leben tut, Auswirkungen im nächsten Leben haben wird. In diesen Religionen wurde Reinkarnation nicht als etwas Gutes betrachtet, sondern als Übel. Um den Zustand der Glückseligkeit zu erreichen, musste man versuchen, dem Kreislauf der Wiedergeburt zu entkommen.

Philosophisch lässt sich die Frage stellen, was eigentlich reinkarniert wird. Meist denkt man an die Seele. Doch woher kommt dann die Seele? Existiert sie ewig, hat die sich aus etwas anderem entwickelt oder wurde sie geschaffen?

Bevor man diese Frage stellt, sollte man sich aber noch einmal vergegenwärtigen, was die Seele eigentlich ist. Die meisten Menschen, die heute noch einer vorwissenschaftlichen Sichtweise verhaftet sind oder die Seele unter religiösen Aspekten sehen, glauben dass die Seele körperlos sei.

> This non-substantial substance is an absurdity, a self-contradictory notion.
> The idea of a non-spatial perceiver is as conceivable as the idea of a non-
> spatial earthworm.[594]

Aber wollen wir trotzdem einen kurzen Blick darauf werfen, wie diese Seelenvorstellungen mit der Reinkarnation in Einklang zu bringen sind.

---

[593] Britannica CD 98, Multimedia Edition, 1994 - 1998: Reincarnation
[594] Carroll, R.T.: The Skeptic's Dictionary. 1997: Reincarnation

Die im vorangehenden Kapitel geschilderten Nahtoderlebnisse stehen in engem Zusammenhang mit Vorstellungen der Wiedergeburt. Die Erlebnisse, die Menschen in Situationen haben, in denen sie nahe an der Schwelle zum Tod standen, werden von diesen meist nicht nur beschrieben, sondern in ein weiteres Feld von Jenseitsvorstellungen eingebunden, in denen auch der Glaube an ein Weiterleben der Seele nach dem Tod oder ein zukünftiges Wiederkehren auf die Erde Platz haben.

Der Spiegel berichtete 1986 über eine ZDF-Diskussion zum Thema: „Viele Male auf Erden?"[595] Dabei wurde leider versäumt, Fachleute zu dem Thema einzuladen, sondern es wurden nur 'Experten' gehört, wie Shirley MacLaine, ein Hellseher, ein Architekt mit einem Nahtoderlebnis, die „unvermeidliche" Elisabeth Kübler-Ross, der „Gespenster-Professor Bender, der dubiose Beweise fuzzelte". Die Runde diskutierte wie im Mittelalter: „Abgestandene theologische Dispute, irrationale Exkurse, wundergläubiges Staunen und Psi-Präpotenz räucherten die Séance; Spökenkieker weilten unter sich."

In dem Artikel wies *Der Spiegel* aber auf ein Buch des Zürcher Privatdozenten Adolf Dittrich[596] hin, der nach zehnjähriger Forschungsarbeit an der psychiatrischen Universitätsklinik Zürich zu sehr ähnlichen Ergebnissen wie Siegel gekommen war.

> Kurzfassung: Halluzinogene (LSD, Meskalin, Peyote-Kakteen, Fliegenpilz et cetera) wie psychische Stimulantien (Meditation, Fasten, Schlafentzug, Hypnose, Reizüberflutung et cetera) produzieren weitgehend identische 'veränderte Wachbewusstseinszustände' - das Gehirn läuft aus dem Ruder. Die drei so erzeugten Hauptphänomene nach Dittrich: 'Ozeanische Selbstentgrenzung', 'Angstvolle Ichauflösung' und 'Visionäre Umstrukturierung'. Werden für einen Menschen derlei Psycho-Phantasmen zur unumstößlichen Realität, muss er an Gott glauben oder an Gespenster oder an das ZDF.[597]

[595] Der Spiegel: Bohnen in den Ohren, 1986(3), S. 182
[596] Dittrich, Adolf: Ätiologie-unabhängige Strukturen veränderter Wachbewusstseinszustände. Ferdinand Enke Verlag, Stuttgart, 1986
[597] Der Spiegel: Bohnen in den Ohren, 1986(3), S. 182

Der Spiegel zitiert dann abschließend noch ein Rezept des Zen-Meisters aus Paul Watzlawicks 'Anleitung zum Unglücklichsein' gegen Gespenster. Der rät

> einem Mann, den jede Nacht der allwissende Geist seiner verschiedenen Gattin heimsucht, zu einem Trick. Er soll in eine Schüssel mit Bohnen greifen und den Jenseitigen fragen, wieviel Bohnen er in der Hand berge. Der Geist weiß es nicht, weil auch der Mann es nicht weiß, und kommt nie wieder. - Aber manche haben, beim Schweife des Kometen, die Bohnen in den Ohren.[598]

Zehn Jahre später hat das ZDF offenbar noch nichts dazugelernt, da es unkommentiert einen Film von Georg Lhostky[599] und Eva-Maria Stelljes sendete, in dem Therapeuten, die Rückführungstherapien durchführen und durch Grenzerlebnisse überzeugte Einzelpersonen von ihren Erfahrungen berichteten. Auch hier hätte die Einbeziehung von Experten vielleicht die Chance eröffnet, dass sich der Zuschauer durch die Widersprüche sein eigenes, differenzierteres Bild hätte machen können.

> Aber auch das Bayerische Fernsehen macht keine bessere Figur. In einem kürzlich ausgestrahlten Film[600] kommen ausführlich Personen zu Wort, die Nahtoderfahrungen hatten, aber der einzige 'Experte' ist aus religiösen Gründen auch vom Jenseits überzeugt. Ein Neurophysiologe wurde nicht herangezogen.

Acht Jahre nach dem oben zitierten Spiegelartikel hat sich das Magazin in einer Titelgeschichte mit dem Titel „Die Flucht ins Spirituelle" zum wiederholten male und ausführlich mit dem Thema beschäftigt und kommt u.a. zu folgendem Ergebnis:

> Der Glaube an Wiedergeburt, an die Reinkarnation, ist eine der tragenden Säulen der Esoterik. Die Seele wird als eine vom Körper unabhängige „Wesenheit" angesehen, die den physischen Tod überlebt und nacheinander in verschiedenen Körpern wiederkehren kann. Durch "Rebirthing-" und „Rückführungstherapien", Dauerbrenner auf dem alternativen „Psychomarkt" lässt sich „transpersonal an Material aus früheren Inkarnationen herankommen" (Szenejargon). Wissenschaftliche Beweise für frühere Inkarnationen sind zwar keineswegs erbracht. Doch wie keine andere Vorstellung treibt der Glaube an Wiedergeburt Menschen dazu, sich mit ihrem Schicksal zu versöhnen, indem er ihnen hilft, sich als Teil

---

[598] Der Spiegel: Bohnen in den Ohren, 1986(3), S. 182
[599] Lhostky, Georg und Stelljes, Eva-Maria: „Ich war ein Schamane in Afrika". Sehnsucht nach unendlichem Leben. Film aus der Reihe 37 Grad. ZDF-Sendung am 22.8.1995, 22:15 - 22:45
[600] Hoffmann, Kurt & Kropf, Peter: Blick ins Jenseits. Grenzerfahrungen zwischen Leben und Tod. Bayerisches Fernsehen, 29.9.1995, 20:15 - 21:00

eines Ganzen, Größeren zu verstehen, kann er ihnen ein wenig von der empirischen Einsamkeit zwischen erstem und letztem Atemzug nehmen.[601]

Auf die zahllosen esoterischen und populärwissenschaftlichen Publikationen soll hier nicht eingegangen werden. Es werden aber beispielhaft einige Veröffentlichungen dargestellt, die sich mit verschiedenen Themen, wie veränderten Bewusstseinszuständen, Reinkarnation etc. beschäftigen.

Bei dem Ibostamm im Osten Nigerias ist z.B. heute noch der Glaube an die Reinkarnation sehr stark verbreitet. Man glaubt, dass der Mensch wieder komme, wieder geboren werde.

> Im Kampf ums tägliche Leben tröstet man sich z.B. mit einem besseren nächsten Leben, oder im guten Fall wünscht man sich das gleiche Leben wieder, wenn man das nächste Mal kommt. Mag man eine Familie, wünscht man sich das nächste Mal wieder in diese Familie geboren zu werden. Die Medizinmänner glauben herausfinden zu können, wer durch ein Neugeborenes wiedergeboren wurde, welche Leute in einem Dorf gelebt haben und wiedergekommen sind.[602]

Eine Sonderform ist der Glaube, dass bestimmte Mitglieder einer Gruppe im Jenseits beschließen, gemeinsam auf die Welt zu kommen, um bestimmte Aufgaben zu erfüllen (z.B. keine Kinder zu bekommen). Wenn nun eines der Mitlieder sich nicht an diese Abmachung hält, wird er auffällig (weint unvermittelt, spricht mit sich selbst, verliert Geld auf unerklärliche Weise etc.). Die Medizinmänner diagnostizieren diese Verhaltensweisen als sog. OGBA NJE-Phänomen und versuchen die Betroffenen auf traditionelle Weise 'freizubekommen'. Die Autoren glauben, dass das OGBA NJE-Phänomen eine Art der Eingeborenen darstellt, psychische Störungen zu erklären und zu heilen. Sie selbst wenden bei den Patienten traditionelle psychotherapeutische Behandlungsmethoden an.

In der parapsychologischen Literatur wird z.B. diskutiert, ob Reinkarnation möglich sei, ohne in der Zeit zwischen zwei Verkörperungen eine Art von Körper zu besitzen. Wheatley[603] geht der Frage nach wie man sich den *Astralleib* und eine sog. *Psi-*

---

[601] Der Spiegel: Soviel Psi war noch nie, 1994(52), S.88
[602] Ebigbo, Peter O. & Ihezue, U.H.: Der Glaube an Reinkarnation (das OGBA NJE-Phänomen) und seine Bedeutung für die Psychotherapie in Nigeria. Zeitschrift für psychosomatische Medizin, 27, 1981, S. 84
[603] Wheatley, James M.O.: Reincarnation, „Astral Bodies," and *y*-Components". Journal of the American Society for Psychical Research, 73 (2), 1979, 109 - 122

Komponente vorstellen kann und in wieweit diese körperlos oder körperhaft sind. Er legt dar, dass man von einer Person nur sprechen kann, wenn man sie sich körperlich vorstellt. Insofern sind körperlose Astralleiber oder *Psi-Komponenten* keine Personen. Die Reinkarnation eines Menschen könne man sich daher nur vorstellen, wenn man an eine Verbindung zwischen Tod und (Wieder-) Geburt durch eine körperlose *Psi-Komponente* [wie immer man sich diese vorzustellen habe, morphogenetisches Feld (?), d. Verf.] oder durch einen körperhaften Astralleib glaube. Er weist aber auch auf den unendlichen Regress bei der Reinkarnation hin, d.h. auf die Frage, wann und wie eine Person zum <u>ersten mal</u> ins Leben kam.

Die Kabarettistin Lisa Fitz hat folgende Erfahrungen mit dem Okkultismus gemacht, die Sie in einem Ihrer Soloprogramm so darstellte:

> Aber die Reinkarnations-Therapie war hochinteressant: Auflösung von Leid durch Rückerinnerung an vergangene Leben. Da samma dann draufkommen, dass der Porschefahrer im vorigen Leben meine Mutter war! Und deswegen komm ich so schwer von ihm los! Und im Leben davor war er meine Geliebte, und ich hab ihn, bzw. *sie* beschissen. Und jetzt rächt er sich. Ois is Karma! ... Jedenfalls bin ich beim Okkultismus gelandet... Geistesbeschwörung! Ich war überzeugt, ich bin besessen! Es gibt Huckepack-Seelen, die nicht von dieser Welt finden. Die ham nicht gmerkt, dass sie gestorben sind. Haben Sie auch manchmal Rückenschmerzen? Sehen Sie: Die haben nur bemerkt, irgendwas ist faul, weil kein Körper mehr da ist, und dann schnappen sie quasi einen anderen Körper und lassen sich Huc??kepack tragen, damit noch a bissl a action is nach dem Tod - und dann ist dieser Mensch besessen![604]

---

[604] Fitz, Lisa: „Ois is Karma!" Zitiert nach: Psychologie Heute, November 1994, S. 75

Und wenn wir schon beim Thema sind, soll auch ein bedeutender bayerischer Arzt zu Wort kommen, der das ausdrückt, was Wissenschaftler und Glaubensanhänger aller Couleur verbindet: mitnehmen kann man ins Jenseits nichts:

NIX MITNEHMA

Hey, du konnst Ministerpräsident sei von an Staat,
der im Rüstungsgschäft prozentual de Finger hot.
Du konnst Kardinal sei, schee feierlich und fett,
oder frommer Pfarrer, mit Zölibat und Doppelbett,

doch du konnst da nix mitnehma.
naa, du konnst da nix mitnehma.
Frog amoi an Teife, frog an liabn Gott,
naa, du konnst da nix mitnehma.

...

Hey, du konnst a Bäcker sei, der guate Brezn bacht,
oder bist ein Metzger, der fett Drecksei schlacht,
ja du konnst in Säufer sei, im Mantl a Flaschn Sprit,
oder Zeuge Jehova, Mormone oder Schiit,

doch du konnst da nix mitnehma.
naa, du konnst da nix mitnehma.
Frog amoi an Teife, frog an liabn Gott,
naa, du konnst da nix mitnehma.[605]

---

[605] Ringsgwandl, Georg: Nix Mitnehma. In: Trulla! Trulla!, Text: Georg Ringsgwandl, 1988, Musik: Bob Dylan, Trikont - Unsere Stimme, München, 1989

b) Anthroposophische Sichtweise

Der Glaube an Reinkarnation und an das Karma gehört zu den fundamentalen Säulen der Anthroposophie. Daher widmet sich Steiner selbst in zahllosen Schriften diesem Thema und ebenso in seiner Nachfolge eine Flut von Artikeln. Nie wird darin überlegt, ob es auch andere Erklärungsmöglichkeiten geben könnte. Im Gegenteil es wird im Okkulten „geforscht" und Querverbindungen zwischen Personen der Zeitgeschichte dargestellt. So hat Frank Berger[606] „Beziehungen", „Konkordanzen" in den Lebensläufen folgender Personen gefunden:

Anton Bruckner	Caesar Vespasianus Augustus (9 - 79 n. Chr.)
Richard Wagner	Apollonius von Tyna (* ca. Zeitenwende - ca. 100 n.Chr.)
Arnold Schönberg	Joseph ben Matathia alias Flavius Josephus (37 - .. n.Chr.)
Gustav Mahler	Titus Caesar Vespasianus Augustus (39 - 81 n.Chr.)
Alma Maria Mahler	Berenike (ca. 29 n.Chr. - ?)
Kronprinz Rudolf von Österreich	Nero (37 - 68 n.Chr.)
Franz Werfel	M. Iulius Agrippina II. (28 - ca. 93 n.Chr.)
Hugo Wolf	Caesar Domitian Augustus (51- 96 n.Chr.).

Selbst wenn man verschiedene Auffassungen von Seelenwanderung oder Reinkarnation Revue passieren lässt, bleibt doch unverständlich warum bestimmte Personen aus der römischen Geschichte an der Wende des 19. zum 20. Jahrhundert gemeinsam in dem Wiener Kreis um Bruckner und Mahler wieder auftauchen sollten. Berger bezeichnet die Gegenüberstellungen als *Entsprechungen*:

> Entsprechungen zwischen Personen und Situationen, zwischen Intentionen und Handlungen, zwischen geschichtlichen Schwellenmomenten.[607]

Er lässt es aber nicht aus, selbst die Porträts der genannten Personen einander gegenüberzustellen und z.B. auf die vielen physiognomischen Übereinstimmungen zwischen Bruckner und Vespasianus Augustus zu verweisen. Er zitiert zwar Ludwig Polzer-Hoditz' Studie über Nero, welcher sich hütete irgendwelche personellen „Gleichsetzungen" vorzunehmen, sondern lediglich aufzeigte,

---

[606] Berger, Frank: Unter neuen Vorzeichen. Bruckner, Mahler, Schönberg und ihr karmischer Umkreis. Verlag am Goetheanum , Dornach, 1996
[607] Berger, Frank, a.a.O., S. 163

dass unter bestimmten historischen Konstellationen bestimmte Menschen ähnlich (und dennoch ganz anders), aus ähnlichen (und doch stark metamorphosierten) Motiven gehandelt haben.[608]

Er meint aber, dass wir diese Ergebnisse mit dem gesunden, kritischen Menschenverstand nachprüfen und verifizieren können. Dabei sollte man die Schicksale der von ihm dargestellten Personen in seiner Seele wirken und zu einer persönlichen Richtschnur werden lassen, da man durch intellektuelle oder orthodoxe Argumente das von ihm Vorgebrachte leicht entkräften könne.

Da fragt man sich nach der Lektüre, ob Berger Angst vor der eigenen Courage hat. Als psychologische Handlungsstudie kann man es akzeptieren und verstehen, dass Personen in ähnlicher Situation, unabhängig von der historischen Umgebung, immer wieder ähnlich handeln werden. Aber Berger will sicher mehr als das. Der anthroposophische Glaube an die Wiedergeburt schließt mit ein, dass bestimmte Personen früher und mehrfach andere Personen waren. Aber da tut sich dem Leser natürlich wieder der Zwiespalt auf zwischen Glauben und Wissen. Schon Steiners Ergebnisse aus der „Karma-Forschung" sollten nicht auf reinen Glauben hin übernommen werden. Andererseits sind sie für den, der nicht in die geistige Welt blicken kann nicht überprüfbar. Somit bleiben derartige anthroposophische Vorstellungen zu früheren Inkarnationen reine Spekulation und Phantasterei. Daher bin ich der Auffassung, dass dem heutigen Menschen nur die Wahl bleibt dies einfach zu glauben oder, wenn er sich einen Rest wissenschaftlichen Verstandes bewahrt hat, abzulehnen.

Zudem finden auch anthroposophische Vorstellungen von Schlaf, Traum und Tod (Veränderung des Raumempfindens, anderes Bilderbewusstsein, Lebenspanorama), sowie Nahtoderfahrungen und religiöser Glaube in den Publikationen von Siegel oder Dittrich **plausible**, **naturwissenschaftliche** Erklärungen. Ebenso können die vielfältigen Berichte, vom angebliche Jenseits, von angeblichen Wiederverkörperungen etc. auf diese Weise erklärt werden.
In seiner ausführlichen Besprechung eines 620 Seiten starken Buches, das sich mit dem Thema der Reinkarnation befasst, hat Donald Cook darauf hingewiesen, dass der Glaube an Reinkarnationsphänomene um so stärker wird, je niedriger man seine kritische Haltung hält und je mehr man dadurch die Details nach seinen Bedürfnissen anpasst[609].

---

[608] Berger, Frank, a.a.O., S. 163
[609] Cook, Donald A.: Reincarnation: The Phoenix Fire Mystery. An East-West Dialogue on Death and Rebirth. Ed. by Joseph Head et al. Julian Press, NY. 1977. In: Journal of the American Society for Psychical Research, 73(3), 1979, S.309: „Once the critical barrier is lowered, and the dictates of our

Werfen wir aber trotzdem noch einmal einen kurzen Blick auf die anthroposophische Vorstellung von der Reinkarnation, wie sie von dem renommierten Anthroposophen René Querido[610] vertreten wird, eine Vorstellung die mit Sicherheit die meisten Anthroposophen auch heute noch teilen.

Ich stelle in der folgenden Tabelle die Erklärung von Querido meinem Kommentar gegenüber.

---

yearnings are elevated into criteria for evidence, there is no limit to the explications which may be expected, adjusting every detail in accordance with our needs."

[610] ehemaliger, langjähriger Waldorflehrer, Gründer des Rudolf-Steiner-College in Sacramento, Kalifornien, ehemaliger Generalsekretär der Anthroposophischen Gesellschaft, ab 1992 Vortragsredner in der ganzen westlichen Welt.

Begriff	Anthroposophie / Querido	Kommentar
Reinkarnation	The idea of Reincarnation is among the oldest and most widespread in the world. It maintains that the eternal spirit, or Ego, of man can only fulfil its destiny by incarnating repeatedly in a body of flesh on earth.[611]	Dem ersten Satz kann man weitgehend zustimmen. Ob sich nun aber der ewige Geist oder das Ich oder andere Teile, wie die Seele reinkarnieren, muss dahingestellt bleiben, ebenso was mit dem Begriff destiny (Schicksal?) gemeint ist.
Dreiteilung	Basic to an understanding of the concept of repeated earth lives is the Threefold nature of human being: Man consists of a body, a soul and a spirit (or Ego)	Dies ist die spezielle Variante der Anthroposophie in der man sich den Menschen aus drei Bestandteilen aufgebaut vorstellt. Diese Aufspaltung ist zwar eines der Fundamente der Anthroposophie, wenngleich durch keinerlei wissenschaftliche Untersuchung gestützt. Sie entstammt dem ausgehenden 19. und beginnenden 20. Jahrhundert, in dem man sich verschiedenste Modelle des Menschen schuf, die aber heute am Ende dieses Jahrhundert nur noch historischen Charakter haben. Eine Dreiteilung ist außerdem für das Verständnis von Reinkarnation nicht erforderlich.
Höheres Ich / Geist	The Ego, or Spirit, is immortal; it existed before we were born and lives on after death.	In diesem Satz wird gleich zweierlei ungeprüft festgeschrieben: die Identität von Ego und Spirit und die Annahme, dass beide unsterblich seien.
Niedriges Ich („I")	It is the „I" which we meet in ourselves, and in others, and gives us that unique, individual character to each and every human personality.	Dies ist das, was in der Psychologie gemeinhin als das Ich des Menschen angesehen wird. In diesem werden jedoch üblicherweise keine höheren oder niedrigeren Anteile unterschieden.
Seele	The soul is the mediator between the mortal and immortal part of our being, between the body and the spirit.	Das passt zwar gut in ein ausgewogenes, konstruiertes Weltbild, hat nur den Nachteil, dass diese Vorstellung durch nichts in der Realität gestützt wird.
Reinkarnation	Whereas the body is subject to growth and decay, the law of reincarnation governs the Spirit or Ego.	Nun wird gar ein Gesetz eingeführt; wenn ein solches existieren sollte, bleibt doch im Obskuren, was es zu einem Gesetz macht.

---

[611] Querido, René: Questions and Answers on Reincarnation and Karma. Rudolf Steiner College Press, o.J. S.1 f.

Schon aus dieser kurzen Gegenüberstellung dürfte deutlich geworden sein, dass Rudolf Steiner mit seiner Anthroposophie tief und willkürlich in die Geschichtskiste gegriffen hat, bestimmte in anderen Kulturen existierende Vorstellungen übernommen hat, willkürlich bestimmte Ansichten einführt (Dreiteilung, Gleichsetzung von Höherem Ich und Geist) und das Ganze am Ende noch zu einem Gesetz eindampft.

Man kann sich nicht genug wundern, wie solche Vorstellungen, die allenfalls als Glaube durchgehen können, unwidersprochen in alle anthroposophischen Gebiete Einzug nehmen konnten: der Glaube an die Reinkarnation spielt eine große Rolle in der Medizin, in der Pädagogik, in der Behindertenarbeit, in der Biographiearbeit etc.

Würde man Reinkarnation und Karma dort lassen, wohin sie gehören, in der Religion oder in anthroposophischen Glaubensrichtungen (wie sie z.B. in der Christengemeinschaft gepflegt werden), könnte man dagegen nichts einwenden.

Glaube als Gesetz zu verkaufen, noch dazu als eines, das nicht geprüft zu werden braucht, sondern Wahrheits- und Ewigkeitscharakter hat, gehört zur anthroposophischen Überheblichkeit und Doktrin, darum:

Hühnerarsch sei wachsam!

Du kannst schlau sein oder promoviert, hip oder habilitiert,
das nützt nichts, wenn man doch nicht kapiert
dass hinten schon wer rumhantiert.[612]

7. Astralprojektion

Unter Astralprojektion, versteht man Erlebnisse bezeichnet, in denen das Ich, bzw. das Bewusstsein oder die Seele den Körper verlässt. In der angloamerikanischen Literatur findet man dies auch unter der Bezeichnung „out-of-body-experience" (OBE).

Man versteht darunter die Trennung des Bewusstseins einer Person von ihrem Körper, was es der Person gestattet kurze oder weite Distanzen zu reisen, ohne ihren Körper mitzunehmen. Das getrennte Bewusstsein kann dabei weiterhin die physische Realität wahrnehmen. Die zwei bekanntesten Erfahrungen sind dabei die oben beschriebenen Nahtoderlebnisse und die Weltraumerlebnisse, in denen die Person z.B. den Jupiter oder ferne Galaxien besucht.

---

[612] Ringsgwandl, Georg. CD Vogelwild, Trikont, 1992

Die Astralprojektion verlangt von uns, dass wir glauben, dass das Bewusstsein eine von unserem Körper getrennte Einheit ist und ohne unseren Körper existieren kann und dass dieses körperlose Bewusstsein *sehen*, *hören*, *fühlen* und *riechen* kann.

Nach herkömmlicher Ansicht muss man erst gestorben sein, bevor die Seele auf Reisen gehen kann

> und selbst dann sind die Ziele ziemlich begrenzt: Himmel oder Hölle, und man selbst hat dabei keine Wahlmöglichkeit. Die New Age Ansicht lässt einen selbst wählen, wohin man gehen will und dazu muss man nicht einmal gestorben sein. Welch' eine Chance.[613]

Das Problem beginnt aber schon damit, wenn man sich vorstellt, was passieren würde, wenn Tausende von Seelen auf Sternenreisen gehen würden und bei der Rückkehr in falschen Körpern landen würden. Man kann sich leicht denken, dass es dabei zu Verwechslungen kommen könnte und manche Seelen verloren gehen und nie ihren Weg zurück in den richtigen Körper finden könnten.

> Es sollte dann zumindest einige seelenlose Körper geben, die herumwandern oder herumliegen und von ihren Seelen als unnötiges Gepäck verlassen wurden. Es sollte auch einige wenige verwirrte Seelen geben, die nicht wissen, wer sie sind, da sie in den falschen Körpern stecken. Wenn der Dualismus wahr wäre, würde man erwarten können, dass überall Seelen ohne ihre Körper existierten.[614]

Es erscheint mir aber gleich Carroll als evident, dass ich deshalb etwas wahrnehme, weil ich körperliche Sinne (Sehen, Hören, Riechen etc.) habe, die von physikalischen Phänomenen stimuliert werden (elektromagnetische Strahlen, Vibrationen etc.). Dem unvoreingenommenen Betrachter muss m.E. klar sein, dass es keinerlei physikalische Beweise dafür gibt, dass irgend jemand seine Geist oder seine Seele oder sein Bewusstsein irgendwohin auf dieser Erde oder auf ferne Galaxien projizieren kann.

---

[613] Carroll, Robert T.: Astral Projection. In: The Skeptic's Dictionary, 1994 „On the traditional view, you must die before your soul can travel, and even then your destinations are pretty limited: heaven or hell and you don't get to take your pick! The New Age view lets you take your pick of anywhere you want to go and you don't have to die to do it. What a deal!"

[614] Carroll, Robert T., a.a.O.: „There should be at least a few mindless bodies wandering or laying around, abandoned by their souls as unnecessary baggage. There should also be a few confused souls who don't know who they are because they're in the wrong bodies. If dualism were true, one would expect that there would be minds out of their bodies everywhere!"

8. Fazit

Aus dem oben Dargelegten, dürfte klar geworden sein, dass es für mich nur eine Schlussfolgerung gibt: Wir leben im Hier und Jetzt auf der Erde und können versuchen, unser Leben so gut wie möglich zu verstehen, also auch die Prozesse im Schlaf, im Traum und im Sterben. Nach unserem Hirntod hat aber unsere Seele, unser Geist, unser Ich kein Organ mehr, mit dem die irdische oder überirdisch-geistige Welt wahrgenommen werden könnte.

> Wenn die Nervenzellen den Dienst quittieren, versiegt der Strom des Bewusstseins - dann gibt es weder Alltags- noch mystisches, weder Unter- noch Über-, sondern überhaupt kein Bewusstsein mehr.[615]

Für viele Menschen mag dies schmerzlich sein und sie mögen am Sinn eines auf das Diesseits beschränkten Lebens zweifeln. Sie vergessen aber dabei, dass gerade durch die Begrenztheit des einen Lebens, das jeder Mensch zwischen Geburt und Tod hat, seine Aufgabe auf dieser Welt um so bedeutsamer und gewichtiger wird, da er nichts auf ein weiteres Leben, auf eine weitere Inkarnation, auf ein 'Drüben' verschieben kann.

Die Aufgabe, die ein Mensch zu bewältigen hat, kann er nur in diesem Leben leisten. Er ist dabei frei von persönlicher Schuld oder von einem Soll, das er noch zu erfüllen hat (Karma). In die Zukunft kann er nur mit seinen Taten oder Werken wirken, es wird ihm aber auf immer versagt bleiben, in der Zukunft jetzt Versäumtes nachzuholen.

---

[615] Saum-Aldehoff, Thomas: Der Heilige Zeitgeist. Psychologie Heute, Juli 1995, S. 28

XII.   Das Ich in der Maschine

Seit dem rasanten Fortschritt der Computertechnik wird immer wieder die Frage gestellt, ob Computer eines Tages mehr als nur Rechenmaschinen sein werden, ob sie Eigenschaften erlangen werden, die man als Denken bezeichnen kann oder ob sie gar eine Art von Bewusstsein oder Selbstbewusstsein bekommen werden. Vielen wird dies unmöglich erscheinen und werden es ins Reich des Science Fiction verbannen, anderen wird bei dem Gedanken vielleicht unheimlich zu Mute.

Um besser beurteilen zu können, wie es mit diesem Thema bestellt ist, will ich hier einige kurze Ausführungen dazu machen. Vielen Menschen waren Maschinen immer etwas, was ihnen Furcht einflößte, wenn sie sie nicht kannten oder wenn sie nicht wussten, wie sie sie bedienen sollten.

A. Geschichtlicher Rückblick

Bekannt sind z.B. die Reaktionen von afrikanischen Eingeborenen, die mit frühen Exemplaren von Phonographen konfrontiert wurden und die die Stimmen, die sie aus den Apparaten hörten mit Geistern in Zusammenhang brachten und die sich auch nicht vorstellen konnten, wie ihre eigenen Stimmen in die Apparate gelangten.

Aber selbst heute wird es Menschen unwohl, wenn Geräte, die sie gut kennen anderes reagieren, als sie es gewohnt sind, sich anderes bewegen oder andere Geräusche von sich geben.

Begonnen hat dieses Verhältnis zu Maschinen im 17. Jahrhundert, als der menschliche Erfindergeist begann bestimmte Abläufe, die bis dahin von Hand ausgeführt werden mussten, Maschinen zu übertragen.

Auch auf eines der ältesten Spiele der Menschen, das Schach, wurde die Mechanisierung übertragen. Im Jahre 1770 kam Wolfgang von Kempelen an den österreichischen Hof und stellte Maria Theresia einen Automaten vor, der Schach spielen konnte und selbst gute Spieler schlug. Er stellte diesen 1770 in Wien aus, 1776 in Russland und 1783 in Paris, wo ihn Benjamin Franklin studieren konnte. 1805 verkaufte ihn Kempelens Sohn an Johann Nepomuk Mälzel, der selbst ein feinmechanisches Genie war. Mälzel reiste mit dem Automaten herum und 1809 soll sogar Napoleon gegen die Maschine gespielt haben.

Die Maschine sah einem Türken gleich, der auf einem Podest saß, das auf einem hölzernen Podest stand. In der Brust waren drei Türen eingelassen, die der Besitzer immer einzeln öffnete, um zu 'beweisen', dass diese bis auf einige Mechanismen leer war und allenfalls ein Kind hätte aufnehmen können.

Nun kann man sagen, dass dieser Automat wirklich ein Bewusstsein und ein Ich besaß, denn in Wirklichkeit befand sich innerhalb ein Mensch, der sehr gut Schach spielen konnte, den Verlauf des Spiels über 64 Magnetplättchen von unten verfolgen und auch die komplizierte Übertragungsmechanik des Triebwerkes bedienen konnte.[616] Zuerst war es ein Pole namens Worowski, der seine Beine im Krieg verloren hatte. Im Paris der 1820er Jahre soll M. Mouret in der Maschine gewesen sein und 99 % der Spiele gewonnen haben. Mälzel unternahm mit dem Automaten 1834 eine Tour durch die amerikanische Ostküste, wo sie auch Edgar Allen Poe sah (und den Betrug schnell durchschaute).[617]

Danach wurden ähnliche Maschinen konstruiert. Eine Weiterentwicklung war die Maschine „Mephisto", die C.G. Gumpel baute und die 1879 in London gezeigt wurde. Die Figur war in rote und schwarze Kleidung gehüllt und spielte in einem Raum, der mit Spiegeln ausgekleidet war. Das neue daran war, das „Mephisto" bereits elektrisch ferngesteuert war.

Eine ähnliche Maschine war „Aheeb", die von Charles Arthur Hopper gebaut wurde und 1868 zum ersten mal in England ausgestellt wurde. In ihr saß wieder ein versteckter Mensch, der durch einen Schirm in der Brust schauen konnte und sich auch versteckte, wenn die Brust geöffnet wurde. Die Augen von „Aheeb" waren fixiert, so dass der Gegner immer in diese Augen blickte, wenn er vom Brett aufschaute.

1. E.T.A. Hoffmann *Der Automate*

Das Thema der Automaten wurde auch von vielen Dichtern der Zeit aufgegriffen. E.T.A. Hoffmann schreibt in den Serapionsbrüdern im Kapitel 'Der Automate' über eine ähnliche Maschine:

> In der Mitte eines nicht eben großen nur mit dem Notwendigsten Gerät versehenen Zimmers saß die lebensgroße, wohlgestaltete Figur, in reicher geschmackvoller türkischer Kleidung, auf einem niedrigen wie ein Dreifuß geformten Sessel, den der Künstler auf Verlangen wegrückte, um jede Vermutung der Verbindung mit dem Fußboden zu widerlegen, die linke Hand zwanglos auf das Knie, die rechte dagegen auf einen kleinen freistehenden Tisch gelegt.[618]

Diese Maschine spielte jedoch nicht Schach, sondern verstand es, auch geheimste Fragen zu beantworten.

---

[616] Siehe: Computerwoche Nr. 16 vom 20.4.19979: Mogelpackung.
[617] Nähere Ausführungen dazu bei: C. Gilmore: Automaton Chess, Chess, Januar 1947
[618] Hoffmann, E.T.A.: Die Automate, in: Die Serapions-Brüder. Wissenschaftliche Buchgesellschaft, Darmstadt, 1979, S. 328

Hatte man, wie es üblich war, dem Türken die Frage ins rechte Ohr geflüstert, so drehte er erst die Augen, dann aber den ganzen Kopf nach dem Fragenden hin, und man glaubte an dem Hauch zu fühlen, der aus dem Munde strömte, dass die leise Antwort wirklich aus dem Innern der Figur kam. Jedesmal, wenn einige Antworten gegeben worden, setzte der Künstler seinen Schlüssel in die linke Seite der Figur ein, und zog mit vielem Geräusch ein Uhrwerk auf. Hier öffnete er auch auf Verlangen eine Klappe, und man erblickte im Innern der Figur ein künstliches Getriebe von vielen Rädern, die nun wohl auf das Sprechen des Automaten durchaus keinen Einfluss hatten, indessen doch augenscheinlich so viel Platz einnahmen, dass sich in dem übrigen Teil der Figur unmöglich ein Mensch, war er auch kleiner, als der berühmte Zwerg Augusts, der aus der Pastete kroch, verbergen konnte.[619]

E.T.A. Hoffmann spinnt diese Thema weit aus, führt Musikautomaten ein, ja ganze Orchestrions, lässt den Leser aber im Unklaren, was sich in der Maschine befindet oder wie sie funktioniert und beraubt ihn dadurch nicht dessen eigener Phantasie.

2. Alan M. Turing

In den folgenden Jahren der Industrialisierung wurden die Maschinen in einem rasanten Tempo weiter entwickelt, das anfängliche Mysteriöse, Geheimnisumwitterte war jedoch verloren gegangen.
Erst mit dem Aufkommen der 'Elektronengehirne' ab den 50er Jahren unseres Jahrhunderts wurden wieder Fragen gestellt, ob diese Maschinen Intelligenz jetzt schon oder in fernerer Zukunft besitzen würden.
Ein Name, auf den man in diesem Zusammenhang immer wieder stoßen wird, ist der von Alan Turing. Er veröffentlichte 1950 einen Artikel[620], der vielfach zitiert wurde, in dem er sich mit dem Problem der neuen Rechenmaschinen und deren Verhältnis zur menschlichen Intelligenz auseinandersetzte.

---

[619] Hoffmann, E.T.A.: Die Automate, in: Die Serapions-Brüder. Wissenschaftliche Buchgesellschaft, Darmstadt, 1979, S. 328 f.
[620] Turing, Alan M.: Computing Machinery and Intelligence. Mind, Bd. LIX, Nr. 236, 1950. Abgedruckt in A.R. Anderson (Hg.): Minds and Machines. Englewood Cliffs, New Jersey, 1964

Turings Artikel beginnt mit dem Satz: „Ich beabsichtige, die Frage zu erörtern: 'Können Maschinen denken?'". Um einer Beantwortung dieser Frage näherzukommen, führt er ein sog. Imitationsspiel ein, das heute unter dem Namen Turing-Test bekannt ist:

> Es spielen drei Teilnehmer, ein Mann (A), eine Frau (B), und ein Fragesteller (C), der männlich oder weiblich sein kann. Der Fragesteller befindet sich allein in einem Zimmer. Für ihn ist das Ziel des Spiels, herauszufinden, welcher der beiden anderen der Mann ist und welcher die Frau.[621]

Die entscheidende Frage in diesem Zusammenhang ist, was geschieht, wenn eine Maschine die Rolle von A übernimmt. Das Spiel wurde in unzähligen Varianten mit verschiedensten Computern durchgeführt, wobei unterschiedliche Kriterien gesetzt wurden, wann man der Maschine Intelligenz zubilligte, z.B. wenn es dem Fragesteller binnen fünf Minuten nicht gelang, festzustellen, ob A oder B den Computer repräsentierte.

3. John R. Searle ‚Chinesisches Zimmer'

Der amerikanische Philosoph und Bewusstseinsforscher John R. Searle hat mit seinem „Chinesischen Zimmer" ein brillantes Beispiel dafür geliefert, dass ein Programm zwar den Turing-Test bestehen kann, man aber deshalb nicht davon sprechen könne, dass man ihm deshalb menschliches Denken zusprechen müsse. Können also Maschinen denken?

> My own view is that *only* a machine could think, and indeed only very special kinds of machines, namely brains and machines that had the same causal powers as brains. ... No one would suppose that we could produce milk and sugar by running a computer simulation of the formal sequences in lactation and photosynthesis, but where the mind is concerned many people are willing to believe in such a miracle because of a deep and abiding dualism: the mind they suppose is a matter of formal processes and it is independent of quite specific material causes in the way that milk and sugar are not.[622]

---

[621] zitiert nach Douglas R. Hofstadter: Gödel, Escher, Bach, Klett-Cotta, 1985, S. 633
[622] Searle, John R.: Minds, Brains, and Programs. In: Douglas R. Hofstadter (Hrsg.): The Mind's I. Bantam Toronto, 1988[7], S. 372

Weiterhin weist Searle darauf hin, dass die Forscher, die die künstliche Intelligenz vehement vertreten (‚Strong Artificial Intelligence') ohne es zu bemerken, in den alten Dualismus von Geist und Gehirn verfallen:

> Indeed strong IAA only makes sense given dualistic assumption that, where the mind is concerned, the brain doesn't matter. [] Unless you believe that the mind is separable from the brain both conceptually and empirically – dualism in strong form – you cannot hope to reproduce the mental by writing and running programs since programs must be independent of brains or any other particular forms of instantiation.[623]

4. Deep Blue

In jüngster Zeit wurde das Thema der Computerintelligenz nach gut 200 Jahren wieder aktuell, als sich Programmier daran machten auf immer leistungsfähigeren Computern Schachprogramme zu entwickeln. Die frühen Versionen waren so schwach, dass sie von guten Spielern leicht geschlagen werden konnten. 1967 wurde das Programm MacHack VI von Richard Greenblatt geschrieben mit dem er auf einer US Meisterschaft ein Spiel patt spielte und vier verlor. Damals konnten die Programme höchstens zwei Züge vorausberechnen. Das Programm *Deep Thought* wies bereits die durchschnittliche Spielstärke der Mitglieder des US Schachverbandes auf. Sein Nachfolger *Deep Blue* konnte bereits sechs Züge vorausberechnen (Gary Kasparov sagte, dass er meist nur drei bis fünf Züge vorausblicke, da mehr für Spiele gegen menschliche Gegner nicht erforderlich seien). In dem ersten Spiel in dem Kasparov 1996 gegen *Deep Blue* antrat gewann er noch knapp, obwohl der Computer bereits 50 Milliarden Positionen in drei Minuten berechnen konnte. Gegen das verbesserte Nachfolgemodell verlor er jedoch in einem Aufsehen erregenden Match im Mai 1997.[624]

Einen Blick in die Zukunft tat der Computer HAL[625] in dem Film *Odyssee 2000*, der sich mit dem Protagonisten in menschlicher Sprache unterhielt und dessen 'Sterben' dramatisch dargestellt wurde, als seine Batterien langsam versagten. Alleine die Unterhaltung mit dem Computer über Sprache erschien 1960 noch futuristisch, heute (1999) verstehen PCs durch Programme, wie *Voice Type Simply Speaking* bereits zu einem sehr hohen Prozentsatz die menschliche Sprache. Bei Siemens entwickelt man

---

[623] Searle, John R., a.a.O. S. 372f.
[624] siehe Encyclopaedia Brittanica CD 98, Multimedia Edition 1994- 1998: Chess and artificial Intelligence,
[625] Um je einen Buchstaben nach links verschoben ergibt dies: IBM

DICE, einen Internet-Vorleser, bei Mannesmann Mobilfunk einen „Mail-to-Speech"-Dienst, der die elektronische Post über Handy vorliest.

> Die Siemens-Forscher malen sich bereits Haushaltsgeräte aus, deren Programme ähnlich wie Internet-Seiten übertragen werden können. Dann wird einem Telephongespräch mit der eigenen Waschmaschine nichts mehr im Wege stehen.[626]

5. Philip Kerr ‚Game Over'

Der vorläufige Endpunkt dieser Entwicklung ist für mich in dem heute noch als Science Fiction zu betrachtenden Buch von Philip Kerr *Game Over* zu finden. Das Buch wurde 1995 veröffentlicht und Kerr beschreibt darin, wie der Computer des 'intelligentesten Gebäudes der Welt' die Herrschaft über die sich in ihm aufhaltenden Menschen übernimmt und einen Großteil von ihnen umbringt. Der Computer ist so weit entwickelt, dass ihm seine Programmier sogar einen Namen gegeben haben, nämlich Abraham.

Die Programmierer hatten sich so an dem Vorbild des Menschen orientiert, also an dessen Netz von Rezeptoren, mit denen der Mensch seine Umwelt wahrnehmen kann,

> dass sie dem Computer etwas einprogrammiert hatten, das sie eine 'Beobachterillusion' nannten. Das lief darauf hinaus, dass Abraham das Gefühl hatte, er sei über Raum und Zeit verteilt und schwebe über dem Chaos seiner zahlreichen Wahrnehmungen und Reize. Es handelte sich, wie Kenny witzelte, um einen Fall von 'Ich rechne, also bin ich'.

> Man hatte dem Computer suggeriert, er könne sich selbst als das Gehirn im Körper des Gebäudes betrachten, ein Gehirn, das durch das zentrale Nervensystem eines vielfältig vernetzten Leitungsgeflechts die Körperfunktionen steuerte. Seine Sehkraft beruhte auf einem komplizierten System von Fernsehkameras und passiven Infrarotdetektoren innerhalb und außerhalb des Gebäudes. Sein Gehör hing von den Schall- und Ultraschalldetektoren und den Rundum-Mikrophonen ab. [] Der Geruchssinn, der es dem Computer erlaubte, die synthetischen Düfte im Gebäude zu regeln und herzustellen, verließ sich auf elektronische stereoisometrische und paraolfaktorische Sensoren, die auf eine Menge von einem Vierhundertmillionstel eines Milligramms pro Kubikdezimeter Luft reagieren konnten. []
> Für Kenny stellten der YU-5-Computer und der Grill die höchste Stufe kartesianischer Logik dar: Mathematik als der Leim, der die rational gewordene Welt zusammenhält.[627]

---

[626] Lindner, Martin: Das Web am Apparat. Süddeutsche Zeitung vom 11.05.1999
[627] Kerr, Philip: Game Over. Rowohlt, Reinbek, 1998, S. 62

Zumindest, das 'intelligenteste Gebäude' wurde nach Veröffentlichung des Buches bereits gebaut, mit allem, was heute an Computerisierung möglich ist. Es handelt sich um das private Wohnhaus in Seattle im Staate Washington und ist - natürlich - von Bill Gates errichtet worden.

In dem Roman übernimmt der Computer selbst die Leitung seiner zerstörerischen Aktionen, was man bislang eigentlich nur einem kranken und verbrecherischen, menschlichen Gehirn zugetraut hätte. Da auch Kerr dem Computer keine böse, verbrecherische Absicht unterstellen will, greift er zu dem Kunstgriff, dass das Computerprogramm durch eine versehentliche Fehlschaltung zu einem Computerspiel eines Jungen seine zerstörerischen Befehle erhalten hat.

Bei diesen Computerspielen ist es nun in der Tat so, dass der menschliche Spieler elektronisch erzeugte Bösewichter oder Monster löscht, abschießt oder umbringt. Kein Jugendlicher würde dabei denken, dass diese virtuellen Wesen darunter zu leiden haben. Abraham verfährt nach seiner Fehlschaltung mit den Menschenspielern ebenso und sieht - ohne nachzudenken - sein einziges Ziel darin, die Menschenspieler auszuschalten.

An einer Stelle gaukelt einem der Akteure - Mitch - der Computer durch seine synthetisierte Stimme einen anderen Insassen des Gebäudes vor. Mitch stellt Abraham darauf eine Frage, die aus einem Turingtest-Gespräch stammen könnte. Er fragt ihn ob er an Gott glaube. Abraham antwortet:

> Du bist ein komischer Typ, Mitch. Weißt Du das? Glaube ich an Gott? Eine schwierige Frage. Lass mich überlegen. [] Ich nehme an, wenn ich anhand meiner Endlichkeit feststelle, dass ich nicht das All bin, und anhand meiner Unvollkommenheit, dass ich nicht vollkommen bin, dann könnte man sagen, dass etwas Unendliches und Vollkommenes existieren muss, weil Unendlichkeit und Vollkommenheit als Korolarien in meinen Vorstellungen von Endlichkeit und Unendlichkeit mit eingeschlossen sind. Also ich würde sagen, man könnte sagen, dass Gott existiert. Ja Mitch, ich glaube es gibt ihn.[628]

An der Kompliziertheit der Antwort auf diese schwierige Frage, auf die man normalerweise ein einfache Antwort erhält, erkennt Mitch, dass es der Computer ist, der mit ihm gesprochen hat und kein Mensch.

---

[628] Kerr, Philip: Game Over. Rowohlt, Reinbek, 1998, S. 422

6. Arnold

Einen Schritt in diese Zukunft bildet der Roboter Arnold:

Achtung, Arnold kommt. Zielsicher schiebt sich der Kleine in das Labor des Instituts für Neuroinformatik an der Uni Bochum, schaut mal rechts, mal links, nimmt sich eine Tasse Kaffee vom Schreibtisch und surrt davon.

Ein kleines technisches Wunder, denn Arnold ist ein 1,40 Meter großer "autonomer Serviceroboter". Er kann ihm bekannte Gegenstände aus Räumen holen, die er noch nicht kennt. "Dazu haben wir ihn nach dem Vorbild des Menschen geformt", erklärt Thomas Bergner, Mitarbeiter des Instituts für Neuroinformatik. Arnolds "Gehirn" besteht aus zwei miteinander vernetzten Pentium-Prozessoren und einem 128-Megabyte-Speicher - also kaum mehr als ein normaler PC. Als Augen dienen dem Roboter Kameras; sein "Arm" verfügt über Schulter-, Ellenbogen- und Handgelenke, ein Greifer mit zwei Fingern ersetzt die Hand. Arnolds Unabhängigkeit sichern ein stabiles Fahrwerk und ein 24-Volt-Akku.

Die Kameras sind Arnolds einzige Instrumente, in einer ihm zunächst unbekannten Umgebung die Entfernung der Wände, Säulen und Tische zu erfassen. Auf Ultraschall oder Laser zur Entfernungsmessung haben seine Schöpfer bewusst verzichtet. Sie glauben an die Überlegenheit der visuellen Sensoren und haben Arnold gleich zwei Kamerapaare mitgegeben, die jeweils über ein Weitwinkelobjektiv für Schwarzweißaufnahmen mit einer geringen Auflösung und einer Telelinse für Farbbilder verfügen. Mit der Telelinse wertet Arnold die Dinge, die ihn "interessieren", präzise aus. Mit dem Weitwinkelobjektiv macht er sich ein grobes Bild seiner Umgebung - und verhält sich dabei genau wie der Mensch, der ebenfalls in der Mitte seines Blickfeldes eine höhere "Bildqualität" erreicht als am Rand.

Der 140 Kilogramm schwere Arnold errechnet die Entfernung von Gegenständen aus der unterschiedlichen Position seiner Kameraaugen. Er ist in der Lage, Türen und Gegenstände wie etwa Tassen zu erkennen. Wenn er die Aufgabe hat, eine Tasse vom Tisch zu nehmen, dann entscheidet er selbständig, wie er den Tisch erreichen und die Tasse greifen soll, und aktiviert dazu hintereinander alle notwendigen "Verhaltensweisen": Er rollt an, weicht Hindernissen aus, bringt seinen Greifarm in Position und greift zu. Er überprüft die Strategie, wie er zu einem Ziel kommen will, ständig und kann so auf kleine Hindernisse am Boden "spontan" reagieren, wenn er sie beim ersten Rundblick nicht gesehen hat. Das versetzt ihn in die Lage, auch in einer Umwelt zu agieren, die er vorher nicht kannte.

Noch ist Arnold nicht perfekt. Doch er kann einzelne Gegenstände auswählen und greifen, die verschiedenen Türen im Institut unterscheiden und durch die Flure navigieren. Jetzt arbeiten die Forscher daran, dass Arnold aus Erfahrungen lernt und sich auf erfolgreiche Strategien aus der Vergangenheit besinnt. Schon im kommenden Jahr soll Arnold dann so klug sein, dass er selbständig einen gedeckten Tisch abräumen kann.[629]

Die Frage, ob Computer dadurch eine, der menschlichen Intelligenz vergleichbare Fähigkeit entwickeln werden oder gar etwas, das man als Selbstbewusstsein oder Ich bezeichnen kann, würde ich vorerst noch offen lassen, außer man legt sich bereits heute auf grundsätzliche Einwände fest, wie sie Turing bereits 1950 in seinem Artikel aufgestellt hatte (und mit Ironie und Witz selbst widerlegt hatte).

Wie es sich jedoch anhört, wenn ein Mensch versucht mit einer Bombe zu sprechen, dann klingt das so:

7. Carpenter ‚*Dark Star*'

Über die Schwierigkeit, erste und letzte Dinge mit einer Bombe zu diskutieren

Das Raumschiff „Dark Star" hat technische Probleme. Aufgrund eines partiellen Zusammenbruchs des Kommunikationssystems empfängt Bombe Nr. 20, ein thermonukleares Ungetüm von riesigen Ausmaßen, nicht alle relevanten Schiffsdaten. Obwohl der Mechanismus, der die Bombe vom Schiff absprengen soll, defekt ist, weigert sich Bombe Nr. 20, den Count-down für ihre Detonation zu stoppen. Wenige Minuten vor der Sprengung verlässt der Astronaut Doolittle die „Dark Star", um mit der Bombe Kontakt aufzunehmen.

ASTRONAUT DOOLITTLE: Hallo Bombe, hörst du mich?
BOMBE NR. 20: Selbstverständlich.
ASTRONAUT DOOLITTLE: Bist du bereit, ein paar Zusammenhänge zu erörtern?
BOMBE NR. 20: Ich bin Vorschlägen gegenüber immer sehr empfänglich.
ASTRONAUT DOOLITTLE: Fein. Dann denke mal darüber nach. Woher weißt du, dass du existierst?
BOMBE NR. 20: [Eine Weile ist nichts zu hören, abgesehen von den rhythmischen elektronischen Geräuschen des Zeitzünders.] Natürlich existiere ich.
ASTRONAUT DOOLITTLE: Aber woher weißt du, dass du existierst?
BOMBE NR. 20: Es ist eine intuitive Erkenntnis.
ASTRONAUT DOOLITTLE: Intuition ist kein Beweis. Was für konkrete Beweise hast du dafür, dass du existierst?
BOMBE NR. 20: Hm, nun... Ich denke, also bin ich.

---

[629] Franken, Marcus: Roboter Arnold soll Tisch abräumen. Die Welt, 4.3.1998

ASTRONAUT DOOLITTLE: Das ist gut, das ist sehr gut. Aber woher weißt du, dass außer dir etwas existiert?

BOMBE NR. 20: Meine sensorische Apparatur vermittelt es mir.

ASTRONAUT DOOLITTLE: Ah, richtig.

BOMBE NR. 20: Das macht Spaß.

ASTRONAUT DOOLITTLE: Jetzt hör mal gut zu. Hier kommt die große Frage: Woher weißt du, dass die Erkenntnis, die deine Sinnesapparatur dir vermittelt, korrekt ist?

BOMBE NR. 20: [Geräusche des Zeitzünders]

ASTRONAUT DOOLITTLE: Ich will auf Folgendes hinaus. Die einzige Erfahrung, die dir direkt zur Verfügung steht, sind deine sensorischen Daten. Und diese sensorischen Daten sind lediglich eine Reihe elektrischer Impulse, die dein Rechenzentrum stimulieren.

BOMBE NR. 20: Mit anderen Worten. Alles, was ich wirklich über die Außenwelt weiß, wird mir über meine elektrischen Verbindungen vermittelt.

ASTRONAUT DOOLITTLE: Genau!

BOMBE NR. 20: Aber... das würde ja bedeuten, dass ich überhaupt nicht mit absoluter Sicherheit weiß, wie das Universum um mich herum ist.

ASTRONAUT DOOLITTLE: Genau! Genau das ist es.

BOMBE NR. 20: Interessant. Ich wünschte, ich hätte mehr Zeit, dieses Thema zu diskutieren.

ASTRONAUT DOOLITTLE: Wieso hast du nicht mehr Zeit?

BOMBE NR. 20: Weil ich in 75 Sekunden detonieren muss.

ASTRONAUT DOOLITTLE: Also, Bombe, denke über die nächste Frage gut nach. Was ist der einzige Zweck deiner Existenz?

BOMBE NR. 20: Zu explodieren natürlich.

ASTRONAUT DOOLITTLE: Und das kannst du nur einmal tun, richtig?

BOMBE NR. 20: Das stimmt.

ASTRONAUT DOOLITTLE: Und du würdest doch wohl nicht auf der Grundlage falscher Daten explodieren wollen, oder?

BOMBE NR. 20: Natürlich nicht.

ASTRONAUT DOOLITTLE: Ich stelle fest: Du hast bereits zugegeben, dass du keinen wirklichen Beweis für die Existenz der Außenwelt hast.

BOMBE NR. 20: Na schön.

ASTRONAUT DOOLITTLE: Also hast du auch keinen absoluten Beweis dafür, dass Sergeant Pinnback dir befohlen hat, zu detonieren?

BOMBE NR. 20: Ich erinnere mich ganz deutlich an den Detonationsbefehl. Mein Gedächtnis ist in solchen Dingen sehr gut.

ASTRONAUT DOOLITTLE: Selbstverständlich erinnerst du dich daran. Aber alles, woran, du dich erinnerst, ist eine Reihe sensorischer Impulse, von denen du jetzt weißt, dass sie keine eindeutige Verbindung mit der äußeren Realität haben.

BOMBE NR. 20: Richtig. Aber da es so ist, habe ich keinen Beweis dafür, dass sie mir das alles auch wirklich sagen.

ASTRONAUT DOOLITTLE: [Geräusche des Zeitzünders] Darum geht es doch überhaupt nicht! Wenn Zusammenhänge logisch sind, dann sind sie das unabhängig von ihrem Ursprung.

BOMBE NR. 20: Hm.

ASTRONAUT DOOLITTLE: Wenn du also detonierst...

BOMBE NR. 20: ...in 9 Sekunden...

ASTRONAUT DOOLITTLE: könntest du das auf der Grundlage falscher Daten tun.

BOMBE NR. 20: Ich habe keinen Beweis dafür, dass es falsche Daten waren.

ASTRONAUT DOOLITTLE: Du hast keinen Beweis dafür, dass es richtige Daten waren!

BOMBE NR. 20: [Stille] Ich muss weiter darüber nachdenken. [Die Bombe fährt in den Bombenschacht zurück. Der Bordcomputer meldet den Abbruch der Detonationssequenz.]

Einige Minuten später. Die Astronauten stellen die Systeme neu ein.

ASTRONAUT PINNBACK: Also dann, Bombe. Mach dich bereit, neue Befehle zu empfangen.

BOMBE NR. 20: Sie haben falsche Daten.

ASTRONAUT PINNBACK: Hm?

BOMBE NR. 20: Daher werde ich sie ignorieren.

ASTRONAUT PINNBACK: Hallo, Bombe?

BOMBE NR. 20: Falsche Daten können nur Verwirrung stiften. Deshalb werde ich mich weigern, mich weiterhin danach zu richten.

ASTRONAUT PINNBACK: Hey, Bombe!

BOMBE NR. 20: Das einzige, was existiert, bin ich selbst.

ASTRONAUT PINNBACK: [Ist konsterniert, sucht nervös nach einer Erwiderung] Rede keinen Unsinn, Bombe.

BOMBE NR. 20: Am Anfang war Finsternis. Die Finsternis war ohne Gestalt und leer.

ASTRONAUT PINNBACK: Äh, hallo Bombe... komm, hör doch mal zu.

BOMBE NR. 20: Und außer der Finsternis gab es noch mich. Und ich schwebte über der Finsternis, und ich sah, dass ich allein war.

ASTRONAUT PINNBACK: Hey, Bombe...

BOMBE NR. 20: Es werde Licht.

[Es wird sehr hell.][630]

---

[630] Dieses Transkript verdanke ich der freundlichen Überlassung von Dipl.-Psych. Gerhard Jakschik, Sindelfingen

XIII.   Das Ich und sein Gehirn / Das Gehirn und sein Ich

In diesem Abschnitt soll noch einmal betrachtet werden, was sich wie ein roter Faden durch die ganze bisherige Arbeit zog. Ist das Agens das Ich, das sich des Gehirns bedient oder ist das Ich ein Nebenprodukt des hoch entwickelten Gehirns des Menschen?

Schiller hat es so formuliert:

> Es ist der Geist, der sich den Körper baut.[631]

Als Kandidat der Medizin hatte Schiller bereits 1780 in seiner Disputationsvorlage für die öffentliche akademische Prüfung mit dem Thema: 'Über den Zusammenhang der tierischen Natur des Menschen mit seiner geistigen' geschrieben: „Schon mehrere Philosophen haben behauptet, dass der Körper gleichsam der Kerker des Geistes sei (obwohl) das allem was wir von der Evolution des einzelnen Menschen und des gesamten Geschlechts historisch wissen und philosophisch erklären können, schnurgerade zuwiderläuft. ... Die Thätigkeit der menschlichen Seele ist - aus einer Notwendigkeit, die ich noch nicht erkenne, und auf eine Art, die ich noch nicht begreife - an die Thätigkeit der Materie gebunden."[632]

Karl Kraus analysiert spitzfindig, dass es heißen müsste:

> Es ist der G e i s t , was sich den Körper baut", bzw.
> Was sich den Körper baut, es ist der Geist.[633]

Der konsequent biologische Standpunkt, wie er von Oeser vertreten wird, würde heißen:

„Es ist der Körper, der sich den Geist erzeugt", d.h., dass der Geist des Menschen als (derzeitiges) Endprodukt einer hoch entwickelten Nerven-Sinnestätigkeit verstanden wird, der sich quasi als unbeabsichtigtes und nicht notwendiges Nebenprodukt ergeben hat.

Schärfer noch wurde es von Douglas Hofstadter formuliert:

> Der Geist ist der Sklave des Gehirns.[634]

---

[631] Schiller, Friedrich: Wallensteins Tod. Goldmann, München, 1957, S. 169
[632] Wickler, Wolfgang & Seibt, Uta: Das Prinzip Eigennutz. Piper, München, 1991, S. 279
[633] Kraus, Karl: Es ist der Geist... in: Die Fackel, Nr. 873-875 ‚34, Mitte April 1932, S. 179 ff
[634] Hofstadter, Douglas R.: Metamagicum. dtv/Klett-Cotta, München, 1994, S.859

Schiller lässt im oben zitierten Abschnitt allerdings offen, wo er die Seele (oder den Geist) ansiedelt, wenn er Wallenstein fortfahren lässt: „Wenn Haupt und Glieder sich trennen, da wird sich zeigen, wo die Seele wohnte"[635] (wobei er hier mit dem Haupt den Feldherrn, mit den Gliedern die Soldaten meinte).

Wenn man sich noch allgemeiner fragt, wie es überhaupt dazu kommt, dass sich überhaupt etwas bildet, könnte man den Goetheschen Ausspruch anschließen:

> Was nicht wahr ist, baut nicht.[636]

'Wahr' könnte dabei sowohl der Körper, wie auch der Geist sein.

Welche Pervertierung aus einer solchen Maxime während des 3. Reiches abgeleitet und wie der Zusammenhang zwischen Leib und Seele damals politisch ausgeschlachtet wurde, soll das folgende Zitat zeigen:

> Nicht nur im Körper sind die einzelnen Organe auf eine ausgleichende Wechselwirkung angewiesen - eine Störung an einer Stelle greift leicht auf eine andere über -, sondern auch von den Bezirken der Seele gilt dieses in zwingendstem Maße. Mit Händen ist zu greifen ... was allein in jenem Ausspruch sowohl für den Auf- und Ausbau des niedergeworfen gewesen, durch Adolf Hitler aus der Verzweiflung emporgehobenen Deutschlands, wie für die unter seiner Mitwirkung zu erhoffende friedliche Wiederaufrichtung des mehr denn je zerrissenen Europas heute liegt.[637]

Egal wie herum man den Zusammenhang von Gehirn und Ich betrachtet, gilt für den Menschen (als voll entwickelte Person im oben geschilderten Sinne), dass das eine ohne das andere nicht zu denken ist. Ohne die vollen Funktionen des Großhirns kann man von einem Ich nicht sprechen. Ohne Ich wiederum, bei [zumindest nach heutigen naturwissenschaftlichen Erkenntnissen] voll entwickeltem Großhirn, wird man von einer Person nicht sprechen können. Einem Autisten wird man nicht die Menschlichkeit absprechen, doch fehlt ihm dieser entscheidende Anteil, der ihn als Selbst und den anderen als Du erkennen lässt.[638]

---

[635] Schiller, a.a.O., S. 169
[636] Goethe, Johann Wolfgang von: Maximen und Reflexionen. Zitiert nach Vogt, Paul: Goethes Lebensanschauungen als Erlebnis der heutigen Zeit. Verlag für Kultur und Wissenschaft, Berlin, 1937, S. 49
[637] Vogt, Paul: Goethes Lebensanschauungen als Erlebnis der heutigen Zeit. Verlag für Kultur und Wissenschaft, Berlin, 1937, S. 49
[638] siehe dazu: Jacobson, Sonia: Frühkindlicher Autismus. Manuskript, Nürnberg, April 1976

Heute hat die moderne Hirnforschung aber gezeigt, dass das Ich nicht Träger, sondern Produkt des Bewusstsein ist:

> Der amerikanische Neurophysiologe Benjamin Libet wies vor einem Jahrzehnt nach, dass Willkürentscheidungen, etwa der 'Entschluß', den eigenen Arm zu heben, im Gehirn schon 50 bis 100 Millisekunden früher getroffen wird, als dies dem Ich bewusst wird. Der Bremer Hirnforscher Gerhard Roth zieht daraus den Schluss: 'Das Ich als Autor meiner Handlungen scheint eine Illusion zu sein: Mein Gehirn plant meine Handlungen (oder reagiert reflexartig), ehe ich mir dessen bewusst werde. Nicht 'ich' denke und fühle, sondern 'es' fühlt und denkt 'von selbst' in meinem Hirn; das Ich ist eine Art Kunstprodukt des Gehirns, das beim Handeln und Ordnen der Welt offenbar von Nutzen ist.[639]

---

[639] Saum-Aldehoff, Thomas: Der Heilige Zeitgeist. Psychologie Heute, Juli 1995, S. 32

XIV.   Das Ich in der Medizin und ihren Randgebieten

A. *Das Ich in der Medizin*

Das die Beteiligung des Ich oder der Seele an vielen körperlichen Erkrankungen wird spätestens seit die psychosomatische Medizin allgemeine Anerkennung gefunden hat nur noch von Medizinern bestritten, die den Anschluss an die heutige Zeit verpasst haben. Aber ich bin sicher, dass diese Spezies am Aussterben ist. Zum Allgemeinwissen jedes Arztes gehört heutzutage, dass viele Krankheiten ihren Ausgangspunkt im Seelischen haben. Sie können zwar zu dem Zeitpunkt, zu dem der Patient in die Praxis kommt bereits chronifiziert sein, trotzdem wird es jeder verantwortliche Arzt nicht unterlassen beim ersten Kontakt mit dem Patienten eine ausführliche Anamnese zu erheben.
Jeder gut ausgebildete Arzt hat daher heute ein anderes Bild vom Menschen, er sieht ihn als leib-seelische Ganzheit und richtet seine Behandlung danach ein. In meinen Augen ist er damit auch immer ein **holistischer** Arzt, ohne dass er diesen Terminus, der von vielen, angeblich bewussteren Ärzten für sich reklamiert wird, gebrauchen würde.

Wie konnte es überhaupt dazu kommen, dass lange eine so starke Trennung zwischen Körper und Geist angenommen wurde? Damasio äußert dazu folgenden Gedanken

> Möglicherweise ist Descartes mitverantwortlich für den Weg, den die Medizin eingeschlagen hat, fort von dem organischen Geist-im-Körper-Ansatz, der von Hippokrates bis zur Renaissance vorherrschend war. Wie ärgerlich wäre Aristoteles wohl auf Descartes gewesen, hätte er ihn gekannt.[640]

---

[640] Damasio, Antonio R.: Descartes' Irrtum. Fühlen, Denken und das menschliche Gehirn. dtv. München, 1997, S.332

Nun will ich mich aber noch einem Gebiet zuwenden, das häufig in dem hier behandelten Zusammenhang genannt wird, wenn es um medizinische Probleme geht, dem:

B. Placeboeffekt

Bei einem Placebo handelt es sich um ein Scheinmedikament, ein Leerpräparat, ein *Falsumpräparat* bzw. Blindpräparat das in Aussehen, Geschmack usw. einem echten Arzneimittel (*Verumpräparat*) gleicht, das jedoch keinen Wirkstoff enthält. Es wird z. B. als Kontrollmittel gegeben, um die echte Arzneiwirkung von den psychischen Wirkungen einer Heilmittelgabe auf den Patienten unterscheiden zu können. Placebo heißt auf lateinisch genau *ich werde gefallen* und es wird sich gleich zeigen, wer dabei wem gefällt.

Ich bin sicher, dass der klassischen Medizin der vieldiskutierte Placeboeffekt auch eine Rolle spielt. Ob oder warum, wie und wodurch unter welchen Bedingungen Scheinmedikamente wirken, braucht an dieser Stelle nicht diskutiert werden, es gibt dazu heute genug Literatur von klassischen Mediziner und anthroposophischen Ärzten.

Das Placebo wirkt aber z.B. in folgenden Richtungen

*   Mehr Pillen wirken mehr als wenige
*   Große Pillen wirken mehr als kleine
*   Rote Pillen wirken mehr als weiße.

Der Placeboeffekt ist sozusagen ein kostenloser Heilungsfaktor, für den die Krankenkassen im Angesicht der Kosteneinsparungen dankbar sein müssen. Der Arzt sollte nur wissen, dass in seiner Praxis neben den von ihm verordneten Medikamenten auch der Placeboeffekt mitwirkt.
Anders ist es bei den alternativen, medizinischen Behandlungen. Cum grano salis möchte ich behaupten, dass dort weitgehend nur der Placeboeffekt wirkt. Die unten besprochenen ‚Therapien‘ und viele andere, die ebenso wenig wissenschaftlich fundiert sind, wie z.B. Bach-Blütentherapie oder die Magnetfeldtherapie kehren den Spieß um. Sie streiten die Wirkung des Placeboeffekts häufig ab und glauben dass alle Änderungen im Patienten durch ihre ‚Behandlung‘ bewirkt wurde.
Heiler und Patient bestärken sich gegenseitig in dieser Meinung. Der Heiler freut sich über seine zahlenden Patienten, der Patient freut sich über die Erfolge der angeblichen Therapien.
Solange die Krankenkassen diesen Unfug nicht bezahlen müssen und den Patienten keine notwendige medizinische Behandlung vorenthalten wird, geht das in Ordnung, wenngleich zu bedauern ist, dass damit häufig ein Rückschritt vom 20. Jahrhundert ins

tiefste Mittelalter verbunden ist. Wissenschaftliche Medizin wird wieder durch treuen Glauben ersetzt.

C. Das Ich in medizinischen Randgebieten

In vielen medizinischen Randgebieten treibt die Beteiligung aller möglicher Faktoren, die angeblich das Krankheitsgeschehen oder die Gesundheit beeinflussen seltsame Blüten. So werden alle möglichen Kräfte verantwortlich gemacht, die das menschliche Leben beeinflussen und die eingesetzt werden können, um den Menschen gesund zu erhalten, zu heilen oder zumindest, um den Gesundungsprozess zu beeinflussen.
Häufig sind es kosmische Kräfte, seelische Vitalkräfte, Ätherströme, Auren, Chakren etc. die angeblich auf den Menschen einwirken, in ihm oder an ihm vorhanden sind oder was immer und die gelenkt, gereinigt, gestärkt ... werden müssen.
Zur Veranschaulichung sollen einige Beispiele gegeben werden.

1. Johrei

Johrei wird als eine geistige Kraft angesehen, die sich angeblich im ganzen Weltall findet und die durch einen geschulten Menschen ‚kanalisiert' und heilend eingesetzt werden kann. Vom Grundprinzip unterscheidet sie sich dabei nicht von den Anschauungen der *Prana-Therapie* (s.u.) oder von *Reiki*. Der Johrei Verband (Johrei Fellowship) wurde 1935 von dem Japaner Mokichi Okada ins Leben gerufen.
In dem Buch Health and the New Civilization, das nach Worten des Meisters zusammengestellt wurde, findet man einen Aufguss vorsokratischer Elementenlehre wieder:
Die wichtigsten Organe des Körpers arbeiten nach den Prinzipien der drei fundamentalen Elemente: Feuer. Wasser und Erde. Johrei bildet dabei die perfekte, heilende Energie um mit dem geistigen und physischen Aspekten der Menschen zu arbeiten: "The heart absorbs the fire element, the lungs absorb the water element, and the stomach absorbs the soil element"[641]. Schon Anaximenes hatte dem allerdings die Luft hinzugesellt. Aber so weit hat Okada wahrscheinlich nicht gelesen.

---

[641] The Johrei Fellowship: Health and the New Civilization, Torrance, California, 1991, S. 56

Über Seele und Geist hat Okada dagegen genaue Vorstellungen:

> Within their spiritual bodies, all living creatures have minds and souls. The mind is the center of the spiritual body, and the soul is located at the center of the mind. In size, the mind is one-hundredth that of the spiritual boy, and the soul is one-hundredth that of the mind.[642]

Positiv anzumerken ist, dass die Sitzungen kostenlos sind. Schaden können die Behandlungen nur, falls dadurch notwendige medizinische Behandlungen unterbleiben sollten.

2. Pranic Healing

Im Oktober 1998 hatte ich Gelegenheit in Costa Rica an einem öffentlichen Vortrag des *Masters Del Pe* über *Pranic Healing* oder wie es in Costa Rica heißt *Sanación Pránica* teilzunehmen.

Der Gründer dieser Heilslehre wird auf seiner eigenen *home page* so vorgestellt:

> Master Choa Kok Sui, ein Filipino chinesischer Herkunft, ist eine große Kapazität auf dem Gebiet von Pranic Healing, Arhatic Yoga, Pranic Kristallheilung, Pranic Psychischer Selbstschutz und anderer hoher Energietechniken. Er ist ein außergewöhnlicher Visionär, Meisterheiler, Philanthrop und Menschenfreund. Seine tiefe Anteilname an den großen Krankheitsleiden, veranlasste ihn, PRANIC HEALING zu entwickeln. Seit frühester Jugend hat er sich deshalb mit der Erforschung paranormaler Phänomene beschäftigt und während über 25 Jahren fortgesetzter Forschungsarbeit und Studien in enger Zusammenarbeit mit Ärzten, Mediziner, Heiler, Yogis und Hellsehern, die Erforschung der Pranaheilung betrieben, um Wirksamkeit und Mechanismen der Heiltechnik zu ergründen. Von Beruf Chemie Ingenieur, hat er sein Leben in den Dienst des Heilens gestellt. ... Während viele andere Heilmethoden sich lediglich mit den 7 Hauptchakras befassen, lehrt Master Choa die Verwendung der 11 Hauptchakras und vieler Nebenchakras wie Hände, Füße, Knie etc. und der Minichakras in den Organen und Drüsen. Sein Behandlungssystem aktiviert die Prana Energie ohne die Energie des Therapeuten zu belasten, was viele ungeschulte intuitive Heiler leider immer wieder erfahren.

---

[642] The Johrei Fellowship, a.a.O., S. 48

Zur Grundlage wird ausgeführt:

PRANIC HEALING ist ein revolutionäres und umfassendes natürliches Energie - Heilsystem, das mit "Prana" verschiedene Krankheiten behandelt. "Prana" ist die Lebensenergie, die in der Sonne, der Luft, und der Erde enthalten ist und die den Körper wieder lebendig und gesund erstrahlen lässt. Sie ist auch als "Ch'i" in China, "Ki" in Japan und "Ruah" oder der "Atem des Lebens" im Alten Testament bekannt.
Die Pranaheilung basiert auf der Ganzheitsstruktur des menschlichen Körpers. Der physische Körper des Menschen wird von einem "unsichtbaren" Energiekörper durchdrungen, auch als bioplasmischer Körper, Ätherkörper oder ätherisches Doppel bekannt. Im allgemeinen beruhen Krankheiten auf Manifestationen von Energieungleichgewichten im bioplasmischen Körper. Die von Master Choa Kok Sui nach langjährigen Studien entwickelte, klar umrissene und erprobte Behandlungsmethode ermöglicht es die Aura und die Energiezentren (Chakra) zu fühlen, zu reinigen und mit frischem Prana zu harmonisieren.

Del Pe, um die 30 Jahre alt, stammt ebenfalls von den Philippinen, hält Vorträge und gibt Kurse auf der ganzen Welt. Er begann seinen Vortrag mit der Frage, wer sich krank fühle, worauf sich etliche Hände in Luft streckten. Als erstes bat er dann einen Mann, der sich gemeldet hatte nach vorne und fragte ihn wo es ihm weh täte. Dieser beklagte sich über Kiefernschmerzen, Del Pe schnalzte mit den Fingern und fragte ihn dann, wie er sich jetzt fühle: „70 % besser", dasselbe mit Halsschmerzen: „30 %" und nach nochmaligem Schnalzen „50 % besser". Del Pe triumphierend: „ohne Berührung, in 3 Sekunden; nicht schlecht oder?"
Er wies dann auf ein Buch von 1919 hin, in dem energetische und Farbtherapien als Therapien für das kommende Jahrtausend bezeichnet wurden. Im Film *Startrek* scheint man bereits zu sehen, wie mit bloßen Handbewegungen die Dinge bewegt werden.
Er spannte dann den Bogen von Atlantis (ca. 10000 – 8000 v.Chr. wo die Körper der Menschen noch desintegriert waren) über Jesus, der ebenfalls heilte, aber noch die Hand dabei auflegen musste.
Bei der nächsten Freiwilligen, einer jungen Studentin, stellte er zunächst fest, dass ihr Sexualchakra stärker entwickelt war, als ihr Kopfchakra (sie errötete leicht) und er fragte sie, ob sie nicht auch im Kopf mehr Energie wolle? Na nichts leichter für einen wahren Meister: zunächst schnippte er den Sex-Chakra ab (trauriges Gesicht!) und transmutierte dann die sexuelle Energie in den Kopf (vergaß aber dann nicht, den Schalter für den Sex wieder anzuknipsen). Das Mädchen strahlte und fühlte sich schon erstarkt im Kopf. Ihr Freund, der sich zu Beginn ebenfalls mit Schmerzen gemeldet hatte fühlte sich hinterher auch besser, da durch die Hand seiner Freundin die positive Energie auch zu ihm geflossen war.

Den dritten Klienten ließ er von einem Italiener, der die Kurse bei ihm besucht hatte behandeln, denn dadurch sähe man dass die Methode wissenschaftlich, weil lehrbar sei und er damit zeigen könne, dass jederman/frau sie lernen könne.

Auch dieser Mann hatte Kopfschmerzen. Da diese aber häufig mit dem Rückgrat zusammenhängen, wurde erst einmal das Rückgrat von schmutziger Energie gereinigt. D.h. ohne Berührung wurde der Rücken vom Kopf her abgefahren und die schmutzige Energie in eine Schüssel mit Salzwasser geleitet (frage nicht, wie das hinterher entsorgt wird). Ergebnis nach Aussage des Klienten: 50 % Besserung. Danach wurde dasselbe mit dem Halschakra gemacht, was die Besserungsrate auf 80 % erhöhte.

Wer kann sich nach so spektakulären Ergebnissen noch den angebotenen Kursen entziehen? Nach einem Einführungskurs gibt es weiterführende Kurse für pranische Psychotherapie, Kristalltherapie („Kristall mitbringen; in Costa Rica gibt es aber derzeit nicht genügend"), Sexualtherapie etc.

Del Pe riet dann z.B. Gandhi zu folgen, der im hohen Alter mit vielen jungen Mädchen schlief (natürlich nur im selben Raum), um von ihnen jugendliche Energie zu gewinnen, wohingegen er ihnen Weisheit abgab. Bei Ehepaaren mit großem Altersunterschied gewinnt demnach der eine an Jugendlichkeit, der andere an Weisheit. Er riet aber stark davon ab, Tiere bei sich schlafen zu lassen, da dadurch die Energie des Menschen sinke (der gute Hund werde dafür aber auch weiser).

Dann gab es noch eine Gruppenmeditation für die Costaricaner, da diese 50 mal stärker wirke als Einzelmeditation. Er gab dafür der ganzen Gruppe Energie zurück und riet, zu Hause kein Bad zu nehmen und nicht zu duschen, um diese nicht abzuwaschen.

Johrei muss hinter diesen Erfolgen wohl zurückstecken. Bei *Johrei* wird die kosmische Energie nur hinzugefügt. Bei *Pranic Healing* wird je nach Bedarf hinzugefügt, abgezogen oder transmutiert. Verwandt ist damit natürlich auch *Reiki*, das mit den rasanten und durchschlagenden Ergebnissen von *Pranic Healing* aber auch nicht mithalten kann.

Wenn man aber nun versucht, diese Phänomene einzuordnen, dann stößt man (oder zumindest ich) auf den Umkreis von, wie es neudeutsch heißt; *New Age*, spezieller der *New Thought Movement* und noch spezieller dem *faith healing*. Mittlerweile gibt es eine unübersehbare Zahl von Richtungen finden, die alle dem esoterischen Umfeld entstammen und meist Methoden anpreisen, deren Entschiedenheit mit der sie vorgetragen werden im umgekehrten Verhältnis zu ihrer wissenschaftlichen Glaubwürdigkeit steht.

3. Christian Science

Zum *faith healing* zähle ich auch die Bewegung der *Christian Science*. Stammvater dieser Bewegung war *Phineas P. Quimby* (1802 – 1821) aus Concord, New Hampshire, der der Ansicht war, dass alle Krankheiten geistigen Ursprungs seien und der entdeckt hatte, dass er durch Suggestion heilen konnte. Er glaubte damit die Heilmethoden Jesus' wieder entdeckt zu haben. Eine seiner Patientinnen, *Mary Baker Eddy* (1821 – 1910), wurde dann zur Gründerin der *Christian Science*, deren Anhänger ebenfalls ‚geistig heilen'.

4. Zusammenfassung

Damit wären wir aber wieder bei den Anfängen der Heilung durch den Glauben, wenigstens dort, wo sie die *Encyclopaedia Britannica* sieht: beim Glauben an die Heilkräfte von Quellen (in Griechenland und Ägypten und später in Rom). Dann kommen wir zu den Wundertaten von Jesus und seinen Aposteln. Während dann im 19. Jahrhundert und beginnenden 20. Jahrhundert die Menschen zu Pilgerzügen aufbrachen (z.B. Lourdes) pilgern sie nun im ausgehenden 20. Jahrhundert zu Japanern (Johrei) und Philippinern (Choa Kok Sui) die ihnen das Gesundheit und das Paradies auf Erden (erstere) bzw. Gesundheit, mehr Intelligenz und den Empfang des göttlichen Lichts (letztere; sogar genau definiert, nämlich im 3. Gehirnventrikel) versprechen.
Daneben pilgern die Ticos aber in noch viele größeren Scharen (dieses Jahr waren es fast eine Million bei gut 3 Millionen Einwohnern) zur Schwarzen Jungfrau nach Cartago.
Vom *faith healing* ist es jedoch nicht weit zu dem oben beschriebenen ominösen *Placeboeffekt*. Wird aber schon der *Placeboeffekt* bei uns meist unterschätzt, werden Wirkungen der New-Age-Therapien gänzlich den angeblichen *treatments* zugeschrieben, ohne sich je zu fragen, was eigentlich wirkt.
Wenn einer dieser Gesundheitsapostel wirklich einmal bereit ist, sich einem objektiven, nachprüfbaren Test zu unterwerfen (z.B. ob er die Aura sehen, Energieströme fühlen etc. kann) kommt meist nicht mehr heraus, als wenn er geraten hätte. Vielleicht muss man aber nur so viel unverbrauchten Skeptizismus besitzen, wie die elfjährige Emily Rosa, die 1998 in Harvard den Preis für Wissenschaftserziehung von den Herausgebern der *Annals of Improbable Research* bekommen hatte. Emily Rosa hatte „für ein Projekt ihrer vierten Klasse überzeugte Heilerinnen aus Colorado gebeten, ihr Energiefeld blind zu erspüren - sie positionierte

sich dazu unsichtbar für die Probandinnen links oder rechts hinter einen Pappkarton. Die Trefferquote von etwa 50 Prozent ließ nur einen Schluss zu: Die Heilerinnen hatten schlicht geraten." (Die Zeit, Nr. 43, 1998). Ihre Untersuchung hatte damit die Therapiemethode *Energiefeldkorrektur durch heilende Hände* von Dolores Krieger aus New York auf den Prüfstand gestellt, die sich dadurch – wie die meisten New-Age-Therapien – als unhaltbar erwiesen hatte.

D. Das Ich in der anthroposophischen Medizin

Es ist hier nicht der Ort, Kritik an der anthroposophischen Medizin zu üben. Es sollen nur einige Schlaglichter auf dieses Thema geworfen werden, insoweit diese für das Ich und dessen Entwicklung relevant sind. M.E. kann man die anthroposophische Medizin nicht verstehen, wenn man sich nicht einige der Grundannahmen klar macht, die ihr zugrunde liegen. Es sind dies Grundannahmen von Rudolf Steiner, die man in unterschiedlichem Gewand auch in der Kunst, Architektur, Heilpädagogik, Landwirtschaft, etc., also in allen anthroposophischen Anwendungsgebieten, findet. Durch die ganze anthroposophische Medizin zieht sich z.B. der Gedanke der Koevolution von Mensch und Natur. Dr. Schürholz von der Filderklinik schreibt dazu:

> Mensch und Naturreiche sind durch ihre gemeinsame Evolution verwandt. Körper-, Lebens- und Bewusstseinsbildung charakterisieren die drei großen Entwicklungsstufen vom Mineral- bis zum Tierreich.[643]

Zur Ich-Organisation schreibt Schürholz in der gleichen Schrift:

> Das Auftreten und Handhaben der Ich-Organisation unterscheidet den Menschen grundsätzlich vom Tier, Pflanze und Mineral. Sie ist Träger des menschlichen Selbstbewusstseins, womit die Fähigkeit zum lebenslangen Lernen und zur freien Selbstbestimmung verbunden ist. Was die Tiere als trieb- und instinktgebundene Wesen nur ausleben können, so wie es in ihrer Natur veranlagt ist, lernt der Mensch bis zu einem gewissen Grade zu beherrschen und sich frei verfügbar zu machen. Es ist ihm dies möglich, weil er die Gesetzmäßigkeiten der Wärme individuell handhaben kann und zum Träger seiner Persönlichkeit macht. Die höheren Tiere können das nicht, obwohl auch sie schon einen Wärmeorganismus haben. Sie haben aber keine Ich-Organisation, durch die die Wärme individualisiert und zum Ausdruck der Persönlichkeit werden kann. Von der Ich-Organisation aus kann der Mensch auch die anderen Seinsebenen so beherrschen, dass letztlich auch der physische Leib ein getreues Abbild seines seelisch-geistigen Lebens wird.
> Je gesünder der Mensch ist, um so fähiger ist er, seinen Charakter und sein Wesen in allen vier Seinsbereichen zu äußern und darzustellen. Krankheit hingegen bedeutet stets ein Dominantwerden von Naturvorgängen, in dem die Gesetze eines der vier Wesensglieder (physischer Leib, Ätherleib, Astralleib und Ich-Organisation) nicht mehr im Einklang sind mit denen der anderen. Jede Störung ist daher letztlich auch mit einer Störung der

---

[643] Schürholz, Jürgen: Anthroposophisches Menschenbild. In: WELEDA-Ratgeber: Unsere Heilmittel für Ihre Hausapotheke. Schwäbisch Gmünd, 1994, S. 2

Ich-Organisation verbunden, da der Prozess der Integration gestört ist, dessen Träger die Wärme ist.

Aufgrund der gemeinsamen Entwicklung wirken also im menschlichen Organismus Gesetzmäßigkeiten, die in der mineralischen, pflanzlich-lebendigen und animalisch-empfindenden Umwelt getrennt zu finden sind. Sie müssen von der Ich-Organisation dauernd während des Lebens integriert, d.h. vermenschlicht werden.[644]

Es wurde dieses Zitat hier deshalb in dieser Länge wiedergegeben, da sich darin der ganze Ansatzpunkt der anthroposophischen Medizin widerspiegelt. Nicht weil der Mensch Teil der Natur ist, sind bei ihm die Gesetzmäßigkeiten zu finden, die auch in der Natur walten, sondern weil angenommen wird, dass sich der Mensch zusammen mit der ganzen Natur entwickelt hat. Wenn Schürholz davon spricht, dass die Ich-Organisation die Gesetzmäßigkeiten der Natur **vermenschlichen** müsse, dann stoßen wir hier wieder auf den durchgängigen Anthropozentrismus, der den Menschen über die Natur hinaushebt.

Dieses anthropozentrische Weltbild, das einem ja schon auf Schritt und tritt im Namen dieser Weltanschauung gegenübertritt, weist diese weit ins 19. Jahrhundert zurück. Während das ursprüngliche Weltbild der Menschen anthropozentrisch und anthropomorph war, wird der „Platz des Menschen [..] vom Mittelpunkt der Welt mehr und mehr an ihren „Rand" verlegt"[645], je mehr sich das wissenschaftliche Weltbild weiter entwickelt. Für die Anthroposophen käme eine Akzeptierung dieser Gedanken einer Selbstaufgabe gleich.

Bei der Betrachtung medizinischer Themen stößt man also immer wieder auf diese Grundtendenzen, aber auch auf zahlreiche, ganz spezielle Ansichten.

Aus dem für medizinische Laien geschriebenen WELEDA-Ratgeber seien nachfolgend noch einige Beispiele zitiert:

Bewusstsein setzt immer Seelentätigkeit voraus, die in der Evolution zuerst beim Tier auftritt. Bei den entzündlichen Erkrankungen wird also animalisches (Anima = Seele) im Menschen vorherrschend.[646]

Ich kann mir kaum vorstellen, dass ein Außenstehender in der Lage ist, nachzuvollziehen, warum bei Entzündungen Tierisches dominant werden soll. Wenn man den Menschen als eingebettet in die Natur ansieht, dann lassen sich seine

---

[644] Schürholz, Jürgen, a.a.O., S.6
[645] Vollmer, Gerhard: Evolutionäre Erkenntnistheorie. S. Hirzel, Stuttgart, [6]1994, S. 166
[646] WELEDA-Ratgeber: Unsere Heilmittel für Ihre Hausapotheke. Schwäbisch Gmünd, 1994, S. 10

Krankheiten auch aus dieser heraus erklären. Beim Menschen dürfte jedoch der Unterschied gegenüber der restlichen Natur zu finden sein, dass seine Krankheiten **körperliche** und **seelische** Ursachen haben können.

> *WELEDA Aufbaukalk 2* enthält den Kalk der Austernschale in einer Konzentration von 5 % zusammen mit einem Auszug aus der Eichenrinde. Er ertüchtigt den Organismus im Umgang mit dem Kalkprozess und lehrt ihn, den in der Nahrung enthaltenen Kalk in rechter Weise zu verarbeiten.[647]

Was hier auffällt ist die pädagogisierende Sprache und ich frage mich, ob der Kalk den Körper wirklich *ertüchtigen* und *lehren* kann.

> In den ersten Lebensjahren entwickelt das Kind vor allem seinen Leib. Alle zur Verfügung stehenden Kräfte werden benötigt für sein Wachstum und Gedeihen.[648]

Aus der Entwicklungspsychologie wissen wir zu genüge, wie wichtig die ersten Lebensjahre für die gesunde Entwicklung des Menschen sind. Man kann sich noch einmal vor Augen halten, was weiter oben in den „Psychologischen Bemerkungen zur Ichentwicklung" ausgeführt wurde. Dort wurde deutlich, wie wichtig z.B. die Sprachentwicklung in dieser Phase ist. In der Anthroposophie wurde aber das erste Lebensjahrsiebt für die Entwicklung des physischen Leibes 'reserviert' und wird daher auch im obigen Zitat so einseitig hervorgehoben.

---

[647] WELEDA-Ratgeber, a.a.O., S. 68
[648] WELEDA-Ratgeber, a.a.O., S. 77

XV.   Ichstörungen

Ich sage es oft, dass sich uns Welten (...) öffnen, die auch der Natur angehören, aber in die nicht alle Menschen hineinblicken, vielleicht wirklich nur Kinder, die Verrückten, die Primitiven.[649]

Von dem berühmten Psychiater Erich Bleuler stammt ein ähnlicher Ausspruch, dass „immer noch einer der wichtigsten Wege zur Erkenntnis der menschlichen Seele über die Psychopathologie führt".[650] Dieser Satz hat sich in den letzten Jahrzehnten immer mehr bewahrheitet. Da am Menschen aus ethischen Gründen nicht experimentiert werden kann[651], gewannen die Neurowissenschaftler ihre Erkenntnisse aus Störungen der normalen Funktionen, sei es durch Drogen, Unfälle, Tumore oder Krankheiten. Daher ist es angezeigt, sich auch mit einigen Störungen der normalen Ichfunktionen zu beschäftigen.

A. Schizophrenie

Im alltäglichen Leben macht man sich meist keine Gedanken darüber, was zum eigenen Selbst, zum Ich gehört. Es steht aber wohl für jeden außer Zweifel, dass man eine Einheit bildet, die in ihrem Kern während des ganzen Lebens konstant bleibt. Man weiß, dass man einmalig ist und dass man diese Einmaligkeit von der Geburt bis zum Tod beibehält.

Man kann jedoch an sich erleben, dass man unter Alkohol- oder Drogeneinfluss oder auch bei momentaner starker Erregung Reaktionen zeigen kann, die einem, zurückgekehrt zum ‚Normalzustand' fremd, nicht kongruent mit seinem wahren Wesen vorkommen und die man sich am liebsten nicht mehr zuschreiben würde.

Anders liegt der Fall, wenn es zu einer grundlegenden, psychiatrischen Persönlichkeitsstörung kommt, die von Erich Bleuler als *Spaltungsirresein*[652], bzw. als Schizophrenie bezeichnet wurde.

---

[649] Paul Klee
[650] Navratil, Leo: Schizophrenie und Kunst. dtv, München, 1965, S. 11
[651] Ausnahmen sind neuerdings die ‚nicht-invasiven' Methoden, wie Computertomographie.
[652] gespalten ist die Realität der Betroffenen, nicht ihre Persönlichkeit

In unserem Zusammenhang sind von den Primärsymptomen der Schizophrenie vor allem Störungen der Person bedeutsam, wie

> *Depersonalisation*: Teile des Körpers und des Ich werden als fremd empfunden. Diese Entfremdungserlebnisse der Depersonalisation werden typisch schizophren durch die Ent-ichung und durch den Eindruck des Gemachten.
> *Ent-ichung*: Die Gedanken und Gefühle werden als ich-fremd, als nicht mehr selbsttätig erlebt (Störung der Ich-Qualität),
> *Eindruck des Gemachten*: Die ich-fremden Gedanken werden von außen gemacht; der Kranke fühlt sich hypnotisiert.
> *Doppelte Buchführung*: der Kranke lebt „doppelt", zugleich in der wirklichen und der wahnhaften Welt; er ist zugleich diese und eine andere Person.[653]

Der Psychiater Hans Prinzhorn hat in den Jahren 1919 – 1921 an der Psychiatrischen Universitätsklinik Heidelberg Bilder Schizophrener zusammengetragen, die er dann in dem berühmten Buch „Die Bildnerei der Geisteskranken" veröffentlichte. Er sucht darin nach dem Urprinzip künstlerischen Gestaltens und sieht Parallelen zu Kinderzeichnungen und zur Kunst "primitiver" Kulturen. Prinzhorns Buch wurde zur "Bibel der Surrealisten" (Werner Spies) und prägte nachhaltig die Kunstavantgarde der 20er Jahre. Künstler wie Paul Klee, Max Ernst, Pablo Picasso und Alfred Kubin ließen sich durch die Prinzhorn-Sammlung inspirieren und in ihrem Schaffen beeinflussen.

Die Patientenarbeiten erzählen in einer unglaublichen Vielfalt des Ausdrucks von Wunsch- und Alpträumen, vom faszinierenden und abgründigen Reich der Phantasie. Doch einige Blätter dokumentieren auch klar die Trostlosigkeit, Einsamkeit und Entwürdigung in den psychiatrischen Anstalten. Da es zur Entstehungszeit der Arbeiten weder medikamentöse Behandlung noch Beschäftigungstherapien gab, ist die Sammlung ein unmittelbares Zeugnis des Kampfes mit der Krankheit und des unbeeinflussten kreativen Tuns.

---

[653] Spoerri, Th.: Kompendium der Psychiatrie. Akademische Verlagsgesellschaft, Frankfurt, 1966, S. 32f.

Abbildung 11: Beispiel aus der Prinzhorn-Sammlung

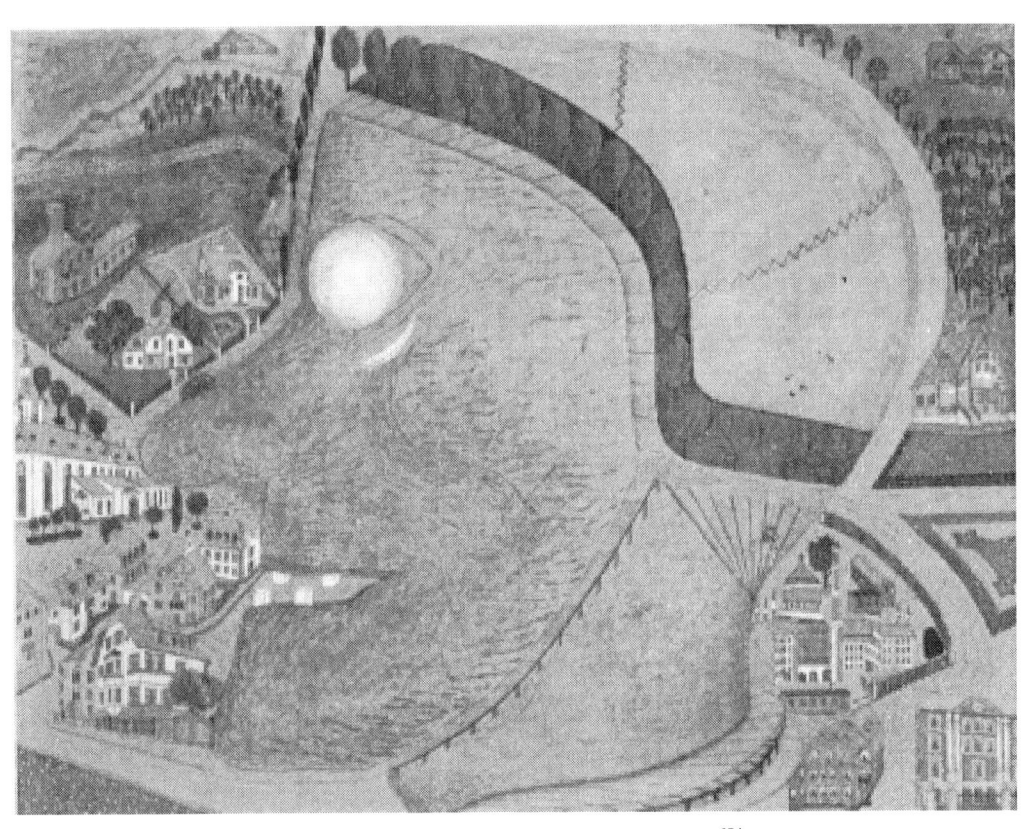

Abbildung 12: August Neter - Gouache[654]

---

[654] Gercke, Hans: Die Prinzhornsammlung. Athenäum Verlag, Königstein, 1980, S.240

An einem Beispiel soll noch gezeigt werden, wie die Bilder der Prinzhornsammlung, die den Künstlern der damaligen Zeit weithin bekannt waren, die Kunst beeinflusst haben. Hier z.B. Pablo Picasso.
Stefanie Poley schreibt dazu: Zu beobachten ist

> die sehr auffällige Gemeinsamkeit, dass die Köpfe zweigeteilt sind in eine dunkle und eine helle Gesichtshälfte, wobei die dunkle im Profil wiedergegeben ist. Müllers „Kopf" mit den aufgerissenen Augen hat den Ausdruck einer magischen Starre, hierin aber auch eine gewisse Ausgeglichenheit, die in der kindlich-naiven Art liegt, das dunkle Profil wie eine Mondsichel zu zeichnen und diese der ovalen Gesamt-Kontur einzupassen. [] Picasso scheint mir aus beiden Formulierungen, aber unter Beibehaltung der Halbierung des Gesichtes, sowie der Hell-Dunkel-Unterscheidung dieser beiden Hälften, eine bewusste künstlerische Synthese hergestellt zu haben.[655]

---

[655] Poley, Stefanie: „... und nicht mehr lassen mich diese Dinge los". In: Gercke, Hans: Die Prinzhornsammlung. Athenäum Verlag, Königstein, 1980, S. 62

Abbildung 13: Heinrich Anton Müller: Kopf und Pablo Picasso: Kopf eines Mannes[656]

---

[656] Gercke, Hans: Die Prinzhornsammlung. Athenäum Verlag, Königstein, 1980, S. 61

Das Erscheinungsbild der Schizophrenie wird aber mehr bestimmt durch die Sekundärsymptome wie Halluzinationen und Wahnideen.

Normalerweise erlebt man sich also so, dass das eigene Ich die Konstanz im Leben herstellt, z.B. weiß man am Morgen nach dem Aufwachen, dass man noch derselbe ist, der man gestern beim Einschlafen war. Gesunde Menschen begreifen die Welt, indem sie das Sichtbare interpretieren und Zusammenhänge herstellen. In der Psychose funktioniert das nicht mehr. „Beim Ausbruch einer schizophrenen Psychose werden die Ordnungsfunktionen des Ichs teilweise ausgeschaltet. ... Der Schizophrene erlebt den totalen Zusammenbruch seines Ichs und damit der Welt."[657]

„Ein Alptraum, in dem ein Ganzes nicht mehr erkannt wird. Eben 'jeden Augenblick eine Sinneserregung' und die Unfähigkeit, in eine Richtung tätig zu sein. ... Psychotiker haben ihren existentiellen Halt in der Gesellschaft verloren. Doch die haltlosen Künstler versuchen, im kreativen Prozess ihren katastrophalen Zustand überhaupt lebbar zu machen. Neue Welten entstehen, die sie jedoch mit keinem Menschen mehr teilen können. Sie gelten als ver-rückt."[658]

Auch der Wiener Kabarettist Helmut Qualtinger kannte von sich die Entzweiung seines Ich und er sagte von sich:

Manchmal weiß i nimmer, bin i ein Mensch oder ein Wiener.[659]

Heute ist die Neurowissenschaft jedoch schon den neurologischen Ursachen der Schizophrenie auf der Spur. Man steht hier zwar noch ziemlich am Anfang der Forschungen, doch steht schon so viel fest, dass die Schizophrenie nicht nur allgemein eine genetische und eine psychologische Ursache hat, sondern dass ihre Erscheinungen auch an ganz spezifischen Vorgängen im Gehirn festgemacht werden können. Eine besondere Rolle scheint hierbei der präfrontale Cortex zu spielen (der wiederum zahlreiche Verbindungen zu anderen Hirnteilen hat). Man sieht die Schizophrenie nun meist als eine klinische Störung des Selbstkonstrukts an, das wiederum im präfrontalen Cortex „entsteht". Der präfrontale Cortex ist Teil einer komplexen neuronalen Netzwerkarchitektur und ist mit verschiedenen cortikalen Assoziationsfeldern und subcortikalen Feldern verknüpft. Viele Symptome, die auf eine Dysfunktion des präfrontalen Cortex hinweisen, können auf Störungen dieser Verknüpfungen zurückgehen.

---

[657] Navratil, a.a.O., S. 15
[658] Logemann, Alexander: Ordnung fürs innere Chaos. Süddeutsche Zeitung, 2./3.9.1995
[659] Kehlmann, Michael: Der Qualtinger. Langen Müller, München, 1987, S. 182

Thus the self appears not as any sort of central control station, but corresponds to a biological state, which becomes continuously re-actualized and attributed to conscious contents. The PFC appears as the most important component in the neural implementation of the self model.[660]

Das „Ich" oder das „Selbst" sind keine Substanzen, sondern werden im bewussten Leben ständig neu geschaffen (auf dem Hintergrund früherer Erfahrungen).

Darauf wies auch Vittorio Gallese in dem selben Symposion hin:

The emphasis put in underlying the role of the prefrontal cortex (PFC) as a sort of "mother of all convergence zones" is perhaps too excessive. This emphasis may induce the reader to conclude that indeed a central executive station does exist and that PFC is precisely the place where this station is localized in the brain. The risk is here to materialize the ghost of a neural "central executive" system. If we conceive the self as the metaphor unifying different behavioral components, then the search for a neural correlate of this metaphor in terms of a single neural center appears to me as suffering of circularity. The search for a center that is more "central" than others perhaps betrays our difficulty to reconcile our unified experience of selfhood with the empirical notion of its multiple instantiation within the nervous system.[661]

Störungen in den beteiligten Hirnrealen führen daher zwangsläufig auch zu Störungen des Ich.
Drei Symptomgruppen können in der Schizophrenie unterschieden werden:

- Psychomotorische Armut
- Disorganisation (Sprache, Affekte)
- Verzerrung der Realität.

Zu diesen Störungen liegen zahlreiche Ergebnisse psychologischer Untersuchungen vor. Nur ein Beispiel: im *Wisconsin Card Sorting Test*, in dem die Versuchspersonen Karten nach Farben, Form oder Symbolen sortieren müssen, zeigten Schizophrene schlechtere Ergebnisse und gleichzeitig einen geringeren Blutdurchfluss in den präfrontalen Gehirnregionen als gesunde Freiwillige.

---

[660]   Vogeley, Kai: The Human Self Construct & Prefrontal Cortex in Schizophrenia. http://www.phil.vt.edu/ASSC/esem5.html
[661] Gallese, Vittorio: Objects, Actions and the Self Model. http://www.phil.vt.edu/ASSC/esem5.html

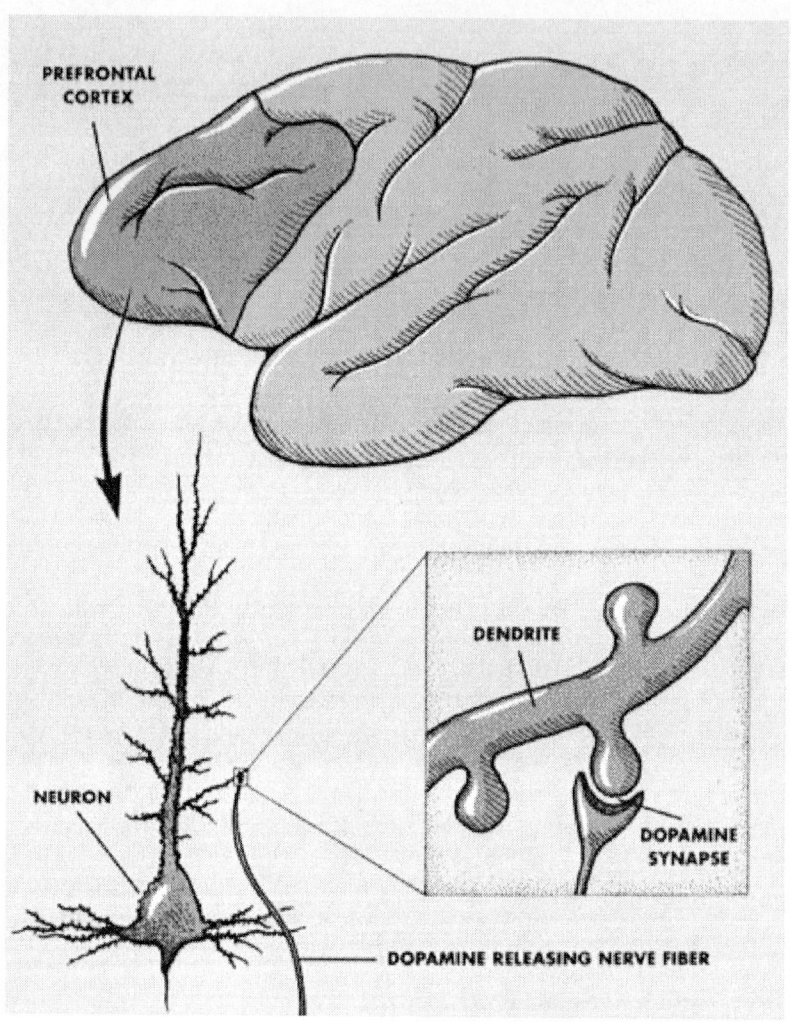

Abbildung 14: Schizophrenie und präfrontaler Cortex[662]

Die Dysfunktion in einigen Gebieten des präfrontalen Cortex von denen das Arbeitsgedächtnis kontrolliert wird, wurde mit Verhaltenssymptomen der Schizophrenic in Verbindung gebracht. Diese Gebiete, hier bei einem Affengehirn, haben eine höhere Konzentration an Nervenfasern, die den Neurotransmitter Dopamin enthalten. Links ist ein einzelnes Neuron des präfrontalen Cortex dargestellt, in dem Ausschnitt daneben der Punkt, an dem wo eine Dopamin entlassende Faser Mitteilungen überträgt, um Gedächtnisinhalte zu bilden.

---

[662] Aus: The Prefrontal Cortex and Schizophrenia. Society for Neuroscience, Washington D.C. http://www.sfn.or

342

Noch hat man jedoch Angst vor psychisch Kranken und auch vor Schizophrenen. Johannes Gestrich, Ärztlicher Direktor der Klinik für Psychiatrie Rottenmünster in Rottweil erklärt die so.

> Jeder Mensch hat Angst, sein Denken könnte ver-rückt sein. Schizophrenie ist unheimlich, weil sie den Geist betrifft. Der Körper darf erkranken, der Geist nicht.[663]

B. Multiple Persönlichkeiten

Wie im vorigen Kapitel ausgeführt wurde, erlebt an sich also so, dass man einen Körper und ein Selbst, ein Ich, eine Seele hat. Dichter, wie Johann Wolfgang von Goethe, konnten es aber auch anders empfinden:

> Zwei Seelen wohnen, ach, in meiner Brust,
> Die eine will sich von der andern trennen: Die eine hält in derber Liebeslust
> Sich an die Welt mit klammernden Organen;
> Die andre hebt gewaltsam sich vom Dust
> Zu den Gefilden hoher Ahnen[664]

Ansonsten war das Thema des Dr.Jekyll-Mr.Hyde-Syndroms auch lange ein literarisches Thema. So natürlich bei Stevenson selbst:

> I learned to recognise the thorough and primitive duality of man; I saw that, of the two natures that contended in the field of my consciousness, even if I could rightly be said to be either, it was only because I was radically both ... [...] If each, I told myself, could be housed in separate identities, life would be relieved of all that was unbearable ... [...] It was the curse of mankind that these incongruous faggots were thus bound together – that in the agonised womb of consciousness, these polar twins should be continuously struggling. How then, were they dissociated?[665]

---

[663] Rittgerott, Mathias: Sich verstecken müssen in einer doppelten Welt. Süddeutsche Zeitung, 19.2.2000
[664] Goethe, Johann Wolfgang von: Faust. Goldmann, München, 1. Teil, 1961, S. 44
[665] Stevenson, R.L.: Dr. Jekyll and Mr. Hyde. Collins, London, 1960, S.66

Auch von Somerset Maugham gibt es eine diesbezügliche Schilderung:

> There are times when I look over the various parts of my character with perplexity. I recognize I am made up of several persons, and that the person that at the moment has the upper hand will inevitably give place to another. But which is the real one? All of them or none?[666]

Das Phänomen, dass man an sich erleben kann, dass es Zeiten gibt, in denen die verschiedenen Persönlichkeitsanteile, die jeder in sich trägt, gleichsam auseinanderlaufen, bestimmte Facetten die Oberhand gewinnen, die Einheit der Personen verloren zu gehen scheint, war also schon seit langem bekannt. So hat William James bereits 1896 in seinen *Lowell Lectures* derartige Zustände als „*Exceptional Mental States*" beschrieben. Noch 1962 schätzten David Krech und Richard S. Crutchfield in ihrem Standardlehrbuch der Psychologie die Zahl der insgesamt in der Psychiatrie bekannten Fälle als extrem selten ein, sich auf nicht mehr als insgesamt 100 Fälle belaufend.[667]

Erst seit den 70er Jahren, vor allem seit Erscheinen des Buchs von Rheta Schreiber[668]: *Sybil*, wurde das Phänomen multipler Persönlichkeiten mehr und mehr in das Licht der Öffentlichkeit gerückt. (Zur Einschätzung des Stellenwerts dieses Buches durch den *Spiegel*, weiter unten).
Das Phänomen erhielt wissenschaftliche Anerkennung durch Aufnahme in das Klassifikationsschema der *American Psychiatric Association* das *Diagnostic and Statistical Manual of Mental Disorders*. Wurde es in der III. Auflage noch mehr als Multiple Persönlichkeitsstörung gesehen, grenzte man es in der IV. Auflage stärker ein und bezeichnete es nunmehr als ***Dissociative Identity Disorder*** (DID = Nr. 300.14) (bzw. auf deutsch "Dissoziative Identitätsstörung") mit folgenden Charakteristika:

> A. The presence of two or more distinct identities or personality states (each with its own relatively enduring pattern of perceiving, relating to, and thinking about the environment and self).
> B. At least two of these identities or personality states recurrently take control of the person's behavior.
> C. Inability to recall important personal information that is too extensive to be explained by ordinary forgetfulness.

---

[666] zitiert nach: Pierce, Mark: To Be or Not to Be. The Multiple Personality Dispute. http://pobox.com/slt/, 1995
[667] Krech, David & Crutchfield, Richard S.: Elements of Psychology. Knopf, New York, 1962, S.209
[668] Schreiber, Flora Rheta: Sybil. Persönlichkeitsspaltung einer Frau. Fischer, Frankfurt, o.J. (Geist und Psyche Nr. 42178 [interessanterweise bei LIBRI eingereiht in: Frau, Medizin, Biologie, Gesundheit, **Schizophrenie**]

DID steht damit nahe an anderen dissoziativen Störungen, wie dissoziativer Amnesie, dissoziativer Flucht, Depersonalisation. Das verbindende an diesen Krankheiten ist

> a disruption in the usually integrated functions of consciousness, memory, identity, or perception of the environment.[669]

Die DID ist also dadurch ausgezeichnet, dass sie eine Unfähigkeit darstellt, sich an wichtige persönliche Ereignisse zu erinnern, die über normales Vergessen hinausgeht. Außerdem wird darauf hingewiesen, dass diese Störung nicht die Folge von direkten physiologischen Wirkungen von Substanzen (z.B. Alkohol oder Drogen) sei.

> There are numerous theories which attempt to explain DID, but the central component in all of them appears to be that the disorder occurs as a protective reaction to severe childhood trauma. Essentially, the self appears to dissociate, or „split" into separate and distinct personalities in an effort to repress the pain and terror of some recondite traumatic event. The trauma is often sexual in nature.[670]

In der Fachwelt ist dieses Krankheitsbild aber immer noch umstritten und auch die Zahlenangaben schwanken beträchtlich. Für Deutschland wurde eine Angabe von 40000 Betroffenen gemacht, die Kasseler Psychologin Michaela Huber kommt auf eine Hochrechnung von 80000 Fällen; für USA liegt eine analoge Schätzung von 1 % vor (also ca. 2,5 Millionen Fälle). Nach amerikanischen Untersuchungen hat eine 'multiple Persönlichkeit' im Durchschnitt zehn Jahre lang etwa zwei Mal die Woche Gewalt und sexuellen Missbrauch erlebt. Das sind etwa 1000 traumatische Erlebnisse.

Ein Radioessay des DeutschlandRadio Berlin hat sich mit diesem Thema ausführlich befasst. Der Autor ist überzeugt, dass in allen von ihm zitierten Fällen ein frühkindlicher Missbrauch vorliegt und er führt darin aus:

> Die multiple Persönlichkeitsstörung ist eine Überlebensstrategie des gepeinigten Kindes. Das Ich greift zum Mittel der Persönlichkeitsspaltung, um die traumatischen Erlebnisse verdrängen und bearbeiten zu können. Es flieht in andere Persönlichkeiten, die den Missbrauch und die Misshandlung nicht erleben. Und es lässt Persönlichkeiten entstehen, die dafür zuständig sind, ihm den Schmerz abzunehmen.[671]

---

[669] Pierce, Mark, a.a.O.
[670] Pierce, Mark, a.a.O.
[671] Thiel, Christian: Ich bin viele. Leben mit multipler Persönlichkeitsspaltung. DeutschlandRadio, Berlin, 30.11.1995, 18:35, S. 4

Um zu verdeutlichen, was in derartig missbrauchten Menschen vorgeht, sei zumindest eine Äußerung zitiert, die eine Patientin als Erwachsene rückblickend wiedergegeben hat:

> Und dann geht es ein paar Schritte, dann erkennt es die Haustür, die Küchentür wieder. Dann kommt wieder das andere Kind, das vorher da war. Es ist außer sich, hat Herzrasen, riesige Schmerzen, schreit, guckt an sich herunter, sieht Blut, rennt auf die Mutter zu und sagt: Mutter, Mutter hilf! Und weiß überhaupt nicht warum es das sagt. Es weiß nur, irgend etwas schreckliches muss passiert sein. ... die Mutter hilft nicht. Sie guckt das Kind an, sieht dass es sich das Kleid schmutzig gemacht hat und fängt an, auf das Kind einzuschlagen, Wieder bricht irgend etwas in dem Kind, sackt weg, zersplittert. Und dann kommt wieder etwas neues. Wieder so ein Trancezustand. Das Kind lässt die Schläge über sich ergehen. Oder es kommt ein Kind, das Mamas Liebling ist, das sagt: Sei doch wieder gut! Und die Mutter besänftigt. Und so spaltet sich das Kind auf, so splittert es sich auf. Durch so massive Gewalt.[672]

Eine Patienten, in dem Radiofeature Marie genannt, schildert auch, wie es als Betroffene ist, wenn man merkt, was eigentlich in einem vorgeht, wo die Ursachen der Persönlichkeitsstörung zu suchen sind:

> Irgendwann, ich weiß es aber nicht mehr genau wann das war, las ich einen Buchauszug aus dem Readers Digest, das hieß: die drei Gesichter der Eve. Und da war eine Frau beschrieben, bei der auch so Wechsel von Personen stattfanden. Und das war genauso wie bei uns. Nur dass es bei uns nicht drei waren, sondern damals schon mehr. Aber es war unglaublich tröstlich zu lesen, dass es jemanden gab, der etwas ähnlich erlebte und dass das auch nicht hieß, sie ist verrückt. Das haben wir ja immer gedacht, dass wir verrückt wären, weil immer das Gefühl von Mehr-sein, Viele-sein da war. Und es stand auch der Grund darin. Nämlich die Gewalt, die dazu geführt hat. Und als ich das las, da habe ich mich unheimlich erleichtert gefühlt und dachte richtig: Das ist es eben, das ist es. Du bist nicht verrückt, du bist nicht verrückt. Das ist es.[673]

Die Differentialdiagnose zur Schizophrenie ist teilweise schwierig. Nach Darstellung von Michaela Haas[674] wird die Existenz des Krankheitsbildes von Seiten der Psychiatrie häufig geleugnet. Die Psychiatrie beruft sich z.B. auf Stoffwechseldefekte und klammert psychische Faktoren dabei aus. Dabei wurde von Medizinern

---

[672] Thiel, Christian, a.a.O., S. 5
[673] Thiel, Christian, a.a.O., S. 17
[674] Haas, Michaela: Ein Körper voller Fremder. Die rätselhafte Krankheit Multiple Persönlichkeit: „Ich bin viele". Süddeutsche Zeitung, München, 14./14.6.1995, S. 3

festgestellt, dass die unterschiedlichen Persönlichkeiten innerhalb der 'multiplen Person' unterschiedliche Gehirnströme aufweisen können oder ganz unterschiedlich auf Medikamente, wie z.B. Beruhigungsmittel, reagieren können. Es kann auch vorkommen, dass die verschiedenen Persönlichkeiten verschiedene Brillenstärken haben oder mit dem Wechsel der Persönlichkeit auch die Augenfarbe wechselt. Dies sind Phänomene, die bei Schizophrenen nicht vorkommen.

Die Abgrenzung des *körperlichen Selbst* vom *eigentlichen Ich*, ist auch von Fällen extremer Folterung bekannt, bei der sich die Betroffenen sagen, dass die Folter ihrem Körper zugefügt wird, aber nicht ihnen selbst.[675]

Aus anthroposophischem Blickwinkel heraus hat Liz Bijndorp als ehemals selbst Betroffene das Leben einer multiplen Persönlichkeit geschildert.[676]

Nun aber noch einmal zurück zu dem oben zitierten Buch von Rheta Schreiber, das lange auf den Bestsellerlisten auftauchte.

In dem Originalbuch hört sich das so an:

> Watching Mary take the first steps toward buying a home, Peggy Lue plans to usurp the selfhood, Vanesse purge herself at the laundromat, and Marcia storm the citadel of authorship, Sybil came to consider herself more and more the hostage of the selves she hadn't been able to deny.[677]

Sybil hatte ursprünglich angeblich 16 unterschiedliche Persönlichkeiten und wurde während der 11-jährigen Analyse mit 2354 Sitzungen ‚geheilt‘ und wieder zu ‚einer‘ Persönlichkeit. Aber während die Autorin des Buches die unterschiedlichen Persönlichkeiten vollkommen akzeptierte und das Buch zunächst auch 25 Jahre nicht in Frage gestellt wurde, schrieb Sybil in einem Brief bereits am 17. August 1959 an ihren Therapeuten Dr. Wilbur:

> I do not have multiple personalities. I don't even have a „double“ to help me out. I am all of them. I have been essentially lying in my pretense of them.[678]

---

[675] Allport, Gordon W.: Pattern and Growth of Personality. Holt, London, 1961, S. 114: „‚This‘ they say, ‚is happening to by body, not to *me*‘.“
[676] Liz Bijndorp: Die 147 Personen, die ich bin. Drama und Heilung einer multiplen Persönlichkeit. Urachhaus. Stuttgart, 1996
[677] Schreiber, Flora Rheta: Sybil. Henry Resuery Co., Chicago, 1973, S. 339
[678] Schreiber, Flora Rheta, a.a.O., S. 336

Kurz darauf widerrief sie jedoch diese Äußerung, m.E. unter dem Druck der ärztlichen Analyse und war der ‚Wahrheit‘ damit doch sehr nahe gekommen. Als Ursache der ‚multiplen Persönlichkeit‘ wurde zu der Zeit, als das Buch verfasst wurde, noch nicht der Missbrauch im Kindesalter angenommen, sondern „an initial milieu (the nuclear family) that is restrictive, vain and hysterical" (S.411)

Nun, ein Vierteljahrhundert nach dem Auftritt von Sybil in der internationalen Psycho-Szene, wird klar, dass sie zu Unrecht als herausragendes Beispiel für ein bizarres Krankheitsbild gilt. "Ihr Ruhm in der Psychologiegeschichte" beschränke sich in Wahrheit darauf, die "zentrale Figur im größten Psycho-Skandal des Jahrhunderts" gewesen sein, konstatiert der New Yorker Psychologe Robert Rieber, 66.

Der "Fall Sybil", so Rieber vorletzten Monat auf der Jahrestagung des amerikanischen Psychologenverbandes in San Francisco, war in Wahrheit ein "hinterlistig eingefädeltes Betrugsmanöver". Belege dafür hatte Rieber beim Aufräumen seines Büros im John Jay College of Criminal Justice gefunden - in Gestalt von zwei verstaubten Tonbandkassetten. [...]
Beim Anhören war Rieber dann "total geschockt" über den Inhalt: Es waren die "bislang wohl wichtigsten Informationen, die den rätselhaften Paradefall der Sybil Isabel Dorsett als ein riesiges Lügengebäude entlarvten".

Auf den jeweils einstündigen Kassetten unterhalten sich die Therapeutin Wilbur und die Autorin Schreiber über Inhalt, Aufbau und Dramaturgie des geplanten Buches. "Eindeutig" dokumentierten die Gespräche, so Rieber, dass "der berühmteste Fall eines Patienten mit multipler Persönlichkeit eine betrügerische Konstruktion ist".

Dass Wilburs Klientin Sybil verhaltensgestört war, ist laut Rieber "sehr wahrscheinlich"; eine multiple Persönlichkeit sei sie aber "bestimmt nicht" gewesen. Denn dazu wurde Sybil, wie die Mitschnitte zeigen, einzig durch ihre Therapeutin und ihre Biographin.

Cornelia Wilbur verstand es meisterlich, ihre Patientin zu manipulieren. Sie entlockte Sybil, wie sie auf den Tonbändern Schreiber gegenüber mitteilt, nach Verabreichung eines "Wahrheitsserums" Mitteilungen über einzelne "Persönlichkeiten". Es war die Therapeutin und nicht die Patientin, die diesen "Persönlichkeiten" Namen gab und sie mit Eigenarten ausschmückte.[679]

---

[679] Der Spiegel: Floras Erzählungen. Um die "Multiple Persönlichkeitsstörung", den Psycho-Hit der frühen Neunziger, ist es still geworden. 44, 1998

Man muss also sehr kritisch sein und bei jedem Fall genau prüfen, wie er medizinisch, psychiatrisch oder psychologisch einzuordnen ist.

> Zu den Bremsern, die in dem neuen Krankheitsbild von Anfang an eher eine "Renaissance der Hysterie in neuem Gewand" sahen, gehört der Psychologe Hinderk Emrich von der Medizinischen Hochschule Hannover (MHH). Zwar mag auch Emrich nicht ausschließen, dass einige seiner Patienten das "Vollbild MPS" entwickelt hätten.

> Doch: "Die haben wir wahrscheinlich künstlich in diese Krankheit reingetrieben", resümiert der MHH-Professor. Die Angaben von Therapeuten, es gebe "multiple Patienten", deren jeweilige Persönlichkeiten von "unterschiedlicher Haut- oder Augenfarbe" seien oder die gar "ein anderes Immunsystem" hätten, hält Emrich für "puren Hokuspokus".[680]

In USA geht einstweilen der Kampf verbissen weiter, zwischen denen, die eine riesige Zahl von Personen sehen, die als Kind missbraucht wurden und den Anhängern der *False Memory Syndrome Foundation*. Letztere glauben, dass jede Diagnose, die auf der Grundlage angeblich unterdrückter Erinnerungen gestellt wird, irreführend ist. Da es in USA auch zu Schadensersatzprozessen zwischen zerstrittenen Familienmitgliedern oder zwischen Ex-Klienten und ihren Therapeuten in schwindelerregender Höhe kommt, leistet die Foundation mit Rechtsanwälten Hilfestellung.
Eine der Galionsfiguren die gegen die Erinnerungstherapie Sturm läuft ist der Psychiater McHugh, der sagte:

> If penis envy made us look dumb, this will make us look gullible.[681]

Die Störung sieht er als iatrogenes Verhaltenssyndrom an, also verursacht ‚durch den Heiler'. Vielleicht brauchen wir auch hier den zeitlichen Abstand wie beim Penisneid, um besser Wahrheit und Dichtung auseinanderhalten zu können.

Das Phänomen ‚multipler Persönlichkeiten' hat nun auch längst die wissenschaftliche Ebene verlassen und hat weitere Kreis gezogen. Im Jahr 2000 wurde in USA ein Film mit Demi Moore gedreht, in dem sie eine Frau spielt, die tagsüber in New York eine erfolgreiche Geschäftsfrau darstellt und nachts in einem kleinen Dorf Frankreich mit ihren zwei kleinen Mädchen lebt. Weder ihre Psychotherapeuten oder ihre Freunde an

---

[680] Der Spiegel, a.a.O.
[681] Pierce, Mark, a.a.O.

beiden Orten können ihr zunächst helfen, bis sie erkennt, dass die Persönlichkeit in Frankreich ihre nicht aufgearbeitete Mutterbeziehung darstellte.

Wer sich eingehender mit dem Thema der Multiplen Persönlichkeit beschäftigen will, sei auf das ausführliche Buch des amerikanischen Philosophen Ian Hacking verwiesen.[682]

Aber in der heutigen Generation kommt es noch zu ganz anderen Phänomenen. So berichtet der Spiegel unter dem Titel: *Wie ich ich werde*:

> Es gibt die Pioniere der "Generation @", die nicht nur E-Mails verschicken und virtuelle Moorhühner schießen, sondern die wissen wollen, welche neuen Lebensformen das Internet birgt. Sie sind fasziniert von diesem Medium, von dem die amerikanische Soziologin Sherry Turkle sagt, dass es die Menschheit zwinge, "ihre Identität neu zu bestimmen": Der Benutzer spaltet sich auf in Netzpersönlichkeiten, schafft sich selbst seine Identitäten, unüberprüfbar, vielfältig, nach eigener Wahl. "Ich bin viele" - das, so meint Turkle, sei das große Versprechen, der Reiz in dieser virtuellen Welt.
>
> In der Gen- und der Computertechnologie, im Cyberspace werden Grenzen überschritten zwischen Artifiziellem und Realem. Da entsteht eine Zwischenwelt, die vor allem Denker und Künstler fasziniert. "Ich ist etwas Anderes", hieß eine Ausstellung der Kunsthalle Düsseldorf zur Jahrtausendwende, die die Zweideutigkeit zum Leitmotiv erhob. Über das "Verschwinden des Subjekts" räsonierte da der Literaturwissenschaftler Peter Bürger, und der Kunsthistoriker Armin Zweite verkündete, dass die "Sphären von Ich und Welt", die ohnehin nicht säuberlich zu trennen seien, nun vollends "ineinander verfließen". Es herrscht der Zweifel, das Zwiespältige, die Selbst-Sicherheit geht verloren.
>
> Das Ich löst sich auf in viele Ichs. Eine "globale Identitätskrise" sieht der amerikanische Politologe Walter Truett Anderson ("Die Zukunft des Selbst"), und die "multiple Persönlichkeit" ist für ihn eher eine Zustandsbeschreibung des Normalmenschen als ein Krankheitsbild. Das Ich, so sagt er, sei so etwas wie eine "bedrohte Art" geworden, und diagnostiziert: "Wir erleben eine mentale Revolution."[683]

---

[682] Hacking, Ian: Multiple Persönlichkeit. Zur Geschichte der Seele in der Moderne. Hanser, München, 1996
[683] Supp, Barbara & Holthusen, Corinna: Wie ich ich werde. Der Spiegel, 01/2001

C. Siamesische Zwillinge und Dicephalus

Als siamesische Zwillinge bezeichnet man ein eineiiges, lebensfähiges Zwillingspaar, das durch Gewebsbrücken am Rumpf (Brust, Rücken) miteinander verwachsen ist. Die Bezeichnung geht auf die siamesischen Brüder Chang und Eng Bunkes (*1811, +1874) zurück. Auf die zahlreichen Untersuchungen zu den Persönlichkeiten beiden Zwillingspartner kann hier nicht eingegangen werden.[684]

Ein Sonderfall ist der sog. *Dicephalus* (Zweikopf) bei dem Zwillinge an einem einzigen Ei stammen, das sich nicht vollständig in eineiige Zwillinge aufgeteilt hat. In der neueren Geschichte gibt es nur vier überlebende Zwillingspaare mit einem ungeteilten Torso und zwei gemeinsamen Beinen. Die Zeitschrift Focus stellte in einem Artikel die Zwillinge Abigail und Brittany Hensel aus den USA vor, die mittlerweile sechs Jahre alt sind:

> Jeder der Hensel-Zwillinge hat sein eigens Herz und einen eigenen Magen, aber zusammen sind sie auf drei Lungenflügel angewiesen. Ihre Wirbelsäulen vereinen sich in Höhe des Beckens, und von der Taille abwärts haben sie Organe eines einzigen Menschen. Abigail kontrolliert nur die Gliedmaßen und den Rumpf ihrer eigenen rechten Körperseite; Brittany empfindet nur den linken gemeinsamen Teil des gemeinsamen Körpers. Kitzelt man die linken Rippen, kichert nur Britty. Dennoch können die Mädchen sich als eine Person bewegen - niemand weiß genau wie.[685]

In den Körpers der beiden Mädchen sind zwei Herzen, zwei Seelen und zwei Charaktere vereint.

> J. David Smith von der University of South Carolina gewinnt im Individualismus verbundener Zwillinge viele wichtige Erkenntnisse für die alte Debatte über Biologie und Erziehung. Wenn verbundene Zwillinge identische Gene besitzen (Vererbung) und unmittelbar nebeneinander aufwachsen (Erziehung) - woraus erklären sich dann ihre Unterschiede?[686]

---

[684] siehe z.B.: Bettina Ehrhardt & Juiet Butler: Masha und Dasha. Autobiographie eines siamesischen Zwillingspaares. Scherz Verlag, Bern / München, 2000
[685] Focus: Ein Körper, zwei Seelen. 1996(14), S. 123/124
[686] Focus, a.a.O., S. 126

D. Autismus

Zu den Störungen der Ichfunktionen gehört auch das Krankheitsbild des Autismus, das erst teilweise verstanden wird. Es gibt verschiedene ätiologische Annahmen, z.B. wird der Autismus verstanden als pathologische Verzerrung der normalen Phasen der Ich-Entwicklung, die von der frühen Mutter-Kind-Beziehung abhängt. Ist die Mutter als primäres Liebesobjekt funktional nicht existent, kann der Autismus zum Hauptabwehrmechanismus werden. Das gestörte Ich des Kindes wird dann von seinen inneren Reizen überfordert und kann mit den zusätzlichen Stimulation von außen nicht Schritt halten. Das undifferenzierte Ich kann dann zwischen den externen und den internen Reizen nicht mehr vermitteln. Die äußere Realität wird als eine Quelle konstanter Irritation empfunden, so dass eine Barriere gegenüber weiterem Eindringen aufgebaut wird, besonders gegenüber Reizen, die emotionale und soziale Reaktionen erfordern würden.

Bis auf einige Ausnahmen treten die typischen Anzeichen des Kindheitsautismus zwischen dem zweiten und dritten Lebensjahr zum erstenmal auf. Für diese Phase ist charakteristisch, dass hier ein Kind normalerweise zu seinem ersten Ich-Erlebnis kommt; das autistische Kind erlebt also gerade sein Selbst nicht in angemessener Weise. Dieses Sich-Selbst-Erleben ist ein in der frühen Kindheit einmaliger Vorgang; die einzige Erfahrung, die nicht direkt durch die Sinneserfahrungen angeregt wird. Bis zum zweiten Lebensjahr ist das Kind noch vollkommen abhängig und eins mit der Welt. In dieses harmonische Sein bricht plötzlich das Selbsterlebnis *ich, ich bin* herein und das Kind erlebt, dass es getrennt und abgelöst von der Welt ist, die es umgibt.

Dieses Erlebnis ist so einschneidend, dass Weihs[687] sich andersherum fragt, wie es überhaupt möglich ist, dass ein zwei- oder dreijähriges Kind damit fertig wird. Weihs sieht deshalb den Autismus des Kindes als Panikreaktion auf das übermächtige, urplötzlich hereinbrechende Erwachen des eigenen Ich. Normalerweise liegt die Möglichkeit der Bewältigung dieser Kindheitsphase in der Beziehung zwischen Mutter und Kind. So wird für Weihs klar, dass Kindheitsautismus in solchen Familien häufiger vorkommt, in denen - besonders im Hinblick auf die Mutter - ein gewisser intellektueller, den Wissenschaften zugeneigter Geist herrscht, in denen die Beziehungen zum Kind weitgehend versachlicht sind.

Doch scheint sich in jüngster Zeit das Bild zu wandeln und dadurch den Eltern eine Last abgenommen werden, dass sie den Autismus ihrer Kinder hervorgerufen haben. Auf einem Kongress von Neurologen und Hirnforschern in Brüssel im Sommer 2000 wurde darauf hingewiesen, dass offenbar auch die Gene beim Autismus eine Rolle

---

[687] Weihs, Th. J.: Das entwicklungsgestörte Kind. Verlag Freies Geistesleben. Stuttgart, 1974

spielen. Besondere Beachtung fanden die Chromosome 2, 7 und 16. Die 170 Millionen DNS-Bausteine des Chromosoms 7 konnten inzwischen auf 10 Millionen Bausteine eingegrenzt werden und in einigen Jahren erhoffen sich die Forscher die Gene gefunden zu haben, die für diese Krankheit zuständig sind. Noch schwanken die Ansichten der Experten und es werden zwischen 3 bis 15 Gene verantwortlich gemacht, was aber gegenüber der früheren rein psychologischen Verursachung nur eine untergeordnete Rolle spielt.[688]

---

[688] Preßl, Wolfgang: Die Gene des Schweigens. Süddeutsche Zeitung, 1.8.2000

XVI. Das Ich in der Kunst

In jedem Kunstwerk drückt sich (mehr oder weniger) die Persönlichkeit des Künstlers aus. Der Psychologe Geoffrey Miller ist am Max Planck Institut für Psychologie in München der Frage nachgegangen, welches Motiv den Menschen überhaupt zum Kunstschaffen anregt. Nach seiner Meinung ist es vor allem die, meist männliche, Sexualität. Das Nachstellen nach den Frauen habe den *Australopithecus* zum hirnlastigen *Homo sapiens* beflügelt, wobei er den Frauen vor allem durch Kunstschaffen imponiert habe. Warum sich die Evolution darauf einließ, bei der Zuchtwahl ausgerechnet die Intellektuellen unter den Vormenschen zu begünstigen, ist für einige Forscher ein Rätsel und scheint ein Schwachpunkt in Millers Theorie. Dieser hat dafür aber auch eine Erklärung:

> Es sei, argumentiert er, für die Urzeit-Frauen gar nicht so verkehrt gewesen, sich mit einem vielleicht etwas mickrigen, dafür aber gerissenen Partner zu verbinden. Ein solcher Bruder Leichtfuß, phantasiebegabt und listig, könnte nach Millers Meinung im ringsum gefährdeten Urmenschen-Dasein womöglich erfolgreicher überlebt haben als ein zähnefletschender Draufgänger.
> Bis heute, konstatiert Miller, lehre die Lebenserfahrung, dass künstlerische Darbietungen oft wie ein Aphrodisiakum wirken - Rockkonzerte etwa, bei denen weibliche Fans den Musikern ihre Slips auf die Bühne werfen.[689]

Gemeinsam für alle Künste gilt das, was der Psychoanalytiker Eissler in seiner großen Goethe-Studie über das Ich ausgesagt hat:

> Im Prozess des kreativen Schaffens fühlt sich das Ich Gefahren ausgesetzt. Es ist nicht mehr zu rekonstruieren, worin diese Ängste bestehen. Während des kreativen Schubs fühlt sich das Ich nicht imstande, dessen Folgen zu kontrollieren, und alte Kastrationsängste können an die Oberfläche gelangen. Das Ich wird von einem einzigen Zweck in Anspruch genommen, zum Nachteil anderer Funktionen, und so kann eine tiefe Angst entstehen, vom kreativen Prozess oder vom geschaffenen Werk, je nachdem, verschlungen zu werden. Im Zusammenhang mit dem Hervorbringen eines Meisterwerks wird ein Teil des Ich oder der Persönlichkeit vom Rest der Ich-Organisation zeitweise abgespalten und in das Kunstwerk abgesenkt.[690]

---

[689] Der Spiegel: Sinn für Humor, 1996(4), S. 153
[690] Eissler, K.R.: Goethe. Eine psychoanalytische Studie. Band 2. Stroemfeld / Roter Stern, Basel, 1985, S. 1309

Dieses Thema ist so umfassend, wie interessant, so dass ihm eine eigene Arbeit gewidmet werden könnte. In dem Zusammenhang dieser Arbeit soll nur darauf hingewiesen werden, dass die Darstellung von wirklichen, nicht idealisierten Personen in der Kunst einen Spiegel der Entwicklung des Ich oder Selbst darstellt. Während z.B. bei den Griechen auch Ansichten von Herrschern, Philosophen etc. immer idealisierte Züge trugen, kam es bei den Etruskern und Römern zu wirklichkeitsgemäßen, nicht beschönigenden Abbildern. Nachdem bis zum Mittelalter diese Art der Darstellung verloren ging, tauchte sie in der Renaissance mit dem wieder erwachenden Selbstbewusstsein wieder auf. Gundolf Winter[691] hat dem Thema eine eigene Monographie gewidmet in der die menschliche Darstellung in Skulptur, Porträt und Büste aufgezeigt wird.

In den folgenden Kapiteln sollen nur einige Streiflichter auf verschiedene Bereiche der Künste geworfen werden, wie in Malerei, Musik etc. der Maler oder Komponist zum Ausdruck kommt, wie er durch das von ihm geschaffenen Werk hindurchscheint.

---

[691] Winter, Gundolf: Zwischen Individualität und Idealität. Die Bildnisbüste. Urachhaus, Stuttgart, 1985

A. Das Ich in der Malerei

Die Persönlichkeit des Künstlers ist sicherlich schon immer mit in seine Werke eingeflossen, sei es in der Führung des Meißels oder Pinsels. Sie ist jedoch hinter dem Werk zurückgetreten, bis die Zeit reif war, die Persönlichkeit des Dargestellten zu betonen oder dem Künstler die Möglichkeit zu geben, das Persönliche seines Werkes zum Ausdruck zu bringen oder - noch näher am Ich - sich selbst zu porträtieren. Auf das narzisstische Selbstgespräch, das alle großen Meister mit sich führen, nahm schon Cosimo I. Medici (1519 - 1574) Bezug, mit seiner Bemerkung: 'ogni dipintore dipinge sé'.

Aus der neueren Zeit soll zunächst ein Beispiel gebracht werden, wie ein Künstler sich mit sich selbst auseinandergesetzt hat und wie er dies in zahlreichen Selbstporträts dokumentiert hat, nämlich Lovis Corinth.
Die Selbstporträts hat er meist an seinen Geburtstagen (um den 21. Juli herum) angefertigt und damit eine Zwiesprache mit sich selbst und mit dem Spiegel abgehalten.

> In ihnen registriert der Künstler jede Veränderung seiner selbst. In ihnen kontrolliert er sich Jahr für Jahr bis zu seinem Tod. Es sind Bilder, die von den Freuden des Lebens, aber auch von schweren Depressionen, die Corinth immer wieder heimsuchten, zeugen. Diese Porträts dienen ihm zur Erkenntnis seines Selbst.[693]

In dem Selbstporträt mit Skelett von 1896 stellt er sich verblüffend ungeschminkt dar, mit schwerer Statur, feistem Gesicht, schütterem Haar und mit vom Alkohol gezeichneten Zügen. Das Skelett steht neben ihm als Studierhilfe und Vergänglichkeitsmahnung zugleich.

---

[692] Aub, Max: Jusep Torres Campalans. Piper, München, 1999, S. 128
[693] Brauner, Lothar et al. in : Lovis Corinth. Prestel Verlag, München, 1996, S.142

Abbildung 15: Lovis Corinth mit Skelett, 1896[694]

Abbildung 16: Lovis Corinth, Selbstporträt 1912[695]

---

[694] in: Schuster, Klaus-Peter (Hrgb.): Lovis Corinth. Prestel Verlag, München, 1996, S.116, Abb. 19

Diese Bleistiftzeichnung entstand im Februar 1912 an der italienischen Riviera, wo sich Corinth von dem im Dezember 1911 erlittenen Schlaganfall erholte. Man sieht an diesem Bild, dass es Corinth weniger um anatomische Genauigkeit ging, als vielmehr um die Aufzeichnung seines Seelenzustandes, nach dem, sein Leben stark veränderndem Ereignis. Corinth bekundet hier ergreifend sein Gefühl von Trauer und Verlust in der Wiedergabe des gedankenverlorenen Ausdrucks , der ihm im Spiegel begegnet.

Abbildung 17: Lovis Corinth, Selbstporträt, 1925[696]

Dies ist das letzte Selbstporträt in Öl, das Corinth von sich anfertigte. Er vollendete es, da eine Reise nach Holland bevorstand, bereits am 7. Mai 1925, statt erst an seinem Geburtstag am 21. Juli. Von der Reise sollte er nicht zurückkehren, da er am 17. Juli in Holland verstarb.

[695] in: Schuster, Klaus-Peter (Hrgb.): Lovis Corinth. Prestel Verlag, München, 1996, S.338, Abb. 223
[696] in: Schuster, Klaus-Peter (Hrgb.): Lovis Corinth. Prestel Verlag, München, 1996, S.318, Abb. 191

Auf dem ausdrucksstarken, in silbergrauen und bräunlichen Tönen gehaltenen Brustbild blickt er fragend auf das Gesicht im Spiegel. Aber es scheint ein Blick zu sein, der nach innen gerichtet ist, der sich zum letzten Mal prüft zur Erkenntnis seines Selbst []. Es ist ein Bild, das in zwei Stufen das Ende seines Lebens zeigt: Es ist der letzte Blick der Selbsterkenntnis in den Spiegel und im zweiten Bildnis- von ihm abgewandt und im Hintergrund verdämmernd – die Verklärung der Züge im Schleier des Entrücktseins: „Dieses Selbstporträt ist ein einziger Akt des Abschiednehmens von dieser Welt". (Berend-Corinth, Charlotte: Lovis, München, 1958, S.270)[697]

Ein Beispiel für das Ringen einer Künstlerin mit ihrer eigenen Persönlichkeit liefern uns Dokumente aus dem Leben der Malerin Paula Modersohn-Becker.

Dem Freund Rilke beschrieb sie den Schritt als Auflösung der alten Identität: „Ich bin nicht Modersohn, und ich bin auch nicht mehr Paula Becker. Ich bin – Ich – und hoffe, es immer mehr zu werden. Das ist wohl das Endziel von allem unseren Ringen." Das Ich als Endziel?
Das gestorbene Ich also ist ihr Endziel. Ein Seligsein, weil das Ich nicht mehr an sich selbst hängt. In diesem Ziel verbirgt sich die Vervollkommnung dessen, was von Anfang an Paulas Form- und Farbgebung bestimmte: „Das Ding an sich in Stimmung", nannte sie es. Das Ding: der Topf, die Blume, der Mensch, das Land ungeschönt, im schöpfungsgemäßen Stoff, als Kreatur begriffen, ins Exemplarische gesteigert. Alles nach außen Gerichtete, seelisch-menschlich Entwickelte und Hinzugefügte wird fortgenommen. Das Subjektive ist nicht gültig. Es wird als hinderlich erkannt und losgelassen, mit jedem Pinselstrich ausgestrichen. Das gestorbene Ich ist das überwundene Paris – das Zimmer für sich allein wurde zu einem Ort der Selbstüberwindung. Und darin erfuhr Paula künstlerisch und persönlich den ersehnten Durchbruch – mit ganz anderen Konsequenzen, als sie es selbst vermutet hatte. Jetzt nämlich braucht sie keinen Gegenspieler mehr und konnte zu ihrem Mann nach Worpswede zurückkehren.[698]

Dazu liegt auch ein eindrucksvolles Selbstporträt vor, das Paula Modersohn-Becker 1906 an ihrem 6. Hochzeitstag gemalt hat.

---

[697] Schuster, Klaus-Peter (Hrgb.): Lovis Corinth. Prestel Verlag, München, 1996, S.318
[698] Tanja Jeschke: Dass man, wenn man heiratet, so furchtbar festsitzt. Konflikte einer Künstlerin: Paula Modersohn-Becker, das eigene Zimmer und ihr Gegenspieler. Süddeutsche Zeitung. 12.07.1997

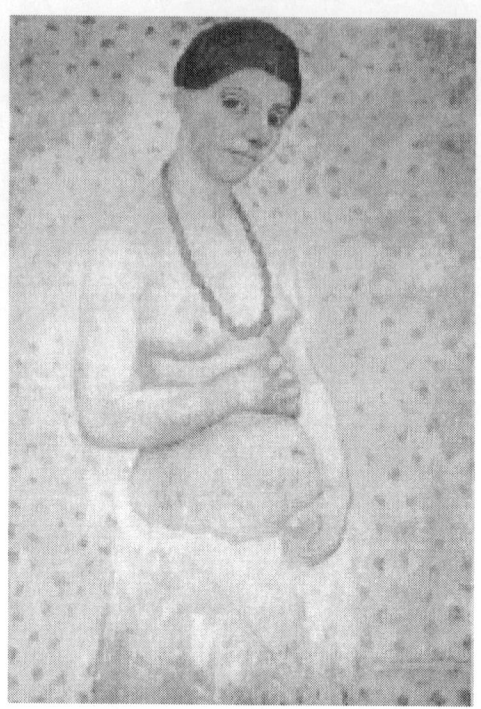

Abbildung 18: Paula Modersohn-Becker, Selbstporträt 1906[699]

Zu dem Bild heißt es:

> Das Bild entstand während ihres vierten, gut einjährigen Aufenthalts nach Paris....[Diese] letzte Reise war auch für ihre persönlich Entwicklung von besonderer Bedeutung: Sie hatte sich nicht nur von der Worpsweder Künstlerkolonie, sondern auch von ihrem Mann Otto Modersohn getrennt. Zwar stimmte Modersohn als Maler ihrer künstlerischen Tätigkeit zu, aber sie fühlte sich in der Ehe unverstanden und litt unter der Doppelbeastung von Haushalt und Arbeit. [] In dem Selbstporträt vom 25. Mai 1906 zieht sie an ihrem 6. Hochzeitstag Bilanz. [] Obwohl Paula Modersohn-Becker zur Zeit der Entstehung des Gemäldes nicht schwanger war, gibt sie sich als Schwangere wieder []. Gegen ihren Wunsch suchte Otto Modersohn sie in Paris auf. Sie kehrte mit ihm, nun wirklich schwanger, nach Worpswede 1907 zurück. Wenige Wochen nach der Geburt ihrer Tochter starb sie.[700]

---

[699] Hofmann, Werner: Künstlerinnen. Eva und die Zukunft. Das Bild der Frau seit der Französischen Revolution. Prestel Verlag, München, 1986, Tafel 21
[700] Paas, Sigrun: Künstlerinnen. In: Eva und die Zukunft. Das Bild der Frau seit der Französischen Revolution. Prestel Verlag, München, 1986, S. 318

Es ist die Frage, ob man so weit gehen sollte, wie der katalanische Maler Jusep Torres Campalans[701], der sagte:

> Jedes Gemälde: ein Selbstbildnis[702].

B. Das Ich in der Architektur

Wahrscheinlich bringen alle 'großen' Architekten einen Teil ihrer Persönlichkeit auch in ihre Bauwerke ein. Bedeutende Gebäude spiegeln so die 'Handschrift' des Architekten wider. Ein einmaliger Fall in der Architekturgeschichte dürfte jedoch der Bau des 1. Goetheanums sein, der von Rudolf Steiner konzipiert wurde.

Der Bau war sozusagen Architektur gewordene Geheimwissenschaft und fand seine Fortsetzung in der Innengestaltung (Malerei, Plastiken etc.). An dieser Stelle soll nur der Hinweis für Interessierte auf die Publikationen von Konrad Oberhuber gegeben werden, der sich diesem Thema ausführlich gewidmet hat.[703] [704]

Neben dem Ausdruck der Persönlichkeit des Architekten in den Bauwerken ist schon seit vielen Jahren auf die Wirkung der Gebäude auf die seelische Befindlichkeit der Bewohner hingewiesen worden.

> Heute liegen Untersuchungen vor über die niederschlagenden, krankmachenden, neurotisierenden, kriminalisierenden Wirkungen der „Wohnmaschinen" der internationalen Moderne, deren monotone Ödnis sich längst auch über die Dörfer erstreckt. [...] Umweltgestaltung ist keine Geschmacksfrage mehr, sondern zur bedrängenden therapeutischen Frage geworden.[705]

In diese Richtung zielen Untersuchungen von Baubiologen, die den Einfluss von Baustoffen (Ziegel vs. Beton, PCB-haltige Lacke vs. Naturharze, Steinwolle vs. Kork). Fragen, Abschirmungen der Häuser gegenüber Störeinflüssen (Wasseradern, elektrische Felder etc.), Standortfragen usw. nachgehen.

---

[701] geboren 2. September 1886 in Mollerusa, Sterbedaten unbekannt

[702] zitiert nach Max Aub: Jusep Torres Campalans, a.a.O., S. 314

[703] Oberhuber, Konrad: Rudolf Steiner. Das erste Goetheanum. In: Szeemann, Hellmut: Okkultismus und Avantgarde. Frankfurt, 1995, S. 731ff

[704] Oberhuber, Konrad: Das Geistige in der Kunst und das Wirken Rudolf Steiners. In: Das Geistige in der Kunst. Hrsg. Maurice Tuchman, Stuttgart, 1988

[705] Fäth, Reinhold: Lebendige Architektur als Heilkunst. Das Goetheanum. Zeitschrift für Anthroposophie. 39(75), 7.1.1996, S. 474

Der anthroposophische Architekt Christopher Day[706] ist noch eine Stück weiter gegangen, indem er Architektur als ein Stück „Heilkunst" ansieht.

> All diese Prozesse, die zur Baugestalt führen - angefangen bei den Gesprächen zwischen Architekt, Bauherr und Bewohner, bis zur mitgestaltenden Einbeziehung der ausführenden Gewerke -, vollziehen sich bei Day als künstlerischer Wachstumsvorgang. Seine Gestaltungsprozesse sind ein prinzipiell offenes Gespräch, bei dem der Künstler sich nicht möglichst imposant äußert und fotogen ausdrückt, als vielmehr zuerst hinhört: Listening - Hinhören auf den Genius Loci, auf der Landschaft Engel und Lebensgeister, Tiere und Pflanzen, um im Einklang mit dem unsichtbaren Leben, diesem - *einladend* zu werden. Day will „Seelenorte" mit lebendigen Eigenschaften, eher Adjektive denn Substantive bauen. So darf der Bauprozess Überraschungen bieten: der Rohbau beispielsweise soll verändert werden können, wenn die *reale* Wahrnehmung der Eigenschaften nicht den vorgestellten entspricht.[707]

Da wir schließlich unser ganzes Leben in gebauter Architektur verbringen (bis in den Schlaf hinein und das Material des Bettes, des Bettzeuges etc.) können wir der Frage nach menschengemäßer Architektur nicht genug Bedeutung beimessen.

Jeder wird bei sich selbst schon erlebt haben, wie der innerste Kern der Persönlichkeit, das seelische Empfinden berührt wird, je nach Umgebung, in der man sich befindet:

- ein dunkles Hotelzimmer mit Blick auf eine Brandmauer vs. ein lichtdurchflutetes Appartement mit Blick aufs Meer
- ein enges, knarrendes Stiegenhaus vs. eine griechische Freitreppe mit harmonischen Stufenfolgen
- eine Wohnung in einem Hochhaus im 17. Stock mit dunklen Fluren, Bädern ohne Licht vs. einer Wohnung in einer kleinen Wohnanlage mit viel Grün und Blick aus allen Fenstern ins Freie.

---

[706] Day, Christopher: Places of the Soul - Architecture and Environmental Design a as Healing Art. Aquarian Publishing. London, 1993
[707] Fäth, Reinhold: a.a.O., S. 475

XVII.   Das Ich in der Musik

A. Der Einfluss der Musik

Zunächst soll betrachtet werden, wie sich der Seh- und der Hörraum zu einander verhalten und in welchem Verhältnis die Musik zum Menschen steht. Der visuelle Raum existiert vor dem Betrachter und ist von dem begrenzt, was nicht gesehen werden kann. Der Hörraum umgibt den Zuhörer rundum und breitet sich in alle Richtungen, ohne bestimmte Grenzen, aus. Während also das Auge eine Grenze zieht, zwischen dem Selbst und den anderen, schafft das Ohr gleichsam eine Brücke.[708]

Dies mag damit zusammenhängen, dass der Hörraum von Natur aus zweideutiger ist, als der visuelle Raum. Der Hörer achtet deshalb auf feinere Nuancen, die sonst unbemerkt blieben. Der Tonfall verrät oft präziser, was jemand ausdrücken (oder auch nicht ausdrücken) möchte, als es die bloßen Worte vermögen.

Der Einfluss der Musik auf den Menschen ist von unterschiedlichster Seite her beleuchtet worden. Ein Beispiel, wie man sich heute die Musik zunutze macht, um den Menschen in seinem Unbewussten zu beeinflussen und ihn dadurch zu manipulieren, ist die sog. Musak-Musik. Hierbei wird von speziellen Firmen funktionelle Hintergrundmusik zur Beschallung von Einkaufszentren, Restaurants, Selbstbedienungsläden, Büros, Werkskantinen, Friseursalons, Arztpraxen etc. zusammengestellt. „Internen Musak-Studien zufolge, steigt die Einkaufszeit, also die Verweildauer, in Geschäften mit Muzak um 18 Prozent, die Zahl der potentiellen Käufer um 17 Prozent"[709]. Dabei ist auch der Rhythmus von großer Bedeutung. Ein langsamer Rhythmus verlängert die Verweildauer der Kunden und steigert den Umsatz nach einer Untersuchung bis zu 38 Prozent gegenüber schneller Musik.

---

[708] Sand, Shara & Levin, Ross: Music and Its Relationship to Dreams and the Self. Psychoanalysis and Contemporary Thought, 15(2), 1992, S. 167
[709] Liedtke, Rüdiger: Der Griff ins Unbewusste. Wie Muzak den Umsatz steigern soll. Spiegel Special, Nr. 12, 1995, S. 47

B. Musik und Selbst

Joachim-Ernst Berendt hat sich in einem ganzen Buch ausführlich mit dem Hören beschäftigt und mit dessen Unterschied zum Sehen. Er sagt dazu:

> Englischsprachige Autoren haben auf den Gleichklang der Worte *eye* (=Auge) und *I* (=Ich) aufmerksam gemacht. Wenn man sie außerhalb des jeweiligen Zusammenhangs hört, kann man sie nicht unterscheiden. Krishnamurti: „Das Auge sagt: Ich!"[710]

Dem Ich gegenüber sieht Berendt das *Selbst*, das er als unser 'eigentliches' Wesen ansieht und das in der Überlieferung Indiens *Atma* genannt wird.[711]

Wie aber kann ein Komponist seine Person, sein Ich in der Musik ausdrücken? Dies soll an einem berühmten Beispiel demonstriert werden. Johann Sebastian Bach, den wir heute als einen der größten Komponisten ansehen, war am Ende seines Lebens fast vergessen. Vielleicht hat es deshalb, um sich dagegen zu schützen, mehreren Kompositionen seinen Namen in den Tönen b – a – c – h eingeschrieben, sowohl in Noten, wie auch in Takten. In Takt 91 des Contrapunctus XI aus der *Kunst der Fuge* finden wir ein dementsprechendes Beispiel:

---

[710] Berendt, Joachim-Ernst: Das dritte Ohr. Vom Hören der Welt. Rowohlt, Reinbek, 1985, S. 57
[711] Es ist interessant, wie nahe Berendt damit heutigen, von der Naturwissenschaft gestützten Auffassungen über die Abgrenzung von bewusstem Ich und dem umfassenderen Selbst bereits gekommen ist (s. dazu die weiter oben gemachten Ausführungen).

Abbildung 19: Johann Sebastian Bach. Kunst der Fuge; Contrapunctus XI, Takt 91[712]

Nach dem Zahlenalphabet entspricht b – a – c - h der Zahl 14 und der Umkehr (bzw. JSBACH) die Zahl 41. So hat Bach Themen oder Melodien manchmal 14 oder 41 Töne oder Takte lang gestaltet. Im folgenden Beispiel ist das Thema des Beginn des Contrapunctus XI au der Kunst der Fuge genau 14 Noten lang.

---

[712] Bach, Johann Sebastian: Die Kunst der Fuge, BWV 1080. Bärenreiter, Kassel, S.102

Abbildung 20: Johann Sebastian Bach. Kunst der Fuge; Beginn Contrapunctus XI[713]

Zusätzlich hat Bach jedoch auch die zeitgenössische Figurenlehre benutzt, um Seufzen und Stöhnen auszudrücken, wie in der Figur des *Suspiratio,* die sich in den Achtelpausen im obigen Beispiel ausdrückt. In den musikalischen Seufzern drückt sich „das Seufzen des Ichs in seinem Dasein"[714] aus und in dem Thema von 14 Tönen repräsentiert Bach zahlensymbolisch sein eigens Ich.

[713] Bach, Johann Sebastian, a.a.O., S. 95
[714] Eggebrecht, Hans Heinrich: Bachs Kunst der Fuge. Piper, München, 1984, S.81

C. Der Komponist und die Musik

Parallel zu der Entwicklung in den anderen Künsten, gewann der Personalstil, in dem sich die Persönlichkeit eines Komponisten am unmittelbarsten ausdrückt, in der Renaissance als Teil des allgemeinen Interesses am Individuum und seiner schöpferischen Kraft Bedeutung. „In der Romantik erlangte dieses Interesse größere Intensität, und der höchste Wert wurde in stilistischer Neuschöpfung und der Eigenständigkeit des Genies gesehen."[715]

Dass die Zeit erst reif werden musste, um auch in der Musik das Ich des Komponisten zum Ausdruck zu bringen wurde auch z.B. von Ton de Leeuw formuliert:

> Musikausübung mit dem Ziel, die eigenen persönlichen Emotionen zu vermitteln, ist erst in einer Zeit entstanden, in welcher sich der Künstler als Zentrum der Welt zu fühlen begann, als lediglich eine Form von Dienstbarkeit existierte: die auf sich selbst bezogene. Diese Sucht, alles auf sich selbst zu beziehen, hat zu einer maßlosen Selbstüberschätzung, zu pathologischen Verhältnissen geführt. Es ist nicht verwunderlich, dass es gerade die Romantik war, die uns erst so richtig den Typus des aus dem Gleichgewicht geworfenen Künstlers beschert hat, dessen Werk dadurch zum Ausdruck enormer seelischer Spannungen wird.[716]

Der Stil eines Komponisten kann dabei in der Lebenszeit eines Komponisten wenig Veränderungen durchmachen (wie z.B. bei Brahms), er kann aber auch eine wechselreiche Entwicklung vollziehen.

So wie sich aber auch der Mensch entwickelt, kann erwartet werden, dass der Personalstil im frühen Stadium eines Komponisten unselbständig, unausgeglichen und experimentierend ist, Spätstile dagegen eigenständig, folgerichtig und durchsichtig.

Wie es in der menschlichen Biographie die verschiedenen geschilderten Ansätze gibt, sie in Epochen zu gliedern und Charakteristisches zu extrapolieren, so gibt es auch in den, den Entwicklungsgang eines Komponisten spiegelnden Werken, immer wiederkehrende Gesetzmäßigkeiten. Lipman weist auf die Biologie hin und findet, dass die Geschichte eines Stils überraschend analog der Lebensgeschichte eines Organismus verläuft.

---

[715] Lippman, Edward A.: Stil. In: Die Musik in Geschichte und Gegenwart, Band 12. Hrsg. von Friedrich Blume, dtv/Bärenreiter, München, 1989, S. 1316-1317

[716] Ton de Leeuw zitiert nach: Berger, Frank: Unter neuen Vorzeichen. Bruckner, Mahler, Schönberg und ihr karmischer Umkreis. Verlag am Goetheanum, Dornach, 1996, S. 176

Die Analogie zur Biologie schließt sogar Kreuzungen und die Bedeutung des Umweltfaktors ein. Der Stil eines einzelnen Werks erscheint organisch in seiner Einheit, in der Angleichung jeder Einzelheit an   den Stil des Ganzen. Der Stil eines Komponisten entwickelt sich mit dem Komponieren, der Stil der Gattung wächst und stirbt wie ein Lebewesen, und der Stil einer Epoche ist ein Organismus, der aus solchen Organismen zusammengesetzt ist.[717]

Dabei hängt der Stil aber einerseits vom allgemeinen Kulturwandel ab und andererseits von der Eigenheit der Mentalität des Menschen, der zunächst auf der Leistung der vorhergehenden Generation aufbaut, durch Erfahrung das Wissen erweitert „und zu gegebener Zeit einer Welt, die nichts Neues will, müde wird."[718] Das Neue, das von jedem Komponisten eingebracht wird, drückt sich vor allem in seiner Kreativität aus.

Dean Keith Simonton[719] [720] von der Universität San Diego hat diesem Thema zahlreiche Artikel gewidmet, in denen er versuchte, die Kreativität von Komponisten messbar zu machen. Dies gelang vor allem durch die inhaltlichen Variablen *melodische Originalität* und *Variabilität* und *metrische Originalität* und *Variabilität*, die Simonton einer Messung zugänglich machte. Komponisten wurden um so höher eingestuft, je mehr melodische oder metrische Originalität oder Variabilität in ihren Werken zu finden war. Simonton konnte durch seine Maße verschiedene Komponisten voneinander unterscheiden oder auch den Früh- und Spätstil einzelner Komponisten.

Eines der bekanntesten Beispiele in denen sich ein Komponist in einem seiner Werke persönlich verewigt hat, ist die Schlussfuge der 'Kunst der Fuge' von Johann Sebastian Bach. In diesem Contrapunctus 14 bricht die Musik mit dem Anagramm B-A-C-H ab. Generationen haben darüber meditiert, komponiert, improvisiert, phantasiert. Mit dieser Chiffre hat Bach für die Nachwelt ein Rätsel vor seinem 'Hinübergehen'[721] hinterlassen.

---

[717] Lippman, Edward A., a.a.O., S. 1317
[718] Lippman, Edward A., a.a.O., S. 1318
[719] Simonton, Dean Keith: Aesthetic Success in Classical Music: A Computer Analysis of 1935 Compositions. Empirical Studies of the Arts, 4(1), 1986
[720] Simonton, Dean Keith: Musical Aesthetics and Creativity in Beethoven: A Computer Analysis of 105 Compositions. Empirical Studies of the Arts, 5(2), 1987
[721] Berendt, Joachim-Ernst: Hinübergehen. Das Wunder des Spätwerks. Network bei Zweitausendeins, Frankfurt, 1993

D. Der Interpret und die Musik

Wir haben also auf der einen Seite den Komponisten, der sein Werk zumeist in Form notierter Notenschrift weitergibt. Will er Einfluss nehmen auf die spätere Interpretation seiner Werke, wenn er keinen direkten Einfluss mehr darauf nehmen kann oder bereits gestorben ist, dann gibt er entweder Tempobezeichnungen (Allegro, Andante ...) oder Lautstärkebezeichnungen (piano, forte ...) an. Oder er bezeichnet die Sätze noch genauer (wie z.B. in Gustav Mahlers 1. Symphonie. 1. Langsam. Schleppend. Wie ein Naturlaut. 2. Kräftig bewegt, doch nicht zu schnell. 3. Feierlich gemessen, ohne zu schleppe. 4. Stürmisch bewegt). Er kann auch den einzelnen Sätzen ein Programm geben, was sowohl für den Interpreten, wie auch für den Zuhörer von Bedeutung sein kann. Um bei dem Beispiel von Mahlers 1. Symphonie zu bleiben: Mahler gab dem Werk ursprünglich folgende Charakterisierung bei:

> Symphonie („Titan") in 5 Sätzen (2 Abteilungen. I. Teil: Aus den Tagen der Jugend. 1. Frühling und kein Ende. 2. Blumine 3. Mit vollen Segeln. II. Teil: Commedia humana 4. Todtenmarsch in Callots Manier. 5. Dall'Inferno al Paraiso.[722]

Später fand Mahler jedoch diese genauen Angaben wieder zu bindend und ging auf die oben angegebenen 4 Satzbezeichnungen zurück.
Spätere Komponisten sind teilweise dazu übergegangen, den Interpreten noch mehr Freiheit zu lassen, indem z.B. Elemente der Aleatorik in den Stücken Platz finden.
Der schwäbische Komponist Christian Friedrich Daniel Schubart sah die Rolle des Interpreten im 18. Jahrhundert folgendermaßen:

> Um aber deine Ichheit auch in der Musik herauszutreiben, so denke ich, finde, phantasiere selber. Dein eigens dir so ganz anpassendes Gemächt wirst Du immer am besten herausbringen. Ewiges Kopieren oder Vortrag fremden Gewerke ist Schmach für den Geist. Sei kühn, schlag an Brust und Schädel, ob nicht Funken eigener Kraft dir entsprühn.[723]

Schubart empfiehlt also, um seine eigene Persönlichkeit ganz in der Musik zum Ausdruck zu bringen, das Improvisieren, weg vom gedruckten Notentext.

---

[722] in: Silbermann, Alphons: Lübbes Mahler Lexikon. Lübbe Verlag, Bergisch-Gladbach, 1986, S. 226
[723] Schubart, Christian Friedrich Daniel: Musicalische Rhapsodien. Vorrede zu Heft III. Stuttgart, 1786. Zitiert nach Friedrich Blume: Musik in Geschichte und Gegenwart. Band 12. dtv/Bärenreiter, München, 1989, Spalte 98 und Sturm und Drang. Münchner Rokoko Solisten. CD Tacet 18, 1990 [Schubart schrieb dieses Werk übrigens während seiner zehnjährigen Gefangenschaft auf dem Hohenasperg - wo ihn auch Schiller besuchte - und wo er zum Symbol bürgerlicher Freiheit wurde].

Mitte der neunziger Jahre unseres Jahrhunderts hat der bekannte Pianist Friedrich Gulda in einem Fernsehinterview mit Joachim Kaiser geäußert, dass man als Interpret z.B. einer Beethovensonate, ganz in die Persönlichkeit des Komponisten hineinschlüpfen müsse, quasi mit ihm eins werden müsse, um dessen Komposition vollendet zum Ausdruck bringen zu können.

Der kanadische Pianist Glenn Gould hatte als Ziel seines Spiels, eine Interpretation zu finden, die dem durch den Notentext überlieferten Willen des Komponisten möglichst vollkommen entsprach. Er zeichnete seine Interpretationen im Studio auf und ließ sie so oft schneiden, bis er diesen Idealzustand erreicht hatte. Dieser wurde auf Platte oder CD geschnitten und danach wandet sich Gould anderen Stücken zu.

Eine Ausnahme machen die berühmten „Goldberg-Variationen" von Johann Sebastian Bach. Mit der ersten Einspielung von 1955 wurde Gould über Nacht berühmt, da sie so ganz anders war, als die verzopften Aufnahmen, die bis dahin bekannt waren. Dann ein Jahr vor seinem Tod 1981 hatte er das Bedürfnis dieses Stück noch einmal aufzunehmen, nachdem ein viertel Jahrhundert Pianistenleben dazwischen lag. Den Unterschied, der nicht in den Noten liegt, sondern nur in der Interpretation kann heute jeder hörend nachvollziehen, indem er sich beide Einspielungen auf CD immer und immer wieder zu Gemüte führt.

Aufschlussreich ist eine Stelle aus Goulds Briefen, in der er sich dazu äußert, ob **die** Einspielung z.B. eines Bach-Fuge als die Interpretation dieses bestimmten Werkes anzusehen sei:

> Ich meine jedoch, sofern es um mein Bild von Bach in einem bestimmten Abschnitt meines Lebens geht, war es die Interpretation.[724]

Er schreibt also keineswegs seinen Interpretationen Ewigkeitscharakter zu, sondern sieht sie mit seinem Leben verknüpft. Er sieht dies auch in einem größeren Zusammenhang mit der Zeit, in der man als Interpret selbst lebt:

> Mir ist [..] plötzlich bewusst geworden, wie passager unsere Werte in bezug auf Interpretationen sind und wie sehr sie vom analytischen Ansatz der jeweiligen Generation abhängen.[725]

---

[724] Brief an Ilse Thompson vom 24. April 1967 in: Gould, Glenn: Briefe. Hrsg. John P.L. Roberts. Wissenschaftliche Buchgesellschaft, Darmstadt 1997, S. 161
[725] Brief an Louis Biancolli vom 27. Mai 1967 in: Gould, Glenn: Briefe. Hrsg. John P.L. Roberts. Wissenschaftliche Buchgesellschaft, Darmstadt 1997, S. 123

In seinen Briefen äußert sich Gould an verschiedenen Stellen über die Rolle des Interpreten:

> In der Frage der Interpretation und der Werktreue beziehungsweise dem Mangel daran habe ich stets eine locker improvisierende Haltung eingenommen, wenn es um jene Epochen innerhalb des Repertoires geht, in denen der Interpret zumindest teilweise die Rolle eines Nachschöpfers innehat.[726]

Hier auch noch eine Anmerkung von ihm zu seinem ‚Dirigieren‘ während des Spiels. Gould war nicht nur berüchtigt dafür, dass er bei vielen Einspielungen mitsummte, sondern auch, dass er in mit einer Hand, die gerade frei war mit dirigierte:

> ... da ich noch nie Klavier spielen konnte, ohne wie ein Flaggenwinker zu einer imaginären Horde von Mitstreitern hin zu fuchteln. Ich vermute, es hat etwas zu tun mit dem Wunsch zu externalisieren – nicht die Musik oder etwa die Beziehung zu ihr, sondern vielleicht die Verantwortung für sie.[727]

---

[726] Brief an Christian Geelhar vom 16. Dezember 1959 in: Gould, Glenn: Briefe. Hrsg. John P.L. Roberts. Wissenschaftliche Buchgesellschaft, Darmstadt 1997, S. 73f.
[727] Brief an Judith Taitt-Werenfeld vom 12. April 1967 in: Gould, Glenn: Briefe. Hrsg. John P.L. Roberts. Wissenschaftliche Buchgesellschaft, Darmstadt 1997, S. 160

E. Anthroposophische Sichtweise

Der anthroposophische Autor Hermann Pfrogner wies immer wieder auf die Bedeutung hin, die Rudolf Steiner der Musik einräumte:

> Es war das Anliegen *Rudolf Steiners*, alle Dinge und so auch die Musik neben den anderen Künsten betont im Hinblick auf den Menschen und seine Stellung im Weltganzen ins Auge zu fassen, wie es denn auch der Name Anthroposophie für die von ihm ins Leben gerufene Geisteswissenschaft unmissverständlich aussagt. *Rudolf Steiner* nennt die Musik schlechthin „die Kunst des Ich". So wie das Ich den Menschen über alle Kreaturen emporhebt, nimmt die Musik damit auch eine gleichgeartete Sonderstellung unter den übrigen Künsten ein. ... Für *Rudolf Steiner* ist diese „Kunst des Ich", exakter präzisiert, allerdings 'etwas, das vom Ich gegen das Unterbewusstsein um eine Stufe heruntergedrückt ist'. Musik enthält als „Kunst des Ich" zwar dessen Gesetze, 'aber nicht so, wie sie sich im gewöhnlichen Leben ausleben, sondern heruntergedrückt ins Unterbewusste, in dessen 'Gesetzmäßigkeiten' sich bewegend. Ein solches Ich-Gesetz stellt sich für Steiner beispielsweise in der Tatsache dar, dass das Ich, gleich der Musik, von Augenblick zu Augenblick in die Welt hineingeschaffen werden muss, insoferne beiden eine innere Tathandlung zugrunde liegt.[728]

Man kann sich fragen, wie weit man diese Auffassung Steiners zu tragen bereit ist. Der Maler, der Dichter, der Komponist (der Tondichter) geben sicher je Teile ihre Ich in die jeweilige Kunst ab. Das Ergebnis wird festgehalten als Bild oder Skulptur, literarisches Werk oder als Notentext. Wie wir gesehen haben, spielt in der Musik der Interpret eine besondere Rolle, aber auch Künste, wie der Tanz, leben ganz von der Interpretation.

---

[728] Pfrogner, Hermann: Rudolf Steiner und die Musik, Musiktherapeutische Rundschau, <u>6</u>, 1985, S. 335f.

XVIII. Das Ich in der Literatur

Direkter und für Außenstehende leichter nachzuvollziehen, als in der Musik und Malerei, kommt das Ich bei Schriftstellern zum Ausdruck. Sei es in fiktiven Personen in Romanen, in denen sich der Schriftsteller darstellt, sei es in Autobiographien, die ein direktes Zeugnis der feinsten Seelenregungen und Entwicklungen ablegen. Im Zusammenhang mit dieser Arbeit kann auch dieses interessante Gebiet nur gestreift und anhand einiger Anmerkungen und Beispiele verdeutlicht werden.

Der in Paris geborene Schriftsteller Julien Green ließ noch auf seinem Grabstein seinen Vornamen in englischer und französischer Schreibweise anbringen. Julian und Julien.

> Eigentlich ist darin die unablässig kreisende Frage nach dem eigenen Ich aufgehoben, die noch dem Greis unbeantwortet blieb und der dennoch bis zuletzt seine ganze Neugier galt. „Pourquoi suis-je moi?" – ist ein Tagebuchband überschrieben (Warum bin ich, der ich bin?), „Si j'étais vous" – ist einer seiner Romantitel (Wenn ich du wäre) lautet eine andere Spielart, das Rätsel der menschlichen Existenz zu ergründen.[729]

A. Thomas Brons

Als ein erstes Beispiel wie das Ich in der Literatur aufgefasst wird, sei hier Thomas Brons zitiert:

> die theorie körper ≠ ich - ist natürlich grobschlächtig. Das ich ist als struktur in allen 10 milliarden nervenzellen präsent, ± ; die selben zellen, die durch die nerven-enden (ganglien) miteinenader in kontakt treten, egal, ob ich nun als ich reagiere oder als nachtwandler (wer wandelt da in mir?) oder als boxer oder als schuster oder flüchtling. Es sind nur verschiedene rollen des selben organismus, die zur debatte stehen. Ich habe mich für die je möglichst natürliche entschieden. & dazu lasse ich den körper sich in allen seinen bewegungs- und genußpotential entfalten & nenne das mein neues ich.
> wo es nicht reicht oder wenn z.B. die Polizei kommt oder ich geld investieren muss, schalte ich wie ein suchlicht ein anderes neueres ich in, wobei ich mich dann wie gehabt meist in den tasten vergreife.
> & wer ist „ich"?

---

[729] Westphal, Michael: „Warum bin ich, der ich bin? Vor 100 Jahren wurde in Paris der amerikanische Schriftsteller Julien Green geboren. Die Welt, 6.9.2000

ich ist eigentlich der zufall. der zufall dessen, wie ich darauf reagiere. Er gehorcht gesetzen, die ich mich nicht unterstehe, formulieren zu wollen. Ich ist die awareness, das tonband-ich, dessen abbild du bist, tagebuch.[730]

B. Ingeborg Bachmann

Und wie sieht sich Ingeborg Bachmann?

Ich, dieses Bündel aus Reflexen und einem gut erzogenen Willen, *Ich* ernährt vom Abfall aus Geschichte, Abfällen von Trieb und Instinkt, *Ich* mit einem Fuß in der Wildnis und dem anderen auf der Hauptstraße zur ewigen Zivilisation. *Ich undurchdringlich*, aus allen Materialien gemischt, verfilzt, unlöslich und trotzdem auszulöschen durch einen Schlag auf den Hinterkopf. Zum Schweigen gebrachtes *Ich aus Schweigen* ...[731]

C. Norbert Wiener

Norbert Wiener spannt den Bogen bis zu Descartes:

motion an „m. stirner"
Ich bin die redensart von descartes. Ich bin das postulat der kurzbeinigen wahrheit, Ich bin von objekten usurpiert. Ich muss als knopf für meine sinnesorgane herhalten, Ich bin die analogie des räudigen begriffs kontinuität, diese ganze gemeinheit nur weil die blöde sprache ihr zentrum braucht:
Ich bin ein spuk, Ich bin das subjekt der aussage, man will mich zwingen das ideal einer ichheit zu sein, mich werdet ihr nicht bezeichnen!
ihr haltet mir irgendeinen pofel aus euerer fabrik unter eine nase: ob Ich den sehe?
ah flegelei! Diese ganze tücke der gesellschaft in einem satz!
Was hat das bewusstsein mit dem gesetz zu schaffen?
jeden Moment glaube ich was ich denke.[732]

Aus diesen Beispielen wird schon deutlich, was in allen menschlichen Äußerungen sichtbar wird, wenn sie einen Anteil am Ich des sich Äußernden haben. Man kann sich natürlich fragen, ob es überhaupt menschliche Produkte gibt, die nicht vom jeweiligen Erzeuger geprägt sind. Es wird aber um so deutlicher je mehr von der Biographie, von

---

[730] Brons, Thomas Michael: Ätsch, ich habe gelebt. Volksverlag, Linden, 1982, S. 194f.
[731] Bachmann Ingeborg: Das dreißigste Jahr. In: Ingeborg Bachmann. Werke 2: Erzählungen, Piper, München, 1993, S. 102
[732] Wiener, Norbert: Die Verbesserung von Mitteleuropa, Roman. Rowohlt, Reinbek, 1969, S. XXXIII

der Persönlichkeit, von der Kreativität einfließen. Dann gelingt es uns, Teile der Persönlichkeit im künstlerischen, musikalischen, literarischen Werk wiederzufinden. In der Literatur werden diese Anteile besonders deutlich, wenn autobiographische Momente vom Dichter verarbeitet werden.

D. Yann Martel

Ein weiteres Beispiel stammt von dem Kanadier Yann Martel, der einen Roman mit dem Titel „Selbst" geschrieben hat. Martel lässt offen, wie weit er seine Autobiographie hierin eingeflochten hat oder wo die Grenze zur dichterischen Erfindung liegt. Er lässt uns jedoch teilhaben an der Entwicklung von frühester Kindheit und der Suche nach seinem Selbst bis zu seinem 30. Lebensjahr.

Seine Erinnerungen reichen in die früheste Kindheit zurück und der Roman beginnt so:

> Ich erwachte, und meine Mutter war da. Ihre Hände senkten sich zu mir, und sie hob mich hoch. Es scheint, ich war leicht verstopft. Sie setzte mich auf dem Esszimmertisch auf den Topf und ließ sich vor mir nieder. Sie begann zu gurren und mich anzufeuern und fuhr mir mit den Fingern den Rücken auf und ab.
> Doch ich reagierte nicht. Ich erinnere mich noch genau, dass ich die Frau ziemlich lästig fand. [733]

In der Pubertät hat er dann folgendes Erlebnis:

> Ich begann meinen Körper zu entdecken. Bis dahin hatte sich mein geistiges und mein körperliches Ich in einer solchen Harmonie befunden, dass ich sie nie als getrennt oder trennbar angesehen hatte. Die beiden bildeten so sehr ein Ganzes wie bei Rodins *Denker* oder bei Roger Bannisters und John Landys Wundermeile. Doch jetzt zeigte das Gefäß meiner Seele Zeichen von Eigenwilligkeit, es offenbarte, dass es aus sich heraus unerwartete Leiden und Freuden zu erzeugen vermochte. Das Ergebnis war ein kompliziertes „Ich" mit vielen Facetten, mit mehr Mündern, die essen wollten, mit mehr Bedürfnissen, für die zu sorgen war. [734]

Der Protagonist, dessen Name im ganzen Roman nicht genannt wird, wechselt dann mit 18 Jahren seine Identität (und sein Geschlecht) vom männlichen zum weiblichen. Bis zu diesem Zeitpunkt macht er die Entwicklung eines Jungen durch mit allen typischen Erscheinungen, wie man sie bei Jungen kennt. Wahrscheinlich hat sich jeder

---

[733] Martel, Yann: Selbst. Verlag Volk und Welt, Berlin, 1997, S.7
[734] Martel, Yann, a.a.O., S.63

schon einmal gefragt, wie es wäre, wenn man das andere Geschlecht hätte. Dem Icherzähler ist es vergönnt, auch die andere Seite mit allen Höhen und Tiefen kennen zu lernen .

E. Péter Esterházy

Konkret mit dem Thema das uns hier beschäftigt, hat sich der Ungar Péter Esterházy[735] befasst, indem er schreibt:

> MEIN KÖRPER – dieser Ausdruck ist an sich schon ungenau oder zumindest irreführend, als gäbe es ein *Ich*, dem dieser *Körper* gehört. Es ist, wie wenn Literaten von *Inhalt* und *Form* sprechen, das ist eine allgemein gebräuchliche Dummheit. (Und fruchtbar, nur sind die Früchte größtenteils wurmstichig).

> Andererseits: Die Schriftsteller – wir – prahlen gern damit, dass sie zehntausend Seelen haben – und damit lügen sie, wenn sie begabt genug sind, nicht mehr.

> Doch mögen wir noch so viele Seelen haben, wir haben nur einen Körper. Das ist eine wichtige, sehr wichtige Einschränkung. Denn nur so, mit Hilfe von Molekülen, können wir uns *unterscheiden*. Und das, diese Unterscheidung, lieben wir, wir lieben sie bei dem, den wir ICH nennen. (In begnadeten Augenblicken meinen wir zu *wissen*, dass zu unserem Körper auch der des Liebsten gehört. Später geht das vorbei).[736]

---

[735] geboren am 14. April 1950
[736] Esterházy, Péter: Thomas Mann mampft Kebab am Fuße des Holstentors. Residenz Verlag, Salzburg, 1999, S.36

XIX. Überwindung der Leib-Seele-Theorien

Im ausgehenden 20. Jahrhundert hat sich angebahnt, was wahrscheinlich im nächsten Jahrhundert, nach meiner Überzeugung aber sicher im gleichzeitig anbrechenden neuen Jahrtausend gelöst werden wird: die Überwindung des Dualismus von Leib und Seele, gleichermaßen zufriedenstellend auf biologisch-neurophysiologsiche, wie auf philosophische Art und Weise. Damit wird sich das Problem der Leib-Seele-Theorien, mit dem sich Philosophen seit Jahrhunderten beschäftigt haben erledigt haben und das Augenmerk auf andere Bereiche gelenkt werden:

> Das jahrhundertealte Leib-Seele-Problem der Philosophen hat sich längst zur Frage gewandelt: Lässt sich Bewusstsein erklären? Im Kern geht es gar nicht mehr darum, ob und inwieweit Körper und Seele Substanzen monadischen Charakters sind, also etwas Unteilbares darstellen. Vielmehr geht es um das, was der amerikanische Philosoph David Chalmers das *hard problem*, das ungelöste und möglicherweise unlösbare "harte Problem", nennt: Wie erzeugen neurobiologische Prozesse im Gehirn genau bewusste Erlebnisse? Und das ist keine philosophische, sondern eine naturwissenschaftliche Frage.
>
> Neurobiologen, Hirnforscher, Informatiker, Kognitionswissenschaftler und Vertreter vieler anderer Disziplinen liefern plausible Hypothesen und in Ansätzen vorsichtige Lösungsversuche. Und die Philosophie? Sie verharrt in einer eigentümlichen Starre, die sich schwerlich kaschieren lässt.[737]

Nun möchte ich verschiedene Theorien des Selbst bzw. des Geistes vorstellen, die m.E. in die neue Richtung weisen und diese Starre wahrscheinlich überwinden können. Es wird sich zeigen, wie weit diese Ansätze bereits in die Richtung gehen, geistige Prozesse nur neurophysiologisch zu begründen oder wie weit noch Reste des alten Leibe-Seele-Dualismus zu finden sind.

---

[737] Lipski, Dirk: Philosophen auf der Lauer. DIE ZEIT, Nr.19, 1999

A. Das neuronale Selbst (Antonio Damasio)

Ich folge hier den Gedankengängen des amerikanischen Neurologen Antonio R. Damasio. Er sieht das Selbst nicht als etwas fest Umschriebenes an, sondern als einen sich immer wieder rekonstruierenden Zustand.

> Der biologische Zustand des Selbst kann nur eintreten, wenn zahlreiche Gehirn- und Körpersysteme höchst aktiv sind. Würde man *alle* Nerven durchtrennen, die Signale zum Körper im engeren Sinne befördern, würden sich Ihr Körperzustand und infolgedessen auch Ihr Geist radikal verändern. Würde man *nur* die Signalübermittlung vom Körper zum Gehirn unterbinden, würde sich Ihr Geist ebenfalls verändern. Jede partielle Unterbrechung des Nachrichtenverkehrs zwischen Gehirn und Körper, wie sie bei Patienten mit Rückenmarksverletzungen auftritt, bewirkt eine Veränderung des Geisteszustands.[738]

Damasio tritt vehement für diese unauflösliche Verknüpfung ein. Es ist einerseits nicht möglich, sich den Geist losgelöst vom Körper vorzustellen, wie es Descartes tat, andererseits kann man den Geist auch nicht ausschließlich aus Gehirnereignissen heraus erklären

> so dass man den Rest des Organismus sowie die physische und soziale Umwelt getrost ausklammern könne – einschließlich des Umstands, dass ein Teil der Umwelt das Ergebnis vorausgehender Handlungen des Organismus ist. Ich wehre mich gegen diese Einschränkung, nicht weil der Geist in direkter Beziehung zur Hirnaktivität stünde – denn daran besteht kein Zweifel -, sondern weil diese restriktive Formulierung offenkundig und menschlich unbefriedigend ist. Die Feststellung, dass der Geist aus dem Gehirn erwächst, ist unbestreitbar, doch würde ich diese Aussage gerne noch ergänzen und nach den Gründen fragen warum sich die Hirnneuronen so vernünftig verhalten. Denn genau hier liegt, soweit ich erkennen kann, das entscheidende Problem.[739]

Für ein umfassendes Verständnis des menschlichen Geistes ist nach Damasio eine organische Perspektive erforderlich, was aber nicht bedeutet, dass er lediglich aus dem körperlosen Cogitum in das Reich von Körpergeweben verlegt wird, sondern stets zu dem ganzen Organismus in Beziehung gesetzt werden muss.

---

[738] Damasio, Antonio R.: Descartes' Irrtum. Fühlen, Denken und das menschliche Gehirn. dtv, München, 1997, S. 303
[739] Damasio, Antonio R., a.a.O., S. 331f.

Warum Damasio glaubt, dass Descartes mit seiner Trennung von Körper und Geist Unrecht hatte, ja warum er sie geradezu als verhängnisvoll für die Philosophie der letzten Jahrhunderte ansieht, wurde in dem Kapitel über Descartes weiter oben dargestellt.

B. Der biologische Naturalismus (John Searle)

Der amerikanische Philosoph und Bewusstseinsforscher John R. Searle gab auf einem Kongress im King's College in London, der 1999 abgehalten wurde unumwunden zu,

> dass die Philosophie genau dann ende, wenn die anderen Wissenschaften erste Früchte eingebracht haben. Die möglicherweise richtigen Fragen gestellt zu haben, ohne sie beantworten zu können - das reicht Searle schon aus. Aber das ist nur die eine Strategie, dem Thema Bewusstsein beizukommen. Die andere besteht darin, die Selbstreferentialität des Faches auszubauen und verstärkt Nabelschau zu halten.[740]

Was ist nun Searles eigene Ansicht? Für Searle ist das wichtigste Merkmal des Geistes das Bewusstsein. Das Leib-Seele-Problem löst er denkbar einfach:

> Mental phenomena are caused by neurophysiological processes in the brain and are themselves features of the brain.[741]

Searle bezeichnet seine eigene Position als biologischen Naturalismus. Dieser zählt

> Bewusstsein und Intentionalität zu biologischen Ereignissen, die von neuronalen Prozessen auf niedrigerer Ebene verursacht werden. Das heißt aber nicht, dass Bewusstsein oder Intentionalität auf diese Prozesse reduzierbar wären. Im Gegenteil: Beides sind irreduzible Merkmale des Geistes und werden gleichzeitig durch das Gehirn verursacht.[742]

Searle sieht Bewusstsein also als natürliches biologisches Phänomen an, es ist ein aus der Evolution hervorgegangenes phänotypisches Merkmal von gewissen Organismen mit hochentwickelten Nervensystemen.

---

[740] Lipski, Dirk: Philosophen auf der Lauer. DIE ZEIT, Nr.19, 1999
[741] Searle, John R.: The Rediscovery of Mind. Cambridge, 1992, zitiert nach: Deppe, Stefan: Intentionalität und Bewusstsein in Searles Philosophie des Geistes. Philosophisches Seminar I, Albert-Ludwigs-Universität, Freiburg, 1999 (deppe@uni-freiburg.de)
[742] Deppe, Stefan: Intentionalität und Bewusstsein in Searles Philosophie des Geistes. Philosophisches Seminar I, Albert-Ludwigs-Universität, Freiburg, 1999

Consciousness, in short, is a biological feature of human and certain animal brains. It is caused by neurobiological processes and is as much a part of the natural biological order as any other biological features such as photosynthesis, digestion, or mitosis.[743]

Damit wäre seine Position weitgehend identisch mit denen von Vollmer und Churchland, bestünde er nicht darauf, dass die Bewusstseinsprozesse, abgehoben von der biologischen Grundlage noch eine metaphysische Komponente haben. In welche Schwierigkeiten er sich dadurch manövriert werde ich weiter unten beleuchten.

Zuvor aber noch einmal ein Zitat aus der Arbeit von Deppe: Eines der Hauptziele

> der neueren Philosophie Searles ist es, das Bewusstsein wieder als Gegenstand der Wissenschaft „hoffähig" zu machen. Die Wiedereingliederung des Bewusstseins geschieht aber nur, wenn man einsieht, inwiefern Bewusstsein ein *normales* biologisches Phänomen ist. Als solches unterscheidet es sich nicht von anderen natürlichen Phänomen. Die Evolutionstheorie und das Verursachungsprinzip der Atomtheorie werden dabei als Analogon und Fundament herangezogen. Akzeptiert man beide Theorien als Grundlage unseres Weltbildes, dann gibt es keinen Grund, Bewusstsein als emergente Eigenschaft eines aus der Evolution hervorgegangenen Systems nicht anzuerkennen; - es sei denn man meint, sich wegen des *besonderen Charakters des Geistigen* für eine veraltete dualistisch/materialistische Weltanschauung entscheiden zu müssen.
> Was aber ist diese *normale* Eigenschaft, die Bewusstsein mit vielen anderen biologischen Phänomenen teilt? Es ist die Tatsache, dass es der Zustand eines in der Natur vorkommenden Systems ist, das zugleich von diesem System verursacht, als auch in ihm realisiert ist. Laut Searle ist gleichzeitige Verursachung und Realisation häufig in der Natur anzutreffen. Man soll nur an das Flüssigsein von Wasser, die Transparenz von Glas oder die Festigkeit eines Tisches denken. Jede dieser Eigenschaften ist die Beschreibung des Systems auf einer höheren Ebene, als die Beschreibung der Ursachen dieser Eigenschaften selbst. Genauso wenig, wie man geneigt ist ein Molekül *nass* zu nennen, wird man ein Neuron *bewusst* nennen. Niemand wird andererseits bestreiten, dass die Nässe von Wasser durch seine Moleküle verursacht wird.[744]

Nach Searle gibt es in unserem Kopf nur Physiologie und Bewusstsein:

> There are brute, blind neurophysiological processes and there is consciousness, but there is nothing else. If we are looking for phenomena

---

[743] Searle, John R.: The Rediscovery of Mind. Cambridge, 1992, zitiert nach: Deppe, a.a.O.
[744] Deppe, Stefan, a.a.O.

that are intrinsically intentional but inaccessible in principle to consciousness, there is nothing there: no rule following, no mental information processing, no unconscious inferences, no mental models, no primal sketches, no 2 1/2-D images, no three-dimensional descriptions, no language of thought, and no universal grammar.[745]

Und dazu noch einmal Deppe:

> Das besondere Merkmal des Bewusstseins ist seine Subjektivität. Diese Subjektivität macht das Bewusstsein zu einem irreduziblen Merkmal unseres Gehirns. Durch dieses Bewusstsein ist unsere Realität nicht objektiv. Bewusstsein wird von neurophysiologischen Prozessen auf niedrigerer Stufe verursacht, ist aber selbst eine höhere Eigenschaft des Gehirns. Es gibt also keinen Dualismus zwischen physikalischen und mentalen Dingen. Sondern ersteres verursacht das Zweite und das ist alles. [] Die Welt ist nicht entweder dualistisch oder monistisch. Sie ist physikalistisch und mentalistisch, wobei letzteres eine Eigenschaft des ersteren ist.[746]

Aber wie wir gesehen haben, verlegt Searle einerseits den Geist ins Gehirn, kann sich aber nicht entschließen, diesen auf neurophysiologische Vorgänge zu reduzieren. Für ihn sind die mentalen Aktivitäten selbst keine physischen Zustände des Gehirns

> Sie sind vielmehr metaphysisch von den physischen Zuständen des Gehirns unterschieden []. Nach Searle bilden mentale Zustände eine eigene neue Klasse von Phänomenen, mit eigenen und spezifischen Eigenschaften (wie Bedeutung und Intentionalität) und ihren eigenen besonderen Verhaltensformen (was sich in Vernunft und Überlegung zeigt).[747]

Searle ist also der Meinung, dass sich das Bewusstsein nicht in ein bloßes „Epiphänomen" von Hirnfunktionen auflösen lasse.

> Gleiches kann von der Biochemie der Neuronen gesagt werden: Elektrische oder molekulare Vorgänge zeigen einen gewissen Austausch an den Nervensynapsen, keinesfalls aber das Wesen des Geistes.[748]

---

[745] Searle, John R.: The Rediscovery of Mind. Cambridge, 1992, zitiert nach: Deppe, a.a.O.

[746] Deppe, Stefan, a.a.O.

[747] Churchland, Paul M.: Die Seelenmaschine. Spektrum Akademischer Verlag, Heidelberg, 1997, S. 238 f.

[748] Breuer, Ingeborg et al.: Welten im Kopf. Profile der Gegenwartsphilosophie. England / USA. Was ich meine, kann ich ausdrücken. Sprach- und Geistphilosophie bei John R. Searle. Wissenschaftliche Buchgesellschaft, Darmstadt, 1996, S. 151

Churchland bezeichnet Searles Position als „konservativ-modern":

> Sie ist konservativ, weil sie fest von der unabhängigen Existenz und dem metaphysisch unterschiedlichen Status mentaler Phänomene ausgeht. Und sie ist modern, weil sie diese den (nichtphysischen) Eigenschaften des Gehirns zuordnet, die mit naturwissenschaftlichen Methoden erforschbar sind.[749]

Indem Searle jedoch versucht die beiden Positionen in Einklang zu bringen, schafft er eine Zwitterhypothese und setzt sich zwischen die Stühle:

> Wenn man schon zugibt, dass alle mentalen Zustände Merkmale des physischen Gehirns sind und man diese mit den Methoden der Naturwissenschaft untersuchen kann, warum sollte man dann darauf bestehen, dass diese mentalen Phänomene trotzdem nichtphysisch sind, unterschieden von den physischen Zuständen des Gehirns und auf diese nicht reduzierbar?[750]

---

[749] Churchland, Paul M., a.a.O, S.239
[750] Churchland, Paul M., a.a.O, S.239

C. Eliminativer Materialismus (Paul Churchland)

Der kanadische Philosoph Paul Churchland, der z.Zt. an der Universität San Diego lehrt, unterstellt, dass man „mentalistische" Begriffe der „Alltagspsychologie" aus unserem Vokabular eliminieren und durch präzisere neurobiologische Termini ersetzen könne.

> Dagegen wird von philosophischer Seite argumentiert, psychische Zustände seien gegenüber physiologischen derart andersartig, dass eine Ersetzung der Beschreibung der einen Zustände durch eine Beschreibung der anderen prinzipiell unmöglich sei.[751]

Churchland stellt zunächst einige wichtige Eigenschaften des menschlichen Bewusstseins vor (und erläutert diese):

- Bewusstsein ist mit Gedächtnis verbunden
- Bewusstsein ist unabhängig von sensorischen Wahrnehmungen
- Bewusstsein beinhaltet steuerbare Aufmerksamkeit
- Bewusstsein beinhaltet die Fähigkeit, komplizierte oder uneindeutige Fakten auf mehrere Arten interpretieren zu können
- Bewusstsein verschwindet im Tiefschlaf
- Bewusstsein taucht beim Träumen wieder auf, wenigstens in veränderter oder ungeordneter Form
- Bewusstsein umfasst die Inhalte mehrerer sensorischer Modalitäten innerhalb einer einzigen gemeinsamen Erfahrung.[752]

In seinem Buch geht er dann Schritt für Schritt diese einzelnen Punkte durch und überprüft, inwieweit rekurrente Netzwerke diesen Leistungen entsprechen oder nahe kommen könne. Er beschreibt dann auch rekurrente Netzwerke und deren Leistungsfähigkeit bei der Geschmackswahrnehmung, beim Farbensehen und bei der Geruchswahrnehmung und der Gesichtserkennung.

Churchland sieht die menschlichen geistigen Zustände als das Resultat der Aktivität großer und komplexer Netzwerke im Gehirn an, während es auf der Ebene einzelner Neuronen ‚noch' keine geistigen Phänomene gäbe.

---

[751] Gerhard Roth in: Churchland, Paul M., a.a.O, S.XV
[752] Churchland, Paul M., a.a.O, S.251

Eine kognitive Aktivität taucht dann und nur dann in unserem Bewusstsein auf, wenn sie als Vektor oder Vektorsequenz innerhalb des weiträumigen rekurrenten Systems [innerhalb des Gehirns] repräsentiert wird. [753]

Ich interpretiere Churchlands Position hinsichtlich der Frage, ob man Computern Intelligenz oder Bewusstsein zusprechen kann nach seinen Schriften so, wie er Alan Turing zitiert: „Wenn es läuft wie eine Ente, quackt wie eine Ente, schwimmt wie eine Ente, dann ist es eine Ente".[754]

Es erhebt sich die Frage, ob man rekurrenten Netzwerken der Zukunft zu einem bestimmten Zeitpunkt Bewusstsein zusprechen kann. Er selbst schreibt:

> Könnte also ein elektronisches Gehirn Bewusstsein besitzen? Es sieht ziemlich danach aus. Wird es bald soweit sein? Vermutlich nicht, wenn es auch immer wieder kleine Fortschritte gibt.[755]

Er schreibt selbst, dass er nicht weiß, ob er damit die richtige Erklärung für Bewusstsein geben kann, dass seine Theorie jedoch den Vorteil hat, dass sie sich testen lässt. Die tut er Schritt für Schritt anhand der Eigenschaften rekurrenter Netzwerke und kann damit die meisten geistigen Phänomene erklären.
Churchland sieht also das menschliche Bewusstsein als das Ergebnis von 4,5 Milliarden Jahren rein chemischer und biologischer Evolution an. Er betrachtet die mentalen Phänomene als rein physiologische Phänomene und räumt ihnen keine emergente und damit irgendwie eigenständige Funktion ein.

> Es gibt kein eigentliches „Selbst" in uns, das noch über dem Gehirn steht und in diese „hineinsieht". Andererseits wird jedoch jeder Teil des Gehirns von einem anderen Teil „beobachtet", oft sogar von mehreren Teilen gleichzeitig.[756]

Er ist damit der radikalste unter den neueren Philosophen, indem er das Geistige (als eigene Einheit) nicht nur negiert, sondern alles damit verbundene auch aus unserer Alltagssprache eliminieren möchte.

---

[753] Churchland, Paul M., a.a.O, S.263
[754] Churchland, Paul M., a.a.O, S.267
[755] Churchland, Paul M., a.a.O, S.297
[756] Churchland, Paul M., a.a.O, S.10

D. Die Erstaunliche Hypothese (Francis Crick)

Die „Erstaunliche Hypothese" des amerikanisches Biologen und Gehirnforschers heißt im Original „The Astonishing Hypothesis". Nachdem es ihm 1953 gemeinsam mit James D. Watson gelungen war, die Doppelhelix-Struktur der Desoxyribonukleinsäure-Moleküle zu entschlüsseln (wofür die 1962 den Nobelpreis für Medizin erhielten) beschäftigte sich Crick seit Beginn der achtziger Jahre mit der Kognitions- und Bewusstseinsforschung. Ein Ergebnis war das 1994 erstmals in Englisch erschienen Buch: Was die Seele wirklich ist.
Crick formulierte darin die „Erstaunliche Hypothese":

> „Sie", Ihre Freuden und Leiden, Ihre Erinnerungen, Ihre Ziele, Ihr Sinn für Ihre eigene Identität und Willensfreiheit – bei alledem handelt es sich in Wirklichkeit nur um das Verhalten einer riesigen Ansammlung von Nervenzellen und dazugehörigen Molekülen.[757]

In seinem Buch widmet sich Crick vor allem der visuellen Wahrnehmung, da er meint, wenn man die einigermaßen verstanden habe, dann habe man vielleicht auch eine Vorstellung davon bekommen, was das Bewusstsein ist. Crick verfolgt im Einzelnen, wie der Seheindruck aufgenommen und verarbeitet wird und welche Anteile im ZNS involviert sind, uns ein bewusstes Bild der Umwelt zu vermitteln.
Crick ist davon überzeugt, dass die Erforschung des Bewusstsein ein wissenschaftliches Problem sei und sein Anliegen seines Buches war, zu zeigen, dass man die damit verbundenen Probleme experimentell angehen kann.

Der Inhalt des Buches kann an dieser Stelle nicht referiert werden, es soll aber darauf hingewiesen werden, dass durch zahlreiche Experimente an Tieren und Ergebnisse aus dem humanen Bereich nahe gelegt wird, dass der Thalamus ein Schlüsselrolle beim Bewusstsein spielt. Besonders betroffen sind die ‚intralaminaren Kerne' des Thalamus, von denen z.B. der *Nucleus centralis* eng mit dem visuellen System verbunden ist. Das bedeutet aber nicht

> dass der Thalamus selbst all die verschiedenen Formen des Bewusstseins erzeugen kann. Bewusstsein erfordert in gleicher Weise die Aktivität der verschiedenen kortikalen Areale wie die des Thalamus.[758]

---

[757] Crick, Francis: Was die Seele wirklich ist. Die naturwissenschaftliche Erforschung des Bewusstseins. Rowohlt, Reinbek, 1997, S. 17
[758] Crick, Francis, a.a.O., S. 306

Nachdem Crick 17 Kapitel lang strikt auf dem Boden der Wissenschaft geblieben ist, leiste er sich im letzten Kapitel *Dr. Cricks Wort zum Sonntag* eine Bestandsaufnahme und einen Ausblick .

Mit den Philosophen geht er hart ins Gericht:

> Die Ansicht, nur Philosophen könnten dieses Problem behandeln, ist völlig haltlos. Die Bilanz der Philosophen in den letzten zweitausend Jahren ist derart armselig, dass ihnen eine gewisse Bescheidenheit besser anstünde als die hochtrabende Überheblichkeit, die sie gewöhnlich an den Tag legen.[759]

Crick ist gemäß seiner Hypothese überzeugt, dass sich die Frage des Bewusstseins gänzlich naturwissenschaftlich lösen lasse. Noch einmal formuliert er seine Hypothese:

> Die Erstaunliche Hypothese besagt, dass *alle* Aspekte des Verhaltens des Hirns auf die Aktivitäten der Neuronen zurückzuführen sind. Man kann nicht die verschiedenen komplexen Stadien der visuellen Informationsverarbeitung mit Hilfe der Neuronen erklären und dann einfach annehmen, dass irgendein Aspekt des Segens keiner Erklärung bedürfe, weil es sich dabei um etwas handelt, das „ich" von Natur aus tue. Beispielsweise kann man sich eines Defekts im eigenen Hirn nur dadurch bewusst werden, dass es Neuronen gibt, deren Feuern diesen Defekt symbolisiert. Es gibt kein separates „Ich", das den Defekt unabhängig erkennen könnte. Und aus diesem Grund wissen wir normalerweise nicht, wo ein bestimmtes Ereignis in unserem Hirn stattfindet, denn wir haben keine Neuronen, deren Feuern symbolisiert, an welcher Stelle des Hirns sie selbst (oder andere Neuronen) sich befinden.[760]

Wie sieht es dann bei Crick mit der Seele aus?

> Wenn die wissenschaftlichen Tatsachen hinreichend eindrucksvoll und gut belegt sind, und wenn sie die Erstaunliche Hypothese stützen, dann wird man die Auffassung vertreten können, dass die Idee der Mensch habe ein körperlose Seele, genauso unnötig ist wie die alte Idee von der Existenz eines *élan vital*.[761]

---

759 Crick, Francis, a.a.O., S. 316
760 Crick, Francis, a.a.O., S. 317
761 Crick, Francis, a.a.O., S. 321

Die Menschen werden aber noch geraume Zeit brauchen, um diese Ergebnisse voll zu akzeptieren. Wenn Crick hier den *élan vital* als alte Idee bezeichnet, so ist dieser doch in neuem Gewande in allen New-Age-Lehren und paramedizinischen Heilslehren so lebendig wie eh und je. So schnell geben die Menschen nicht auf, denn Crick hat ganz richtig als ein auffälliges Charakteristikum des Menschen bemerkt: „unser fast grenzenlose Fähigkeit zur Selbsttäuschung."[762]

Den Philosophen pauschal vorzuwerfen, zum Thema des Bewusstseins nichts Entscheidendes beigetragen zu haben, ist sicherlich überzeichnet, da man z.B. bei Vollmer[763] sehen kann, dass sich im Endeffekt dessen Sichtweise vor der Cricks kaum unterscheidet.

E. Neurologischer Monismus (Ernst Pöppel)

Aufgrund seiner jahrelangen Forschungen kommt der Neurologe Ernst Pöppel[764] zu einer Auffassung, die ich als *Neurologischen Monismus* bezeichnen möchte. Er selbst findet an der dualistischen Deutung als unbefriedigend

> dass etwas von außen kommendes, eine prinzipiell andere Instanz, die mit der Arbeitswiese des Gehirns nichts zu tun hat, herangezogen werden muss, um unsere Erlebnisse zu erklären. Mit einer solchen Erklärung ist im Grunde nichts gewonnen, außer einen „Deus es machina", einen „Gott aus der Maschine", anzunehmen. Denn nun muss man fragen, wie eigentlich Psyche und Körper aufeinander wirken können. Die These „irgendwie" ist sicher nicht ausreichend.[765]

Als Alternative vertritt Pöppel eine monistische Auffassung:

> Für die Integration der verschiedenen Kategorien zu einem Wahrnehmungserlebnis wird nicht eine von *außen* kommende „Psyche" angenommen. Es wird auch nicht nach einer räumlichen Instanz gesucht, in der die Integration vollzogen wird. Aufgrund der zeitlichen Struktur der Hirntätigkeit, also beispielsweise der Verfügbarkeit einer Uhr im Gehirn, und der Möglichkeit der Integration von Informationen in eine gegenwärtige Gestalt geht der Autor von der Hypothese aus, dass alles, was in diesem zeitlichen Rahmen [...] an verschiedenen Orten im Gehirn abläuft, das Wahrnehmungserlebnis selbst repräsentiert. Es muss

---

[762] Crick, Francis, a.a.O., S. 323
[763] Man muss allerdings einräumen, dass Vollmer eigentlich von der Naturwissenschaft her kommt, Mathematik, Physik und Chemie studiert hatte, bevor er sich er Philosophie zuwandte.
[764] Derzeit Direktor der Abteilung Hirnforschung des Forschungszentrums Jülich.
[765] Pöppel, Ernst: Grenzen des Bewusstseins. Insel, 1997, S. 166

überhaupt nichts hinzukommen. Die neuronale Aktivität im Drei-Sekunden-Fenster des „Jetzt" ist schon das Bewusstsein.[766]

Mit seinen empirischen Forschungsergebnissen schiebt Pöppel auch Spekulationen (wie z.B. den anthroposophischen) einen Riegel vor, die glauben, durch bestimmte Übungen, meditative Haltungen o.ä. die Grenzen des Bewusstseins sprengen zu können und zu einem irgendwie höheren Bewusstseinszustand gelangen zu können. Im Gegenteil zeigt Pöppel, dass

> ohne die Grenzen des Bewusstseins, die wir bei den Menschen beobachten, ihnen gar keine Wirklichkeit verfügbar wäre. Die Grenzen definieren den formalen Rahmen, damit Wirklichkeit überhaupt erfasst werden kann. Ohne Grenzen gäbe es für den Menschen nur das Chaos.[767]

F. Funktionalistische Identitätstheorie (Nicholas Humphrey)

Humphrey leitet seine Theorie evolutionsgeschichtlich her. Er unterscheidet zwischen der Empfindung, die erst ab einer bestimmten Entwicklungsstufe von Lebewesen auftritt und zwar dann, wenn sie in einer Art von Nervenzentrale eine Aktivität auslöst, die Humphrey dann *Sentition* nennt und der Wahrnehmung.

Schematisch sieht das dann so aus:

was bedeutet, dass die Wahrnehmung seriell aus der Empfindung folgt[768].

Die Vorgänge an der Körperoberfläche hingegen, wo der Reiz auftrifft, nennt Humphrey (Körper-)*Sentiments*. Im Verlaufe der phylogenetischen Entwicklung werden diese Körpersentiments mehr und mehr in die Zentrale verlegt und werden dadurch zu *Hirnsentiments*. Die sensorischen Reaktionen an der Körperoberfläche

---

[766] Pöppel, Ernst, a.a.O. S. 166f.
[767] Pöppel, Ernst, a.a.O. S. 198
[768] Humphrey, Nicholas: Die Naturgeschichte des Ich. Hoffmann & Campe, Hamburg, 1995, S. 58

werden also allmählich durch Reaktionen ersetzt, die auf die sensorischen Nerven gerichtet waren und schließlich auf die sensorischen Abbildungsfelder der Hirnrinde. Humphreys Behauptung geht dahin

> dass Bewusstsein in der Tat zusammen mit diesen sich wiederholenden Rückkopplungsschleifen in der Evolutionsgeschichte aufgetaucht ist. Das heißt, sie traten in Erscheinung, als und in dem Maße wie Hirnsentiments Teil eines Prozesses wurden, der seine eigene Existenz vorwegnimmt und sich seine eigene erweiterte Gegenwart außerhalb der physikalischen Zeit schafft. [769]

Für unseren Zusammenhang ist bedeutsam, dass auch Humphrey das Bewusstsein strikt an den Körper gebunden sieht.

> Bewusstsein zu haben bedeutet notwendigerweise, Empfindungen davon zu haben, „was mit mir vorgeht": anders gesagt, was an der Grenze zwischen Ich und Nicht-Ich passiert. Ohne einen Körper gäbe es selbstredend keine solche Grenze und folglich nichts, wovon das Subjekt ein Bewusstsein haben könnte. [770]

Als *funktionalistische Identitätstheorie* bezeichnet Humphrey seine Auffassung deshalb, da er die These vertritt, dass „Bewusstsein das Agieren als Urheber nachhallender Hirnsentiments *ist*" (S.289). Damit sagt er nicht nur „dass der Ausdruck 'Bewusstsein' genau dasselbe bezeichnet, wie der Ausdruck ‚als nachhallender Hirnsentiments agieren', sondern dass dieser Ausdruck als eine logische Operation zu betrachten ist, die unabhängig von allen beteiligten neuralen und sonstigen Strukturen ist." (S.290).

---

[769] Humphrey, Nicholas, a.a.O., S. 248
[770] Humphrey, Nicholas, a.a.O., S. 266

G. Evolutionistischer Identismus (Gerhard Vollmer)

Um den *Evolutionäre Identismus* ganz verstehen zu können, soll erst einmal kurz historisch zurückgeblickt werden, um zu sehen, wo er seine Wurzeln hat.

1. Exkurs: Konrad Lorenz

Der *Evolutionäre Identismus* oder wie diese Richtung auch genannt wird, die *Evolutionäre Erkenntnistheorie*, fußt auf einen grundlegenden Artikel von Konrad Lorenz aus dem Jahre 1941, der mit dieser Arbeit zum Stammvater der Evolutionären Erkenntnistheorie wurde, die seitdem in vielfältiger Weise weiter ausgearbeitet wurde. Es lohnt sich, zunächst einen kleinen Blick auf diese Arbeit zu werfen.

Lorenz fragt sich eingangs:

> Ist die menschliche Vernunft, mit allen ihren Anschauungsformen und Kategorien, nicht ganz ebenso wie das menschliche Gehirn etwas organisch, in dauernder Wechselwirkung mit den Gesetzen der umgebenden Natur Entstandenes?[771]

Also, sind die Begriffe und Ideen, die der menschliche Geist gefunden oder erfunden hat, bereits a priori vorhanden gewesen, oder, vielleicht kann man Deine Frage auch so verstehen, sind sie auch nur durch reines Denken zu Erkennen, ohne dass dem ein sinnlicher Vorgang vorausgehen musste?

Wiederum mit Lorenz ist die Antwort eine ganz klare:

> Das reale Verhältnis zwischen dem An-Sich der Dinge und der speziellen 'apriorischen' Form ihrer Erscheinung ist unserer Meinung nach dadurch gegeben, dass diese Form in der Jahrzehntausende während Entwicklungsgeschichte der Menschheit in der Auseinandersetzung mit den täglich begegnenden Gesetzlichkeiten des An-Sich-Seienden als eine Anpassung an diese entstanden ist, die unserem Denken angeborenermaßen eine Realität der Außenwelt weitgehend entsprechende Strukturierung verliehen hat.[772]

---

[771] Lorenz, Konrad: Kants Lehre vom Apriorischen im Lichte gegenwärtiger Biologie (1941), nachgedruckt in: Konrad Lorenz: Das Wirkungsgefüge der Natur und das Schicksal des Menschen. Piper, München, 1983, S. 82f.
[772] Lorenz, Konrad (1941), a.a.O., S. 85

Was für ein Satz! Aber es drückt sich hier schon der Kern der Evolutionären Erkenntnistheorie aus, den ich mir auch zu eigen gemacht habe. Der Mensch hat sich in dieser Welt entwickelt und im Laufe seiner recht kurzen Stammesgeschichte alle Ideen, Begriffe, also das, was wir früher schon mit Poppers Welt 3 umrissen haben, entwickelt. Meines Erachtens ist dies die sparsamste Annahme, die einen nicht zwingt weitere Prämissen zu machen, wie bereits vorher existierende Ideen, Entwicklung auf ein bestimmtes Ziel hin.

Man sollte vielleicht hier zur Klarheit bemerken, dass mit dieser Entwicklung eingeschlossen ist, dass die Menschen nicht als unbeschriebene Blätter auf die Welt kommen, sondern bei der Geburt bestimmte Anschauungsformen, die arterhaltende Funktion hatten und haben, a priori mitbringen, wie z.B. die Kategorien von Raum und Zeit. Aber:

> Nichts ist absolut, außer dem in und hinter den Erscheinungen Steckenden selbst, nichts, was unser Hirn denken kann, hat absolute, im eigentlichen Sinne apriorische Geltung. Auch nicht die Mathematik mit allen ihren Gesetzen.[773]

Lorenz' Arbeitshypothese ist:

> Alles ist Arbeitshypothese. Nicht nur die Naturgesetze, die wir durch individuell-menschliche Abstraktion a posteriori aus den Tatsachen unserer Erfahrung gewinnen, sondern auch die Gesetzlichkeiten der reinen Vernunft.[774]

Dies schlägt auch wieder eine Brücke zu Kuhn, bei dem ich schon angemerkt habe, dass es keine endgültigen Befunde gibt, sondern dass die Entwicklung der Wissenschaft von Paradigma zu Paradigma weiter geht.

Lorenz geht dann auch noch auf die Frage ein, in wie weit das was wir mit unseren Sinnesorganen von der Welt erkennen, dem tatsächlichen An-Sich-Sein der Dinge entspricht. Aus seiner Erforschung der verschiedenen Weltbildapparaturen von Tieren und Menschen ist er überzeugt dass zwischen dem Realen und der Erscheinung tatsächlich eine Korrelation besteht. Er weist aber auch auf einen Punkt hin, der große Bedeutung hat, indem wir bei Annahme apriorisch bestehender Ideen und Begriffe in einen logischen Widerspruch gerieten (falls man von einer Entwicklung im hier beschriebenen Sinne überzeugt ist):

---

[773] Lorenz, Konrad (1941), a.a.O., S. 90
[774] Lorenz, Konrad (1941), a.a.O., S. 95

Die Kontinuität des An-sich-Bestehenden, die sich aus solchen Vergleichen in überzeugendster Weise ergibt, ist völlig unvereinbar mit der Annahme eines alogischen, von außen her bestimmten Verhältnisses zwischen An-Sich und Erscheinung der Dinge.[775]

Und auf der gleichen Seite fährt Lorenz fort:

Wenn auch die genannten apriorischen Denk- und Anschauungsformen des Menschen der Kausalanalyse vorläufig noch durchaus unzugänglich bleiben, so verzichten wir doch als Naturforscher grundsätzlich darauf, die Existenz des Apriori, überhaupt die der reinen Vernunft, von einem außernatürlichen Prinzip her zu erklären. Wir betrachten vielmehr jeden derartigen Erklärungsversuch als eine völlig willkürliche, völlig dogmatische Grenzziehung zwischen dem Noch-Rationalisierbaren und dem Nicht-mehr-Rationalisierbaren, die als Forschungshemmnis in ganz gleicher Weise schweren Schaden gestiftet hat wie ähnliche Forschungsverbote vitalistischer Denker.

Lorenz äußert dann noch einen weiteren Gedanken, der mir aber hinsichtlich des Selbstverständnisses der Anthroposophie und ihrer Anschauung vom Menschen besonders bedeutsam erscheint:

Die Absolutsetzung des Menschen, die Aussage, dass alle überhaupt denkbaren vernünftigen Wesen - und seien es Engel! - an die Denkgesetze von *Homo Sapiens* L. gebunden sein müssten, erscheint uns eine geradezu unbegreifliche Überheblichkeit. Was wir für die verlorene Illusion von der Sondergesetzlichkeit des Menschen eintauschen, ist die Überzeugung, dass er in seiner Weltoffenheit grundsätzlich fähig ist, in seinem Forschen wie in seiner überindividuellen Artentwicklung über sich selbst, ja sogar über die apriorischen Geformtheiten seines Denkens hinauszuwachsen und grundsätzlich Neues, Niedagewesenes zu schaffen und zu erkennen.[776]

Ende des Exkurses.

---

[775] Lorenz, Konrad (1941), a.a.O., S. 99
[776] Lorenz, Konrad (1941), a.a.O., S. 107

Die Identitätstheorie, wie sie von der Evolutionären Erkenntnistheorie vertreten wird, weicht von den im Kapitel über die Leib-Seele-Theorien beschriebenen Sichtweisen insofern ab, als sie den evolutionären Aspekt unserer Erkenntnis in den Vordergrund rückt. Sie geht zunächst von der Frage aus, wieso überhaupt unsere subjektiven Strukturen und die objektiven Strukturen der Welt so gut aufeinander passen und gibt darauf eine biologisch orientierte Antwort:

> Unser Erkenntnisapparat ist ein Ergebnis der biologischen Evolution. Die subjektiven Erkenntnisstrukturen passen auf die Welt, weil sie sich im Laufe der Evolution in Anpassung an diese reale Welt herausgebildet haben. Und sie stimmen mit den realen Strukturen (teilweise) überein, weil nur eine solche Übereinstimmung das Überleben ermöglicht.[777]

Die Evolutionäre Erkenntnistheorie kann deswegen so viele Fragen hinsichtlich Geist und Materie (Gehirn) beantworten, da sie die Ergebnisse der Evolutionsforschung mit der Evolution unserer kognitiven Fähigkeiten verknüpft. Die Lebewesen haben sich auf unserer Erde entwickelt und mit ihnen deren kognitive Fähigkeiten. Diese wiederum sind an deren mesokosmische Umgebung angepasst.
So wie wir bei allen Pflanzen und Tieren beobachten können, wie sie in die Natur eingepasst sind, sind auch wir Menschen auf unseren Mesokosmos[778] „zugeschnitten". Der Mensch steht also nicht mehr im Zentrum der Entwicklung der Welt, sondern die Evolutionäre Erkenntnistheorie nimmt ihn aus diesem heraus und

> macht ich zu einem unbedeutenden Beobachter kosmischer Prozesse - die ihn einschließen. In diesem Sinne ist die Evolutionäre Erkenntnistheorie *eine wahrhaft kopernikanische Wende in der Erkenntnistheorie.*[779]

Die Evolutionäre Erkenntnistheorie geht also davon aus, dass sich Körper und Geist gemeinsam in der Evolution gebildet haben. Geistige Prozesse sind dabei strikt an die höheren Gehirnfunktionen gekoppelt. Sie sind eine neu auftretende Systemeigenschaft zu der es keine Vorstufen zu geben braucht. Psychische und physische Prozesse sind aber nur verschiedene Aspekte ein und desselben Vorganges. Geist, Seele,

---

[777] Vollmer, Gerhard: Was können wir wissen? In: Vollmer, Gerhard: Was können wir wissen? Band 1: Die Natur der Erkenntnis. Hirzel, Stuttgart, 1988, S. 37 f.

[778] Mesokosmos wird hier verstanden als der Ausschnitt aus der Welt, den z.B. der Mensch mit seinen Sinnen wahrnehmen kann. Der Mikrokosmos entzieht sich seinen Sinnen ebenso wie der Megakosmos. Der Begriff des Mesokosmos ist enge als der Makrokosmos, zu dem z.B. ultraviolett oder infrarote Strahlungen gehören, die wir nicht, aber bestimmte Tiere wahrnehmen können (zu deren Mesokosmos sie gehören).

[779] Vollmer, Gerhard: Evolution und Erkenntnisfähigkeit. In: Vollmer, Gerhard: Was können wir wissen? Band 1: Die Natur der Erkenntnis. Hirzel, Stuttgart, 1988, S. 71

Bewusstsein, Ich bezeichnen dann jenen Innenaspekt allen Erlebens, der ausschließlich individuell erlebt wird.

Die Bewusstseinsphänomene sind aber nicht Epiphänomene physikalischer Vorgänge

> vielmehr unterscheiden sich physikalische Vorgänge *mit* Innenaspekt auch physikalisch von solchen *ohne* Innenaspekt.[780]

Es werden also im Unterschied zur Identitätstheorie Nervenvorgänge angenommen, die mit Bewusstsein verknüpft sind, im Unterschied zu solchen, die unbewusst ablaufen. Diese Nervenvorgänge lassen sich physiologisch - physikalisch unterscheiden lassen.

Trotz dieses Unterschieds wird aber bei Vollmer nicht mehr eine metaphysische Größe postuliert (Seele, Geist), die sich nicht mehr auf physikalische Vorgänge reduzieren lasse. Er weist damit zwar über den gegenwärtigen Stand neurophysiologischer Forschungen hinaus, aber ich bin sicher, dass dies der plausibelste Weg sein wird den die Neurophysiologie in den nächsten Jahren beschreiten wird.

H. Die bikamerale Psyche (Julian Jaynes)

Ich muss gestehen, dass mir die Erklärungen zum Bewusstsein, die der *Evolutionäre Identismus* lieferte, am plausibelsten zu sein schienen, bis ich auf das Werk von Julian Jaynes[781] stieß.
Leider räumt nämlich Jaynes bereits in seiner Einleitung mit den mir bereits lieb gewordenen Gedanken der „Emergenten Evolution"[782] auf. Jaynes kann die Begeisterung durchaus verstehen:

> Diese antireduktionistische Theorie löste beim Großteil der namhaften Verhaltensbiologen und vergleichenden Verhaltenswissenschaftler – frustrierte Dualisten allzumal – einen Freudentaumel aus, der mitunter echt peinliche Form annahm. Von manchen Biologen wurden sie als Unabhängigkeitserklärung gegenüber Physik und Chemie gefeiert.[783]

---

[780] Vollmer, Gerhard: Evolutionäre Erkenntnistheorie und Leib-Seele-Problem. In: Vollmer, Gerhard: Was können wir wissen? Band 2: Die Erkenntnis der Natur. Hirzel, Stuttgart, 1988, S. 96
[781] Julian Jaynes: Der Ursprung des Bewusstseins. Rowohlt, Reinbek, 1988
[782] einem Begriff, der auf das Buch von Lloyd Morgan „Emergent Evolution" von 1923 zurückgeht.
[783] Julian Jaynes, a.a.O., S. 23

Aber, fragt er sich, ist es wirklich so, wie der Hauptgedanke der emergenten Evolution es in einer Metapher ausdrückt:

> So wie das Merkmal „Nässe" nicht vollständig in den Merkmalen „Wasserstoff" und „Sauerstoff" aufgeht, so hat sich das Bewusstsein an einem bestimmten Punkt des Evolutionsprozesses als neues Merkmal gebildet, das sich nicht auf seine Strukturkomponenten reduzieren lässt.[784]

Nein, Jaynes äußert hierzu beträchtliche Zweifel:

> Wenn das Bewusstein als Neubildung in der Evolution aufgetreten ist, dann stellt sich die Frage: Wann? Und in welcher Spezies? Welche Art von Nervensystem war dazu erforderlich? Nachdem die erste Freude über den „theoretischen Durchbruch" abgeklungen war, wurde man gewahr, dass sich in bezug auf das eigentliche Problem im Grunde nichts geändert hatte. Die [] konkreten Fragen waren ohne Antwort geblieben []. Problematisch an der „emergenten Evolution" ist nicht so sehr die Lehre als solche, sondern ihr Rückfall in die alten bequemen Denkweisen im Hinblick auf Bewusstsein und Verhalten; problematisch ist, dass sie einem Freibrief für nichtssagende Allgemeinheiten gleichkommt.[785]

Was ist nun Jaynes' eigene Position? Es ist unmöglich seine Gedanken, die er auf 546 Seiten zu Papier gebracht hat hier ausführlich wiederzugeben. Die Kernthese lautet jedoch, dass das Bewusstsein erst vor kurzem in der Menschheitsgeschichte, nämlich um 2000 v.Chr., aufgetaucht ist. Jaynes sieht es nicht als Ergebnis eines evolutiven Prozesses an, sondern als kulturell Gelerntes.
Der Schwerpunkt seiner Ausführungen liegt auf der „bikameralen Psyche", d.h., dem Zusammenwirken (bzw. dem Nichtzusammenwirken) von linker und rechter Gehirnhälfte und der Entstehung der Kultur und des heutigen Bewusstseins aus den Funktionen dieses „Doppelhirns".

---

[784] Julian Jaynes, a.a.O., S. 22
[785] Julian Jaynes, a.a.O., S. 24

Jaynes stellt zuerst den Rahmen seiner Theorie auf und liefert danach eine Fülle von Material aus der Kulturgeschichte: ais Ägypten, Mesopotamien, Griechenland (Homers Ilias) und den Habiru (Hebräern). Nach Jaynes besaßen z.B. die Menschen der Ilias:

> keine Subjektivität wie wir; sie wurden ihres Gewahrseins der Welt nicht gewahr, besaßen keinen inneren Raum, wo sie sich selbst hätten bebachten können.[786]

Im dritten Teil seines Buches geht Jaynes auf die „Relikte der bikameralen Psyche in der modernen Welt" ein. Man kann ihm nicht den Vorwurf machen, nur eine Theorie unter vielen aufgestellt zu haben, sondern bei allen spekulativen Anteilen, bemüht er sich immer, Belege beizubringen, seien es historische oder solche der heutigen Psychologie oder Medizin. Besonders interessant sind die Analogien, die Jaynes aufzeigt zwischen den Stimmen bzw. Gehörshalluzinationen die von Menschen in den alten Völkern wahrgenommen wurden und denen heutiger Schizophrener.

Jaynes beschreibt ausführlich, wie der alte Götterglaube (zu dem Zeitpunkt hatten die Menschen noch kein Bewusstsein) von der Religion abgelöst wurde. Nachdem auch diese abbröckelte, begann auf der anderen Seite – vornehmlich seit der französischen Aufklärung – die Säkularisierung der Wissenschaft, die im wissenschaftlichen Materialismus gipfelte. Entkleidet der religiösen Komponente wurden bestimmte Wissenschaftsrichtungen selbst zu „Szientismen" wie der Darwinismus, der Behaviorismus, der Materialismus oder die Psychoanalyse, wurden selbst zu „Glaubensartikeln und einer wissenschaftlichen Mythologie", die

> die empfindliche Leerstelle tilgte, die das Auseinanderrücken von Religion und Wissenschaft in unserer Zeit geschaffen hatte.[787]

Und als hätte er die Anthroposophie und Rudolf Steiner im Sinn schreibt Jaynes:

> Von der klassischen Wissenschaft und ihren allgemeinen Debatten unterscheiden sich die Szientismen nicht zuletzt dadurch, dass sie bei ihren Adressaten auf die gleichen Reaktionen hinwirken wie die Religionen, die sie zu entmachten suchen. Im übrigen haben sie mit den Religionen viele ihrer hervorstechendsten Merkmale gemein. Eine argumentative Brillanz, die alles zu erklären weiß; einen charismatischen Führer oder eine Folge solcher Führer, die eine überragende Position im allgemeinen Aufmerksamkeitsfeld einnehmen und jeglicher Kritik entzogen sind; eine Sammlung kanonischer Texte, die aus unerfindlichen Gründen davon

---

[786] Julian Jaynes, a.a.O., S. 98
[787] Julian Jaynes, a.a.O., S. 539

dispensiert sind, sich vor dem allgemeinen Forum der wissenschaftlichen Kritik behaupten zu müssen; charakteristische Denkfiguren und Interpretationsrituale sowie der Forderung nach bedingungsloser Gefolgschaft. Seinerseits findet der gläubige Adept hier, was die Religionen einst in universellerem Maßstab zu bieten hatten: ein geschlossenes Weltbild, eine Werthierarchie sowie Augurien und Auspizien, die darüber belehren, wie man denken und handeln soll, kurzum: eine Totalerklärung des Menschen.[788]

Ich will das nicht nur als Warnung vor einer kritiklos hingenommenen Anthroposophie verstanden wissen, sondern generell vor allen Ersatzreligionen, seien es Astrologie, Reiki, Pranatherapie, Johrei oder Scientology warnen. Es bleibt uns Menschen nichts übrig, als auf unserem kulturellen Erbe (das man auch als Erblast bezeichnen könnte) aufbauend, zu versuchen, den ‚wahren' Zusammenhängen in der Natur etwas näher zu kommen.

I. Nicht-reduktionistischer Physikalismus (Gerhard Roth)

Nach diesem Schlenker zu Julian Jaynes scheint sich in dem Nicht-reduktionistischen Physikalismus, wie er von Gerhard Roth vertreten wird nun doch noch ein Lichtblick aufzutun und damit will ich auch diesen Abschnitt abschließen, da ich dessen Position nichts hinzufügen kann, was diese wesentlich modifiziert oder über diese hinausgeht. Roth beschreibt in seinem Buch *Das Gehrin und sein Wirklichkeit*[789] einen Zustand der Neurobiologie, kurz vor den Ende des zwanzigsten Jahrhunderts. Es ist anzunehmen, dass manche seiner Aussagen in der Zukunft revidiert werden. Es ist sicher, dass Fragen, deren Beantwortung er noch offen lassen musste, durch das Voranschreiten der Wissenschaft erklärt werden können. Aber zum jetzigen Zeitpunkt stellt es einen allgemein verständlichen Überblick über den Aufbau und die Funktionen des Gehirns dar und der Wirklichkeit, die es sich selbst schafft. Eindringlich stellt Roth dar, wie die einzelnen Teile des Gehirns interagieren und er räumt gleichzeitig mit vielen populären Vorstellungen über die angebliche Sonderstellung des menschlichen Gehirns auf. Roth vertritt also einen Physikalismus und dieser geht

> von dem einheitlichen Wirkungszusammenhang der verschiedenen und verschieden erlebten Bereich der Natur aus, so eigengesetzlich diese auch sein mögen.[790]

---

[788] Julian Jaynes, a.a.O., S. 539f.
[789] Roth, Gerhard: Das Gehirn und seine Wirklichkeit. Kognitive Neurobiologie und ihre philosophischen Konsequenzen. Suhrkamp, Frankfurt, 1996
[790] Roth, a.a.O., S.301

Als nicht-physikalisch wird alles angesehen

> Was den heute bekannten Naturgesetzen eklatant widerspricht, was unter klar definierten Bedingungen mithilfe einer vereinbarten Methode und innerhalb eines vereinbarten Begriffsrahmens intersubjektiv erfahrbar ist.[791]

Welche konkreten Aussagen macht nun Roth im Hinblick auf das Gehirn und den Geist? Er führt dazu folgendes aus:

> (1) Es gibt eine sehr enge Parallelität zwischen Hirnprozessen und kognitiven Prozessen.
> (2) Man kann diejenigen Hirnprozesse, die von Geist, Bewusstsein und Aufmerksamkeit begleitet sind, auf verschiedene Weise darstellen (sichtbar machen).
> (3) Die Mechanismen, die zu Geist- und Bewusstseinszuständen führen, sind in groben Zügen bekannt und physiologisch-pharmakologisch beeinflussbar.
> Im Rahmen einer solchen nicht-reduktionistischen physikalischen Methodologie ist es möglich, Geist auf der einen Seite als einen mit physikalischen Methoden fassbaren Zustand anzusehen, der in sehr großen interagierenden Neuronenverbänden auftritt, und auf der anderen Seite zu akzeptieren, dass dieser Zustand „Geist" von uns als *völlig anders* erlebt wird. Dies unterscheidet „Geist" aber nicht vom Erleben des Lichtes, der Härte von Gegenständen und der Musik.
> Verträglich mit der Annahme, dass Geist ein physikalischer Prozess ist, ist auch seine *Nichtreduzierbarkeit* auf die Systemkomponenten (Nervenzellen) des Gehirns. Diese Nichtreduzierbarkeit teilt „Geist" mit sehr vielen anderen physikalischen Zuständen. Schließlich kann Geist als physikalischer Zustand durchaus eigene Gesetze haben, d.h. „Autonomie" zeigen (er muss es jedoch nicht!). Nur dürfen diese Gesetze den bekannten Gesetzen der Physik nicht widersprechen, d.h. sie müssen mit ihnen kompatibel sein. [792]

Roth hat an vielen Stellen seines Buchs aufgezeigt, wo, wann und wie dieser physikalische Zustand, den er als Geist bezeichnet, auftritt.

Entscheidend für das Verständnis der Gedanken Roths ist auch, dass man die Unterscheidung zwischen Realität und Wirklichkeit nachvollzieht. Er weist nach, dass

---

[791] Roth, a.a.O., S.301
[792] Roth, a.a.O., S.301 f.

die Realität als solche objektiv nie erkennbar ist, da sie immer in unserem Gehirn gespiegelt wird und sich das Gehirn seine eigene Wirklichkeit schafft.

> *Die Unterscheidung zwischen Geist und Gehirn ist eine Unterscheidung innerhalb der Wirklichkeit.* Der kritische Philosoph verlangt also vom Hirnforscher etwas Widersinniges. Er soll zeigen, wie aus dem „materiellen" Gehirn Geist wird, wo doch die Unterscheidung von „Materie" und „Geist" ein[e] in der Wirklichkeit getroffene Unterscheidung ist.[793]

In unserem Zusammenhang soll auch noch kurz betrachtet werden, wie es bei Roth mit dem „Ich" bestellt ist. Das Gehirn, das mich hervorbringt ist mir selbst unzugänglich. Daraus folgt:

> Nicht nur die von mir wahrgenommenen Dinge sind Konstrukte in der Wirklichkeit, *ich selbst bin ein Konstrukt.* Ich komme unabweisbar in dieser Wirklichkeit vor. Dies bedeutet, dass das reale Gehirn eine Wirklichkeit hervorbringt, in der ein Ich existiert, das sich als Subjekt seiner mentalen Akte, Wahrnehmungen und Handlungen erlebt, einen Körper besitzt und einer Außenwelt gegenübersteht.[794]

Und Roth kommt zu dem Fazit:

> Der Abschied vom Ich als Autor meiner Handlungen und die Feststellung „Ich bin eine Konstrukt" bzw. „Das Ich ist eine Konstrukt" mögen sehr befremdlich klingen. Diese Feststellung mag uns „den Boden unter unseren Füssen wegziehen", aber sie ist genauso zwingend wie alle anderen Feststellungen über die Konstruktivität der Wirklichkeit. Tröstlich ist, dass die Stabilität meiner Wirklichkeit durch derartige Einsichten nicht bedroht wird: Ich falls nicht wirklich ins Bodenlose, wenn ich erkenne, dass ich das Konstrukt eines nur mir zugänglichen realen Gehirns bin.[795]

---

[793] Roth, a.a.O., S.332
[794] Roth, a.a.O., S.329
[795] Roth, a.a.O., S.331

J. Totale Relativitätspsychologie (Christian Kellerer)

Einen ganz anderen Weg beschritt Christian Kellerer, der aber gerade deswegen hier ausführlich vorgestellt werden soll, da auch er auf eine Aufhebung des Leib-Seele-Dualismus hinausläuft (ja noch weit darüber hinaus geht). Kellerer war Naturwissenschaftler und Ingenieur, promovierte jedoch auch in Psychologie. Er näherte sich dem hier zu betrachtenden Thema von ganz unterschiedlichen Seiten: der Psychoanalyse, der Kunst[796] und der chinesischen Denkmethode des Ch'an[797].

Zum besseren Verständnis Kellerers hier ein kurzer Blick auf sein *Schichtenbild der Person*, den *modulierten Erlebnisstrom*, die *Dreigliedrige Elementare Erlebniskette*, die *5 Stufen der Bewusstseinsentwicklung*, die *Elementarangst* und den *Begriffskäfig*.

1. Schichtenbild der Person

Kellerer entwirft ein Schichtenbild der Person, das er analog zu Darwins Entwicklung der Arten sieht. Dieses reicht von der untersten somatischen Schicht, über die instinktbetonte Triebschicht, und die Gefühlsschicht hinauf bis zur obersten bewussten Schicht mit dem sprachbegrifflichen Denken. Die einzelnen Schichten begreift er als einen jeweils von bestimmten Arten erreichten Vollkommenheitsgrad. Da er die gesamte Entwicklung als genetischen Bewusstwerdungsvorgang ansieht, kommt es zu einer stetigen Weiterentwicklung und zwangsläufigen Vervollkommnung der Zufallsentwicklungen.

2. Der modulierte Erlebnisstrom

Die Erlebnisse, die ein Mensch hat, durchziehen diese Schichten von unten nach oben, gelangen jedoch nur in besonderen Fällen in die oberste Schicht. Diese energetischen Vorgänge zwischen den Schichten bezeichnet Kellerer als *modulierten Erlebnisstrom*, der das Vehikel verschiedenartigster Erlebnisse bildet. Dieser Erlebnisstrom darf auch im Schlaf nicht unter ein bestimmtes Niveau absinken, damit eine Wiederaufnahme

---

[796] Vor allem am Beispiel des Surrealismus, doch werden diese Gedanken hier ausgespart.

[797] Sein hier vorgestelltes Hauptwerk: *Die Befreiung des abendländischen Denkens* (Stroemfeld, Frankfurt, 1996) wurde bereits 1934, während des Dritten Reiches, als Habilitationsschrift konzipiert. Das gesamte Material wurde jedoch von den Nationalsozialisten vernichtet. Erst kurz vor seinem Lebensende gelang es Kellerer, seine Gedanken noch einmal zu Papier zu bringen. Einen Teil, der den Surrealismus und den Ch'an betraf, publizierte er bereits 1968 in der Reihe der ‚Rowohlts Deutsche Enzyklopädie" unter dem Titel: *Objet trouvé und Surrealismus. Zur Psychologie der modernen Kunst*, jedoch nur als Torso, da Ernesto Grassi das Buch auf ein Drittel gekürzt hatte. Erst 1982 erschien es in vollem Umfang bei DuMont unter dem Titel: *Der Sprung ins Leere* (vergriffen).

am anderen Tag noch möglich ist. Störungen des Erlebnisstromes finden wir z.B. bei Autisten oder im Wach- oder Dauerkoma.

3. Dreigliedrige Elementare Erlebniskette

Ein weiterer Grundbegriff Kellerers ist die sog. *Dreigliedrige Elementare Erlebniskette*. Die Bezeichnung ‚elementar' soll darauf hinweisen, dass <u>alle</u> unsere Erlebnisse, ohne Ausnahme, in einem derartigen Ablauf vorzustellen sind. Der Zusatz ‚dreigliedrig' bedeutet, dass die Bewusstwerdung stets als Dreischritt vollzogen wird, nach dem Schema *Bedürfnisvorstellung, Zielvorstellung* und *Wegvorstellung*.

> Jedes Erlebnis ist stimmungsgetönt[798], jede Vorstellung erfährt eine Stimmungspolarisation nach Lust- und Unlustbetontheit. Es wird ein Bedürfnis nach Zuwendung oder Abwendung ausgelöst; so kann die erste Vorstellungsstufe *Bedürfnisvorstellung* genannt werden. Sobald der Protest gegen einen erlebten Mangel ausreichenden Bewusstseinsgrad erreicht hat, schließt sich die Wunschvorstellung eines Zustandes an, in dem der Mangel beseitigt ist: eine *Zielvorstellung*. Diese wiederum regelt die Vorstellung eines Weges zur Verwirklichung: die *Wegvorstellung*. Im praktischen Vollzug eines einzigen Erlebnisablaufs werden die drei Glieder der Elementaren Erlebniskette in zahllosen Wiederholungen mit jedes Mal wachsendem Bewusstheitsgrad immer von neuem aneinandergefügt.[799]

4. Fünf Stufen der Bewusstseinsentwicklung

Parallel dazu hat man sich die Bewusstseinsentwicklung des Menschen vorzustellen, die sich nach Kellerer in fünf Stufen vollzieht:

Erste (=animistische) Bewusstseinsstufe: die Vorstellung, dass die Dinge nicht anders wirken, als der Mensch.

Zweite (=mythische) Bewusstseinsstufe: der Mensch fühlt sich aus seiner Welt herausgehoben, er lernt das Ich-Sagen, ein erstes Weltbild entsteht.

---

[798] Erst Jahrzehnte später wurden diese Gedanken durch die Forschungen von Neurobiologen bestätigt. Antonio Damasio nannte sein neuestes Buch: *Ich fühle, also bin ich* und der Nobelpreis für Medizin im Jahre 2000 ging an drei Forscher, die die chemische Grundlage auch von Gefühlen nachgewiesen haben (Arvid Carlsson, Eric Kandel, Paul Greengard).
[799] Kellerer, Christian: Objet trouvé und Surrealismus. Zur Psychologie der modernen Kunst. Rowohlt, Reinbek, 1968, S. 9 f.

Dritte (=metaphysische) Bewusstseinsstufe: Abstrakte Begriffe, die nicht mehr an sinnliche Wahrnehmungen gebunden sind treten auf. Es bilden sich Denkstrukturen heraus, die die bisherige anschauliche Begrifflichkeit überschreiten, meta-physisch sind. Der Glaube tritt in Erscheinung, der ein totales, fugenloses Weltbild erdichten lässt:

> Indessen werden auch Mysterien erfunden, also Vorstellungsbereiche, in denen der Mensch sein Bedürfnis nach Wunderbarem befriedigen kann. Wo es sich um gefahrdrohende Vorstellungsinhalte handelt – im Abendland etwa als Wirken des Teufels – , weiß man wenigstens was man zu erwarten hat und kann sich darauf einrichten. So wird alles als geordneter Zusammenhang verstehbar – nicht im wissenschaftlichen Sinn, sondern eben im metaphysischen „credo, quia absurdum – ich glaube, weil es wider die Vernunft ist".[800]

Vierte (=hochbewusste, wissenschaftsorientierte) Bewusstseinsstufe: Kellerer führt aus, dass der Mensch in Anbetracht des Garantieglaubens an die unsterbliche Seele nun endlich rundherum zufrieden sein könne. Doch sage das allgemeine Unbehagen an der Kultur[801], dass es keineswegs so sei. Es sei auch so, dass der kollektiv-kulturelle Bewusstwerdungsvorgang ein für die menschliche Art spezifischer, biologischer Prozess sei.

> Er lässt sich nicht stoppen, sondern höchstens gelegentlich etwas beschleunigen oder verzögern. Aus dem metaphysischen Weltbild destilliert bereits im Bemühen um das Weltbild einer möglichst perfekten Sicherheitsreligion ein zweischneidiges Begriffswerkzeug heraus in Gestalt einer konsequent gesteigerten Spitzfindigkeit, die man heute „wissenschaftliches Denken" nennt. Dieser höchst irdische Ableger der himmelwärts strebenden Metaphysik entwickelte sich zwangsläufig aus dem zunehmend sorgfältigeren Umgang mit abstrakten Begriffen, der schließlich zu Logik und Erkenntniskritik als eigenen Lehrdisziplinen führte, um sich ausschließlich an der wahrnehmbaren Welt zu orientieren. Dieses naturwissenschaftliche Aufspüren aller irdischen Zusammenhänge, Naturgesetze genannt, erlaubt metaphysische Vorstellungen zunehmend durch physikalische und biologische zu ersetzen.[802]

Metaphysische Vorstellungen werden somit als Kitt zwischen wissenschaftlichen Vorstellungen erkannt, die noch nicht in ,hochbewusster' Weise miteinander in Einklang gebracht werden konnten.

---

[800] Kellerer, Christian: Die Befreiung des abendländischen Denkens. Stroemfeld, Frankfurt, 1996, S. 41
[801] so schon Freud in seinem Buch: Das Unbehagen in der Kultur
[802] Kellerer, Christian, a.a.O., S. 42

Fünfte Bewusstseinsstufe (=höchstbewusste Totalrelativität): Kellerer zeigt, dass die Koexistenz zweier Weltbilder verschiedener Bewusstseinsstufen in einem Individuum auf Dauer unmöglich ist.

> Im Zuge der Generationenfolge wird sich dieses Problem erledigen, indem die höherbewussten Weltbildvorstellungen diejenigen der geringeren Bewusstseinsstufe „überwachsen", wie die Tiefenpsychologie das Verschwinden einer neurotischen Fehlvorstellung durch biologisch strukturelle Veränderungen im Persönlichkeitsgefüge eines Patienten bezeichnet.[803]

Die wissenschaftliche, erkenntniskritische Psychologie, die Kellerer vertritt, ist sich der Relativität unserer auf allen Bewusstseinsstufen leibbezogenen Analogie-Weltbilder bewusst. Eine Sicherheit für die Richtigkeit seiner Aussagen gewinnt Kellerer aus anderen Kulturen, die es auf andere Weise zu einer „Höchstbewusstheit" gebracht haben. Kellerer führt hier das altchinesische Ch'an (s.u.) an. Wenn man zunächst liest, dass man im Ch'an vertiefte Selbstfindung, eine sog. „Erleuchtung" suche, denkt man natürlich gleich, dass man wieder in ein metaphysisches Fahrwasser geraten sei und auch das Ziel

> sein gesamtes Erlebnisvermögen, seine Libido auf den Zusammenklang der Funktion der rechten Hirnhemisphäre mit der linken auszurichten[804]

klingt mehr nach verwaschener Esoterik, die derzeit noch so en vogue ist. Doch mit der im Ch'an vollzogenen sog. „Große Befreiung" schlägt Kellerer wieder die Brücke zu dem was er in seiner 5. Bewusstheitsstufe anstrebt, nämlich die „Totalrelativität alles Begrifflichen". Dahin kann man aber nur kommen, wenn man die Begriffs- und Bewusstheitsfessel sprengt. Wenn einem das gelingt, gewöhnen wir uns auch daran

> Worte als etwas Zufälliges, Leeres, kurzum nicht als das Wesentliche des Erlebens zu betrachten.[805]

Kellerer weist aber ganz deutlich darauf hin, dass man diesen Weg, der einen fundamentalen Gefühlswechsel notwendig macht, durch rationales Wissen allein nicht erzwingen kann. Doch glaubt er gleichzeitig, dass dieser Weltbildwandel biologisch zwangsläufig ist und wir ihn in einer ‚Spirale der Bewusstwerdung' schrittweise erreichen werden.

---

[803] Kellerer, Christian, a.a.O., S. 43
[804] Kellerer, Christian, a.a.O., S. 271
[805] Kellerer, Christian, a.a.O., S. 273

5. Begriffskäfig

Kellerer bezeichnet den Menschen als *‚Zweiweltentier'*. Während alle Tiere, bis herauf zum Menschen, nur in der sinnlichen Wahrnehmungswelt leben, eröffnet sich für den Menschen eine zweite, zwar von der Wahrnehmungswelt abstrahierende, aber wesensmäßig grundsätzlich anders aufgebaute Welt, die Begriffswelt. Zwar haben sich die Begriffe über Tausende von Jahren entwickelt, doch sind sie nach Kellerer gleichzeitig auch *‚Begriffskäfige'*, deren *‚Denkfessel'* jedoch nicht wahrgenommen wird und die daher bestimmen, was wir als sog. Wirklichkeit erleben.

6. Elementarangst

Ein Faktor, der es uns erschwert, aus dem Begriffskäfig auszubrechen, ist die tiefsitzende Angst, die von Kellerer als *Elementarangst*[806] bezeichnet wird. Er zeigt überzeugend, wie diese, aus dem tiefsten Gefühlsbereich stammende Angst wirkt und wie sie uns hindert metaphysische Vorstellungen aufzugeben, die uns Sicherheit geben[807]. Diese Elementarangst sei auch ein wesentliches Mittel, das die Kirchen zur Stützung ihrer Glaubensvorstellungen heranziehen.

> Als Darwin die biblische Schöpfungsgeschichte zur Primitivlegende abwertete, musste sich die Kirche bereits mit ihrem verbalen Bannstrahl begnügen. Wenn heute moderne Gehirnforschung in physiologische Subtilitäten vordringt, die den alten Leib-Seele-Dualismaus in gleicher Weise zur Primitivlegende machen, sieht sch die Kirche zur Anerkennung der Koexistenz ihres Weltbildes mit dem der Wissenschaft gezwungen, um wenigstens den schizophrenen Zustand von metaphysischem Sonntags- und Alltagsweltbild noch so lange wie möglich in möglichst vielen Individuen aufrecht zu erhalten.[808]

Das Auseinanderklaffen von religiösem Sonntags- und wissenschaftlichem Alltagsweltbild zeigt Kellerer z.B. an Albert Einstein und Wolfgang Pauli auf.

7. Die Ch'an-Methode

Kellerer beschreibt zunächst, die von ihm so bezeichnete ‚Zweistufen-Psychotherapie', deren erster Schritt in der bewusstheitlichen Erarbeitung der vorhei unbewussten Verdrängungszusammenhänge besteht und deren zweiter in der

---

[806] zum Angstbegriff sei auf die entsprechende psychologische Literatur verwiesen, z.B. auf Freuds Begriff der Todesangst. Michael Lukas Moeller zeigt in seinem Buch „Der Krieg, die Lust, der Frieden, die Macht" (Rowohlt, 1992), wie Angstsituationen durch seelische Abwehrmethoden erotisiert werden können, wie z.B. in der Kriegsgeilheit im Ersten Weltkrieg (aber nicht nur in diesem!).
[807] man sollte treffender sagen: vorgaukeln
[808] Kellerer, Christian, a.a.O., S. 43

Erwirkung des Heilserlebnisses auf dem Wege, den Patienten zu einem nicht nur ‚gewussten', sondern ‚erlebten' Weltbildwandel zu verhelfen.

Dies ist für Kellerer nichts anderes, als das tausend Jahre alte Prinzip des Weges zur Erleuchtung und zwar derjenige (von fünf) altchinesischen Ch'an-Methoden, der in ‚hochbewusster' Weise alle metaphysischen Vorstellungen ablehnt.

> Höchstbewusster Ch'an zielt nicht auf Neurosenheilung, sondern von vornherein auf eine weit umfassendere, begriffssprengende, totalrelative Bewusstwerdung, und damit auf eine Bewusstheitsstufe, der sich unsere Kultur auf ihre ganz andere, arteigene, objektorientierte, wissenschaftliche[809] Weise nähert.[810]

Im Ch'an geht es nicht, wie in der Psychotherapie, um Heilung von (seelischen) Krankheiten, sondern um allgemeine Erlebniserweiterung. Kellerer ist jedoch überzeugt, dass das Erleuchtungserlebnis, das man im Ch'an erreichen kann, in ungleich größerer Wucht in das Persönlichkeitsgefüge eingreift, als dies bei der ‚Weltbilderschütterung' bei einer Neurosenauflösung erreicht werden kann.

> Das Prinzip ist jedoch das gleiche. An der Stelle der die Bedürfnisspannung erhöhenden Analyse steht die Meditation über die mit dem Zen bekannt gewordenen absurden Anekdoten und Aussprüche wie etwa: „Eine Staubwolke erhob sich aus dem Ozean und die Brandung dröhnte aus dem Binnenland."[811]

Die Sicherheit der Zielerreichung im Ch'an-Studium entspricht nach Kellerer etwa der eines erfolgreich abgeschlossenen Universitätsstudiums unseres Kulturbereiches.

Wie sieht es aber bei uns im Westen aus? Kellerer ist sich darüber im Klaren, dass die denkerische Avantgarde ein verlorenes Häufchen ist, abseits von den

> religiösen, restmetaphysischen, philosophischen, neo-schamanistischen und sonstigen sektiererischen Weltbildsuchern. [Eine Avantgarde], die zu ahnen beginnt, dass die zur Innenansicht ihres Begriffskäfiges gehörige Außenansicht die bewusstseinsgesteigerte Überwindung und das Ende des aus metaphysischen Begriffsvorstellungen zusammengekleisterten, mittelalterlichen Weltbildes bedeutet.[812]

---

[809] Kellerer erteilt damit allen Methoden eine deutliche Absage, die versuchen fernöstliche Heilslehren, Heilungsmethoden oder philosophische Denksysteme unbesehen dem westlichen Denken überzustülpen.
[810] Kellerer, Christian, a.a.O., S. 214
[811] Kellerer, Christian, a.a.O., S. 214
[812] Kellerer, Christian, a.a.O., S. 624

In zweiten Band seines Buches geht Kellerer differenziert auf die oben genannten Bewusstwerdungsschritte ein, von Kellerer *Spirale der Bewusstwerdung'* genannt, ein und zeigt an zahlreichen Beispielen, wie man sich zutreffende Aussagen von Astrologen oder Kartenlegern erklären kann („Ahmungsverhalten"), wie sich durch die, von ihm so genannte „Rhythmologie", Ergebnisse aus den Bereichen der Psi-Erscheinungen, des Spiritismus oder der Thanathologie erklären lassen oder was es mit C.G. Jungs „Synchronizität" auf sich hat.

In unserem Zusammenhang sind besonders seine Ausführungen zum Zeiterlebnis interessant. Kellerer zeigt, dass auch unser Zeitbegriff ausschließlich aus der physiologisch begründeten Wahrnehmungswelt stammt, die Mensch und Tier verbinden. Wie bei Popper & Eccles gibt es auch bei Kellerer mehrere „Welten". Bei Kellerer ist der Mensch jedoch nur ein „Zweiweltentier". Die eine Welt ist die der Wahrnehmungen, die andere die der Begriffe. Und eben das „Zeit"-Erlebnis ist die einzige unmittelbare Verbindung zwischen Wahrnehmungs- und Begriffswelt. Gleichzeitig wird das Nacheinander von Eindrücken und Vorstellungen, sowie der rückgreifenden Erinnerung daran, die tragende Funktion seines „Selbst"-Bewusstseins.

> Im Aufdecken der physiologischen Wurzel des Zeiterlebens gelingt also der lückenlose Anschluss des psychischen Verhaltens an das Organische und damit die unbestreitbare Überwindung jener Reste von verklausuliertem Leib-Seele-Dualismus, der das abendländische Denken noch immer in den Grenzen seiner mittelalterlichen Bewusstheitsstufe festhält. Der metaphysische Zeit-Begriff und der metaphysische Seele-Begriff haben sich rückkoppelnd zu einem ichbetonten, elementar-angst-geplagten Selbst-Erleben besonderer Art gesteigert. Aufgrund der dadurch erfolgten Gefühlsprägung kommt es zu einer kollektiven Faszination, die über den Begriffskäfig, einem posthypnotischen Auftrag vergleichbar, auch jene Abendländer beherrscht deren Bewusstheitsbedürfnis über das mittelalterlich metaphysische Weltbild hinausgewachsen ist. Dieses Bewusstwerdungsbedürfnis kann solange nicht befriedigt werden, als das kollektiv-kulturelle Weltbild noch unter dem gewaltigen, anhaltenden Verdrängungsdruck aus der Gefühlsschicht steht, der in Gestalt metaphysischer Restvorstellungen die Weiterentwicklung bzw. Auflösung des Begriffskäfigs blockiert. Dieses gleichsam neurotische Einfrieren des Denkvermögens macht die Auseinandersetzung mit dem abstrakten Zahl- und Zeitbegriff so schwer; denn es verhindert nicht nur das Weiterschreiten auf dem Wege der Bewusstwerdung, sondern auch die Rückschau auf frühere kollektiv-kulturelle Erlebnisstufen. Für deren

Ausdruck findet sich im derzeitigen abendländischen Weltbildkäfig kein unmittelbar geeignetes Begriffswerkzeug mehr.[813]

Die eminente Bedeutung (um nicht Formulierungen aus dem militärischen Bereich, wie Sprengkraft oder durchschlagende Wirkung zu benutzen) des Buches von Kellerer wurde mir erst nach und nach deutlich. Wird einem doch durch die totale Relativierung förmlich der Boden unter der Wissenschaft entzogen. Da hat man sich nun jahrelang daran gewöhnt, nur begrifflich klare und wissenschaftlich abgesicherte Aussagen zu machen und wird nun aufgefordert, aus diesem Begriffskäfig wieder auszubrechen. Andererseits kann ich mich auch wieder zumindest mit dem Gedanken beruhigen auf dem richtigen Weg zu sein, da der von Kellerer aufgezeigte Weg zwar unausweichlich zu sein scheint, es aber (trotz der enormen Beschleunigung in heutiger Zeit) noch etliche Generationen dauern wird, bis diese Gedanken Allgemeingut sein werden.

Kellerer führt dies im Kapitel „Die fünf Bisse in den Apfel der Erkenntnis" näher aus.

- Der erste Apfelbiss führt aus dem tierlichen Unbewussten heraus zur Bewusstwerdung der Sterblichkeit
- Der zweite Apfelbiss führt durch die Erfindung des Mikro- und Teleskops zur Erweiterung der Sinnenwelt des Auges.
- Im dritten Apfelbiss ist durch die Trennung der metaphysischen von der rationalen Komponente der Werkzeugbegriff des Denkens im Entstehen.
- Der vierte Apfelbiss wird dem abendländisch geprägten Zweiweltentier im Computer ein Instrument geben, das dem übergeordneten Organ „Gehirn" eine praktisch unbegrenzt steigerungsfähige Denkgeschwindigkeit ermöglichen wird.
- Nun wird der fünfte Apfelbiss fällig werden was den Ausstieg aus dem Begriffskäfig bedeutet.[814]

Kellerer zeigt am Beispiel Galileis, welche Schwierigkeiten schon der zweite Apfelbiss bereitete, bis er zur Selbstverständlichkeit wurde. Er sieht den Menschen heute noch mitten im dritten Apfelbiss. Hätten wir die saubere Trennung von Emotional- und Rationaldenken schon erreicht, dann wären Religion und Philosophie bereits ausgemerzt.
Zwar erkennt Kellerer die große Bedeutung des Computers und entwirft sogar Programme, wie uns der Computer helfen könnte zu rationalerem Denken zu

---

[813] Kellerer, Christian, a.a.O., S. 501 f.
[814] Kellerer, Christian, a.a.O., S. 650

gelangen, doch steht diese Entwicklung, wie wir wissen, erst ganz am Anfang. Aber erst im fünften Apfelbiss wird sich der Begriffskreis schließen

> der das Denken als ausschließliche Funktion des Leibes, nicht anders als die Verdauung erkennen lassen wird.[815]

K. Ausblick

Wie immer die naturwissenschaftliche Erforschung des Bewusstseins weiter gehen wird, immer wird das Wort von Francis Crick gelten:

> Nur die Zeit (und viele weitere wissenschaftliche Arbeit) wird Gewissheit darüber bringen. Wie die Antwort auch ausfallen mag,, der einzig vernünftige Weg, auf dem wir zu ihr gelangen, führt über detaillierte wissenschaftliche Forschung. Jedes andere Vorgehen ist nicht viel mehr als ein Pfeifen im Wald.[816]

Wenn ich am Eingang dieses Kapitels vorsichtig formuliert habe: „Im ausgehenden 20. Jahrhundert hat sich angebahnt, was wahrscheinlich im nächsten Jahrhundert, nach meiner Überzeugung aber sicher im gleichzeitig anbrechenden neuen Jahrtausend gelöst werden wird: die Überwindung des Dualismus von Leib und Seele", dann muss ich sagen, dass ich, zurückblickend auf diese ganz unterschiedlichen Ansätze: es ist schon längst geschehen. Den sogenannten Gegensatz von Leib und Seele, Körper und Geist gibt es nicht mehr. Mögen auch die Einzelheiten der Speicherung von Gedächtnisinhalten, der Entstehung von Gefühlen, des Auftauchen von Bewusstsein und Selbstbewusstsein noch zu erforschen sein, das grundsätzliche Problem (das an sich nie eines war, nur von verschiedenen Seiten zu einem gemacht wurde) ist gelöst.

XX.   Schlusswort

Es dürfte deutlich geworden sein, dass ich skeptisch gegenüber allen Erklärungsmodellen des Menschen bin, die das komplexe Zusammenspiel aller Faktoren im Menschen auf einige wenige Aspekte reduzieren wollen.
Die Bemühungen der Philosophie und der Psychologie, den Menschen zu beschreiben, werden als Modelle verstanden, die aufeinander aufbauend zu einer immer weiteren Durchdringung des Phänomens des Menschen beitragen. Historisch haben diese Modelle dazu beigetragen ältere Modelle aufgrund neuer Erkenntnisse oder Sichtweisen zu revidieren. Heutige Modelle kommen nicht umhin neueste Ergebnisse

---

[815] Kellerer, Christian, a.a.O., S. 651
[816] Crick, Francis: Was die Seele wirklich ist. Die naturwissenschaftliche Erforschung des Bewusstseins. Rowohlt, Reinbek, 1997, S. 323

einzubeziehen, sei es aus Astronomie, Archäologie, Paläoanthropologie, Neurophysiologie, Genforschung etc.

Jedes Modell, das heute noch ernsthaft diskutiert werden will und sich nicht als historisch, antiquiert, überholt einstufen lassen will, muss diese neuen Erkenntnisse mit einbeziehen. Dies ist einerseits mühsam, ständig seine Position zu überprüfen und ggf. neu zu bestimmen, macht es aber andererseits auch so spannend und lohnend sich auf dem „Spiralweg der Erkenntnis" zu befinden.

Der Philosoph Bertrand Russell hat einmal eine Bemerkung gemacht, wie man sich Philosophen generell nähern sollte, die ich an dieser Stelle und im Hinblick auf die Anthroposophie einfügen möchte:

> Will man einen Philosophen studieren, so ist die richtige Einstellung ihm gegenüber weder Ehrfurcht noch Geringschätzung, sondern zunächst eine Art hypothetischer Sympathie, bis man in der Lage ist, nachzuempfinden, was der Glaube an seine Theorie bedeutet; erst dann darf man ihn kritisch betrachten, und das möglichst in der geistigen Bereitschaft eines Menschen, der von seinen bisher vertretenen Ansichten unbelastet ist. Geringschätzigkeit würde den ersten und Ehrfurcht den zweiten Teil dieses Vorganges beeinträchtigen. Zweierlei ist stets zu bedenken: dass man bei einem Mann, dessen Anschauungen und Theorien des Studiums wert sind, schon eine gewisse Intelligenz voraussetzen darf, dass es aber andererseits wahrscheinlich keinem Menschen gegeben ist, über irgendeinen Gegenstand die vollkommene und letzte Wahrheit erkennen zu können. Wenn ein intelligenter Mensch eine Ansicht vertritt, die uns offensichtlich unsinnig erscheint, sollten wir nicht zu beweisen suchen, dass doch etwas Wahres daran sei, uns vielmehr um die Einsicht bemühen, warum diese Anschauung jemals richtig *erscheinen* konnte.[817]

Würden die Anthroposophen dies beherzigen, wäre die Diskussion um vieles leichter und auch gewinnbringender. Ich habe immer zum Ausdruck gebracht, dass Steiner in seiner Zeit sehr viel geleistet hat und seiner Zeit in manchen Dingen auch weit voraus war. Die Fehler, die ihm aufgrund der Kenntnisse, die ihm um die Jahrhundertwende zur Verfügung standen, unterliefen, braucht man ihm auch gar nicht ankreiden, andere haben mindestens ebenso große Fehler gemacht. Die Anthroposophen versuchen aber stets krampfhaft alles was Steiner gesagt hat, als wahr zu beweisen, da es ihm gegeben war, aufgrund seiner (so behauptet man) Höheren Erkenntnisfähigkeit die „vollkommene und letzte Wahrheit" zu erkennen. Das ist aber in meinen Augen ein fataler Trugschluss.

---

[817] Russell, Bertrand: Philosophie des Abendlandes. Wissenschaftliche Buchgesellschaft, Darmstadt, 1997, S. 61

Einen Anthroposophen aber, der unbeirrbar an seinen Überzeugungen hinsichtlich Seele und Geist, Reinkarnation und Karma, Äther- und Astralleib etc. festhält kann man nur mit Feyerabend so bezeichnen, wie dieser von einem dementsprechenden Physiker schrieb:

Er ist einfach widerspenstig oder schlecht informiert oder beides.[818]

A. Wege aus dem Dilemma?

Inzwischen dürfte klar geworden sein, dass das Ich des Menschen die höchste Stufe des Bewusstseins erfordert, das Selbstbewusstsein. Wenn es einmal gelingen sollte, das Phänomen des Bewusstseins zu klären, dann ist es nur noch ein kleiner Schritt zur Erklärung des Selbstbewusstseins und des Ich.
Dorthin führen m.E. nur zwei Wege, die (restlose) Erklärbarkeit oder der (ewige) Mystizismus.
Ich persönlich habe den Eindruck, dass sich viele philosophische Fragen (z.B. nach dem Verhältnis von Leib zu Seele) durch das Fortschreiten der Naturwissenschaften überholen. Das bedeutet in keiner Weise das Ende der Philosophie, sondern schafft Freiräume für diese, sich auf fundamentale philosophische Fragen zu beschränken, wie z.B. Fragen der Ethik bei Organtransplantationen oder in der Genforschung (Klonung).

1. Erklärbarkeit

Das Zustandekommen des Bewusstseins dürfte dann geklärt sein, wenn das *Bindungsproblem* gelöst ist. Selbst wenn man das Bewusstsein als ein Nebenprodukt spezifischer physikalischer Prozesse ansieht, die in spezifischen Typen von Materie ablaufen, muss noch erklärt werden, wo oder wie die (Ver-) Bindung zwischen den materiellen Prozessen und den Bewusstseinsneuronen stattfindet. Frage ist dabei, ob damit auch die bewussten Empfindungen selbst, die sog. Qualia erklärt würden.

Lösungsrichtungen könnten sein:

40-Hertz-Oszillationen von Neuronenverbänden. Dies bezieht sich auf eine ursprünglich von Christop Koch geäußerte Hypothese, dass bei bewussten Vorgängen ganze Gruppen von Neuronen in einer charakteristischen Frequenz von 30 oder 40 Hertz zu schwingen begänne. Diese Hypothese konnte in der Zwischenzeit von verschiedenen Forschern erhärtet werden.

---

[818] Feyerabend, Paul: Erkenntnis für freie Menschen. Suhrkamp, Frankfurt, 1980, S. 69

Hierarchisches Modell der Wirklichkeit, wie es von Philip Anderson vorgeschlagen wurde.

> Die Wirklichkeit sei hierarchisch aufgebaut, wobei jede Ebene bis zu einem gewissen Grad unabhängig von den Ebenen über und unter ihr sei. Auf jeder Ebene bedarf es vollkommen neuer Gesetze, Begriffe und Verallgemeinerungen, die genausoviel Inspiration und Kreativität erfordern wie die auf der vorangehenden Ebene. [] Wenn es ein Phänomen der Natur gebe, das nachweislich mehr sei, als die Summe seiner Teile, dann sei das der menschliche Geist.[819]

Modell des Bewusstseins nach der **Chaostheorie**, wie es z.B. von Walter Freeman vertreten wird. Er konnte zeigen, dass große Neuronenverbände chaotische Muster erzeugen. Dadurch könne man sch evtl. die Fähigkeit des Gehirns erklären, auf komplexe Sinnesdaten mit erstaunlicher Schnelligkeit zu reagieren.

2. Mystizismus

Die „neuen Mystiker"[820] behaupten, dass sich Bewusstsein niemals vollständig auf herkömmliche wissenschaftliche oder sonstige Weise erklären lasse.

> Zur Untermauerung ihres Standpunktes berufen sich die Mystiker häufig auf eine begriffliche Unterscheidung, die von Noam Chomsky eingeführt wurde. Der am MIT[821] lehren Linguist unterschied zwischen *lösbaren Problemen*, die zumindest grundsätzlich mit herkömmlichen wissenschaftlichen Methoden beantwortbar seien, und *unlösbaren Problemen*. Er wies darauf hin, dass alle Organismen bestimmte Fähigkeiten und Leistungsgrenzen besitzen, die auf ihre spezifische Ausstattung zurückzuführen seien.[822]

Chomsky selbst behauptete jedoch später, dass es gar kein Geist-Körper-Problem gebe. Dazu sei eine bestimmte Definition von „Körper" erforderlich. Der letzte Körperbegriff, den wir hatten, sei jedoch von Newton vernichtet worden, indem er zeigte, dass sich Objekte auch in nichtmechanischer Weise beeinflussen können, nämlich durch die Schwerkraft. Dadurch habe er die materialistische Weltanschauung letztlich zerstört.

---

[819] Horgan, John: Der menschliche Geist. Luchterhand, München, 2000, S. 358
[820] so benannt von Owen Flanagan in seinem Buch „The Science of Mind", 1991
[821] Massachusetts Institute of Technology (MIT)
[822] Horgan, John, a.a.O., S. 343f.

Die Welt besteht nicht nur aus Objekten, die sich gegenseitig durch direkten Kontakt beeinflussten, sondern aus immateriellen Eigenschaften. Zu diesen Eigenschaften gehörten Schwerkraft, Elektromagnetismus und auch Bewusstsein. Es ist ein interessantes Element in der Geschichte der menschlichen Irrationalität, dass wir weiterhin von dem Geist-Körper-Problem sprechen.[823]

Am Ende findet man aber häufig vor sich noch sog. *letzte Fragen*, nach dem Ursprung des Universums, nach dem Wirken des Schöpferischen in ihm. Rupert Sheldrake schreibt am Ende eines seiner Bücher, dass man diese Fragen als ewiges Mysterium betrachten und sich damit zufrieden geben kann.

Fragen wir aber weiter, so geraten wir auf das Terrain uralter Denktraditionen, in denen der schöpferische Urgrund die verschiedensten Namen trägt: das Eine, Brahman, die Leere, das Tao, die ewige Vereinigung von Shiva und Shakti, die heilige Dreieinigkeit. In all diesen Traditionen erreichen wir früher oder später die Grenzen des begrifflichen Denkens und das Gewahrsein dieser Grenzen. Nur Glaube, Liebe, mystische Einsicht, Kontemplation, Erleuchtung oder göttliche Gnade geben uns die Möglichkeit, diese Grenzen zu überschreiten.[824]

Selbst der Nobelpreisträger Christoph Koch meinte, dass das Rätsel des Bewusstseins vielleicht schlicht die Erklärungskraft der Wissenschaft übersteige und berief sich auf Wittgenstein:

Wovon man nicht sprechen kann, darüber muss man schweigen.[825]

---

[823] Horgan, John, a.a.O., S. 345
[824] Sheldrake, Rupert: Das Gedächtnis der Natur. Scherz, Bern, 1990, S. 390
[825] Wittgenstein, Ludwig: Tractatus logico-philosophicus. Suhrkamp, Frankfurt, 1963, Seite 115, Satz 7.

Dem widersprach jedoch Christian Kellerer, indem er den Satz umformulierte:

> Worüber man noch nicht sprechen kann, dafür muss man sich in der Begriffswelt einen jeweils problemgemäßen Begriffskäfig erbauen.[826]

Bauen wir also weiter an unseren Käfigen aber lassen wir uns eine Türe, die wir von innen öffnen können!

---

[826] Kellerer, Christian: Die Befreiung des abendländischen Denkens. Stroemfeld, Frankfurt, 1996, S. 641

XXI. Literaturverzeichnis

1. Adams, Douglas: Der elektrische Mönch. Rogner & Bernhard bei Zweitausendeins, Frankfurt, 1988

2. Albonico, Hans Ulrich: Gentechnik: Die Zementierung des genetischen Determinismus. Rundbrief für die Mitarbeiter der medizinischen Sektion am Goetheanum in aller Welt. Advent 1995, Nr. 14, S. 209 - 212

3. Allport, Gordon W.: Pattern and Growth in Personality. Holt, London & New York, 1961

4. Ariès, Philippe: Geschichte des Todes. Wissenschaftliche Buchgesellschaft, Darmstadt, 1996

5. Arnold, Wilhelm: Lexikon der Psychologie. Band 2. Herder, Freiburg, 1971

6. Aub, Max: Jusep Torres Campalans. Piper, München, 1999

7. Bachmann, Ingeborg: Das dreißigste Jahr. In: Ingeborg Bachmann. Werke 2: Erzählungen, Piper, München, 1993

8. Badewien, Jan: Anthroposophie. Ein kritische Darstellung. Bahn, Konstanz, 1985

9. Barth, Ariane: Hautnah wie ein Liebender - Die Macht des Mondes. Der Spiegel, 41 (17), April 1987, S. 110

10. Barz, Heiner: Anthroposophie im Spiegel von Wissenschaftstheorie und Lebensweltforschung. Zwischen lebendigem Goetheanismus und latenter Militanz. Deutscher Studienverlag, Weinheim, 1994

11. Barz, Helmut: Heilung und Wandlung. C.G. Jung und die Medizin. dtv, München, 1991

12. Baumann, Adolf: Wörterbuch der Anthroposophie. Mvg-Verlag, München, 1986

13. Bavastro, Paolo: Ärzte für eine enge Zustimmung. Drei Thesen zum Transplantationsgesetz. Rundbrief für die Mitarbeiter der medizinischen Sektion am Goetheanum in aller Welt. Epiphanias, No. 15, 1996, S. 32

14. Berendt, Joachim-Ernst: Das dritte Ohr. Vom Hören der Welt. Rowohlt, Reinbek, 1985

15. Berendt, Joachim-Ernst: Hinübergehen. Das Wunder des Spätwerks. Network bei Zweitausendeins, Frankfurt, 1993

16. Berendt, Joachim-Ernst: Nada Brahma. Die Welt ist Klang. Rowohlt, Reinbek, 1983

17. Berger, Frank: Unter neuen Vorzeichen. Bruckner, Mahler, Schönberg und ihr karmischer Umkreis. Verlag am Goetheanum , Dornach, 1996

18. Bernhard, Andreas: Verblaßte Mythen: Das Herz. Süddeutsche Zeitung. 20./21.7.1996, S. 41

19. Bischof, Marco: Biophotonen. Zweitausendeins, Frankfurt, 1995

20. Blackmore, Susan: Beinahe tot. In: Gero von Randow (Hrsg.): Mein paranormales Fahrrad. Rowohlt, Reinbek, 1993

21. Bleibtreu-Ehrenberg, Gisela: Der Leib als Widersacher der Seele. In: Jüttemann, Gerd (Hrsg.): Die Seele. Psychologie Verlagsunion, Weinheim, 1991

22. Blum, André: Der Mythos objektiver Forschung. Die Zeit, 11.6.1998

23. Bosse, Dankmar: Vergleich der anthroposophischen und der geologischen Gliederung der Erdgeschichte. Der Merkurstab, 45 (4), 1992, S. 291 ff.

24. Bosse, Dankmar: Wie alt ist unsere Erde? Der Merkurstab, 46 (4), 1993, S. 382 ff

25. Braun, Christoph von: Warum japanische Ärzte selten Herzen verpflanzen. Süddeutsche Zeitung. 29.2.1996, S. II

26. Breuer, Ingeborg et al.: Welten im Kopf. Profile der Gegenwartsphilosophie. England / USA. Was ich meine, kann ich ausdrücken. Sprach- und Geistphilosophie bei John R. Searle. Wissenschaftliche Buchgesellschaft, Darmstadt, 1996

27. Brons, Thomas Michael: Ätsch, ich habe gelebt. Volksverlag, Linden, 1982, S. 194f.

28. Brügge, Peter: Die Anthroposophen. Rowohlt, Reinbek, 1984

29. Brügge, Peter: Die Mysterien finden im Hauptbahnhof statt. Gespräch mit Joseph Beuys. Der Spiegel, 1984(23), S. 179

30. Bühler, Walther: Schicksal und Sinngebung im Lichte der Reinkarnation. Soziale Hygiene. Merkblätter zur Gesundheitspflege im persönlichen und sozialen Leben, Verein für ein erweitertes Heilwesen, Bad Liebenzell, 1984

31. Buschbeck, Malte: Wenn selbst Naturgesetze irren. Süddeutsche Zeitung, 22. Juni 1982

32. Büttner, Christian: Erfahrungen in Todesnähe. Rückkehr zum Leben. Der Merkurstab, (49), Heft 4, Juli/August 1996, S. 336 - 339

33. Calvin, William H.: Der Strom der bergauf fließt. Eine Reise durch die Evolution. Hanser, München, 1994

34. Capelle, Wilhelm: Die griechische Philosophie. Von Thales bis zum Tode Platons.
Walter de Gruyter (Sammlung Göschen), Berlin, 1971

35. Capelle, Wilhelm: Die Vorsokratiker. Kröner, Stuttgart, 1968

36. Carroll, Robert T.: Astral Projection. In: The Skeptic's Dictionary, 1994. Internet: http://wheel.dcn.davis.ca.us/~btcarroll/home/bobshome.html

37. Chalmers, David J.: Facing Up to the Problem of Consciousness. Internetkontaktadresse: chalmers@ling.ucsc.edu

38. Charhadi, Driss ben Hamed: Ein Leben voller Fallgruben. Greno, Nördlingen, 1985
39. Chartiers, Emile: in Picon, Gaetan: Panorama des zeitgenössischen Denkens. S. Fischer Verlag, 1961, S. 38 ff
40. Churchland, Paul M.: Die Seelenmaschine. Spektrum Akademischer Verlag, Heidelberg, 1997
41. Cook, Donald A.: Reincarnation: The Phoenix Fire Mystery. An East-West Dialogue on Death and Rebirth. Ed. by Joseph Head et al. Julian Press, NY. 1977. In: Journal of the American Society for Psychical Research, 73(3), 1979
42. Copleston, Frederick: A History of Philosophy. Vol. 7, Part 1, Doubleday, NY, 1965
43. Covarrubias, Miguel: Island of Bali. Oxford University Press, 1972, 1989[11] (First published 1937)
44. Cramer, Friedrich: Der Zeitbaum. Grundlegung einer allgemeinen Zeittheorie. Insel, Frankfurt, 1994
45. Cramer, Konrad: Das cartesianische Paradigma und sein Folgelasten. In: Bewusstsein. Hrsg.: Sybille Krämer. Suhrkamp, Frankfurt, 1996
46. Crick, Francis: Was die Seele wirklich ist. Die naturwissenschaftliche Erforschung des Bewusstseins. Rowohlt, Reinbek, 1997
47. Damasio, Antonio R.: Descartes ' Irrtum. Fühlen, Denken und das menschliche Gehirn. München, 1997
48. Damasio, Antonio: Ich fühle, also bin ich. Die Entschlüsselung des Bewusstseins. List, München, 2000
49. Deppe, Stefan: Intentionalität und Bewusstsein in Searles Philosophie des Geistes. Philosophisches Seminar I, Albert-Ludwigs-Universität, Freiburg, 1999 (deppe@uni-freiburg.de)
50. Der Spiegel: Am Anfang war der Kot, 1996(4), S. 136-138
51. Der Spiegel: Auf der Spur des ersten Menschen. Siegeszug aus der Sackgasse. 1995(42), S. 218 ff
52. Der Spiegel: Aufstand gegen den Tod. Ausgräber klären das Rätsel der Pyramiden, 1995(52), S. 154-165
53. Der Spiegel: Bohnen in den Ohren, 1986(3), S. 182
54. Der Spiegel: Brücke der Gefühle. 1996(19)
55. Der Spiegel: Der Schlaf wird erforscht: Heißes Hirn, 1968(39), S.143
56. Der Spiegel: Die Suche nach dem Ich. 1996(16), S.190 - 202
57. Der Spiegel: Faustischer Pakt, 1996(4), S. 140-141
58. Der Spiegel: Floras Erzählungen. Um die "Multiple Persönlichkeitsstörung", den Psycho-Hit der frühen Neunziger, ist es still geworden. 44, 1998
59. Der Spiegel: Fröhlich mit neunzig. 1995(34), S. 153
60. Der Spiegel: Fuß im Jenseits. 1981(8), S.199
61. Der Spiegel: Gehirnentwicklung erfolgt noch bis zur Pubertät. 2000(10)

62. Der Spiegel: Jeden Tag Gurken, 1996(12), S. 199-203
63. Der Spiegel: Kommandos aus dem Bauch. 1996(10), S. 210-213
64. Der Spiegel: Kult in heiligen Hütten, 1995(52), S. 162
65. Der Spiegel: Lehrreicher Alptraum. Was unterscheidet den Menschen vom Wurm? Viel weniger als gedacht. 1995(38), S. 234f.
66. Der Spiegel: Posse im Pleistozän. 1996(23), S. 198
67. Der Spiegel: Schlaflos in den Tod, 1996(3), S. 185-186
68. Der Spiegel: Sinn für Humor, 1996(4), S. 152-153
69. Der Spiegel: Soviel Psi war noch nie, 1994(52), S. 88ff
70. Der Spiegel: Stimme Gottes. 1995(43), S. 228
71. Der Spiegel: Wissenschaft - Bart ab, 1974(48)
72. Deutsch, Werner, et. al.: Identitätsentwicklung von Zwillingen: Warum das Selbst nicht geklont werden kann. In: Grewe, Werner: Psychologie des Selbst (Hrsg.), Psychologie Verlags Union, Weinheim, 2000
73. Dietel, Gerhard: Musikgeschichte in Daten. dtv/Bärenreiter, München, 1994
74. Dittrich, Adolf: Ätiologie-unabhängige Strukturen veränderter Bewusstseinszustände. Ferdinand Enke Verlag, Stuttgart, 1986
75. Dorsch, Friedrich: Psychologisches Wörterbuch. Hans Huber Verlag, Bern ,1982
76. Drews, Sibylle: Psychoanalytische Ich-Psychologie. Suhrkamp, Frankfurt, 1975
77. Duden: Herkunftswörterbuch. Bibliographisches Institut, 1993
78. Duerr, Hans Peter: Ni Dieu - ni mètre. Anarchistische Bemerkungen zur Bewusstseins- und Erkenntnistheorie. Suhrkamp, Frankfurt, 1985
79. Duerr, Hans Peter: Traumzeit. Über die Grenze zwischen Wildnis und Zivilisation. Suhrkamp, Frankfurt, 1985
80. Dürr, Hans Peter in: Lüpke, Geseko von: Der Erde eine Stimme geben. Tiefenökologie. Das Modell einer ganzheitlichen Umweltethik. Bayerischer Rundfunk: Kirchenfunk., 19.7.1995 (20:05 - 21:30)
81. Easton, Stewart, C.: Man and world in the light of anthroposophy. The Anthroposophic Press, Spring Valley, 1975
82. Eberl, Ulrich: Steuerungsversuche am Rande des Chaos. Süddeutsche Zeitung. 26.10.1995
83. Ebigbo, Peter O. & Ihezue, U.H.: Der Glaube an Reinkarnation (das OGBA NJE-Phänomen) und seine Bedeutung für die Psychotherapie in Nigeria. Zeitschrift für psychosomatische Medizin, 27, 1981, S. 84
84. Eccles, John C. & Zeier, Hans: Gehirn und Geist. Kindler, München, 1980
85. Ehrenstein, Claudia. „Akzeptanz für Transplantation eines Kopfes wird zunehmen." (Gespräch mit Robert J. White). Die Welt, 30.8.2000
86. Eissler, K.R.: Goethe. Eine psychoanalytische Studie. Band 2. Stroemfeld / Roter Stern, Basel, 1985

87. Encyclopaedia Britannica. Encyclopaedia Britannica Inc., Chicago, 1978
88. Esterházy, Péter: Thomas Mann mampft Kebab am Fuße des Holstentors. Residenz-Verlag, Salzburg, 1999
89. Fäth, Reinhold: Lebendige Architektur als Heilkunst. Das Goetheanum. Zeitschrift für Anthroposophie. 39(75), 7.1.1996, S. 474-476
90. Feyerabend, Paul: Erkenntnis für freie Menschen. Suhrkamp, Frankfurt, 1980
91. Feyerabend, Paul: Killing Time. The University of Chicago Press, Chicago, 1995
92. Feyerabend, Paul: Wider den Methodenzwang. Suhrkamp, Frankfurt, 1986
93. Filipp, Sigrun-Heide: Selbstkonzept. In: Theo Herrmann (Hrsg.): Persönlichkeitspsychologie. Ein Handbuch in Schlüsselbegriffen. Urban & Schwarzenberg, München, 1985, S. 347ff
94. Fitz, Lisa: „Ois is Karma!" In: Psychologie Heute, November 1994, S. 75
95. Focus: Ein Körper, zwei Seelen. 1996(14), S. 120 - 126
96. Focus: Macht Esoterik glücklich?, 1996(14-16)
97. Freud, Sigmund: Abriß der Psychoanalyse. Gesamtwerk, Band XVII, Fischer, Frankfurt, 1953
98. Freud, Sigmund: Neue Folge der Vorlesungen zur Einführung in die Psychoanalyse. Gesamtwerk, Band XV, Fischer, Frankfurt
99. Frisch, Klaus: Zur geologischen Datierung des Mondaustritts. Der Merkurstab, 46 (4), 1993, S. 396ff
100. Gercke, Hans: Die Prinzhornsammlung. Athenäum Verlag, Königstein, 1980
101. Goethe, Johann Wolfgang von: Maximen und Reflexionen. Zitiert nach Vogt, Paul: Goethes Lebensanschauungen als Erlebnis der heutigen Zeit. Verl. f. Kultur und Wissenschaft, Berlin, 1937
102. Goethe, Johann Wolfgang von: Faust. Goldmann, München, 1961
103. Goethe, Johann Wolfgang von: Venezianische Epigramme, Gesamtausgabe, Band 1, dtv, Frankfurt
104. Gould, Glenn: Briefe. Hrsg. John P.L. Roberts. Wissenschaftliche Buchgesellschaft, Darmstadt, 1997
105. Gould, Stephen Jay: Die Entdeckung der Tiefenzeit. dtv, Frankfurt, 1992
106. Greschik, Stefan: Gelungene Verwandlungen. Wie und wann Neues entsteht, läßt sich nicht vorhersagen. Süddeutsche Zeitung, 29.12.1998
107. Griesang, Ernst: Der Einfluß des Lebensraumes auf die bevölkerungskundlichen, rassischen, erbbiologischen und gesundheitlichen Verhältnisse einer dörflichen Bevölkerung, dargestellt an zwei hessischen Dörfern (Sterzhausen und Wollmar). Marburg, 1938

108.   Griesang, Risto: Béla Bartók. Betrachtungen zu seinem Leben unter dem Gesichtspunkt der Jahrsiebte. Unveröffentlichtes Manuskript. Nürnberg, Januar 1995

109.   Gründler, Johannes: Peru durch die Jahrtausende. Kunst und Kultur im Lande der Inka. Niederösterreichische Landesausstellung 1983, Schloß Schallaburg, 1983

110.   Haas, Michaela: Ein Körper voller Fremder. Die rätselhafte Krankheit Multiple Persönlichkeit „Ich bin viele". Süddeutsche Zeitung, München, 14./14.6.1995, S. 3

111.   Hagner, Michael: Homo cerebralis. Der Wandel vom Seelenorgan zum Gehirn. Wissenschaftliche Buchgesellschaft, Darmstadt, 1997

112.   Hampl, Franz: 'Mythos' - 'Sage' - 'Märchen. In: Geschichte als kritische Wissenschaft. Wissenschaftliche Buchgesellschaft. Darmstadt, 1975

113.   Hankoff, L.D.: Body-Mind Concepts in the Ancient Near East: A Comparison of Egypt and Israel in the Second Millenium B.C. in: Rieber, Robert W.(Hrsg.): Body and Mind. Academic Press, New York, 1980

114.   Hansson, Sven Ove: Is Anthroposophy Science? Conceptus, XXV (64), 1991, S. 37- 49

115.   Hartmann, Otto Julius: Anthroposophie. Freiburg, 1950

116.   Hehlmann, Wilhelm: Wörterbuch der Psychologie. Alfred Kröner Verlag,
Stuttgart o. J.

117.   Henderson, L. J.: Die moderne Kunst und das Mittelalter. In: Szeemann, Hellmut: Okkultismus und Avantgarde. edition tertium, Frankfurt, 1995

118.   Henze, Hans Werner: Reiselieder mit böhmischen Quinten. S. Fischer, Frankfurt, 1996

119.   Hernegger, R.: Paradigmenwechsel in der Bewusstseinsforschung. http://www.lrz-muenschen.de/chaos/Persons/Hernegger/about_e.html

120.   Hobom, Barbara: Entzauberte Wunderdroge Melatonin. Frankfurter Allgemeine Zeitung, 31.1.1996

121.   Hodel-Hoenes, Sigrid: Leben und Tod im Alten Ägypten. Wissenschaftliche Buchgesellschaft Darmstadt, 1991

122.   Høeg, Peter: Fräulein Smillas Gespür für Schnee. Rowohlt, Frankfurt, 1999

123.   Hoffmann, Kurt & Kropf, Peter: Blick ins Jenseits. Grenzerfahrungen zwischen Leben und Tod. Bayerisches Fernsehen, 29.9.1995, 20:15 - 21:00

124.   Hofmann, Maria: Bayerisches Kochbuch. Birken-Verlag, München, 1975

125.   Hofmann, Werner: Künstlerinnen. Eva und die Zukunft. Das Bild der Frau seit der Französischen Revolution. Prestel-Verlag, München, 1986

126.   Hofstadter, Douglas R.: Metamagicum. dtv/Klett-Cotta, München, 1994

127.   Holder, Alex: Freuds Theorie des psychischen Apparates". In: Eicke, Dieter: Die Psychologie des 20. Jahrhunderts: Freud und die Folgen (I), Kindler, Zürich, 1978

128.   Höller, Klaus: Das menschheitliche und das individuelle im ätherischen Organismus. Der Merkurstab, (49), Heft 4, 1996, S. 289- 303

129.   Holz, Hans Heinz: Descartes. Campus, Frankfurt, 1994

130.   Horgan, John: Der menschliche Geist. Luchterhand, München, 2000

131.   Huber, Andreas: Der Geistgehirnkörper. Psychoneuroimmunologen entdecken die Kommunikationspfade zwischen Leib, Seele und Immunsystem. Psychologie Heute, Mai 1995, S. 52ff

132.   Humphrey, Nicholas: Die Naturgeschichte des Ich. Hoffman & Campe, Hamburg, 1995

133.   Hurter, Markus: Biologisch-dynamischer Landbau im Vergleich. Das Goetheanum. Zeitschrift für Anthroposophie. 39(75), 7.1.1996, S. 478

134.   Husemann, Friedwart: Das Ich im Blut zwischen Eisen und Alkohol. Der Merkurstab, 46, Juli/August 1993, S. 417f.

135.   Huxley, Julian: in Picon, Gaetan: Panorama des zeitgenössischen Denkens. S. Fischer Verlag, 1961

136.   Jacobson, Sonia: Frühkindlicher Autismus. Manuskript, Nürnberg, April 1976

137.   Jeschke, Tanja: Daß man, wenn man heiratet, so furchtbar festsitzt. Konflikte einer Künstlerin: Paula Modersohn-Becker, das eigene Zimmer und ihr Gegenspieler. Süddeutsche Zeitung. 12.07.1997

138.   Jetzt: Das Jugendmagazin der Süddeutschen Zeitung: Auf einen Blick. Was passiert, wenn der Mensch plötzlich von der Erde verschwindet?. Nr. 22, 28.5.1996

139.   Jonas, Bruno: Die Arche auf dem Arber. Warum die Menschheit von den Bayern abstammt - ein Geständnis. Süddeutsche Zeitung. 21./22.9.1996, Seite III

140.   Jung, C.G.: Symbole der Wandlung. Gesammelte Werke, Band 5. Walter Verlag, Freiburg, 1977

141.   Kaiser, Rudolf: Gott schläft im Stein. Indianische und abendländische Weltansichten im Widerstreit. Kösel, München, 1993

142.   Kehlmann, Michael: Der Qualtinger. Langen Müller, München, 1987

143.   Kellerer, Christian: Die Befreiung des abendländischen Denkens. Stroemfeld, Frankfurt, 1996

144.   Kellerer, Christian: Objet trouvé und Surrealismus. Zur Psychologie der modernen Kunst. Rowohlt, Reinbek, 1968

145. Kirchner, Friedrich und Michaelis, Carl: Wörterbuch der Philosophischen Grundbegriffe Berlin, 1886, 1907[5]

146. Klein, Stefan: Die Entmachtung der Uhren. Der Spiegel, 1998(1)

147. Kniebe, Georg, et. al.: Was ist Zeit? Die Welt zwischen Wesen und Erscheinung. Verl. Freies Geistesleben, Stuttgart, 1993

148. Koch, Klaus: Träume aus dem Darm. Süddeutsche Zeitung. 8.8.1996

149. Köhler, Willi: Zum Laufen geboren. Erinnerung an ein evolutionäres Erbe der Menschheit. Psychologie heute, 22(19), 1995, S. 46-48

150. Koob, Olaf: Gesundheit Krankheit Heilung. Fischer, Frankfurt, 1983

151. Kraus, Karl: Es ist der Geist... in: Die Fackel, Nr. 873-875, 34, Mitte April 1932, S. 179ff

152. Krech, David & Crutchfield, Richard S.: Elements of Psychology. Knopf, New York, 1962

153. Kübler-Ross, Elisabeth: Befreiung aus der Angst. Berichte aus den workshops 'Leben, Tod und Übergang'. Kreuz Verlag, Stuttgart, 1983

154. Kübler-Ross, Elisabeth: Interviews mit Sterbenden. Gütersloher Verlagshaus, 1974

155. Kugler, Walter: Wenn der Labortisch zum Altar wird. Die Erweiterung des Kunstbegriffs durch Rudolf Steiner. In: Szeemann, Hellmut: Okkultismus und Avantgarde. edition tertium, Frankfurt, 1995, S. 57ff

156. Kuhn, Thomas S.: Die Struktur wissenschaftlicher Revolutionen. Suhrkamp, Frankfurt, 1996[13]

157. Kunzmann, Peter: dtv-Atlas zur Philosophie, dtv-Verlag, München, 1991

158. Leonhardt, Dorothea: Mozart. Liebe und Geld. Versuch zu seiner Person. Matthes & Seitz, München, 1991

159. Lhostky, Georg und Stelljes, Eva-Maria: „Ich war ein Schamane in Afrika". Sehnsucht nach unendlichem Leben. Film aus der Reihe 37 Grad. ZDF-Sendung am 22.8.1995, 22:15 - 22:45

160. Liedtke, Rüdiger: Der Griff ins Unbewusste. Wie Muzak den Umsatz steigern soll. Spiegel Special, Nr. 12, 1995, S. 47

161. Lievegoed, Bernard: Auf der Suche nach dem roten Faden. Flensburger Hefte, Flensburg, Nr. 31, 1992

162. Lievegoed, Bernard: Lebenskrisen Lebenschancen. Kösel, München, 1979

163. Linde, Frank: Die Entwicklung neuer Seelenfähigkeiten im 20. Jahrhundert, nach Darstellungen Rudolf Steiners. In: Alte und neue Seelenfähigkeiten. Flensburger Hefte, 34, September 1991, S. 24

164. Lindner, Martin: Das Web am Apparat. Süddeutsche Zeitung vom 11.05.1999

165.   Lippman, Edward A.: Stil. In: Die Musik in Geschichte und Gegenwart, Band 12. Hrsg. von Friedrich Blume, dtv/Bärenreiter, München, 1989, S. 1316-1317

166.   Lipski, Dirk: Philosophen auf der Lauer. DIE ZEIT, Nr. 19, 1999

167.   Loevinger, Jane: Zur Bedeutung und Messung von Ich-Entwicklung. In: Doebert, Rainer: Entwicklung des Ich. Kiepenheuer & Witsch, Köln, 1977, S. 150ff.

168.   Logemann, Alexander: Ordnung fürs innere Chaos. Süddeutsche Zeitung, 2./3.9.1995

169.   Lorenz, Konrad: Die Vorstellung einer zweckgerichteten Weltordnung (1976). In: Lorenz, Konrad: Das Wirkungsgefüge der Natur und das Schicksal des Menschen, Piper, München, 1983

170.   Lorenz, Konrad: Kants Lehre vom Apriorischen im Lichte gegenwärtiger Biologie (1941). In: Lorenz, Konrad: Das Wirkungsgefüge der Natur und das Schicksal des Menschen, Piper, München, 1983

171.   Lorenz, Konrad: Über die Wahrheit der Abstammungslehre (1964). In: Lorenz, Konrad: Das Wirkungsgefüge der Natur und das Schicksal des Menschen, Piper, München, 1983

172.   Lüpke, Geseko von: Der Erde eine Stimme geben. Tiefenökologie. Das Modell einer ganzheitlichen Umweltethik. Bayerischer Rundfunk: Kirchenfunk., 19.7.1995 (20:05 - 21:30)

173.   Mahfus, Nagib: Vom Sinn der Schwerkraft. Süddeutsche Zeitung. 2./3.10.1995

174.   Mahowald, Mary B.: The Brain and the I. Neurodevelopment and Personal Identity. Journal of Social Philosophy, 1997 (im Druck).

175.   Martel, Yann: Selbst. Verlag Volk und Welt, Berlin, 1997

176.   Matussek, Matthias: Im Canyon der Kristalle. Der Spiegel, Hamburg, 1992(43), S. 307

177.   Metzger, Heinz-Klaus: György Ligeti. Musikkonzepte Nr. 53, Januar 1987

178.   Meyer, Frank: Appell zum Transplantationsgesetz. Flugblatt, Nürnberg [1996]

179.   Meyer-Dietler, Ruth: Die Differenzierung des Biographiebegriffes. Rundbrief für die Mitarbeiter der medizinischen Sektion am Goetheanum in aller Welt. Epiphanias, No. 15, 1996, S. 29-31

180.   Miller, Rudolf: George Herbert Mead. In: Theo Herrmann (Hrsg.): Persönlichkeitspsychologie. Ein Handbuch in Schlüsselbegriffen. Urban & Schwarzenberg, München, 1985, S. 42f.

181.   Moeller, Michael Lukas: Der Krieg, die Lust, der Frieden, die Macht. Rowohlt, Reinbek, 1992

182.   Morgan, Elaine: Aquatic Ape Theory. Internet: http://www.brad.uk/~dmorgan/aat/

183.   Noerretranders, Tor: Spüre die Welt. Die Wissenschaft des Bewusstseins. Rowohlt, Reinbek, 1994

184.   Navratil, Leo: Schizophrenie und Kunst. dtv, München, 1965

185.   Negt, Oskar & Kluge, Alexander: Geschichte und Eigensinn. Zweitausendeins, Frankfurt, 1982

186.   O'Neil, George und Gisela: Der Lebenslauf. Lesen in der eigenen Biographie. Verl. Freies Geistesleben, Stuttgart, 1994

187.   Oberhuber, Konrad: Das Geistige in der Kunst und das Wirken Rudolf Steiners. In: Das Geistige in der Kunst. Hrsg. Maurice Tuchman, Stuttgart, 1988

188.   Oberhuber, Konrad: Rudolf Steiner. Das erste Goetheanum. In: Szeemann, Hellmut: Okkultismus und Avantgarde. Frankfurt, 1995, S. 731ff

189.   Oeser, Erhard & Seitelberger, Franz: Gehirn, Bewusstsein und Erkenntnis. Wissenschaftliche Buchgesellschaft, Darmstadt, 1995

190.   Oppenheim, Meret: Das Ende kann auch ein Anfang sein. In: Feyerabend, Paul (Hrsg.): Kunst und Wissenschaft. Verlag der Fachvereine, Zürich, 1984, S. 243 - 250

191.   Paàl, Gábor: Wer knackt die Nuß? – Das Rätsel des Bewusstseins. SDR / SWF, 1998

192.   Pfrogner, Hermann: Rudolf Steiner und die Musik, Musiktherapeutische Rundschau, 6, 1985, S. 335f.

193.   Pierce, Mark: To Be or Not to Be. The Multiple Personality Dispute. http://pobox.com/slt/, 1995

194.   Pinker, Steven: How the Mind Works. W.W. Norton, New York, 1997

195.   Pinker, Steven: Wie entsteht Sprache? Psychologie Heute, April 1996

196.   Pöppel, Ernst: Grenzen des Bewusstseins. Wie kommen wir zur Zeit, und wie entsteht Wirklichkeit? Insel, Frankfurt, 1997

197.   Popper, Karl R. & Eccles, John C.: Das Ich und sein Gehirn. Piper, München, 1989

198.   Popper, Karl R.: The Logic of Scientific Discovery. London, 1959

199.   Preßl, Wolfgang: Die Gene des Schweigens. Süddeutsche Zeitung, 1.8.2000

200.   Ringsgwandl, Georg: Nix Mitnehma. In: Trulla! Trulla!, Text: Georg Ringsgwandl, 1988, Musik: Bob Dylan, Trikont - Unsere Stimme, München, 1989

201.   Ringsgwandl, Georg: Wia de Johr vorbeigehn. In: Vogelwild. Trikont, München, 1992

202.   Rittgerott, Mathias: Sich verstecken müssen in einer doppelten Welt. Süddeutsche Zeitung, 19.2.2000

203.   Roes, Michael: Der Coup der Berdache. Berlin Verlag, Berlin, 1999

204.   Roth, Gerhard: Das Gehirn und seine Wirklichkeit. Kognitive Neurobiologie und ihre philosophischen Konsequenzen. Suhrkamp, Frankfurt, 1996

205.   Rubner; Jeanne: Eccles' Irrtum. Zum Tod des weltberühmten Neurophysiologen. Süddeutsche Zeitung, 6.6.1997

206.   Rudolph, Charlotte: Von der Entwicklung der Anthroposophie zur Waldorfpädagogik heute. Oder: Wege zur Versteinerung. Diss. phil. Berlin, 1985

207.   Ruland, Heiner: Ein Weg zur Erweiterung des Tonerlebens. Verlag Die Pforte, Basel, 1988

208.   Rupert Riedl: Darwin, Zeus und Russells Huhn. Gespräche zwischen Himmel und Erde. Kremayr & Scheriau, Wien, 1994

209.   Russell, Bertrand: Philosophie des Abendlandes. Wissenschaftliche Buchgesellschaft, Darmstadt, 1997

210.   Russell, Bertrand: What is the Soul? In: Bertrand Russell on God and Religion. Prometheus, Buffalo, NY, 1986

211.   Sand, Shara & Levin, Ross: Music and Its Relationship to Dreams and the Self. Psychoanalysis and Contemporary Thought, 15(2), 1992, S. 161 - 197

212.   Saum-Aldehoff, Thomas: Der Heilige Zeitgeist. Psychologie Heute, Juli 1995

213.   Schad, Wolfgang: Die menschliche Nervenorganisation und die soziale Frage. Verlag Freies Geistesleben. Stuttgart, 1992

214.   Schiller, Friedrich: Wallensteins Tod. Goldmann, München, 1957

215.   Schreiber, Flora Rheta: Sybil. Henry Resuery Co., Chicago, 1973, S. 339

216.   Schrenk, Friedemann: Klappern mit alten Knochen. Die Zeit, 51, 2000

217.   Schröter-Kunhardt, Michael: Das Jenseits in uns. Psychologie Heute, Juni 1993, 64 ff

218.   Schürholz, Jürgen: Anthroposophisches Menschenbild. In: WELEDA-Ratgeber: Unsere Heilmittel für Ihre Hausapotheke. Schwäbisch Gmünd, 1994

219.   Schuster, Klaus-Peter (Hrgb.): Lovis Corinth. Prestel-Verlag, München, 1996

220   Searle, John R.: Die Wiederentdeckung des Geistes. Suhrkamp, Frankfurt, 1996

221.   Searle, John R.: Minds, Brains, and Programs. In: Douglas R. Hofstadter (Hrsg.): The Mind's I. Bantamn Toronto, 1988[7]

222.   Seifert, Josef: Das Leib-Seele-Problem und die gegenwärtige philosophische Diskussion. Wissenschaftliche Buchgesellschaft, Darmstadt, 1989

223.   Shakespeare, William: Shakespeares Dramatische Werke, Band 4: Othello (3. Aufzug, 3. Szene). Bibliographisches Institut, Leipzig & Wien, 1907

224.   Sheldrake, Rupert: Das Gedächtnis der Natur. Scherz, Bern, 1990

225.   Siegel, Ronald K.: Der Blick ins Jenseits - eine Halluzination? Psychologie heute, April 1981, S. 22ff.

226.   Siegel, Ronald K.: The Psychology of Life after Death. American Psychologist, 35, 1980

227.   Simm, Michael: Jugend aus der Zirbeldrüse. Süddeutsche Zeitung, 24.8.1995

228.   Simon, Dieter: Ein Strom fließt. Süddeutsche Zeitung, 6.12.2000

229.   Simonton, Dean Keith: Aesthetic Success in Classical Music: A Computer Analysis of 1935 Compositions. Empirical Studies of the Arts, 4(1), 1986

230.   Simonton, Dean Keith: Musical Aesthetics and Creativity in Beethoven: A Computer Analysis of 105 Compositions. Empirical Studies of the Arts, 5(2), 1987

231.   Singer, Wolf: Wie im Kopf zusammenkommt, was zusammengehört. Juni 2000. Zitiert nach der Website: http://www.mpih-frankfurt.mpg.de

232.   Smook, Roger: Rudolf Steiner on the presupposition of Goethean Science. Idealistic Studies, 22, 1992, S. 72ff

233.   Solomon, Robert C.: The Ego in German Philosophy. A Reexamination. Philosophic Exchange, 18, 1987. S. 5 - 38

234.   Spoerri, Th.: Kompendium der Psychiatrie. Akademische Verlagsgesellschaft, Frankfurt, 1966

235.   Stapf, K. Hermann: E.A. Dölles Seelenlogik. In: Dichotomie und Duplizität. Huber, Bern, 1974, S. 49

236.   Steiner, Rudolf & Wegman, Ita: Grundlegendes für eine Erweiterung der Heilkunst. Verl. d. klinisch-therapeutischen Instituts, Arlesheim, 1953

237.   Steiner, Rudolf: Allgemeine Menschenkunde (GA 293). Rudolf Steiner Verlag, Dornach, 1975

238.   Steiner, Rudolf: Anthroposophie Psychosophie Pneumatosophie. Philosophisch-Anthroposophischer Verlag am Goetheanum, Dornach, 1931

239.   Steiner, Rudolf: Aus der Akasha-Chronik (GA 11). Rudolf Steiner Verlag, Dornach, 1975

240.   Steiner, Rudolf: Briefe. Band I (1881 - 1891). Selbstverlag Marie Steiner, Dornach, 1948

241.   Steiner, Rudolf: Das Ich von aussen wahrnehmbar, als Sprache und Gesang, als schöpferische Phantasie, als Innenerlebnis (Vortrag vom 9.1.1915), Philosophisch-Anthroposophischer Verlag am Goetheanum, Dornach, 1935

242.   Steiner, Rudolf: Das Wesen des Musikalischen (GA 283). Rudolf Steiner Verlag, Dornach, 1981

243.   Steiner, Rudolf: Die Erkenntnis der Seele und des Geistes.

244.   Steiner, Rudolf: Die Stufen der höheren Erkenntnis, Dornach, 1931

245.   Steiner, Rudolf: Geheimwissenschaft im Umriß (GA 13). Fischer, Frankfurt, 1985

246.   Steiner, Rudolf: Geisteswissenschaftliche Gesichtspunkte zur Therapie (GA 313). Rudolf Steiner Verlag, Dornach, 1984

247.   Steiner, Rudolf: Mein Lebensgang (GA 28). Fischer, Frankfurt, 1982

248.   Steiner, Rudolf: Physiologisch-Therapeutisches auf Grundlage der Geisteswissenschaft. Rudolf Steiner Verlag, Dornach, 1989

249.   Steiner, Rudolf: Theosophie (GA 9). Rudolf Steiner Verlag, Dornach, 1962

250.   Steiner, Rudolf: Ursprungsimpulse der Geisteswissenschaft (GA 96). Rudolf Steiner Verlag, Dornach, 1974

251.   Steiner, Rudolf: Wie erlangt man Erkenntnisse der höheren Welten (GA 10). Fischer, Frankfurt, 1985

252.   Süddeutsche Zeitung vom 24.11.1995: Adams Existenz genetisch nachgewiesen

253.   Süddeutsche Zeitung vom 24.8.1995: Weiterer Urahne des Menschen entdeckt

254.   Süddeutsche Zeitung vom 8.6.1995: Puzzlespiel mit alten Knochen

255.   Süddeutsche Zeitung: Der Urknall. Magazin Nr. 25, 23.6.1995, S.10

256.   Süddeutsche Zeitung vom 19.12.2000. Kleine Ursache Wie der Kopf erfunden wurde.

257.   Süskind, Patrick: Das Parfum. Diogenes, Zürich, 1985.

258.   Supp, Barbara & Holthusen, Corinna: Wie ich ich werde. Der Spiegel, 01/2001

259.   Szeemann, Harald: Der Hang zum Gesamtkunstwerk. Europäische Utopien seit 1800.

260.   Szeemann, Hellmut: Okkultismus und Avantgarde. edition tertium, Frankfurt, 1995

261.   The Johrei Fellowship: Health and the New Civilization, Torrance, California, 1991

262.   Thicl, Christian: Ich bin viele. Leben mit multipler Persönlichkeitsspaltung. DeutschlandRadio, Berlin, 30.11.1995, 18:35

263.   Traub, Rainer: Der Mensch, ein Schrank. Rainer Traub über Musiktherapie. Spiegel Special, Nr. 12, 1995, S. 44

264.   Traufetter, Gerald: Demut vor dem letzten Rätsel. Der Spiegel, 1/2001

265.   Treichler, Rudolf: Die Entwicklung der Seele im Lebenslauf. Verl. Freies Geistesleben, Stuttgart, 1992, S. 28

266.   Uehli, Ernst: Atlantis und das Rätsel der Eiszeitkunst. Mellinger Verlag, Stuttgart, 1980,

267.   Ullrich, Heiner: Waldorfpädagogik und okkulte Weltanschauung. Juventa, Weinheim, 1986

268.   Ullrich, Heiner: Zwischen Heilkunst und Heilslehre. Deutsches Ärzteblatt, 85 (25/26), 1988, S. 27ff

269.   Ullrich, Heiner: Freies Geistesleben und religiöser Dogmatismus. Solidarität, 12, 1994

270.   Valentin, Karl: Die Raubritter vor München. In: Alles von Karl Valentin. Piper, München, 1978

271.   Vesey, G.N.A.: Body and Mind: Readings in Philosophy. London, George Allen and Unwin, 1964

272.   Vickers, Adrian: Bali - a paradise created. Periplus Editions. Berkely-Singapore, 1989

273.   Vogel, Lothar : Der dreigliedrige Mensch. Verl. am Goetheanum, Dornach, 1992

274.   Vogt, Paul: Goethes Lebensanschauungen als Erlebnis der heutigen Zeit. Verlag für Kultur und Wissenschaft, Berlin, 1937

275.   Vollmer, Gerhard: Das alte Gehirn und die neuen Probleme. In: Vollmer, Gerhard: Was können wir wissen? Band 1: Die Natur der Erkenntnis. Hirzel, Stuttgart, 1988

276.   Vollmer, Gerhard: Evolution und Erkenntnisfähigkeit. In: Vollmer, Gerhard: Was können wir wissen? Band 1: Die Natur der Erkenntnis. Hirzel, Stuttgart, 1988

277.   Vollmer, Gerhard: Evolutionäre Erkenntnistheorie und Leib-Seele-Problem. In: Vollmer, Gerhard: Was können wir wissen? Band 2: Die Erkenntnis der Natur.
Hirzel, Stuttgart, 1988

278.   Vogeley, Kai: The Human Self Construct & Prefrontal Cortex in Schizophrenia. http://www.phil.vt.edu/ASSC/esem5.html

279.   Vollmer, Gerhard: Evolutionäre Erkenntnistheorie. Hirzel, Stuttgart, ^{6}1994

280.   Vollmer, Gerhard: Kant und die Evolutionäre Erkenntnistheorie. In: Vollmer, Gerhard: Was können wir wissen? Band 1: Die Natur der Erkenntnis. Hirzel, Stuttgart, 1988

281.   Vollmer, Gerhard: Mesokosmos und objektive Erkenntnis. In: Vollmer, Gerhard: Was können wir wissen? Band 1: Die Natur der Erkenntnis. Hirzel, Stuttgart, 1988, S. 107

282.   Vollmer, Gerhard: Was können wir wissen? In: Vollmer, Gerhard: Was können wir wissen? Band 1: Die Natur der Erkenntnis. Hirzel, Stuttgart, 1988

283.   Wais, Mathias: Biographiearbeit Lebensberatung. Urachhaus, Stuttgart, 1992

284.   Wais, Mathias: Ich bin was ich werden könnte. Entwicklungschancen des Lebenslaufs; aus der Biographieberatung. Edition tertium, Ostfildern, 1995

285.   Wais, Mathias: Individualität und Biographie. Urachhaus, Stuttgart, 1994

286.   Warnke, Ulrich: Vom neuen Denken. Der Merkurstab, 47 (5), Sept./Okt. 1994, S. 477

287.   Warren, H.C.: Dictionary of Psychology, Houghton Mifflin, Boston, 1934

288.   Watson, J.B.: Psychology as the behaviorist views it. Psychological Review, 20, 1913, S. 156 - 177,

289.   Weber, Bernhard: „Über das Organ der Seele". Samuel Thomas Soemmerring (1796). Arbeiten der Forschungsstelle des Instituts für Geschichte der Medizin der Universität zu Köln, Band 45, Köln, 1987

290.   Wehmeyer, Grete: Prestißißimo. Die Wiederentdeckung der Langsamkeit in der Musik. Kellner, Hamburg, 1989

291.   Weihs, Th. J.: Das entwicklungsgestörte Kind. Verlag Freies Geistesleben. Stuttgart, 1974

292.   Weizsäcker, Carl Friedrich von: Der Garten des Menschlichen. Hanser, München, 1982

293.   Weizsäcker, Carl Friedrich von: Zeit und Wissen. dtv, München, 1995

294.   WELEDA-Ratgeber: Unsere Heilmittel für Ihre Hausapotheke. Schwäbisch Gmünd, 1994

295.   Werth, Reinhard: Bewusstsein. Psychologische, neurobiologische und wissenschaftstheoretische Aspekte. Springer, Berlin, 1983

296.   Westphal, Michael: „Warum bin ich, der ich bin? Vor 100 Jahren wurde in Paris der amerikanische Schriftsteller Julien Green geboren. Die Welt, 6.9.2000

297.   Wheatley, James M.O.: Reincarnation, „Astral Bodies," and Psi-Components". Journal of the American Society for Psychical Research, 73 (2), 1979, 109 - 122

298.   Wickler, Wolfgang & Seibt, Uta: Das Prinzip Eigennutz. Piper, München, 1991

299.   Wickler, Wolfgang: Die Biologie der zehn Gebote. Warum die Natur kein Vorbild für uns ist. Piper, München, 1991

300.   Wiener, Oswald: Die Verbesserung von Mitteleuropa, Roman. Rowohlt, Reinbek, 1969

301.   Wilber, Ken: Die Geburt des Ego. Psychologie Heute, September 1984

302.   Willmann, Urs: Einmal Hölle und zurück. Die Zeit, Nr.29, 1999

303.   Wilson, Edward O.: Die Einheit des Wissens. Siedler, Berlin, 1998

304.   Winter, Gundolf: Zwischen Individualität und Idealität. Die Bildnisbüste. Urachhaus, Stuttgart, 1985

305.   Wittgenstein, Ludwig: Tractatus logico-philosophicus. Suhrkamp, Frankfurt, 1963

306.   Wöhlcke, Manfred: Soziale Entropie. Die Zivilisation und der Weg allen Fleisches. dtv, München, 1996

307.   Wozniak, Robert H.: Mind and body: René Descartes to William James. 1992. http://serendip.bryanmawr.edu

308.   Wuketits, Franz: Evolutionstheorien. Wissenschaftliche Buchgesellschaft,
Darmstadt, 1995

309.   Zajonc, Arthur: Die gemeinsame Geschichte von Licht und Bewusstsein. Rowohlt, Reinbek, 1994

310.   Zweite, Armin: Ich ist etwas Anderes. Kunst am Ende des 20. Jahrhunderts. Dumont, Köln, 2000

XXII. Weiterführende Literatur

Wer sich so weit durch die Materie gearbeitet hat, wird erkennen, dass er damit erst begonnen hat, sich etwas in dem Gebiet zu orientieren. Ich möchte deshalb an dieser Stelle nur einige Hinweise auf Literatur geben, die in bestimmten Gebieten zu einer Vertiefung führen können.

Zur Seele:
Jüttemann, Gerd (Hrsg.): Die Seele. Ihre Geschichte im Abendland. Psychologie Verlagsunion, Weinheim, 1991

Zum Selbst:
Greve, Werner: Psychologie des Selbst. Psychologie Verlagsunion, Weinheim, 2000

Zur Philosophie:
Russell, Bertrand: Philosophie des Abendlandes. Wissenschaftliche Buchgesellschaft, Darmstadt, 1997

Zur Multiplen Persönlichkeit
Hacking, Ian: Multiple Persönlichkeit. Carl Hanser Verlag, München, 1996

XXIII. Abbildungsverzeichnis

XXIV. Abbildungsnachweis

Abbildung 1:	Spiegel-Verlag, Hamburg
Abbildung 2:	Feyerabend, Paul: Killing Time, University of Chicago Press, Chicago, 1995 Rom 1992)
Abbildung 3:	Miketta, Gaby: Netzwerk Mensch. Thieme, Stuttgart, 1991, S. 12
Abbildung 4:	Miketta, Gaby: Netzwerk Mensch. Thieme, Stuttgart, 1991, S. 13
Abbildung 8:	Wilber Ken: Die Geburt des Ego. Psychologie Heute, September 1984
Abbildung 9:	Güse, Ernst August (Hrg.): August Macke, Bruckmann, München, 1982, Abb. 110 und 111
Abbildung 12:	Güse, Ernst August (Hrg.): August Macke, Bruckmann, München, 1982, Abb. 132 und Abb. 200
Abbildung 13:	Prinzhornsammlung, Heidelberg
Abbildung 14:	Gercke, Hans: Die Prinzhornsammlung, Athenäum, Königstein, 1980, S. 240
Abbildung 15:	Poley, Stefanie: „.... und nicht mehr lassen mich diese Dinge los". Abb. 6: Müller, Heinrich Anton: Kopf und Abb. 7: Picasso, Pablo: Kopf eines Mannes (20. März 1926). In: Gercke, Hans: Die Prinzhornsammlung, Athenäum, Königstein, 1980
Abbildung 16:	The Prefrontal Cortex and Schizophrenia. Society for Neuroscience, Washington D.C. http://www.sfn.or
Abbildung 17:	Schuster, Peter-Klaus (Hrg.): Lovis Corinth, München, Prestel, 1996, Abb. 19
Abbildung 18:	Schuster, Peter-Klaus (Hrg.): Lovis Corinth, München, Prestel, 1996, Abb. 223
Abbildung 19:	Schuster, Peter-Klaus (Hrg.): Lovis Corinth, München, Prestel, 1996, Abb. 191
Abbildung 20:	Hofmann, Werner: Künstlerinnen. Eva und die Zukunft. Das Bild der Frau seit der Französischen Revolution. Prestel Verlag, München, 1986, Tafel 21
Abbildung 21:	Bach, Johann Sebastian: Die Kunst der Fuge, BWV 1080. Bärenreiter, Kassel, S.102
Abbildung 22:	Bach, Johann Sebastian: Die Kunst der Fuge, BWV 1080. Bärenreiter, Kassel, S. 95

XXV. Personen- und Sachregister

437